Die Jahre zwischen 1850 und 1870 markieren eine Zeit, in der Frankreich vibrierte und zum Zentrum der Welt wurde. Haussmann walzt das verwinkelte Paris nieder und durchzieht die Stadt mit großen Boulevards. Bahnbrechende Erfindungen werden auf den Pariser Weltausstellungen gezeigt, zugleich entstehen moderne Meisterwerke in Malerei und Literatur. Die Eisenbahn lässt die Menschen schwindeln, neue Frachthäfen, Fabriken und Bergwerke ändern das Gesicht des Landes, Sensationspresse und Spekulationsblasen entstehen. Der Krimkrieg ist der erste nach modernen Maßstäben geführte Krieg, der Suezkanal ändert den Welthandel nachhaltig. Kurz: Alles ändert sich rasend schnell.

Walburga Hülk-Althoff, Jahrgang 1953, ist Professorin für romanische Literaturen an der Universität Siegen. Zuvor lehrte sie in Freiburg und Gießen und war Gastprofessorin an der University of California in Berkeley sowie in Valenciennes und Paris. Sie gilt als Expertin für das 19. Jahrhundert in Frankreich und hat sich in zahlreichen Studien mit der Literatur und Kunst in der Moderne befasst. Sie lebt in Münster.

WALBURGA HÜLK

Der Rausch der Jahre

Als Paris die Moderne erfand

Hoffmann und Campe

1. Auflage 2021

www.hoffmann-und-campe.de
Umschlaggestaltung: Rothfos & Gabler, Hamburg
Umschlagabbildung: akg-images
Satz: Dörlemann Satz, Lemförde
Gesetzt aus der Minion Pro und der Belwe Std
Druck und Bindung: GGP Media GmbH, Pößneck
Printed in Germany
ISBN 978-3-455-01071-8

HOFFMANN
UND CAMPE

Ein Unternehmen der
GANSKE VERLAGSGRUPPE

Für
Eike Antonia,
Malte Clemens,
Henrike,
Friederike

Inhalt

Vorwort

Diesen Jahrestagstrick finde ich nebenbei ziemlich jämmerlich
Jules de Goncourt an Gustave Flaubert, 2. Dezember 1861

Dies ist ein Buch über Paris und zwanzig vibrierende Jahre, in denen die Moderne erfunden wurde und der Paris-Mythos entstand. Die Leser folgen Gustave Flaubert, Charles Baudelaire, Victor Hugo, George Sand, den Brüdern Goncourt und Émile Zola in die Welt Napoleons III. Sie begegnen dem Establishment und der Bohème und entdecken unter Pomp und Plüsch eine entfesselte Wirtschaftswelt, einen raffinierten Jahrmarkt der Eitelkeiten und die Verwegenheit und Widersprüchlichkeit der Moderne. Das Buch erzählt von der Atmosphäre und dem Lebensgefühl, dem Sound und Echo der Jahre 1850 bis 1870 in Paris, in denen die französische Hauptstadt zur Welthauptstadt wurde.

Es waren die Jahrzehnte des Zweiten Kaiserreichs. Louis Napoleon Bonaparte hatte 1851 durch einen Staatsstreich die Macht an sich gerissen, wurde ein Jahr später Napoleon III., Kaiser der Franzosen, und kapitulierte 1870 im Deutsch-Französischen Krieg. Trotz Zensur, Sicherheitsgesetzgebung und monarchischem Retrochic war Paris unter seiner Herrschaft *das* Epizentrum des Aufbruchs in die Zukunft. Keine Stadt atmete schneller, keine andere Stadt zog mehr junge Leute an, mehr Schriftsteller und Künstler, Touristen und Arbeitsmigranten. In keiner anderen Stadt der Welt waren die Vergnügungen zahlreicher, in keiner wurde mehr Geld ausgegeben. Nirgends wurde man schneller reich oder blieb länger arm. Die Öffentlichkeit, der Lebensstil, die Literatur- und Kunstszene wurden von einer Lust auf Neues erfasst, deren Faszinationskraft augenblicklich und über weltgeschichtliche Brüche und Verschiebungen hinweg bis heute eine einzigartige kulturelle Energie ausstrahlt.

Napoleon III. war ein rastloser Projektemacher mit Instinkt für Zukunft und Globalisierung. Er versuchte, auf Galas und Weltausstellungen ebenso wie in Krisen- und Katastrophengebieten eine gute Figur zu machen, und für seine spektakuläre Politik nutzte er die avanciertesten Medien seiner Zeit. Sein Eifer brachte Gewinner und Verlierer hervor. Wer schnell reagierte und keine Skrupel hatte, profitierte vom Aufbruch. Andere wurden abgehängt und erlebten den Fortschritt als Verhängnis. Viele sahen in dem neuen Bonaparte einen Dahergelaufenen und Hasardeur, ja einen Verbrecher, der seiner Macht zuliebe Blut vergossen hatte.

Die Projekte Napoleons III. reichten bis nach Afrika und Übersee, es waren die Jahre des imperialistischen Wettlaufs. Sein unerhörtestes Projekt aber war Paris. In einem einzigartigen urbanistischen Gewaltakt ließ er, gemeinsam mit dem Präfekten Georges-Eugène Haussmann, die alte Stadt abreißen und eine ganz neue aus dem Boden stampfen. Diese wurde zum Labor der Moderne – das galt für die Wirtschaft und für das alltägliche Leben in der Metropole ebenso wie für den Literatur- und Kunstmarkt. Schon vor der glorreichen Belle Époque, zwischen dem Deutsch-Französischen Krieg und dem Ersten Weltkrieg, wurde Paris zur *Ville Lumière*, und in der paradoxen Kombination von Nostalgie und Zukunftsmusik, Unterdrückung und Widerstand konnte hier ein öffentlicher Raum des kritischen Denkens und des freizügigen Lebensstils entstehen. Bis heute ist Paris die Zentrale des *savoir-vivre* und der Unbotmäßigkeit. Seit den 1920er Jahren fanden amerikanische Schriftsteller und Künstler an den Ufern der Seine und im Jardin du Luxembourg eine geistige *dépendance*, die sie der puritanischen Heimat vorzogen. Die Existenzialisten, die während des Zweiten Weltkriegs und danach so viele traditionelle Lebensformen und Weltanschauungen in Frage stellten, diskutierten und schrieben in den heute berühmten Cafés auf den Boulevards. Für die Filmemacher der *Nouvelle Vague* in den 1960er Jahren waren die breiten Straßen ein privilegierter Drehort und für die rebellische Generation der Achtundsechziger die öffentliche Bühne für ästhetisches und intellektuelles Vergnügen, Demonstrationen und Liebesgeschichten. Und wenn es wichtig ist, kommen noch heute Millionen von Menschen an der Place de la République zusammen, um ein Zeichen der Freiheit zu setzen.

Damals, zwischen 1850 und 1870, herrschten komplexe und widersprüchliche Stimmungen und Dynamiken. Dichter und Künstler, darunter Hugo, Flaubert, Baudelaire, Sand, die Brüder Goncourt und Zola, mussten sich irgendwie zu der neuen Lage verhalten. Anpassung oder Protest, Karrierebewusstsein oder Marginalität, Trivialität oder Stil und die Grauzonen zwischen allem, das gab es damals genauso wie heute. Der Weg zum Ruhm war gewunden, ein Skandal konnte nützlich sein. Und ebenso ein Label, das auf »-ismus« endete. Vieles, was die Zukunft bringen sollte, lag in der Luft und wurde in den Jahrzehnten zwischen 1850 und 1870 freigesetzt und vorangetrieben. Doch ein Rausch bringt immer das Risiko eines Katers mit sich. 150 Jahre später schauen wir mit Staunen und Skepsis auf das Paris dieser Jahre.

1851

Staatsstreich und erster Streich

Am Nachmittag des 2. Dezember 1851 verließen Edmond und Jules de Goncourt ihre Wohnung in der Rue Saint-Georges und wanderten durch die Straßen von Paris. Sie sammelten und teilten Bilder und Stimmen, wie an allen Tagen davor und danach, und sie waren sich auch heute einig. Zurzeit hatten sie mehrere Gründe, aufgeregt zu sein. Der wichtigste war, dass just an diesem Tag ihr erstes Buch erscheinen sollte.

Zur gleichen Zeit streunte Charles Baudelaire durch die große Stadt, allein und hellwach wie immer. Im Rhythmus seiner Eindrücke ließ er sich durch das Viertel zwischen dem Marais und dem Canal Saint-Martin treiben, doch seine übliche Melancholie schlug in diesen Stunden in eine abgrundtiefe Verdrossenheit um. Das war der »Ennui«, er kannte ihn gut.

Auch Gustave Flaubert befand sich in Paris und nicht in seinem Landhaus in Croisset. Er wohnte im Hôtel Du Helder im 9. Arrondissement in der Nähe der Goncourts, die er zu diesem Zeitpunkt noch nicht kannte, und las den ganzen Tag. Alexander von Humboldts *Ansichten der Natur* machten ihm eine Riesenlust auf die Ferne und die großen Savannen Südamerikas. Wenige Tage vor seinem 30. Geburtstag, schon tief in einer Midlife-Crisis steckend, erinnerte er sich auch an die Verlockungen Kairos, denen er ein Jahr zuvor verfallen war, und prophezeite seinem »schrecklichen« Vaterland eine traurige Zukunft.

George Sand hielt sich, was in den Wintermonaten mit einiger Regelmäßigkeit geschah, in ihrem Stadthaus Hôtel de Narbonne im

Quartier Latin, Rue de la Harpe, auf. Nach reiflicher Überlegung packte sie ihre Koffer mit den Männerkleidern, die sie trug, wenn sie abends und nachts unterwegs war und nicht behelligt werden wollte. Zwei Tage später nahm sie eine Kutsche und verließ Paris in Richtung Nohant südlich der Loire, wo ihre Familie ein großzügiges Anwesen besaß.

Victor Hugo war niemals untätig, und jetzt erst recht nicht. Im Rathaus des 10. Arrondissements versammelte er eine Gruppe von Aktivisten um sich und verfasste einen Appell zum bewaffneten Aufstand, dann floh er mit einem falschen Pass nach Brüssel.

Émile Zola war an diesem 2. Dezember erst zehn Jahre alt, lebte bei seiner Mutter in Aix-en-Provence und ging wie gewohnt mit seinem Freund Paul Cézanne zur Schule. Niemand ahnte, dass er das große Panorama der Ära schreiben würde, die an diesem Tag anbrach.

Am 2. Dezember 1851 erwachte Paris anders als sonst. Noch ein Jahr zuvor und sogar im Verlauf des jetzt zu Ende gehenden Jahres hatte nichts auf eine neue Ära hingedeutet. Nicht einmal die wachsamsten Beobachter hatten mit großen oder gar grundstürzenden Veränderungen gerechnet. Es war Dienstag, ein trüber, kalter Frühwintermorgen, das Thermometer stand noch unter Null, zum Mittag würde es aufklaren. Nur auf den ersten Blick herrschte Normalität in der geschäftigen Stadt. Zwischen sieben und acht Uhr eilten Arbeiter und Angestellte zu ihren Werkstätten, Geschäften und Büros, die Bäckereien hatten bereits geöffnet. Aber die großen Straßen und Avenuen des Zentrums waren doch leerer als an anderen Tagen zu dieser Stunde, und es schien, als würde sich gerade eine bleierne Stille über sie legen. Die Cafés hatten geschlossen, die meisten Zeitungen waren nicht erschienen. Die Glocken hatten nicht geläutet, und Absperrbänder flatterten auf den Champs-Élysées, der Place de la Concorde und rund um den Tuilerienpalast. An den Ufern der Seine patrouillierten bewaffnete Soldaten, ebenso vor Bahnhöfen und Postämtern. Sie bewachten auch die Pferdeställe, sodass keine Kutsche ausfahren konnte, und natürlich auch die Kasernen der republikanischen Nationalgardisten, damit niemand von ihnen auf die Idee verfallen konnte, die Bevölkerung durch Trommelwirbel zu alarmieren.

In manchen Vierteln und Faubourgs hingegen summte es vor Bewegung: Menschengruppen, zumeist Männer, standen in Gassen und Hauseingängen beisammen und tauschten flüsternd Neuigkeiten aus. In Windeseile verbreiteten sich Gerüchte und erste Nachrichten. Der eine hatte von Razzien gehört, der andere gesehen, wie ein Nachbar verhaftet wurde. Noch fehlten genaue Informationen, aber eines wussten inzwischen alle: In einer Nacht- und Nebelaktion hatte ein Staatsstreich stattgefunden. Anzeichen hatte es keine gegeben, nicht eine einzige undichte Stelle, und die Stunde des Wolfes hatte den Schlag in absolute Finsternis gehüllt. Noch in der Nacht hatten Polizisten die Druckereien besetzt, den Druck Zehntausender Plakate überwacht und die Druckmaschinen der meisten Zeitungsverlage angehalten. Im Morgengrauen prangten an allen Mauern und Toren, wie von Geisterhand hinterlassen, mehrere Erlasse und die Proklamation »An das Volk«. Der Präsident der Republik, Louis Napoleon Bonaparte,[1] hatte den Ausnahmezustand verhängt, befahl Ruhe und Ordnung als oberste Bürgerpflichten und bat die Franzosen um Unterstützung für seine große Mission. Viele Bewohner der Stadt blieben zu Hause und warteten ab. Diejenigen aber, die es dort nicht hielt, schauten sich vorsichtiger um als sonst. Nur die Mutigsten riefen zu Versammlungen auf, verteilten subversive Flugblätter aus Druckereien, die den staatlichen Häschern entgangen waren, und bauten Barrikaden. Wieder andere, wie Victor Hugo und die Brüder Goncourt, setzten sich augenblicklich hin und schrieben auf, was sie sahen und dachten. Noch war kein Blut geflossen. Aber die Stimmung in Paris heizte sich rasch auf, wurde explosiv und entlud sich schließlich: Zwei Tage später wurde geknüppelt und geschossen, es gab zahlreiche Tote, unter ihnen auch Frauen und Kinder.

Der 2. Dezember ist nicht irgendein Tag in der unruhigen Geschichte Frankreichs im 19. Jahrhundert, ebenso wenig wie in der Erinnerung anderer europäischer und außereuropäischer Länder.

Der 2. Dezember, und nicht nur derjenige des Jahres 1851, ist ein Tag der Bonapartes, des einen und anderen Napoleon. Am 2. Dezember 1804 hatte sich Napoleon Bonaparte, legitimiert durch eine Volksabstimmung des männlichen Teils der Bevölkerung, selbst zum Kaiser der Franzosen gekrönt, ein Jahr später besiegte er am 2. Dezember 1805 in der Drei-Kaiser-Schlacht bei Austerlitz den habsburgischen Kaiser Franz I. und den russischen Zaren Alexander I. Er war der erste Bonaparte, der erste Napoleon auf dem französischen Thron. Louis Napoleon Bonaparte war sein Neffe. Für seinen Endspurt zur Macht wählte er dieses legendäre Datum: Am 2. Dezember 1851 erfolgte der Staatsstreich, am 2. Dezember 1852 die Proklamation zum Kaiser. Bonaparte war wieder da.[2]

Frankreich erhob nun erneut Anspruch auf die Führung in Europa und baute den wirtschaftlichen und politischen Einfluss auch jenseits der Meere und Ozeane, von Afrika bis in den Nahen Osten, von China bis nach Mexiko gewaltig aus. Zuerst aber war es Paris, das sich verwandelte. Die Stadt veränderte sich atmosphärisch, wie jede Stadt nach einem Putsch, wenn sich alle entscheiden müssen, für Jubel, Widerstand oder Stillschweigen; wenn jeder erste Blick ein kurzer Check des Gegenübers – dafür oder dagegen? – ist und ein Riss durch Familien und Freundeskreise geht; und wenn dann am Ende doch bei den meisten die große Verdrängung einsetzt oder aus Verdrossenheit und Müdigkeit der Wunsch aufkommt, einfach in Ruhe gelassen zu werden. Die Verdüsterung der Stimmung war eine langsame, schleichende Bewegung, wie die eines großen Schattens. Die Stadt veränderte sich jedoch auch als öffentlicher Raum, durch Großprojekte, Investitionen und architektonische Umwälzungen. Sie machten Paris zum Hotspot von Globalisierungsprozessen und zur Welthauptstadt des Spektakels. Das alles ging sensationell schnell – Sinne, Herz und Verstand konnten kaum folgen.

An jenem 2. Dezember 1851 konnten sich die Alten noch an die Siege und Niederlagen des »großen« Napoleon erinnern, die Jungen hatten romantische Bilder und Erzählungen im Kopf, von der »Weltseele«, die der Philosoph Georg Wilhelm Friedrich Hegel sah, als der junge Korse zu Pferde in Jena einzog, und vom Schrecken Europas, dem erst im russischen Kriegswinter Einhalt geboten werden konnte.

Doch sein Neffe Louis Napoleon Bonaparte war kein Mann für heroische Mythen, sondern für Operetten. Er wurde am 20. April 1808 in Paris geboren und lebte seit dem endgültigen Sturz seines berühmten Onkels 1815 im Exil. In Augsburg besuchte er die Lateinschule St. Anna und verbrachte einige Zeit in Konstanz und im Schloss seiner Mutter Hortense de Beauharnais in Arenenberg am Schweizer Ufer des Bodensees. Als Absolvent der Artillerieschule in Thun und Mitglied der Schweizer Armee erhielt er die Schweizer Staatsbürgerschaft. Noch bei seinem Tod 1873 im Londoner Bezirk Chislehurst trug er nicht den französischen, sondern den Schweizer Pass bei sich.

Hortense de Beauharnais hatte 1817 das zauberhafte Anwesen Arenenberg inmitten von Reben und Obstwiesen hoch über dem See gekauft. Sie gestaltete die Gartenanlagen, führte im verschlafenen Kanton Thurgau die Geselligkeit ein und stilisierte Arenenberg zu einem napoleonischen Gedächtnisort. Hier verbrachte sie mit ihren Söhnen den Sommer, im Winter gingen sie nach Italien. Der junge Louis Napoleon trug in Arenenberg alemannische Tracht und sprach Alemannisch, aber vom Springbrunnen des Gartens aus schaute er entschlossen in Richtung Frankreich. Das tat er auch, wenn er bei seinen Besuchen in Baden-Baden die Rheingrenze sondierte. 1836 äußerte Hortense gegenüber Vertrauten, ihr Sohn sei außerordentlich liebenswürdig, bereite ihr aber Sorgen. Sie lebten im Exil, er aber habe Großes vor, sei überzeugt von seinem guten Stern und vertraue nur sich selbst.[3] Das mütterliche Gefühl betrog sie nicht. Arenenberg wurde zur Zentrale früher Verschwörungspläne. Zweimal versuchte Louis Napoleon, unterstützt durch einen mondänen und halbseidenen Kreis, einen Putsch gegen die Julimonarchie, beide Male vergeblich. 1836 wurde er gefangen genommen und ins Exil in die USA geschickt. Am 21. November reiste er an Bord der Fregatte *Andromeda* über Rio de Janeiro nach New York, kehrte jedoch ein Jahr später an das Sterbebett seiner Mutter zurück. Frankreich verlangte vergeblich seine Ausweisung. Louis Napoleon setzte nach England über, kehrte aber immer wieder in den Thurgau zurück und ließ als Fortschritts- und Techniknarr, der er war, in das Schlösschen am See eine Klingelanlage einbauen, die man noch immer in allen Etagen und Zimmern hört. Gleichzeitig verfasste er Traktate über napoleonische Ideen.

1840 scheiterte ein zweiter Putschversuch. Diesmal wurde er interniert, doch sechs Jahre später gelang ihm eine spektakuläre Flucht. Wieder ging er nach England. Seinen vielen, wenngleich oft unfreiwilligen Reisen verdankte er ein gewisses kosmopolitisches Flair. Auch sprach er ausgezeichnet Deutsch, Englisch und Italienisch. Im Februar 1848 brach in Paris die Februarrevolution aus und beendete die Julimonarchie der Bourbonen. Die Zweite Republik wurde ausgerufen, der Bürgerkönig Louis-Philippe musste ins Exil nach England. Karikaturisten zeichneten ihn als Birne,[4] und Spötter nannten ihn den bourgeoisen »Henri Quatre mit Regenschirm« und dickem Bauch. Er war der letzte französische König. Kurz nach seiner Absetzung kam es zu Straßenschlachten, Paris versank in einem Blutrausch. Die Zweite Republik war durch diese Gewalt ihrer Anfänge befleckt, die Politik gespalten.

Für Louis Napoleon Bonaparte eröffnete die Revolution ungeahnte Möglichkeiten. Er konnte nach Frankreich zurückkehren und wurde erst Abgeordneter, dann Präsident der Zweiten Französischen Republik – ein gewählter Präsident mit autokratischen Vorlieben. Das neue Jahrzehnt begann ohne größere Vorkommnisse, viele Franzosen hofften auf ruhigere Zeiten. Mit einem Staatsstreich rechneten sie nicht. Am 2. Dezember 1851 jedoch putschte der neue Bonaparte und machte sich zum Prinz-Präsidenten, ein Jahr später ließ er sich in einer Volksabstimmung zum Kaiser wählen. Gekrönt wurde er nicht, doch er war, was sein Onkel gewesen war – Kaiser der Franzosen. Er war Napoleon III.

Zwar mochte er ein schlechter Redner sein, von schmächtiger Statur und instabiler Gesundheit, aber er war umtriebig, und viele bescheinigten ihm Charme und den Appeal der Weltläufigkeit. Sein Knopfloch schmückte ein Veilchenbund, das nostalgisch verklärte Symbol der Bonapartes. Und tatsächlich gab es nicht wenige Franzosen, die froh darüber waren, dieses Symbol wiederzusehen. Napoleon II., Sohn des ersten Napoleon und König von Rom, hatte 1815 lediglich zwei Wochen regiert, rein titularisch, denn er war zu jener Zeit vier Jahre alt. Er ist nicht mehr als eine Fußnote der Geschichtsschreibung, die Welt hat ihn vergessen, nur in der Popmusik lebt der *King of Rome* nach.[5]

Die Weltgeschichte aber, so schrieb Karl Marx 1852 in *Der achtzehnte Brumaire des Louis Bonaparte*, einen Gedanken Hegels pointierend, vergisst vieles nicht und ereignet sich häufig zweimal: zunächst als große Tragödie, sodann als lumpige Farce. Frankreich erlebte 1851 und 1852 ein seltsames Déjà-vu und trat in sein zweites Kaiserreich ein, das »Second Empire«. Dieses hatte nicht mehr die Aura der Jugendlichkeit und den Zauber des radikalen, volksnahen Anfangs, wie das Empire des ersten Bonaparte. Der dritte Napoleon schien weniger Schwung zu haben als der erste, seine Symbolik war rückwärtsgewandt. Seinem Staatsstreich haftete gar der Ruch der Feigheit an. Aber wer so dachte und spottete, übersah doch, dass Napoleon III. ein Meister der Inszenierung war, ein virtuoser Mediennutzer und ein umtriebiger Projektemacher, der sich Nostalgie und Retrochic zunutze machte. Zum einen wegen seiner Eitelkeit, zum anderen, um das Volk zu beruhigen und zu unterhalten. Zugleich verschrieb er sich sofort dem unbedingten, hemmungslosen Fortschritt. Die Kulissen zeigten noch das Alte, aber der Bühnenboden hatte sich bereits aufgetan und trieb das neue Paris aus sich heraus. Viele Zeitgenossen verdammten den rasanten Lauf auf die Zukunft, wir Heutigen teilen ihre Skepsis immer mehr.

Der 2. Dezember 1851 war ein denkwürdiger Tag auch für das literarische und künstlerische Leben in Paris. Manche Schriftsteller und Künstler reagierten unmittelbar auf die Geschehnisse, andere verzögert oder erst nach vielen Jahren. Ihre Zeugnisse haben Geschichte geschrieben. Die Brüder Goncourt, Baudelaire und Flaubert waren junge Männer, als die neue bonapartistische Ära begann, Zola war noch ein Kind. Als das Zweite Kaiserreich im Deutsch-Französischen Krieg als Fiasko endete, waren sie tot, desillusioniert oder mit großen, epochalen Projekten über die Zeit des Zweiten Kaiserreichs beschäftigt.

Victor Hugo und George Sand, beide zu Beginn des Jahrhunderts geboren und erfüllt vom republikanischen Geist, waren um die fünfzig Jahre alt, als Louis Napoleon die Macht ergriff. Hugo war längst ein erfolgreicher Dichter, George Sand eine unermüdliche Autorin, Briefschreiberin und Fürsprecherin junger Künstler und die einzige Frau, die im 19. Jahrhundert vom Schreiben leben konnte. Die beiden sollten das Zweite Kaiserreich und den Kaiser selbst überleben und noch die Anfänge der Dritten Republik kritisch kommentieren. Alle diese Schriftsteller lieferten klarsichtige und starke Bilder der Geschehnisse und der Atmosphäre während der Herrschaft Napoleons III. Ihr Temperament, ihre Karrieren und Lebensumstände, ihr Stil und Sound waren ganz unterschiedlich, ihre Worte und Werke aber sind allesamt zu Klassikern geworden. Sie führen uns durch den Tag des Staatsstreichs und durch den Rausch der zwanzig Jahre, aus dem wir vielleicht noch immer nicht erwacht sind.

Der Staatsstreich als Jüngstes Gericht

Mit dem Datum des Staatsstreichs setzt ein großes schriftstellerisches Unternehmen ein, das *Journal* von Edmond und Jules de Goncourt, das erst 1896 mit dem Tod Edmonds endet. Anekdoten und Klatsch, die Dinge des Lebens und die großen und kleinen Begebenheiten und Träume, die hier wie in jedem Tagebuch aufgezeichnet sind, bergen unter der Oberfläche der Beiläufigkeit zugleich einige tiefe Wahrheiten über die französischen Verhältnisse. Am 2. Dezember 1851 erfolgte der erste Eintrag ins *Journal. Mémoires de la vie littéraire*.

Der Staatsstreich war eine Erschütterung für die beiden Brüder, obwohl sie keineswegs die Leidenschaft Victor Hugos oder George Sands für die nun abgeschaffte Republik oder jedwede Herrschaft des Volkes teilten. Sie waren vielmehr höchst kühle und ironische Beobachter der rasanten Veränderungen und zähen Gewohnheiten, die sie in Paris mit eigenen Augen und in Echtzeit studieren konnten. Tag für Tag und Nacht um Nacht führten sie fortan Buch und notierten das, was sie sahen und erlebten, und das, was ihnen zugetragen wurde. So positionierten sie sich als Zeitzeugen und als Agentur für Erzählungen und Gerüchte, deren aktuelle und generelle Macht sie richtig einzuschätzen wussten. Manche ihrer Einträge haben die Länge eines Tweets, andere ähneln Essays oder kleinen Reportagen. Am 2. Dezember 1851 war Edmond de Goncourt neunundzwanzig und Jules, der Federführende, gerade einmal zwanzig Jahre alt. Er, der Jüngere, würde im Juni 1870 sterben und das Ende des Zweiten Kaiserreichs nicht mehr erleben.

Edmond hatte nachweislich schon früher den Plan für ein Tagebuch gefasst und sich dazu besonders im Revolutionsjahr 1848 verstreute Notizen gemacht. Für den ersten Eintrag wählten die Brüder jedoch den Tag des Staatsstreichs:[6] In einer Traumvision vom Jüngsten Gericht werden ihre Seelen von großen Engeln vor den göttlichen Richterstuhl geführt. Gottvater sieht mit seinem mächtigen weißen Bart aus wie auf Kirchenfresken. Er sitzt inmitten seiner himmlischen Heerscharen, die »wie Gendarmen schlafen« und ihre »weißbehandschuhten Hände über den Säbeln« kreuzen. Der Weltenherrscher befragt die Brüder nach ihren Taten und zuletzt nach ihrer Zeugenschaft

grausamer Tierkämpfe in der Arena. Als er sie aushorcht nach Stieren und Bären, die Hunde zerfleischen, und nach großen ausgehungerten Doggen, die mit ihren Fangzähnen einen alten hilflosen Esel zerreißen, da bekennen sie, etwas viel Schlimmeres gesehen zu haben: einen Staatsstreich.

Beim Aufwachen glauben sie zu träumen, als sie hören, dass eine Revolution im Gange ist. Also nichts wie raus auf die Straße und fürs Erste vorbei am Bordell gegenüber. Überall hängt die Proklamation aus, und in der Rue Saint-Georges bewachen Soldaten das Verlagsgebäude der Zeitung *National*. Aber die lächerlich kleinen Barrikaden der Republikaner werden so schnell geräumt, dass die tapferen Soldaten ihre Gewehre schon zu Pyramiden aufgeschichtet haben und diese hier und da mit Karacho aufs Pflaster fallen. Schon mittags räkelt sich die Heldenschar am Seineufer im siegreichen »Sonnenschein von Austerlitz« und gönnt sich nach dieser ganzen Hatz einen Festschmaus. So viel Fleisch, Wein, Wurst und so viele Fässer haben die trinkfesten Goncourts selten gesehen: Paris als »gepökeltes Schlaraffenland«. Um sie herum sind alle so benebelt und beschwipst, dass die beiden sich fragen, ob die Gesellschaft noch zu retten ist. Wohl nicht. Eines aber empfehlen sie für kommende Staatsstreiche: Plätze, Logen und Parkett. Die große Vorliebe der Pariser, die Schaulust, müsse berücksichtigt werden. Denn diesmal sei es doch so gewesen, bemängeln sie, dass alles schon vorbei war, als der Vorhang gerade aufging. Alles ging viel zu leise vonstatten, ganz ohne Trommelwirbel. Welch eine Verachtung des Publikums! Welch schlecht geschriebenes und mies aufgeführtes Stück für einen »geschulten Kritiker« – auch wenn im Nachhinein doch noch Gewehrschüsse ins Publikum abgefeuert werden, Fußtritte von Polizisten und Ladungen der Kürassiere Menschen in die Brust treffen, die »Vive la République!« rufen.

Was für eine kuriose und zündende Vision der geschichtlichen Wende und der kommenden achtzehneinhalb Jahre: als Traum des Endes aller Zeiten, als schlechtes Theaterstück. Und welch famoser Einfall für den Anfang des großen intimen und moralistischen Projektes des *Journal*, das hernach wie kein anderes Persönliches, Berufliches und Poltisches miteinander verbinden wird. Für dieses Projekt sammelten die Brüder, »die Farbpalette in der Hand«, Beobachtungen, Eindrücke und Gespräche und mischten sie zu einem schillernden Zeitgemälde. Freunde und Konkurrenten, Schmeichler und Neider, Streber und Tagträumer, öffentliche Personen und Charaktere der Straße, sie alle erscheinen auf der Bühne der Goncourts. Die große und kleine Politik blitzt auf im Gewande der Kommunikation und des Geselligen, im Tratsch, in Plaudereien und Zoten, und auch in den Notizen zur Materialität des gesellschaftlichen Lebens. Ohne die Stoffprobe eines Kleides, ohne die Speisekarte eines Abendessens gibt es keine lebendige Erinnerung an eine Zeit, vermerkt das *Journal* am 22. Juni 1859. Und es rauschte viel prachtvoller Stoff, es wurde ausgiebig geschlemmt im Zweiten Kaiserreich. Denn viele wurden reich in dieser Zeit, und andere ließen sich aushalten. Im Mai 1872, während eines Aufenthalts am Schliersee in Bayern, schrieb Edmond ein kurzes Vorwort, das nach dem Tod des Bruders zunächst als Schlusswort des gemeinsamen Projekts gedacht war.[7] Das *Journal*, so heißt es dort, sei die »allabendliche Beichte«, die »von einem auf den nächsten Tag fortgeführte Autobiographie« der beiden »*unzertrennlichen* Leben« und »Zwillingsdenkweisen« gewesen. Diesen war für die Verwirklichung des gemeinsamen Arbeitens nur eine begrenzte Zeit, eben diejenige des Zweiten Kaiserreichs, gewährt.

Der Auftakt des *Journal* verbindet sich nicht nur mit dem Staatsstreich. Denn der 2. Dezember 1851 ist zugleich der Tag, an dem die Brüder mit ihrem ersten vollendeten Projekt, *En 18 …, roman fantaisiste et excentrique*, an die Öffentlichkeit treten wollten. Doch aufgrund des Staatsstreichs, des Belagerungszustandes und der Flut von Aushängen, Anweisungen und Verordnungen zur Aufrechterhaltung der öffentlichen Ruhe, konnten die schon gedruckten Plakate mit den Namen der aufstrebenden jungen Schriftsteller nicht angeschlagen werden. Nicht ihrer Erzählung wegen, so heißt es selbstironisch im *Journal*, geriet die Welt also an diesem Tag aus den Fugen, ach, sie wusste ja nicht einmal, dass gerade zwei neue Stars am Pariser

Literaturhimmel aufgingen. Wie sehr wünschten die beiden sich, ihre heitere venezianische Geschichte und nicht der unselige Staatsstreich würde die Welt bewegen! Nun aber erschien das Buch, dieses »erste Kind, liebkost und umhegt, nach mehr als einjähriger Arbeit«, ganz ohne Vorankündigung am 5. Dezember im Selbstverlag.

Den Titel *En 18 …* assoziierten die Brüder sogleich scherzhaft mit dem 18. Brumaire, gerade so, als wollten sie Karl Marx einen Wink geben. Das konnte dieser freilich nicht ahnen, als er 1852 in *Der achtzehnte Brumaire des Louis Bonaparte* den 2. Dezember 1851 als Menetekel einer »neuen Weltgeschichtsszene« deutete, die geisterhaft entlehnte »Namen, Schlachtparolen, Kostüme, altehrwürdige Verkleidung und erborgte Sprache« aufführt.[8] Ihrem ersten Roman war zum großen Kummer der hochmotivierten Brüder wenig Erfolg beschieden, und ebenso erging es ihren Projekten in den folgenden Jahren. Die Kritiker äußerten sich, wenn überhaupt, herablassend, und am Ende würde der gealterte Edmond selbst im Vorwort zum *Journal* den literarischen Erstling verwerfen wie eine unreife Frucht.

Für die frischgebackenen Autoren war die erste Erfahrung mit dem Literaturmarkt bitter, sie verkauften gerade einmal sechzig Exemplare. Doch sie träumten weiter und »bauten Luftschlösser«, und das venezianische Cappriccio war, so gesehen, das stimmige Debüt einer ebenso extravaganten wie symbiotischen Kollaboration, einer machtvollen, nirgends je in dieser Intensität vor- oder nachgelebten Doppelkarriere. Allen Gewohnheiten und Ritualen des literarischen Lebens in Frankreich – Feuilletons, Kritik, öffentliche Auftritte, Freundschaften und Konkurrenzen, Patronage und Klientelismus, Konsekration und Schulenbildung – waren die Zwillingssterne Jules und Edmond fortan gemeinsam unterworfen. Sie schrieben vierhändig aus einer Feder und mit einer Stimme. Sie schrieben nicht »Wir«, sondern »Ich«, und bis 1870 versuchte niemand, ihre Texte dem einen oder anderen zuzuordnen oder ihr Leben zu entzweien. Ein solches Unterfangen wäre im Übrigen ganz und gar vergeblich gewesen, auch wenn es einen, nur einen einzigen, kritischen Moment geben sollte: Im Jahr 1867 würde Edmond, nicht jedoch Ju-

in Émile Zolas Augen ein Bandit und Boulevardkomödiant, besucht ganz entspannt die Aufführung von *Le Château de Barbe-Bleue* in der Komischen Oper[10] und geht danach zum Kartenspiel in den Jockeyclub. Niemand bemerkt, dass er vorher die »Operation Rubicon« auf den Weg gebracht hat. So lautete der Codename für den Putsch.

Flaubert wählte in seinem Roman den 1. Dezember 1851, um Frédéric Moreaus *Lehrjahre der Gefühle*, die »Geschichte eines jungen Mannes« und seiner Generation zu einem ersten frustrierenden Ende zu bringen. Es ist dies auch die Geschichte der »Generation Flaubert«. Er selbst äußerte sich in einem wahrscheinlich auf den 15. Januar 1852 zu datierenden Brief an seinen Onkel François Parain, Juwelier in Nogent-sur-Seine, direkt zu den Ereignissen. Er habe sie, schrieb er, aus nächster Nähe miterlebt, ohne »mit dem Säbel niedergestochen, ohne erschossen oder kantoniert worden zu sein«. Die Vorsehung kenne ihn als Liebhaber des Pittoresken und schicke ihn offenbar zu den Erstaufführungen, soweit sie sich lohnten. Glücklicherweise sei er diesmal nicht bestohlen worden.

Bereits am 8. Dezember 1851 hatte er in einem Brief an seine Bekannte Henriette Collier eine große, an Frankreich nagende Verdrossenheit beklagt. Er sah die Heraufkunft einer traurigen Epoche, der er selbst sich angleiche. Während er sich nun für viele Jahre, schuftend »wie ein Nashorn«, an seine großen Buchprojekte begab, ließ er seinen Protagonisten Frédéric lange und weit reisen, in fernen Ländern Liebe suchen und alles Begehren verlieren. Für all das brauchte er nur zwölf lichte Zeilen seines umfangreichen Romans.[11]

Als Frédéric zurückkehrt in das mondäne Leben, das die Pariser *le monde* nennen, ist es 1867, das Zweite Kaiserreich dauert noch immer an und feiert heftiger denn je. Einmal, während sich Paris im Glanz der Weltausstellung und der neuen Boulevards sonnt, stattet Madame Arnoux ihm einen überraschenden Besuch ab und hinterlässt ihm eine weiße Haarsträhne. Zu diesem Zeitpunkt mag niemand das baldige Ende des Zweiten Kaiserreichs voraussagen. Frédéric passt sich an, »schlägt«, wie so viele andere, »die Zeit tot«, und im Taumel der Vergnügungen geht ihm das Zeitgefühl überhaupt abhanden. Politik aber ist das Allerletzte, das ihn interessiert. Darin gleicht er nicht nur seinem Autor Flaubert, sondern auch Baudelaire, der 1848 noch auf den Barrikaden gestanden hatte und sich nach dem Staatsstreich für »entpolitisiert« erklärte – was übrigens sein einziger direkter Kommentar zu den Ereignissen blieb.[12] Flaubert jedoch hatte in all diesen Jahren, anders als Frédéric, viel Erfolg. Die *Éducation sentimentale* erschien 1869, als das Zweite Kaiserreich spürbar für alle seinem Ende entgegen ging.

Der Roman schließt mit einem Gossip: Frédéric Moreau kehrt als alter Knabe nach Nogent-sur-Seine zurück, wo ihm eine Anekdote wieder zu Ohren kommt. 1837, in einer nun weit zurückliegenden Zeit vor dem Beginn der erzählten Geschichte, hatte der damals fünfzehnjährige Frédéric sich ein Herz gefasst und sich zusammen mit seinem Freund Deslauriers ins Bordell aufgemacht. Der ersten Prostituierten seines Lebens überreichte der Jüngling, *oh, si mignon*, einen Blumenstrauß und ergriff augenblicklich die Flucht, als das ganze Bordell laut auflachte und die prachtvollen Frauen sich schier bogen vor Vergnügen und Wonne. Sex und Klatsch als nachgeholter Vorspann zu dem großen Gesellschaftsroman, als burleske Dorfgeschichte über eine missglückte Initiation, die Frédéric und sein Freund zum Besten erklären, was sie je erlebt hatten. Jetzt, dreißig Jahre später, erzählen sie sich das alles mit viel Sentiment und ironischem Bewusstsein. Frankreichs Schicksalsjahre enden im Bordell-Tratsch, das ist Flauberts ätzende Bilanz.

Der Staatsstreich als Apokalypse

Auch George Sand, beste Freundin, Geliebte oder auch *la mère Sand*, jedenfalls aber die einzige Dame inmitten aller Freundeszirkel und Herrenrunden, war am 2. Dezember 1851 in Paris. Sie bezeichnete diesen seltsam ruhigen Tag später, in ihren *Souvenirs*, als »Apokalypse«. Als sie von dem Staatsstreich hörte, war sie zunächst erleichtert über das Ende einer Oligarchie, die das fadenscheinige Etikett einer Republik getragen hatte. Sie war leidenschaftliche Republikanerin und hatte nach der Februarrevolution gejubelt, als Louis Napoleon Bonaparte erst Parlamentarier und dann Präsident wurde. Damals glaubte sie noch an seine freiheitlichen Absichten und ließ sich von der Aura seines Namens blenden. Umso enttäuschter war sie, als die autokratischen Tendenzen immer offener zutage traten. Es fehlten dem neuen Bonaparte eben doch das Genie des ersten Napoleon und das Herz von Jesus!

George Sand hatte politisch und privat viel erlebt. Dazu zählten eine turbulente Ehe und zahlreiche Liebschaften. Zu ihren Erfahrungen gehörten aber auch die unruhigen politischen Jahrzehnte: die Wirren der napoleonischen Ära, die Restauration, die Revolution von 1830 und die Julimonarchie, die Revolution von 1848, die Zweite Republik und zuletzt der Staatsstreich. Seit Mitte November 1851 hielt sich die Schriftstellerin, die unter ihrem *nom de plume*, ihrem maskulinen Autornamen bekannt ist, in der Hauptstadt auf, um die Proben und Inszenierungen ihrer Stücke, die auf dem Spielplan der Theaterhäuser standen, mitzuerleben und zu begutachten. Sie hatten das Pech, in diese unglückliche Saison zu fallen, in der kulturelle Ereignisse angesichts der politischen Lage untergingen.

Am 2. Dezember wachte George Sand spät auf. Es war schon 10 Uhr, als die Bediensteten ihr endlich die Neuigkeiten der vergangenen Stunden mitteilen konnten. Zunächst verstand sie gar nichts und wähnte sich noch immer in einem der chaotischen und barocken Träume, in die Schlafende vorrangig in den Morgenstunden verfallen. Was geschehen war, glaubte sie erst, als sie die Proklamation las. Zuversichtlich wie sie in jeder Situation war, versuchte sie, sich selbst und andere von der Harmlosigkeit der Ereignisse zu überzeugen. Sie schrieb ihrem Sohn Maurice nach Nohant, sie würde wetten, dass man in der Provinz glaube, in Paris fließe Blut und alles stünde in Flammen. Das aber sei ein Irrtum. Ihre Einschätzung stimmte leider nur für den Augenblick. Am 4. Dezember, als viel Blut floss, die Kutschen aber trotz der Schusswechsel fuhren, kehrte sie auf ihr Anwesen in der anmutigen Landschaft des Berry zurück und nahm sich vor, in den kommenden Jahren nur noch zu besonderen Anlässen nach Paris zu reisen. Nohant, abseits der so »plötzlichen und merkwürdigen Ereignisse« denkbar ruhig, war der Rückzugsort, die Heimat ihrer weitläufigen, auf August den Starken von Sachsen zurückgehenden Familie. Wer einen solchen Vorfahren hatte, den konnten der Luxus, die Vergnügungen und Exzesse späterer Herrscher nicht mehr beeindrucken. Doch dieser barocke Vorfahr hatte ihr auch eingebrockt, dass sie gern als robuste Deutsche geneckt oder auch beschimpft wurde. Wenigstens aber kann der verschwenderische Sachse nicht direkt als Ideengeber für Friedrich Nietzsche herangezogen werden, der George Sand in seiner *Götzen-Dämmerung* eine »Milchkuh mit schönem Stil« nannte.

Eine Alma Mater war George Sand tatsächlich über viele Jahrzehnte und Regierungswechsel hinweg, aber ebenso eine *grande dame* und eine ganze Künstleragentur in persona. Denn in Nohant und in ihrem Pariser Stadtpalais, dem Hôtel de Narbonne, versammelte sie Schriftsteller und Künstler um sich und unterstützte sie großzügig, vor allem, wenn sie Romantiker waren. Dem jungen, noch mittellosen Eugène Delacroix richtete sie in Nohant ein Atelier ein, den Dichter Alfred de Musset, der viel zu früh verstarb, liebte sie wie einen Sohn und die Opernsängerin Pauline Viardot wie eine Tochter. Franz Liszt stellte ihr Frédéric Chopin vor, und der Virtuose wurde ihr Liebhaber. Einen ganzen Winter verbrachten die beiden auf Mallorca. Das war ein Skandal! Denn schließlich waren sie nicht verheiratet und gingen nicht zur Kirche. Zurück in Paris kaufte sie zwei Pleyel-Flügel und ließ einen in Chopins Wohnung und einen in ihre eigene stellen. Sie war Kettenraucherin und schlief wie eine Bohemienne auf einem Matratzenlager, manchmal bis nachmittags um vier. An den Wänden hingen Bilder von Delacroix.[13] Chopins Wohnung befand sich in der Rue Tronchet, dort, wo Flaubert in der *Éducation sentimentale* ein missglücktes Rendezvous zwischen Frédéric Moreau und Marie Arnoux situiert. Es ist nicht belegt, ob dies eine Anspielung auf die glamouröse Liaison sein sollte, jedenfalls aber kannte Flaubert George Sand gut: Sie erwählte ihn in ihren letzten Lebensjahren zu ihrem »Troubadour« und schrieb ihm viele Briefe.

Als die 1850er Jahre anbrachen, hatten sich die Turbulenzen ihres Liebeslebens gelegt, und Sand besann sich auf ihre Rolle als Mutter. Am 4. Dezember 1851, dem »schwarzen Tag«, nahm sie traurig und voller Sorge um ihre Freunde Abschied von Paris. Unter ihren Fenstern liefen bereits die Vorbereitungen für Straßenkämpfe und sie fürchtete, dass sich auch auf dem Land Katastrophen anbahnten. Das aber hieß für sie, nicht lange zu überlegen und »ihre Kinder zu retten – erste Pflicht einer Frau, erstes Bedürfnis einer Mutter«. Sie fügte hinzu, dass ihre Zeit zu sterben noch nicht gekommen sei und sie doch, wäre sie ein Mann, niemals aus Paris fortgegangen wäre.[14] Denn dann hätte sie die Aufständischen unterstützt und sich Victor Hugo angeschlossen, der sie in den Wirren von 1848 als »Mann« belobigt hatte.

Als Frau hingegen, die im Krönungsjahr Napoleon Bonapartes geboren wurde und dem ersten Kaiser der Franzosen in ihren jungen Jahren Briefe geschrieben hatte, fühlte sie sich nun, als fast Fünfzigjährige, erneut zur Mahnerin berufen, diesmal zur Mahnerin des Neffen. Der Despot war ihr zwar nicht verpflichtet, musste aber unter den gegebenen Umständen entschieden daran erinnert werden, dass sie mit ihm bereits während der Julimonarchie korrespondiert und ihn unterstützt hatte, als er 1840 nach seinem zweiten Putschversuch, zu lebenslanger Haft verurteilt, in der Festung Ham, sechzig Kilometer entfernt von Amiens, einsaß. Damals teilten die beiden ein Interesse für frühsozialistische Ideen und die Liebe zum Theater, zu Abenteuern und Büchern. Louis Napoleon hatte das mehrfach unter Beweis gestellt. 1846 konnte er, obwohl er als berühmter Gefangener unter besonderer Bewachung stand, aus dem Gefängnis fliehen: Er verkleidete sich als Arbeiter und trug ein Brett seines Bücherregals über der Schulter, um sein Gesicht zu verbergen. In den Jahren zuvor hatte er nicht nur Gedichte, sondern auch einen Traktat mit dem Titel *Extinction du paupérisme* verfasst. George Sand hatte das Büchlein nach seinem Erscheinen 1844 gelobt und sah nun dessen eingängige sozialreformerische Ideen durch den Putsch, durch Drohungen und Verfolgungen rüde verraten.

Sie beschloss, sich direkt an Louis Napoleon zu wenden. Schon immer war sie engagiert gewesen, das entsprach ihrem Temperament und ihrem Gemeinsinn. Von nun an aber intensivierte sie ihren ehrenamtlichen Einsatz und kämpfte mit der ganzen Kraft ihres Wortes und Herzens um ihre politischen »Träume«. Im Januar begann sie, dem Prinz-Präsidenten Bittbriefe zu schreiben, den längsten am 20. Januar 1852. Darin zog sie alle Register ihrer Redekunst und Menschenkenntnis. Sie bat ihn, Milde walten zu lassen gegenüber ihrer in alle Himmelsrichtungen verstreuten Familie, zu der sie die Verwandten, die Freunde ihrer Jugend und ihres Alters sowie die »Adoptivkinder« zählte, alle, die sich gegen seine Machtergreifung aufgebäumt hatten und nun von Gefängnis, Exil oder der Deportation in die Lager auf der Teufelsinsel oder in Algerien bedroht waren. Trotz ihrer »angeborenen Schüchternheit, ihrer schlechten Gesundheit und ihrer Angst, dem Herrscher unverschämt zu erscheinen«, müsse sie in vollkommener Uneigennützigkeit an sein großes Herz appellieren: »Amnestie, ganz bald Amnestie, mein Prinz!«

Briefe waren das bevorzugte Medium dieser Politikerin der Herzen, die stets eine Feder zur Hand hatte und ihrer Familie, ihren zahlreichen Freundinnen und Freunden sowie Personen des öffentlichen Lebens ihre Erlebnisse und Empfindungen mitteilte, wo immer sich ein Schreibtisch, ein Pult oder auch nur eine provisorische Schreibunterlage fand. Louis Napoleon schätzte zwar, wie er mit dem Ausdruck der Aufrichtigkeit und mit freundlichen Grüßen an einen ihrer Schützlinge schrieb, das Talent der Schriftstellerin, nicht aber ihre politischen Überzeugungen. Von ihren Träumen wollte er überhaupt nichts wissen. Daran änderten auch die beiden Audienzen nichts, um die sie gebeten hatte und die er ihr zu einem Datum ihrer Wahl im Élysée-Palast gewährte.[15]

Später, als das Kaiserreich längst ausgerufen war, der Kaiser geheiratet hatte, in den Tuilerien und in Saint-Cloud Hof hielt und in Compiègne verschwenderische Jagdfeste ausrichtete, suchte George Sand nach neuen Gelegenheiten zur Kontaktpflege. Ihre Hartnäckigkeit war bekannt, auch durch die Reserviertheit des Kaisers ließ sie sich nicht entmutigen. Eingeladen wurde sie jedoch nicht mehr, der Kaiser blieb stur. Dennoch gelang es ihr gleich mehrfach, eine engere Beziehung zum Kaiserhaus herzustellen: Mit Napoleon Joseph Charles Paul Bonaparte, genannt »Plon-Plon«, dem liberalen und kunstsinnigen Cousin des Kaisers und Bruder der glamourösen Princesse Mathilde, nahm sie eine jahrzehntelange Korrespondenz auf. Zweimal bekam sie in Nohant Besuch von ihm, er wurde Taufpate ihrer Enkeltochter Aurore und sollte seine Brieffreundin am 10. Juni 1876 auf ihrem letzten Weg begleiten.

Lebenslang äußerte George Sand furchtlos und höchst einfallsreich ihre Kritik am politischen System, wenn es ihr notwendig schien. Schrieb sie hingegen Freunden vertrauliche Mitteilungen, bediente sie sich, da die Post überwacht wurde, eines Geheimcodes. Sie unterzeichnete dann mit den Initialen »A. D.« als Teil ihres Geburtsnamens Amantine Aurore Lucile Dupin de Francueil, die nur zufällig mit dem Jahr des Herrn, *anno domini*, übereinstimmten. Sie verlegte das Datum der Niederschrift von Briefen in die Zeit vor dem Staatsstreich; sie adressierte den einen oder anderen Freund als Freundin und maskierte Namen und Geschlecht der Mächtigen, über die sie sprach. So konnte der Kaiser auch schon einmal als »diese Dame« in Erscheinung treten.[16]

Dem Geschick der unermüdlichen Briefschreiberin ist es zu verdanken, dass sie auch mit der Kaiserin eine lockere Interessengemeinschaft zu ausschließlich karitativen Zwecken aufbauen konnte. Eugénie kannte Frankreich. Sie hatte als kleines temperamentvolles Mädchen auf Stendhals Knien gewippt und wurde mit einem kurzen Auftritt im Roman *La Chartreuse de Parme* bedacht. Prosper Mérimée, der Autor der unsterblichen *Carmen*, hatte sie in der Rue du Bac zum Eisessen eingeladen. Ungeachtet einiger übler Gerüchte ihren früheren Lebenswandel betreffend war sie in tiefkatholischer spanischer Tradition gefestigt und zugleich wegen ihrer Jugend und Schönheit eine Ikone in Fragen von Mode und Stil. Sehr genau beobachtete George Sand Eugénies Verführungskünste, zu der die geschwungene Taille, die Freude am Spiel mit dem Fächer, die theatralische Hingabe und die Sehnsucht nach Stierkämpfen ebenso zählten wie Güte und Nächstenliebe. Dass diese Eigenschaften Einbildungskraft, Herz und Sinne der Männer anregten, kam ihr für ihre eigenen Zwecke gelegen. Denn die Kaiserin war eine treue Leserin der Romane Sands. In ihrer neuen Position, deren Machtbefugnisse sie von Jahr zu Jahr weiter ausbauen konnte, unterstützte sie die Schriftstellerin gern darin, hier und dort ein unverdientes Elend, eine kleine Ungerechtigkeit zu lindern, solange diese nicht die Politik berührten.

Mitte der 1860er Jahre, als Flaubert mit der *Éducation sentimentale* rang und das *Journal* der Goncourts zu einem voluminösen Notizenberg angewachsen war, zog George Sand eine erste Bilanz der Jahre unter Napoleon III. In einer Rezension seines Buches *Histoire de Jules César*, das 1865 bei Michel Lévy, ihrem eigenen Verleger und auch demjenigen Flauberts, erschien, äußerte sie sich in gänzlich anderem Tonfall als bei Erscheinen seines Traktats über den Pauperismus. Damals hatte sie den aufständischen Louis Napoleon Bonaparte als »edlen Gefangenen« adressiert, der »wie das Volk in Ketten liege« und nicht wie sein Onkel den Ruhm, sondern den Schmerz des Volkes verkörpere. Jetzt aber, nach allen Erfahrungen mit seiner kaiserlichen Herrschaft, konnte sie in ihm nur mehr den Abglanz des großen Cäsar erkennen, der er immer sein wollte. In der 13-seitigen Buchbesprechung fragte Sand beherzt, ob Cäsar für die Herstellung von Ordnung zu danken sei, wo doch die Unordnung allgemeiner Sittenlosigkeit herrsche. Sie fragte weiter, ob er ein göttliches Wesen sei, wenngleich er »das Volk gekauft, ihm geschmeichelt, sein niederstes Laster, die Käuflichkeit des Gewissens, geweckt habe und durch Korruption herrsche«. Ein Satz aber aus dieser mutigen Rezension liest sich wie eine Sentenz auf das Zweite Kaiserreich: »Wenn man die Ruhe in den Straßen hergestellt hat, hat man noch nicht den Frieden in den Häusern geschaffen, und wenn man in denselben Straßen die Bacchanalien des Vergnügens entfesselt hat, hat man dort noch nicht der Freude freien Lauf gelassen.«[17]

Der Staatsstreich als Verbrechen

Während George Sand auch bei schärfster Kritik den Konversationston gepflegter Briefkultur niemals aufgab, verschaffte sich der knapp fünfzig Jahre alte Victor Hugo mit einem Pamphlet Gehör. Nur der geharnischte Ton einer Schmähschrift schien ihm geeignet, seiner Meinung zum Zweiten Kaiserreich Ausdruck zu verleihen. Hugo war um 1850 längst ein Jahrhundertdichter, ein öffentlicher Intellektueller und das republikanische Gewissen der Nation. Er hatte als Abgeordneter der gerade zu Ende gegangenen Zweiten Republik mit Reden Aufsehen erregt, in denen er die Verantwortung der Politiker für das Volk einklagte. Nach dem fatalen 2. Dezember 1851 und der Flucht sollte er auch im Exil seine Stimme erheben, um sie durch das ganze Zweite Kaiserreich schallen zu lassen. Noch am Tag des Staatstreichs entfernte er zahlreiche der klammheimlich plakatierten Regierungserlasse. Dann legte er die Schärpe in den Farben der Tricolore an, die Abgeordnete der Nationalversammlung bei offiziellen Anlässen trugen, und setzte sich an die Spitze eines Protestzugs durch den Faubourg Saint-Antoine, das Viertel der Revolutionäre und Arbeiter östlich der Bastille. Weder durch Regen und Kälte noch durch Soldaten- und Polizeitrupps ließen sich die Demonstranten beirren, doch ihr Widerstand war vergeblich, sie erreichten gar nichts. Am nächsten Abend griff Hugo zur Feder und begann mit dem Artikel »Le crime du 2 décembre«.[18] Zur gleichen Zeit wurden drei demonstrierende Studenten verhaftet, erschossen und in die Seine geworfen. Am darauffolgenden Tag brachen die Straßenkämpfe aus, mehrere hundert Aufständische wurden getötet, Tausende verhaftet. Niemals würde Hugo vergessen, dass am Kaisermantel des neuen Bonaparte Blut klebte, sogar das von Frauen und Kindern. Das Pamphlet, zu dem er ausholte, nannte er voller Zorn, Hohn und Verachtung *Napoléon le Petit*.

Hugos Abrechnung mit dem neuen Herrscher der Franzosen erschien am 8. August 1852 in Brüssel. Niemand konnte wagen, es in Paris zu drucken. Nur weil zahlreiche Exemplare einer kleinformatigen Sonderedition in Heuballen und Sardinendosen, in Korsetten und Zigarren sowie in Gipsbüsten des Despoten nach Frankreich geschmuggelt wurden, konnte die Schrift auch dort gelesen werden. Offiziell wurde sie erst dreißig Jahre später von Hugos Verleger Hetzel & Cie. herausgegeben. Da das Pamphlet, ein *work in progress*, aus der Feder Hugos stammt, ist es angereichert mit starken poetischen Bildern: Der Erzähler wandert durch die Straßen von Paris, die dem Inferno Dantes gleichen. Das letzte Kapitel, »La Chute«, entstand erst nach 1870. Da scheint es dem Wanderer, als schwebe der Racheengel über dem Tal in den Ardennen, um mit seinem Schwert das »monströse Abenteuer« des Zweiten Kaiserreichs zu bestrafen, das mit einem Blutbad begann und im Gemetzel des Deutsch-Französischen Krieges endete.

Hugo, der sich zum Missfallen vieler Republikaner während der Julimonarchie zum *Pair de France*, zu einem Paladin, hatte adeln lassen, hatte 1848 die Präsidentschaft Louis Napoleon Bonapartes unterstützt. Seinen Staatsstreich aber nannte er sofort und ohne Umschweife ein »Verbrechen«, den Urheber einen »Banditen«, seine Helfer »hinterlistige Heuchler« und seine Mission einen Ausdruck »mörderischer Zivilisation«.

Einer der ersten Pariser Leser von *Napoléon le Petit* war der Titulierte selbst. Hugo hatte ein Exemplar direkt an Louis Napoleon Bonaparte geschickt und ärgerte sich kurz darauf über dessen unerwartet geistreiche Reaktion, die im Regierungsblatt *Le Moniteur universel* vom 23. August vermerkt wurde: »Seht her, meine Herren, hier ist *Napoleon der Kleine* von *Victor Hugo dem Großen.*« Offizielle Stellungnahmen gab es keine, und vielleicht war das Ganze ohnehin der Einfall von Journalisten, die trotz ihrer Regierungsnähe irgendwie Esprit hatten.

Am 11. Dezember verließ Hugo als »Jacques-Firmin Lanvin, Schriftsetzer« mit dem Nachtzug das Land und ließ sich in Brüssel nieder, noch bevor am 9. Januar 1852 weitere 65 Repräsentanten des Volkes ins Exil gehen mussten, unter ihnen der Historiker und Herder-Übersetzer Edgar Quinet sowie Adolphe Thiers, der 1871 erster Präsident der Dritten Republik werden sollte. Niemand verließ das Land gern.

Nach Erscheinen des Pamphlets wurde Hugo von der belgischen Regierung aufgefordert, das Land zu verlassen. Er selbst und seine Freunde rechneten nicht damit, dass er bald nach Frankreich zurückkehren würde, seine Feinde hofften, niemals. In Paris war bereits im Juni sein gesamtes Mobiliar versteigert worden: das Bett mit Salomonischen Säulen, der Arbeitstisch, Sessel um Sessel, Vorhang um Vorhang, japanisches Porzellan, Chinoiserien, Gläser aus Böhmen, alte Tapisserien, »Reliquien, eine ganze Welt aus Rätseln, ein häusliches Gedicht«.[19] Für Victor Hugo begann unterdessen die lange Zeit des Exils auf den englischen Kanalinseln, zuerst auf Jersey, dann auf Guernsey.

In der Abgeschiedenheit des Inseldaseins, den Blick über das Meer nach Frankreich gerichtet, fand Hugo zurück zur Dichtung und verfasste *Les Châtiments*. Seinem Verleger kündigte er diese »Sammlung fern aller reinen Dichtung« als Waffe eines Kämpfers an. Und Hetzel, auch er ein Aktivist, druckte 1853 in Brüssel die zürnenden und anklagenden Gedichte.

Gleich im ersten Gedicht der Sammlung, »Nox«, ist die Nacht eisig und Frankreich ein Dunkelland. Sittenlosigkeit und Gewalt zerrütten das Leben aller, gerade so, als sei Paris das Rom unter Nero, mit der ganzen Verkommenheit dieser Zeit, die einst der spätantike Dichter Juvenal in seinen Satiren geschildert hatte. »Nox« endet mit dem Anruf an die »Muse Empörung«. Ein anderes Gedicht, »Souvenir de la nuit du 4«, betrauert einen siebenjährigen Jungen, dessen Schädel am Tag des Massakers im Kugelhagel zertrümmert wurde. Er hatte nicht einmal »Vive la République!« gerufen. Nun näht die Großmutter sein Leichentuch. Der Tod hat sie, die Alte, übersehen und holt sich stattdessen die Kinder.

Natürlich ließ es sich Hugo auch nicht nehmen, den trockenen Witz des »kleinen Bonaparte« – und gut war die Reaktion auf die Schmähschrift allemal – in einem Gedicht zu kontern: »L'homme a ri«. Er hoffte, dieses Lachen für alle Zeiten ersticken zu können. Doch Louis Napoleon schwieg, das war seine hervorstechendste Kommunikationsform. Sie begleitete seine gesamte Amtszeit, irritierte die Gegner und brüskierte die Getreuen. Der Historiker Alexis de Tocqueville, der ebenfalls nach dem Staatsstreich verhaftet worden war, schrieb später in seinen *Souvenirs*, dass alle Worte, die man an den Kaiser richte, wie Steine seien, die man in einen Brunnen werfe: Man hörte den Krach, wusste aber nicht, was aus den Steinen wurde.[20]

Das Schweigen schluckte auch die Redeflut des Dichters. Hugo blieb allein mit seinen Fragen, die er sich selbst und den Zeitgenossen in *Napoléon le Petit* stellte: Wie kann ein unbedeutender Mann so viel Erfolg haben, wie konnte aus dem Citoyen Louis Napoleon Bonaparte, der 1848 den Eid auf die Verfassung geschworen hatte, der Usurpator eines freien Landes werden? Ist sein marmornes Herrscherbild nicht nur aus Gips? Was treibt er, wenn er sich totstellt? Und was begehrt er außer Pferden, Mädchen und der respektvollen Anrede »Monseigneur«?

Niemand antwortete Hugo auf diese Fragen. Sie beunruhigten ihn, trieben ihn um, ließen ihn nicht schlafen, weckten Gespenster. Sie riefen, hochromantisch, einen monströsen Tyrannen auf und konterkarierten ihn gleich wieder: Usurpator und nichtiger Mann, Marmorbild und Gips. Immer und immer wieder spitzten sie das Anstößige, Skandalöse dieser Herrschaft zu. Es wurde ihm zur Obsession. Hugo dämonisierte seinen Gegner, den kleinen, dummen, erbärmlichen Napoleon, und ließ ihn damit auf paradoxe Weise zu einem Riesen anwachsen.

Napoléon le Petit ist mit seiner anschwellenden Empörungsrhetorik der erste Aufschrei der modernen Mediengesellschaft. Victor Hugo wollte es so, er sprach selbst von einem *cri* und wählte den Modus des *overstatement,*[21] um den Gegner niederzuzwingen und die Erstarrung der französischen Nation zu lösen, die er im Dunkel der Nacht mitten im Schlummer überwältigt und zum Beischlaf gezwungen sah. Als Großdichter aller literarischen Genres, als Beobachter und Erzähler, Politiker und Geschichtsschreiber ließ er den Schrei im ganzen Repertoire seines Furors und Könnens nachhallen: in dramatischen Szenen, Notizen über Erlebtes und Gesehenes, *choses vues*, in narrativen und lyrischen Sequenzen, ätzenden Satiren, polemischen Zuspitzungen *ad personam* und mythischen und allegorischen Figuren voller Finsternis und Pathos. *Napoleón le Petit* ist eine schaurige Geschichtsvision voller Monster. »Ich schreie jetzt, und zweifelt nicht daran, das universelle Gewissen der Menschheit wiederholt es mit mir, Louis Napoleon hat Frankreich ermordet! Louis Napoleon hat seine Mutter getötet.« So schrieb und schrie

Hugo es heraus. Das war stark, aber nicht stark genug, noch fehlte die Heilsgeschichte: Louis Napoleon war nicht nur Nero, sondern zugleich das Kreuz, das die Nation in der Nachfolge Christi trug, er war der elende Soldat, der Jesus den Lanzenstoß versetzte und ihn in seiner Gottverlassenheit aufschreien ließ, er war der stumme Handlanger der Vorsehung, die Opfer fordert. Aber am Ende würden die Humanität über die Tyrannei und das Gewissen über die Skrupellosigkeit siegen, weil sie siegen müssen. So wie der gerade Weg niemals der längste sein kann und 2 plus 2 nicht 5 ergeben, selbst wenn eine überwältigende Mehrheit es behauptet. Einen Victor Hugo ohne Hoffnung auf Läuterung und Erlösung gab es nicht, niemals. Und nie war sein Pathos peinlich.

1853

Projektemacherei und Fortschritt first

Die Goncourts waren im Januar 1853 mit mehreren Projekten beschäftigt und bekamen wegen eines frivolen Zeitungsartikels Probleme mit Zensurbehörde und Justiz. Dessen ungeachtet feierten sie die Nächte durch. Baudelaire ärgerte sich darüber, dass nur wenige seiner Gedichte gedruckt wurden, und wenn eines angenommen wurde, dann meistens von alternativen Zeitungen, die kein Geld hatten und deshalb auch nichts zahlen konnten. Flaubert feierte das Weihnachtsfest und den Jahreswechsel zusammen mit seiner Mutter in Croisset. Er quälte sich mit *Madame Bovary* und der Kunst überhaupt. Manchmal fühlte er sich wie eine Kröte, die den Kopf aus dem Wasser reckt und eine seltsame Musik von sich gibt. Die Zensur nannte er ein Attentat auf das Denken, und hämisch notierte er bourgeoise Sottisen für seine Sammlung von Gemeinplätzen. George Sand verbrachte die Zeit zwischen den Jahren mit Familie und Freunden in Nohant und war froh, auf dem Land zu sein und nicht in Paris. Ihre Neujahrsgrüße an diejenigen, die im Exil waren oder aus sonstigen Gründen nicht bei ihr sein konnten, verband sie mit dem Versprechen, dass sie sich weiterhin um alles kümmern würde. Victor Hugo war von Brüssel nach Jersey gezogen, fand keine Ruhe und schrieb. Oft wanderte er über die Insel, zeichnete, grübelte und träumte. Er war Frankreichs Staatsfeind Nummer 1.

Zu Beginn des Jahres 1853 war jedem klar, welches Ziel Louis Napoleon mit dem Staatsstreich verfolgt hatte: Frankreich war seit einem Monat – fast ein halbes Jahrhundert nach der Thronbesteigung Napoleon I. – wieder ein Kaiserreich. Es galt die monarchische

Erbfolge. Nach einem Volksentscheid der männlichen Bevölkerung war Louis Napoleon Bonaparte von Senat und verfassunggebender Versammlung als Napoleon III. zum »Kaiser der Franzosen« ernannt worden. Die Zustimmung war überwältigend.

Am 2. Dezember 1852 hielt er, wie einst die in Reims gekrönten Könige, seinen Einzug in Paris. Danach bestellte er sein Haus.[1] Als Gesandte und Minister mit ausschließlich beratender Funktion setzte er Familienmitglieder ein, Tocqueville zufolge allesamt Intriganten und Spitzbuben. Die Regierungsform war der »Cäsarismus«. Weil die Bonapartes der Meinung waren, dass niemand gegen sein Volk regieren könne, gab es weiterhin Wahlen. Niemand aber, so viel war gewiss, konnte gegen den Kaiser regieren. Hofgeschichtsschreiber wie der Baron d'Ambès waren, im Gegensatz zu »gewissen Schriftstellern und Professoren mit ihren Büchern oder Lesesälen«, der Meinung, das Staatsoberhaupt und seine Handlungen seien über jede Diskussion und Kritik erhaben. Mit den »gewissen Schriftstellern« war vor allem Victor Hugo gemeint, dessen mächtige zornige Stimme allen im Ohr lag. Es gab über ihn und seine Freunde nur hämische Berichte: die Bezeichnung der Versteigerung seines Haushalts als »Würfelspiel um die Kleider Christi«, der Tränen seiner Freunde als »reine Sentimentalität«.

Napoleon III. residierte inzwischen, wie sein Onkel, in den Tuilerien, dem Stadtschloss der französischen Könige. Sein Wappen zeigte den napoleonischen Adler, und weil Napoleon I. zur Erinnerung an das Königssymbol der französischen Gründungsdynastie der Merowinger 1500 Goldbienen in seinen Kaisermantel hatte sticken lassen, zierten diese nun Münzen, Geschirr und Tafelsilber. Hugo spottete in den *Châtiments* genüsslich über diese Tatsache und forderte die Arbeiterinnen und Drohnen des honigspendenden Bienenvolkes, das in normalen Zeiten vor dem Dezember flieht, dazu auf, als Schwarmgewitter, ja als Geschwader über den niederträchtigen Usurpator hereinzubrechen. Das war zu diesem Zeitpunkt jedoch ein aussichtsloses Wunschdenken. Kostüme und Requisiten sahen zwar so aus, als solle ein Theaterstück der Vergangenheit wieder aufgeführt werden, aber sie täuschten nur über ein Management hinweg, das alles in die Waagschale der Zukunft warf. Herrschaft, Haus und Bühne des neuen Bonaparte waren bestens eingerichtet, alles lief prächtig. Der »Code Napoléon«, das Bürgerliche Gesetzbuch, war in Kraft, der 15. August – der Geburtstag Napoleons I. – erneut als Nationalfeiertag eingeführt, und die Publikation der Gesamtwerke des großen Gefangenen von St. Helena in Auftrag gegeben.

Das Corporate Design war überall sicht- und wiedererkennbar, die Werbung lief auf Hochtouren, und der *Moniteur officiel* berichtete, wie Hof- und Reklameblätter es stets tun, nur Wohlmeinendes. Sogar privat war fürs erste die Ordnung wiederhergestellt. Die offizielle Favoritin des Kaisers, Miss Harriet Howard, die sich Hoffnungen auf einen Rang gemacht hatte und angesichts der externen Brautwerbung *not amused* zeigte, musste den Hof verlassen, als die Hochzeit bevorstand. Endlich, so hörte man dort hinter versteckter Hand, sei die anmaßende Tochter eines Schusters aus Brighton fort.

Tatsächlich aber hatte Miss Howard, eine Schauspielerin von außerordentlicher Schönheit und mäßigem Bühnentalent, dem jetzigen Kaiser in schwierigeren Zeiten zur Seite gestanden. Er wiederum hatte jede Gelegenheit genutzt, sie zu sehen, und verteidigte seine Neigung gegenüber Kritikern, die durch die Liaison und damit verbundene eventuelle unliebsame Folgen seinen Aufstieg gefährdet sahen. Als der Kaiser Miss Howard entließ, übertrug er ihr einen Landsitz und verlieh ihr den ausdrucksvollen Titel der Gräfin von Beauregard, der allerdings in einen weniger klangvollen Namen umgewandelt werden musste, als die gleichnamige Familie Beschwerde gegen die neue Gräfin Schönblick einlegte.

Anfang 1853 schien es also, als seien alle Altlasten elegant beglichen und die bonapartistischen Rituale ganz selbstverständlich wieder an der Tagesordnung. Aber wiederholt sich Geschichte wirklich? Denn tatsächlich war es so, dass die Gegenwart trotz der Zeremonienmeister aus der Vergangenheit auf etwas unerhört Neues zusteuerte. In Paris brauste der »Sturm des Fortschritts«[2] durch die alten Fahnen, die allerorts aufgezogen wurden und munter einherflatterten.

Im Paris des Jahres 1853 stießen Welten aufeinander, die nur scheinbar unterschiedlichen Gesetzen gehorchten: Monarchischer Retrochic und Fortschrittswahn, Armut und immenser Reichtum, Bohème und Bürgertum, Hungerkünstler und Stars des Kulturbetriebs. Kaum jemand überblickte die Lage in einer Stadt, die sich anschickte, die »Hauptstadt des 19. Jahrhunderts«[3] und die Metropole der Zukunft zu werden. Für die Bewohner war es nahezu unmöglich, die Haupt- und Neben-, Vorder- und Hinterbühnen des politischen und kulturellen Geschehens zu sortieren, die zwar gleichzeitig aufgebaut wurden, aber nicht alle einzusehen waren.

Im Januar 1853 also heiratete Napoleon III. – knapp zwei Monate, nachdem er als ungekrönter Kaiser durch den Triumphbogen geritten war. Damit durfte seine Entourage auf einen Thronfolger hoffen. Die großen Partien aus dem *Almanach de Gotha* blieben dem Emporkömmling verwehrt, das war seinen Beratern klar. Auf eine Habsburgerin oder Romanova konnte er sich keine Hoffnung machen. Aber der 44-Jährige, der nun so alt war wie sein Onkel bei seiner letzten großen Schlacht nahe Leipzig, eroberte das Herz der reizenden 26-jährigen Eugénie de Montijo, deren Vater, ein spanischer Grande, in den Diensten Napoleon Bonapartes gestanden hatte. Die Hochzeit im Beisein von 2800 Gästen war trotz der demonstrativen Abwesenheit sämtlicher Monarchen pompös und leitete den Festtaumel ein, der fortan die Jahreszeiten takten und die Bevölkerung bei Laune halten sollte. Gemäß der römischen Devise *panem et circenses* sollte wenigstens gespielt werden, wenn es schon mancherorts an Brot mangelte. Das war die Strategie der spektakulären Politik, die auf der Agenda des neuen Bonaparte stand. Die folgenden Jahre sollten zeigen, dass er die Inszenierung von Macht unter Einsatz aller Medien, einschließlich der noch jungen Fotografie, perfekt beherrschte.

Seine junge Gattin war für die Gegner des Kaiserhauses nur die »Espagnole«, die »Spanierin«, was sie nicht störte, da ihr Vorbild Marie Antoinette stets feindselig die »Autrichienne«, die »Österreicherin« genannt worden war. Sie punktete unterdessen mit Charity-Aktionen und damit, dass sie das Hochzeitsgeschenk der Stadt Paris zurückwies, ein Collier im Wert von 600 000 Francs, nach heutigen Maßstäben etwa 2,4 Millionen Euro. Eugénie begründete die mildtätige Geste mit dem Hinweis auf die vielen Armen und die Tatsache, dass ein Fabrikarbeiter mit fünfköpfiger Familie ein Jahreseinkommen von maximal 2000 Francs hatte.[4] Gleichzeitig kündigte sie das Projekt einer sozialen Einrichtung für junge Mädchen an, das mit dem Erlös schneller realisiert werden könne. Das Volk huldigte ihr, während sie selbst ihre neue Lage ziemlich gut einschätzte. In einem Brief an ihre Schwester schrieb sie, nun trage sie den Titel »Majestät« und alles komme ihr vor wie in einer Komödie.[5]

Während Vintage-Style, imperialer Prunk und demonstrative Wohltätigkeit das öffentliche Wirken des Kaiserpaares beherrschten und scheinbar eine beharrende, ja rückwärtsgewandte Symbolik überwog, nahm der Kaiser entschlossen Kurs auf die Zukunft. Alles musste bewegt und beschleunigt werden, Menschen, Tiere und Maschinen wurden dem Gebot des Aufschwungs, der Kreativität und Effizienz unterstellt. Dafür brauchte Napoleon III. eine ganz neue Hauptstadt – und er schuf sie.

Die Aufbruchsstimmung aber veränderte nicht nur die Hauptstadt, sondern erfasste auch die Provinz. Dafür sorgte die Eisenbahn. Sie fuhr bald durch das ganze Land, vom Zentrum bis an die Peripherie und darüber hinaus bis nach Belgien und Deutschland. Bald sollte es französischen Investoren und Ingenieuren sogar gelingen, das Schienennetz durch weite Teile Afrikas zu verlegen. Welch faszinierender Fortschritt! Noch im Jahr 1840 war der Zugverkehr von Ingenieuren der Elitehochschule Ponts & Chaussées als schlechte Alternative zur Schifffahrt evaluiert worden, obwohl viele der großen französischen Flüsse nicht einmal schiffbar waren. Nun aber, begünstigt durch eine Reihe von Dekreten und Investitionsschüben, hatte sich diese Einschätzung geändert. Die Eisenbahngesellschaften wurden zu mächtigen Akteuren der Industrialisierung, die Verlegung der Fernstrecken, der *grandes lignes*, war ein entscheidender Konjunkturfaktor. Gleiches galt für die Eröffnung neuer Bahnhöfe, unter ihnen der von Jakob Ignaz Hittorff gebaute prachtvolle Kopfbahnhof Gare du Nord, der damals das Tor Frankreichs nach Deutschland und in das nördliche Europa war und noch heute der meistfrequentierte Bahnhof Europas ist. Napoleon I. hatte Heerstraßen durch ganz Frankreich ziehen lassen, sein Neffe sorgte nun dafür, dass Handel und Transport von Straßen und Flüssen auf Schienen verlegt wurden. Mit der Mobilität und Geschwindigkeit stieg die Reiselust, Touristenmassen strömten bald durch das ganze Land. Die Pariser, reiche und weniger reiche, entdeckten die Sommerfrische und die Freuden der Provinz und der Küste.[6]

Flaubert verbrachte den Nationalfeiertag am Strand seiner Kindheit in Trouville und erkannte dort die guten Leute von früher wieder, die Frauen nun korpulenter und die Männer ergraut. Doch es schien ihm, als hätten sie alle sich nie bewegt und trügen noch immer dieselben Kleider wie damals. Drumherum aber waren Häuser und Straßen gebaut und die Promenade erweitert worden, überall waren Pariser Sommerfrischler, Kutschen, Sonnenschirme, Lakaien in Livrees unterwegs. Als Kind war er einfach ins Wasser gesprungen, und mit ihm Jungen und Mädchen gemeinsam. Nun aber wurden die Strandabschnitte durch Pfeiler und Netze nach Geschlechtern getrennt, und ein Strandwächter regelte den Betrieb. Die Menschheit schien komplett verblödet! Aus der Ferne beobachtete er, sein Lorgnon auf der Nase, wie die Damen in Ganzkörpersäcken und mit gewachster Kopfhaube ihre Füße ins Wasser hielten. Und was für Füße: bleich oder rot, mit Beulen und Hühneraugen und deformiert von feinen Stiefeletten, lang wie Weberschiffchen oder breit wie Schlegel. Dazu plärrende Gören und strickende Großmütter. Welch ein hässliches Schauspiel! Er sehnte sich nach einem Leben auf den Sandwichinseln oder in den Wäldern Brasiliens, um all das nicht miterleben zu müssen, die Menschenmassen und den Fortschritt, der sie alle mobilisierte.[7]

Und doch wurden Distinktionen gewahrt, als der Strandurlaub populär wurde. Die Züge fuhren mit Abteilen erster, zweiter und dritter Klasse, und selten näherte sich das Volk den Grandhotels, Casinos und Promenaden der mondänen Badeorte am Atlantik, Deauville,

Trouville und Dieppe in der Normandie, Saint-Malo in der Bretagne, Biarritz im Baskenland. Auch der Medizintourismus boomte. Nirgends starb man schöner an der »Schwindsucht« als in den Sanatorien der vornehmen *Ville d'Hiver* von Arcachon in Aquitanien, nicht einmal im Heilbad Vichy in der Auvergne, dessen Therme schon die Schmerzen der Römer gelindert hatte und nun – durch Investitionen der Brüder Pereire – zum Wellness-Resort ausgebaut wurden. Ein regelmäßiger Kurgast war der Kaiser selbst, häufig in Begleitung der aktuellen Geliebten, gern einer Zirkusartistin oder Schauspielerin. Alle wussten, dass er sich hier bald nach seiner Hochzeit wieder galante Abenteuer gönnte, die er als »kleine Vergnügen« oder »kleine Abwechslungen« bezeichnete, während seine zahlreichen Maitressen spöttisch »kleine Kaiserinnen« genannt wurden.

1853 konnte man mit dem Zug von Strasbourg über Nancy nach Paris fahren, von Valenciennes und Lille über die belgische Grenze nach Gent, bald auch von Montpellier nach Nîmes, von Marseille nach Avignon, von Lyon ans Mittelmeer, von Paris nach Cherbourg. Handel und Hotellerie, die Post und selbst das literarische Schreiben profitierten von der Zügigkeit des Verkehrs und der Synchronisierung der Zeit durch den Gleichtakt der Bahnhofsuhren. George Sand, die rund um die Uhr Briefe schrieb, steigerte mit dem Tempo der Postzustellung noch einmal ihre Produktivität. Der in präzise Details vernarrte Flaubert studierte die Fahrpläne, um den Weg seiner Briefe und Pakete nachzuverfolgen. Das galt vorrangig für den postalischen Verkehr mit seiner Geliebten Louise Colet, selbst eine ambitionierte Schriftstellerin. Während er den pompösen Stil ihrer Entwürfe tadelte und Tempusfehler korrigierte, teilte er ihr mit, an welchen Tagen (montags) und zu welcher Uhrzeit (halb zehn morgens) der Zug aus Croisset nach Paris abfuhr, wann sie also mit seinen Anregungen zu rechnen habe und dass er eilige Korrekturen spätestens sonntags erwartete.[8]

Soviel zunächst zur allgemeinen und besonderen Lage in der Hauptstadt und im Land. Überall galt die Devise: Tempo! Tempo! Fortschritt first!

Sex and the City. Bohème zwischen Hedonismus und Start-up

Im Schatten öffentlicher Zeremonien, pompöser Auftritte des Kaiserpaares und sichtbarer Veränderungen des Alltagslebens gedieh in Paris eine Subkultur, die sich aus politischen Dissidenten und renitenten Künstlern zusammensetzte. Zu letzteren gehörten Edmond und Jules de Goncourt. Sie vergnügten sich, während die Zukunft hereinstürzte, in Kneipen und Bordellen und pflückten den Tag und die Nacht. Seit dem Staatsstreich waren sie ohnehin auf der Seite der Verdammten, hatten nichts mehr zu verlieren und gönnten sich einen höllischen Spaß. Sie lebten im Untergrund, statt am Pariser Literaturhimmel zu leuchten, auch wenn sie selbst sich als aufgehende Stars sahen, lange bevor sie tatsächlich berühmt wurden.

Das Jahr 1852 verbrachten sie mit erotischen Exzessen, unbotmäßigen literarischen Versuchen und Schmähungen erfolgreicher Kollegen: Eugène Sue war für sie ein Krämer und feilschte um jeden Sou, seitdem er die Pariser Unterwelt als Attraktion entdeckt und dem *Journal des Débats* mit seinem Feuilletonroman *Les Mystères de Paris* einen sagenhaften Auflagenerfolg beschert hatte; Balzac beschimpften sie als »nervtötend, ungebildet und niederträchtig, aufgedunsen vor lauter Gemeinplätzen« und »eitel wie ein Proviantmeister«.[9]

Im November führten die Brüder sich auf wie Wüstlinge und prahlten mit verrückten Banketten, düsteren Partys und türkischen Orgien, bei denen sich alle besprangen. Sie machten eine um die andere Frau betrunken und »entkleideten das Tier, das in einem Seidenkleid steckte«. Besonders lustig war es, wenn eine Frau von Zeit zu Zeit »kindliche Schreie einer Betrunkenen von sich gab, fluchte und mit den Zähnen knirschte«, während »auf dem Kaminsims unberührt ein Korb voll Obst« stand. Dann dauerte der ganze Spaß bis zum Morgengrauen oder einfach immer weiter und so lange, »bis dass das Mädchen kotzte« – und die Straßenarbeiter sich kopfschüttelnd fragten, was alles erlaubt war, wenn sie im Morgengrauen ihrer Arbeit nachgingen.

Zur gleichen Zeit arbeiteten die Brüder durchaus ernsthaft und schrieben Artikel für die Zeitung *Le Paris*. Ein Cousin, der Autor und Kritiker Laurent de Villedeuil,[10] hatte diese am 22. Oktober 1852 als »erste literarische Zeitung seit der Erschaffung der Welt« gegründet, wenige Monate später erschien sein Buch *Paris à l'envers*. Es schildert die ungezügelte Fresslust und schlechte Haut der Pariser sowie den Voyeurismus der Theater- und Konzertbesucher. Nichts interessierte das kultivierte Publikum offenbar mehr als der Augenblick, in dem das temperamentvolle Streichen des Instruments unverhofft die Wade der züchtig verhüllten Geigerin entblößte.

Im Januar 1853 zog die Redaktion der kleinen Zeitung in die Rue Bergère und residierte nun pikanterweise über dem Büro der Nationalversammlung. Sechzehn Jahre später, als Paris längst die Welthauptstadt der Schaulust und der Sensationen war, sollte ganz in der Nähe das erste *Variété* eröffnen. Sein Name: Folies-Bergère. Die schrillen Revuen zogen Zuschauer aus aller Welt an. Und später, im Jahr 1926, würde Josephine Baker hier mit ihrem »Bananentanz« triumphieren, der in den USA ebenso verboten war wie in Wien, Prag, Budapest und München. In Paris aber, wo seit mehr als einem halben Jahrhundert und damit lange vor Berlin jede nur denkbare *folie* erlaubt war, toppte er alle voyeuristichen Exzesse.

Für die zügellose Entwicklung des Hauses konnte Villedeuils Blatt 1853 freilich nicht haftbar gemacht werden. Und obwohl man sich überdies ganz und gar unpolitisch gab, wurde der gewisse unbotmäßige Ton doch von der Zensurbehörde beargwöhnt. Dies umso mehr, als in der Redaktion zwielichtige und abgerissene Gestalten ein und aus gingen, die gewöhnlich in Kellern und Mansarden hausten und keinem geregelten Tagesablauf folgten. Sie hatten das bleiche Gesicht eines Pierrot oder, wie es im *Journal* wenig zimperlich über Henri Murger heißt, ein »Heulsusengesicht«. Es waren Verrückte, arme Schlucker und Hungerkünstler. Murger hatte eine Feuilletonserie über die Pariser Bohème des Quartier Latin geschrieben, die schnell und erfolgreich für die Bühne bearbeitet wurde und 1851 unter dem Titel *Scènes de la vie de bohème* als Roman erschien. Bis heute sind die *Szenen* das Kultbuch der Bohème. Es handelt von einem Kreis erfolgloser Künstler und der Liebe zwischen dem Dichter Rodolphe und der Blumenstickerin Mimi, die immerzu friert und zuletzt wie viele arme Mädchen dieser Zeit an der Schwindsucht stirbt. 1896 sollte der Stoff durch Giacomo Puccinis Oper *La Bohème* weltberühmt werden und weitere Bearbeitungen, unzählige Inszenierungen und zuletzt einen Film nach sich ziehen: Anna Netrebko als Mimi rührt zu Tränen. An den Triumph seiner Geschichte glaubte der klägliche Murger nicht einmal im Traum, er erlebte ihn auch nicht mehr. Er sah für sich selbst und andere Künstler stets nur zwei Zukunftsperspektiven: die Akademie oder das Leichenschauhaus, die erste war höchst unwahrscheinlich.

Die Zeitung *Le Paris* war als Start-up-Unternehmen aus dem alternativen bohemischen Milieu dem Staat von Anfang an suspekt. Schon nach drei Monaten kam es zu einem Prozess. Das fanden die Brüder Goncourt alles in allem auch gut so, denn das Gerichtsverfahren gab ihnen Gelegenheit, Regierung und Würdenträger anzuprangern und zu verhöhnen. Es war einer der ersten Prozesse des Zweiten Französischen Kaiserreichs gegen Presse und Literatur und fand vier Jahre vor den berühmten Gerichtsverfahren gegen Flaubert und Baudelaire statt. Immer ging es um Moral oder das, was Regierung, Zensurbehörde und Bürgertum darunter verstanden. Die unscheinbare Zeitung wurde angeklagt, weil die Goncourts in einem Artikel fünf Verse des dreihundert Jahre zuvor verstorbenen Dichters Jacques Tahureau zitierten. Unseligerweise gingen die Verse wie folgt:

Umschlingt mit ihren schönen nackten Gliedern
Ihren Adonis, den sie liebkost,
Und schmiegt sich an seinen sanften Leib,
An seinem Hals so weich und weiß
knabbert sie mit Gelüst.[11]

Das alte Gedicht verlockte eigentlich niemanden mehr zur Sünde, in den meisten Bibliotheken war es seit langem verstaubt. 1853 verstieß es dennoch gegen die guten Sitten. Denn wenn Sex im Spiel war und das in Paris *le monde* genannte Establishment nicht mitfeierte, gab es kein Pardon. Dann empörte sich die Öffentlichkeit und sah die Ehre der Familie, die Würde der Religion verletzt.

Die Brüder Goncourt brachten zu ihrer Verteidigung vor, sie hätten sich für ihren Artikel durch ein Gemälde von Narcisse-Virgile Diaz de la Peña[12] anregen lassen, das in einem Laden auf dem Weg von ihrer Wohnung zur Redaktion ausgestellt war. Das machte alles noch schlimmer, erweiterte den Kreis der üblichen Verdächtigen, und damit nicht genug. Gerüchte und Klatsch taten, was sie immer tun: Sie dramatisierten und trugen zu Verschwörungstheorien bei. Bild und Gedicht wurden mit der Theaterdiva Rachel Félix in Verbindung gebracht, obwohl Diaz beteuerte, eine Ähnlichkeit seines Modells mit ihr wäre rein zufällig. Trotzdem brachte dieser Verdacht das Fass zum Überlaufen. Die Schauspielerin war als Inkarnation der »schönen Jüdin« für viele Salonmaler ein begehrtes Objekt, vor allem aber war sie eine staatstragende Celebrity. Sie triumphierte in allen großen Rollen des klassischen französischen Theaterrepertoires, zuletzt vorzugsweise als Gefährtin milder römischer Herrscher. Auch war sie bedeutenden Männern des bonapartistischen Hauses und der mondänen Welt als Freundin und Maitresse verbunden, dem mächtigen Politiker Alexandre Walewski, einem nichtehelichen Sohn Napoleons I., sogar als Mutter eines Sohnes, dessen zahlreiche Nachkommen die direkte Linie der Bonapartes sichern würden.

Rachel war zu Beginn der 1850er Jahre eine nationale Ikone mit internationaler Ausstrahlung. Ihre europäischen und transatlantischen Tourneen beflügelten den Ruf Frankreichs, die führende Kulturnation weltweit zu sein, inzwischen waren sogar gekrönte Häupter auf sie aufmerksam geworden. Kurz und gut: Ihre Stellung und die Rachel-Mania erlaubten weder frivole Anspielungen noch Gerüchte. Am allerwenigsten konnte man ihren Groll riskieren, schon ihr »Blick einer Viper« verhieß nichts Gutes, wie Théophile Gautier mit sexistischem und antisemitischem Unterton anmerkte.

Die ganze Angelegenheit war also äußerst missliebig, die Angeklagten harrten dessen, »was sich in einem Kaiserreich so alles über dem Kopf eines ehrbaren Mannes zu einem Unwetter zusammenbraut«, und »schliefen schlecht, wie man eben schläft, wenn man in einem Kaiserreich auf das Urteil in einem Strafverfahren wartet«. Ein Berater empfahl ihnen ein Gnadengesuch an den gewiss gütigen Kaiser, ein anderer als artige Geste und Höflichkeitsbeweis einen Bittbesuch bei den Richtern. Doch während die »Justiz brauste«, wollten die Brüder nicht um Huld oder Gnade buhlen und blieben lieber unverschämt. Den Vorsitzenden Richter brachten sie sogar in die Nähe eines äußerst heiklen Gerichtsverfahrens, indem sie Gerüchte aufrührten, die bisher nur hinter vorgehaltener Hand verbreitet wurden: dass er von seiner Wohnung am Ende der Rue de Courcelles aus seine Liebhaber auf der nahe gelegenen Plaine Monceau kontaktiere. Die Fläche bestand zu diesem Zeitpunkt noch hauptsächlich aus Streuobstwiesen, sollte sich jedoch binnen kürzester Zeit zu einem Hotspot der mondänen Pariser Welt und mehrerer Finanzimperien entwickeln: 1853 bezog Princesse Mathilde, eine Cousine des Kaisers und eine der wichtigsten Pariser Netzwerkerinnen, in der Nummer 10, Rue de Courcelles, ein Stadtpalais und eröffnete ihren Salon. Wenig später zogen die Bankiers Rothschild, Ephrussi und Pereire in dieselbe Straße, im Jahr 1900 auch die Eltern von Marcel Proust. Émile und Isaac Pereire waren Enthusiasten des Fortschritts und international operierende Mega-Investoren, ihnen gehörten Schifffahrtsunternehmen und Eisenbahngesellschaften. Sie bauten in Paris mit der Villa Montmorency die erste Gated Community der Welt und gründeten an der Place Vendôme Investmentbanken für Immobilien und Verkehr, die ausschließlich Großkredite vergaben. Erstmals ließ sich hier die ganze Wucht der Börsen- und Kapitalmärkte der Zukunft erahnen. Theodor Mundt, ein Weggefährte Heinrich Heines und Ludwig Börnes, bezeichnete die Banken augenblicklich als krachenden Auftakt der »Speculations-Epoche«.[13] Zur Jahrhundertwende zog das Grandhotel Ritz in eines der Bankhäuser, dessen Name mitsamt Adresse, Nummer 15, Place Vendôme, weltweit für mehr als hundert Jahre einen magischen Reiz ausübte. Kein Hotel war berühmter, keines interessanter für Paparazzi. Ernest Hemingway stellte sich sein Leben nach dem Tode, wenn daran überhaupt zu denken war, in diesem Hause vor; Coco Chanel lebte in seinem höfischen Ambiente mehr als dreißig Jahre; Prinzessin Diana verbrachte hier die letzten Stunden vor ihrem dramatischen Tod.

Von allem, was kommen sollte, ahnten die Goncourts 1853 nichts. Sie schlugen sich gerade mit einem kaiserlichen Gericht herum, das Ansichten von gestern vertrat. Am Ende des »lächerlichen Prozesses« wurden Edmond und Jules de Goncourt jedoch unverhofft und durch Intervention von Alexandre Dumas d. J. freigesprochen, »in Erwägung der Tatsache«, dass sie nicht die Absicht gehabt hätten, »die öffentliche Moral und die guten Sitten zu verletzen«, wie es in der Urteilsbegründung hieß. Der Richter tadelte sie trotzdem, weil die einschlägigen Passagen ihres Beitrags »vor dem geistigen Auge des Lesers anstößige Bilder erstehen ließen«.[14]

Diese interessante Bemerkung ließ tief in die sexuellen Phantasien bürgerlicher Leser blicken und gab das Stichwort für die großen Immoralismusprozesse der kommenden Jahre. Das kurze Gerichtsverfahren gegen eine unbedeutende Zeitung vermittelte einen ersten Eindruck von der repressiven Stimmung, die neben politischen Spionen auch eine Sittenpolizei hervorbrachte.

Obwohl *Le Paris* bei dem Gerichtsverfahren verschont blieb, musste die Zeitung im August 1853 eingestellt werden, sie teilte damit das Schicksal vieler literarischer und alternativer Blätter: Es fehlten einfach die Abonnenten.[15] Den Brüdern Goncourt aber war der Freispruch Anlass genug, Rum aus Kaffeetassen zu trinken und ihr hedonistisches Leben wieder aufzunehmen. Es galt: Intensität statt Dumpfheit! Selbst ihrem Anwalt, der »mit Freuden« gesehen hatte, dass sich die beiden finanziell unabhängigen jungen Leute »aus Freude den Geisteswissenschaften« widmeten, erschienen sie zuletzt als »eine Mischung aus Männern von Welt und Kriminellen«.

Über diese Einschätzung amüsierten sich Edmond und Jules königlich. Sie fühlten sich als fröhliche Galionsfiguren jener Halbwelt, die Dumas d. J. 1855 in seiner ersten, überaus beklatschten Komödie *Le Demi-monde* aufs Korn nehmen würde. Pariser Sitten: War das alles noch Bohème oder schon Boulevard?

Männer an Steilküsten. Die einen entschleunigen, die anderen drücken aufs Tempo

Der Sommer 1853 war bis in den September hinein ungewöhnlich kühl, er folgte, wie der meteorologische Almanach vermerkt, auf einen sehr milden und trockenen Januar, einen schneereichen Februar und ein eisiges Frühjahr. In Paris war es, wie alljährlich im Juli und August, ruhig bis langweilig, alle Theater hatten geschlossen, viele Restaurants und Bars blieben leer. Wo immer es möglich war, verlagerte sich das Leben aufs Land und ans Wasser. Und auch wenn sich die gesellschaftlichen Kreise nicht vermischten, befanden sich ihre Bühnen doch nahe beieinander, was zu witzigen Pointen führte, besonders in diesem Jahr. Oberflächlich betrachtet ging alles seinen gewohnten Gang. Noch ahnte kaum jemand etwas von dem gewaltigen architektonischen Umbau, der in den kommenden zwei Jahrzehnten das gesamte Leben und die Zukunft von Paris, ja die Zukunft überhaupt verändern sollte. Hinter den Kulissen aber liefen die Vorbereitungen auf Hochtouren. Große Projekte jeglicher Art gedeihen bei frischem Wind besser als bei brütender Hitze, und in diesem kühlen Sommer befanden sich Hauptstadt und Provinz gleichermaßen im Zentrum großer Erwartungen und Ambitionen.

Flaubert ackerte, wie stets in den Sommermonaten, in seinem Landhaus in Croisset. *Madame Bovary* quälte ihn, er phantasierte sich als Schlachtopfer auf dem Altar der Kunst und gebärdete sich als Aussteiger und Gaukler. Im »Schreizimmer« rezitierte er Passagen seines Buches, um ihren Rhythmus zu hören, und ächzte unter der

Unzulänglichkeit des Vokabulars, unter der Folter der Assonanzen und Satzperioden. Klang und Melodie mussten stimmen, die Sprache blutig und nicht lymphatisch sein.[16] Voller Ingrimm rezitierte er so laut, dass er das Muhen der normannischen Kühe übertönte, die an Emmas Unglück eine Mitschuld trugen.

George Sand versandte täglich mehrere fürsorgliche Briefe von ihrem Anwesen in Nohant aus und vergrub sich in die letzten Kapitel ihrer Autobiographie *Histoire de ma vie*, die 1854 in *La Presse* erscheinen würde. Zur Saison wollte sie sich wieder in der Hauptstadt blicken lassen, um die Aufführungen ihrer Stücke in den Pariser Theatern zu begutachten.

Was die Goncourts betrifft, so ist nicht ganz klar, ob oder woran sie unmittelbar nach ihrem Gerichtsprozess werkelten. Von ihrer Wohnung in der Rue Saint-Georges aus, die ihre Mutter ihnen vererbt hatte, beobachteten sie im August nicht ohne Verwunderung und Herablassung die Geschäftigkeit von Kollegen, die Geld brauchten und sich bei großen Zeitungen verdingten: »Gautier geht von der Rue de la Tour d'Auvergne zu *Le Temps*, seine Entwürfe korrigieren, rosa Hemd, offen, eng anliegende graue Hose, grüne Pantoffeln.«[17]

Auch ohne Geld galt jedoch: Outfit zählt, und ein bisschen Exzentrik geht immer. Die Must-haves dieses Sommers waren bestickte marokkanische *Babouches*. Wenn Edmond und Jules sich nicht mokierten, ärgerten sie sich über ihren Nachbarn Adolphe Sax, der einige Jahre zuvor das Saxophon erfunden hatte und stundenlang in das Instrument blies, sozusagen als Begleitmusik zur Tätigkeit der Kurtisanen, von denen es in ihrem quirligen Viertel etliche gab. Ohnehin fehlte den kunstverständigen Brüdern jeder Sinn für Musik. Im September, als für die meisten Franzosen der Alltag wieder begann, machten die beiden mit dem Zeichner und Radierer Alphonse Leroy und seiner Frau endlich Urlaub. Ihr Freund, ein heute fast vergessener Maler, hatte Glück. Er wurde von dem Grafen Émilien de Nieuwerkerke unterstützt, einem der wichtigsten Akteure des Kunstbetriebs.

Die Goncourts fuhren mit dem Ehepaar Leroy für einen Monat

zu den Seebädern an der normannischen Steilküste, nach Veules in der Nähe von Dieppe. Veules, das heute den schönen Namen Veules-les-Roses trägt, war mit seinen zahlreichen Wassermühlen »ein bezauberndes Fleckchen Erde« und als Sommerfrische bei Schriftstellern und Künstlern beliebt. Man konnte hier Vater und Sohn Dumas treffen und früher auch Hugo und Jules Michelet, die nun im Exil waren. Die Maler der Schule von Barbizon, die ländliche Szenen salonfähig machten, kamen an manchen Tagen mit der Eisenbahn aus dem Wald von Fontainebleau hierhergefahren und nahmen an den zahlreichen Geselligkeiten teil, zu denen vorzugsweise ein Picknick im Grünen gehörte. Wer hätte gedacht, dass zehn Jahre später Édouard Manets Gemälde *Le Déjeuner sur l'herbe* den ganzen Kunstbetrieb aufmischen würde! Erst kurz zuvor hatte der amerikanische Maler John Goffe Rand die Farbtube aus Blei erfunden. Seitdem das englische Unternehmen Winston & Winston sie massenhaft herstellte, zogen Maler in ganz Europa mit Tuben, Staffeln und Leinwänden durch Wälder, Felder und an Strände.

Veules war im Sommer eine lebhafte Künstlerkolonie, eine der ersten überhaupt in Europa, lange vor Worpswede, Ahrenshoop, Hiddensee und Murnau am Staffelsee. Man lebte freier in der Natur und war kreativer, wenn man den aufreibenden und verfilzten Pariser Kunstbetrieb für eine Weile verließ. Das Satiremagazin *Le Charivari* scherzte über den Hedonismus der Kommune, und auch das *Journal* der Goncourts lieferte deftige Details: Jean-François Millet, der einige Jahre später den frommen *Angelus* malen sollte, ist für sie »ein Bauer durch und durch«; Charles Émile Jacque mit dem Beinamen »Raffael der Schafe« erzählt, wenn die Damen zu Bett sind, von der Prostitution »wie ein Mann, der mit einem Arzt in den Vorstädten von Paris, in den Milieus der Artisten und untersten Schichten von Haus zu Haus eine Untersuchung *de visu* und *de tactu* vorgenommen hat«.

Die Künstler glichen, so ihr Résumé, entweder angeberischen und marktschreierischen Arbeitern oder gewitzten und hinterlistigen Bauern. Eine Ausnahme war der bald 60-jährige Camille Corot, der gutmütige Wohltäter ärmerer Kollegen, den auch die Schriftsteller liebten. Baudelaire hatte 1845 in seinen ersten Kunstkritiken die atmosphärische Farbigkeit seiner Landschaftsbilder gerühmt. Maxime Du Camp bezeichnete diese als nicht wirklich, sondern erträumt, und Gautier betörten die Zartheit und Vagheit des Pinselstrichs, Bäume mit unbestimmten Blättern, zitternd in einer Flut silbrigen Lichts. Sogar die Goncourts ließen sich verzaubern und hielten im *Journal* ein Bild von Veules fest, das Corot gemalt haben könnte: »Ein kleiner Bach, der klar wie Quellwasser durch eine große Wiese, gesäumt von hohen Bäumen, fließt, in einem Bett aus Kies, übersät mit kleinen grünen und schwarzen Steinen, Backsteinresten, offenen und perlmuttfarbenen Muscheln, kleinen weißen Steinen, kleinen gelben Steinchen, die im Sonnenlicht aussehen wie Goldblättchen. Dazu das stete Klipp-Klapp der Mühle.«[18] Kleine Fluchten in die naive Schönheit, ganz ungewohnte Töne der beiden, die doch eigentlich Pariser Hipster waren.

Während ihres Urlaubs in Veules jedoch entging den Brüdern offenbar eine Sensation. Denn als sie entschleunigten und tiefenentspannt in den Tag hinein lebten, wurde ganz in der Nähe die Zeit beschleunigt. Hier, in der normannischen Provinz, erfand Flaubert nicht nur den modernen Roman, auch die atemlose Zukunft von Paris sollte sich in dieser Region entscheiden. Im September nämlich hielt sich auch das Kaiserpaar an der Steilküste auf, und zwar in Dieppe. Am 21. August noch hatte Napoleon III. mit seiner spanischen Gemahlin die traditions- und ruhmreiche *Corrida* in Bayonne eröffnet. Nach der Rückkehr aus dem Baskenland reiste er in die Normandie und lud Georges-Eugène Haussmann für ein Wochenende zu sich ein.

Haussmann hatte den Aufstieg des Kaisers durch brillante Einsätze gefördert und war seit dem 22. Juni 1853 Präfekt des Départements Seine und der Stadt Paris. Schon wenige Tage später folgte er einer Einladung in die Sommerresidenz Saint-Cloud und nahm an einem Mittagessen mit dem Kaiserpaar und einigen Ministern teil. Anschließend breitete Napoleon III. einen Pariser Stadtplan vor ihm aus und erläuterte, welche Ideen ihm zur Verschönerung der Hauptstadt in den Sinn gekommen waren. Haussmann war Nachkomme einer hugenottischen Familie aus dem Elsass und in Paris geboren und aufgewachsen, er kannte die Stadt viel besser als der fast gleichaltrige Kaiser, der viele Jahre im Ausland gelebt hatte. Als Haussmann noch Beamter in Aquitanien war, hatte er an den langen Abenden alles, was er in die Finger bekam, gelesen, um über neue Ideen in Paris, London, Potsdam und St. Petersburg auf dem Laufenden zu bleiben: literarische, wissenschaftliche und kunstkritische Zeitschriften, juristische Hefte, Bulletins der Akademien, neue Werke, die im Kulturbetrieb für Furore sorgten. Als er schließlich nach Paris berufen wurde, platzte er vor Energie. Neben dem schmächtigen Kaiser erschien der stattliche Präfekt wie ein Hüne, geboren zum Leadership. Ihm war klar, dass manche Ideen Napoleons III. unvernünftig und unrealisierbar waren, auch wenn sein Auftraggeber sich gern als neuer Augustus inszenierte und seinerseits eine Stadt aus Marmor bauen wollte. Dafür aber brauchte er Haussmann, der im September also nicht der Sommerfrische wegen nach Dieppe kam.

Die zwei Tage an der normannischen Küste waren ein Arbeitstreffen, bei dem der Präfekt dem Kaiser das detaillierte Programm für den gewaltigen Umbau von Paris unterbreitete. Der resolute Stadtplaner hatte alles im Kopf und die Maßnahmen auf drei Finanzierungsphasen ausgelegt. Die sogenannten »Netze« umspannten und durchwirkten das ganze Gebiet der Stadt. Es ging nicht um vereinzelte städtebauliche Maßnahmen, sondern um eine kühne urbanistische Vision. Die Pläne zeigten die Hauptstadt der Zukunft: Der gewaltige kreuzförmige Durchstich der *grande croisée* im Stil antiker Stadtgründungsakte führte durch den noch mittelalterlichen Stadtkern der Île de la Cité mit der Kathedrale Notre-Dame und zog die breiten Achsen von Norden nach Süden und von Osten nach Westen. Anschließend sollte der ganze Pariser Westen erschlossen werden. Das waren die beiden ersten Netze. Das dritte Netz würde Zentrum und Peripherie über die historischen Stadtmauern hinweg verbinden, die alten Vororte in das Stadtgebiet eingliedern und dessen Fläche verdoppeln. 1860 sollte es soweit sein.

Nach diesen Plänen wurde ganz Paris entkernt, planiert, aufgerissen, umgegraben. Auf Hindernisse konnte keine Rücksicht genommen werden, sie waren nichts als besondere Herausforderungen, so wie die klotzigen Markthallen rund um die Kirche Saint-Eustache, die das ganze Viertel rundum unpassierbar machten und hygienische Standards nicht mehr erfüllten. Sie mussten beherzt abgerissen werden. Es gab bereits Vorschläge des Architekten Victor Baltard für zwölf lichte und transparente Pavillons aus Glas und Eisen, allesamt leicht wie Schirme aus Brüsseler Spitze. Baltard war elektrisiert vom Crystal Palace, dem Wahrzeichen der Londoner Weltausstellung 1851, und so erging es der gesamten architektonischen Avantgarde. Auch in den Markthallen sollte fortan alles zügig und angenehm zirkulieren können, Nahrung, Tiere, Menschen, Gefährte, Geld, allein dafür wurden zwanzig finstere und enge Gassen mit 249 Häusern zerstört.

Der Kaiser hatte auf solche verlockenden Präzisierungen gewartet. Er fügte den Plänen Haussmanns mehrere eigene Zeichnungen mit verschiedenfarbigen Linien und Punkten hinzu und war am Ende von dem gigantischen Projekt begeistert. Seine *main auguste*, die Hand des Erlauchten, hatte signiert, ja, er war der neue Augustus.[19] Und so wurde, während das Klappern der Mühle am rauschenden Bach die Goncourt-Lümmels beinahe handzahm stimmte, nur wenige Kilometer entfernt das ehrgeizigste und umstrittenste Unternehmen des Zweiten Kaiserreichs unter Dach und Fach gebracht: die Haussmannisierung. Auch hierbei spielten Mühlen eine Rolle.

Das Paris-Projekt: die Neuerfindung der Hauptstadt

Paris hatte 1853 mehr als eine Million Einwohner, doppelt so viele wie noch zu Beginn des Jahrhunderts. Nach dem üblichen Berechnungsmodus war die französische Hauptstadt nun eine Metropole und nach London die größte Stadt Europas. Innerhalb der nächsten zwanzig Jahre sollte sich die Einwohnerzahl noch einmal verdoppeln. Doch dem Stadtkern rund um die Île de la Cité, den verwinkelten und schummrigen Gassen des Quartier Latin und den Wohn- und Geschäftsvierteln am rechten und linken Ufer der Seine sah man nicht an, dass sie das Zentrum der französischen Hauptstadt bildeten. Die alten Faubourgs, die sich von ländlichen Randbezirken außerhalb der alten Stadtmauern zu Wohngebieten der Handwerker und Arbeiter entwickelt und an die Stadtmitte angeschmiegt hatten, waren Schandflecke. Der Umbau sollte alles ändern, Paris zur glanzvollsten Stadt Europas machen, die der ewigen Konkurrentin London die Stirn bieten konnte, immerhin hatte letztere gerade erst mit der *World Fair* alle Aufmerksamkeit und Bewunderung auf sich gezogen und sich einem internationalen Publikum als Hauptstadt des Fortschritts dargeboten. Das war im Jahr 1851, als Frankreich sich für das Zweite Kaiserreich rüstete. Nun aber begann die Aufholjagd.

Napoleon III. war ein Bewunderer Londons. Er hatte zweimal im Exil und insgesamt mehrere Jahre dort gelebt, eine Weile in der King Street gewohnt und das urbane und mondäne Leben genossen. Er war im Hyde Park spazieren gegangen, der später dem deutschen Gartenarchitekten Hittorff für den erweiterten und neu gestalteten Bois de Boulogne als Vorbild dienen würde. Er hatte wie ein Dandy die Gentleman-Clubs und die Theater besucht, war in die Redaktionsräume der *Times* eingeladen worden und hatte einen Artikel in englischer Sprache verfasst, in dem er das Projekt zum Bau eines Kanals skizzierte, der Nicaragua durchschneiden und den atlantischen mit dem pazifischen Ozean verbinden sollte. Das war, lange vor dem mit englischer Unterstützung durchgeführten Bau des wesentlich kürzeren Panamakanals, ein versponnener und exzentrischer Plan. Doch schon damals zeigte er das abenteuerliche Interesse Louis Napoleons an Infrastrukturen und fernen Ländern. In der Karibik hatte er gleichwohl wenig ehrenvolle familiäre Wurzeln: Seine Großmutter mütterlicherseits, Josephine de Beauharnais, war als Tochter eines Zuckerrohr-Plantagenbesitzers auf Martinique geboren worden. Weil sie nach ihrer Heirat mit Napoleon Bonaparte ihren Mann dazu bewegen konnte, die nach der Französischen Revolution abgeschaffte Sklaverei wieder einzuführen, ist sie dort bis heute so verhasst, dass der Kopf der Josephine-Statue in Fort-de-France immer wieder abgeschlagen wurde und die Figur heute ohne ihn dasteht.

Reisen und Exil hatten bis 1848 das Leben des künftigen Kaisers aus dem Hause Bonaparte geprägt, die Jahre in England aber waren eine Offenbarung. Die Großzügigkeit des Londoner Stadtbildes, der Kulturbetrieb und der Sportsgeist, Pferderennen und Treibjagden, die alten Thermalquellen in Bath und die schottische Insel Arran, die Größe und Stabilität der Monarchie, die Traditionen und Visionen des Empire, alles auf der Insel erschien ihm aufregend und vorbildlich. Selten sah man einen Franzosen, der so offen seine Bewunderung für den Erzrivalen zum Ausdruck brachte und diesen zum Maßstab für das eigene Tun machte. Im Lichte Londons passte das alte Paris, *le vieux Paris*, das ein Jahrzehnt zuvor noch der labyrinthische Schauplatz der Romane Balzacs und der *Mystères de Paris* von Eugène Sue gewesen und im Erscheinungsbild bisher unverändert geblieben war, nicht mehr in die neue Zeit und noch weniger in die angestrebte Zukunft. Der Kaiser wollte alles, was England hatte, und noch viel mehr.

Bereits im Herbst des Jahres 1853 wurde Paris zur größten Baustelle der Welt. Sie sollte in den kommenden Jahren 150 Architekten und 60 000 Arbeiter beschäftigen. Eine große Wanderungsbewegung setzte ein. Junge Männer aus der Provinz wurden von ihren Familien mit etwas Geld und unter Inkaufnahme etlicher Entbehrungen auf den Weg in die Metropole geschickt, Idealisten und Karrieristen, deren Glück oder Scheitern zum bevorzugten Gegenstand zeitgenössischer Romane wurde. Viele Tausende Immigranten aus Italien, Spanien, Deutschland, Polen und der Schweiz strömten nach Paris, weil es hier Arbeit und anscheinend auch eine Zukunft gab. Den Frauen winkten Stellen als Dienstmädchen. Tag und Nacht, an Werktagen, Sonntagen und Feiertagen wurde gearbeitet, auf Straßen und Plätzen, im Erdreich, im Stein und am Wasser, an der Seine und auf dem Canal Saint-Martin. Die Spitzhacken und Hämmer, Walzen und

Dampfmaschinen erschütterten Paris bis ins Mark. Bald erschien Haussmann auf Karikaturen als Biber mit einer Schaufel in der Hand und erhielt den Beinamen »Attila der Enteignung«. Obwohl er sich selbst lediglich als Gehilfe des Kaisers betrachtete, wurde er in den Albträumen der Pariser zum Heerführer eines barbarischen Stammes, der über die Hauptstadt hinwegfegte, sie dem Erdboden gleichmachte, ganze Viertel leerte und ihre Bewohner in alle Himmelsrichtungen vertrieb.

Die Kosten des gigantischen Paris-Projekts wurden erst 1867, im Jahr der Zweiten Pariser Weltausstellung, offengelegt. Sie übertrafen die erwartete Summe um ein Vielfaches. Haussmann bilanzierte allein für die Bauarbeiten 2,5 Milliarden Francs – Gegenwert heute etwa zehn Milliarden Euro –, nicht eingerechnet die erforderlichen Summen für die zahlreichen Umgestaltungen und Dekorationen des öffentlichen Raumes sowie die Eingemeindung und Bebauung der Außenbezirke. Und es war noch längst nicht Schluss, ein Ende der Umwälzungen nicht in Sicht. So viel Geld in der Hand eines Einzelnen, bei einem Gesamtbudget Frankreichs von gerade einmal zwei Milliarden Francs jährlich![20]

Kostenexplosion, Korruption und Schattenwirtschaft sind aus heutiger Sicht nichts Besonderes, bei allen architektonischen und urbanistischen Großprojekten ist mit ihnen zu rechnen. Schon damals aber wurden sie als Beweis eines ungeheuren Zynismus gesehen, der dem Kahlschlag zugrunde lag und die Hauptstadt spaltete: in *beaux quartiers*, luftige und geräumige Viertel in bester Zentrallage für die Wohlhabenden, und schäbige Banlieues für die Arbeiter, die zuvor ihre schiefen Häuser und Werkstätten im alten Paris vom Vater auf den Sohn vererbt hatten und diese nun räumen mussten. Milieuschutz gab es nicht, eine Jury traf die Entscheidungen und zeigte keine Skrupel, die Beschlüsse für eigene Immobilienspekulationen zu nutzen. Bis zum Ende des Zweiten Kaiserreichs stiegen die Durchschnittslöhne nicht, dafür aber die Mietpreise um mehr als 300 Prozent. Wer Vorstellungskraft besaß, konnte die Zukunft der Städte erahnen, wer bei Verstand war, einige Grundgesetze des Kapitalismus begreifen. Futuristische Vision und Wirklichkeit fielen zusammen. Denn erstmals zeichneten sich in diesen Pariser Jahren das Ausmaß und die Wucht des Prozesses ab, den wir heute Gentrifizierung nennen: Spekulation, Enteignung, Sanierung, Kostenexplosion, Segregation. Paris, dieser Eindruck entstand damals, gehörte den *riches*, die sich in ihren Stadtpalais abschirmten oder Wohnungen in den neu errichteten Stadthäusern bezogen. Wer hier eintrat, musste die prüfenden Augen des Concierge passieren, der seine Klientel kannte und ebenso die Regel, die schon Jahre zuvor in der *Physiologie der Portiersfrau* formuliert worden war: »Der gute Mieter hat weder einen Hund noch eine Katze noch Kinder. Er besitzt auch keine Straußen, Affen, Krokodile, Panther, Giraffen oder Einhörner.«[21]

Den Reichen erschienen die Fremden und Armen, die draußen blieben, als Phantasten und Exoten, zu deren natürlicher Lebensweise die Unstetigkeit gehörte. Dass diese Mobilität von den Verhältnissen erzwungen wurde, focht die Einbildungskraft und das moralische Selbstbewusstsein der Bourgeois nicht an. Manche Arbeiter, so berichtete Victor Fournel in *Paris démoli*, wechselten innerhalb von zehn Jahren zehnmal die Bleibe und wurden immer weiter an die Ränder der Stadt getrieben, wo sie unter sich waren und man sie nicht mehr sehen musste. »Zahlreich sind die unglücklichen Pariser«, schrieb die Zeitschrift *Le Charivari* im März 1854, »die aufgrund der Grausamkeit und Habgier der Grund- und Hausbesitzer wie Stämme von Wilden oder Nomaden leben und in die Steinbrüche von Montmartre oder in die

Wälder von Meudon fliehen«.[22] Wenn sie trotzdem in der Stadt blieben, lebten sie auf der Straße und strichen an den schmucken hellen Hausfassaden entlang, eilige Geschäftsleute und Banker mit fahlen Gesichtern überholten die Vagabunden. Hier und da zeigte sich ein Bürger mit Anzug und Zylinder oder eine Gruppe eleganter Damen auf dem Balkon und schaute herab, wie auf einem Bild von Manet, Monet oder Gustave Caillebotte.

Je mehr Paris in den folgenden Jahren im Schein der Gaslaternen und im Rampenlicht luxuriöser Vergnügungen und Genüsse erstrahlte, desto gleichförmiger wurden die Milieus, desto weiter rückten die Welten von Arm und Reich auseinander. Ein Zorn entflammte, der die gesamte Geschichte des Fortschritts begleiten würde.

No-go-Areas und Grands Boulevards

Unschöne Vorfälle gab es immer wieder, als Paris sich von Grund auf wandelte. Manche gewannen symbolische Bedeutung. Im Morgengrauen eines späten Januartages 1855 wurde der halbnackte Leichnam Gérard de Nervals in der Rue de la Vieille-Lanterne auf der Île de la Cité gefunden. Niemand wusste, ob sich der Dichter, der auf seinen Wanderungen den erhabenen Gotthardgletscher, auf seinen Reisen die Kaskaden Tivolis, Neapel und den Vesuv gesehen und feenhafte Verse und Traumvisionen geschrieben hatte, bei minus 18 Grad in der dunklen Gasse an einem Eisengitter über zwei sich kreuzenden Abwasserkanälen erhängt hatte oder ob er ermordet worden war. Als man Nerval fand, trug er keine Papiere und nur zehn Centimes bei sich. Für die Polizei war er ein Illegaler, ein *sans-papiers*. Weil sein letzter Wohnsitz unbekannt war, wurde er ins Leichenschauhaus gebracht, das stets viele Neugierige anzog. Als der Neuzugang endlich identifiziert wurde, betrauerte die literarische Welt den rätselhaften Tod des armen und ganz und gar verlassenen Bohemiens, und die Rue de la Vieille-Lanterne wurde zu einem schaurigen Pilgerort und Anziehungspunkt für den einsetzenden Elendstourismus.

Der Kritiker Arsène Houssaye, der im Kulturbetrieb gerade Karriere machte, glaubte an einen Selbstmord aus Wahnsinn, der Fotograf Nadar, der auf dem Weg zum Ruhm war, an Selbstmord »aus Ehre«. Die Stadtverwaltung hingegen sah den Fall als Beweis dafür, dass Paris krank und die in Angriff genommene Sectio des gesamten Stadtkörpers eine überfällige Notwendigkeit war. Nicht nur das Herzstück der Hauptstadt war unheimlich geworden. Auch in der näheren Umgebung des Louvre gab es Viertel, die als No-go-Areas verrufen waren. Zu ihnen zählte das Mühlenviertel, die *Butte des Moulins*. Lumpensammler navigierten hier ihre Karren durch die Gassen, in den Ecken standen Prostituierte, auf dem Boden hatten Alte ihr Lager ausgebreitet, Bettler durchkämmten den Abfall, in der Luft hing der Geruch von Haschisch und Absinth. In den Spelunken saßen Gestalten, die der »Grünen Fee« verfallen waren und in den Augen der Normalbürger ihr Leben verwirkt hatten. Nur die jungen wilden Künstler der Zukunft erkannten in ihnen Persönlichkeiten voller Würde: die heiligen Trinker und Junkies, die in Baudelaires *Fleurs du Mal* durch die Gassen taumeln und ihren Kopf an Mauern stoßen; die unendlich traurige Frau, die noch immer mit leerem Blick und vollem Absinthglas am Wirtshaustisch sitzt, gerade so, wie Edgar Degas sie gemalt hat; Manets Absinthtrinker in aristokratischer Pose, neben sich das Glas und am Boden die Flasche, ein Kolossalgemälde. Es ist dieses Bild, mit dem Manet sich von den Fesseln der akademischen Malerei befreite und in unruhige und ungewisse Jahre stürzte, nur die Achtung Baudelaires war ihm augenblicklich sicher.

Was konnten all diese Abgehängten und Verlierer hoffen? Nicht einmal sauberes Wasser gab es in dem zwielichtigen Mühlenviertel, das war das Schlimmste. Immer wieder wütete die Cholera in den dunklen und engen Behausungen und Gassen. Wo aber lag der Fehler, wer trug die Schuld an der ganzen Misere? Dazu hatte die Regierung, wie schon die Regierungen zuvor, eine klare Meinung:

Sie diagnostizierte eine gefährliche Allianz von Armut, Krankheit und Verbrechen. Im Mühlenviertel siedelte der »Pauperismus«, den Louis Napoleon Bonaparte als junger, noch frühsozialistisch inspirierter Mann beschrieben hatte. In London hatten Theoretiker wie Adam Smith, Karl Marx und Friedrich Engels den Zusammenhang von Fortschritt und wachsender Massenarmut beobachtet und ganz unterschiedliche Schlüsse daraus gezogen. In Paris aber ging seit längerem das Gespenst der »gefährlichen Klasse« um – man unterschied nicht mehr zwischen Armen und Kriminellen, alle Übel galten als ansteckend.[23]

Die Zerstörung des Mühlenviertels war ein Schlüsselerlebnis mit Symbolcharakter. Paris wurde nun ausgeweidet, die Kanalisation grunderneuert. Die »Arterien« der großen Boulevards und die »Venen« der schnurgeraden Straßenzüge, die in den folgenden Jahren entstanden, versprachen die Revitalisierung des Kreislaufs und die Beschleunigung des Transports von Geld, Verkehr und Kommunikation. Noch einmal kam in den Metaphern der Blutzirkulation die alte Vorstellung des Körpers der Stadt zum Ausdruck: ein schneller Puls und innovative Impulse, Fleisch und Stein und Geist sind eins.[24]

Wer sich heute ein Bild von der Zerstörung und Neuerfindung von Paris machen will, muss die Fotografien von Charles Marville anschauen. Marville war gelernter Zeichner und betrieb das boomende Geschäft der Porträtfotografie, als er 1853 von Haussmann mit der Dokumentation der Bauarbeiten beauftragt wurde und dafür 1862 den ehrenvollen Titel »Fotograf der Stadt Paris« erhielt. Seine mehr als 400 Aufnahmen sind das Protokoll der architektonischen Umwälzungen und demonstrierten damals zugleich die Fähigkeit des neuesten Mediums, die Beschleunigung des Lebens und die vergänglichen Augenblicke festzuhalten. Längst hat Marvilles *Album du Vieux Paris* einen ikonischen Status, es steht am Beginn legendärer Serien der Paris-Fotografie, wie denen von Eugène Atget, Brassaï, Robert Doisneau und Henri Cartier-Bresson. Am bekanntesten ist die Serie »Percement de l'Avenue de l'Opéra«. Sie hält minutiös die Arbeiten fest, die einen zentralen Ort in Paris völlig verwandelten.

Eines der ergreifendsten Fotos der Serie zeigt das Schleifen des Mühlenhügels. Man könnte es glatt für ein Kriegsbild halten.

Die Haussmannisierung war für viele, die sie erlebten und daraufhin nicht mehr Fuß fassen konnten, ein Unglück, das wie eine Naturkatastrophe hereinbrach und doch von Menschenhand gemacht war. Zahlreiche Schriftsteller und Künstler erklärten sich zu ihren Verbündeten. Sie schimpften und klagten über die Zerstörung ihrer Stadt und das Verschwinden der verwinkelten Gassen, in denen sie traumverloren herumgebummelt waren. Nun stürzten die Mauern der Häuser mit Getöse in jene Gassen. Staubwolken verdunkelten den Himmel, es regnete Dachziegel und Geröll. Wer verschlafen hatte oder vergessen worden war, rannte zuletzt um sein Leben. Über der ausgeweideten Stadt kreisten mit ohrenbetäubendem Getöse Schwärme von Raben.[25]

Doch es gab auch solche, die genug Muße, Bildung und Geld hatten, um sich an der Schönheit des neuen Paris zu erfreuen. In Saint-Germain-des-Prés im 6. Arrondissement hatte der Unternehmer Aristide Boucicaut am 18. November 1852 das Bon Marché eröffnet, das erste große Kaufhaus und das bis heute einzige am linken Ufer der Seine. Trotz des Namens ist es ein Luxuskaufhaus, Zola nannte es *Das Paradies der Damen*. In der schönen neuen Konsumwelt gab es riesige Schaufenster mit verheißungsvollen Dekorationen und Auslagen, staunenswerte Lieferungen aus Europa und dem Orient, sinnliches Vergnügen an prachtvollen Stoffen, an Düften und an Perlen, die durch Finger glitten, Powershopping wohlhabender Pariserinnen, Reklamekampagnen, Sonderangebote, Schnäppchen, Sale und Versandhandel. Das alles gab es nur in Paris, alle wollten es mit eigenen Augen sehen und selbst erleben. Zur Kehrseite dieser Verführungen und Verlockungen gehörten Zeitarbeit und Niedriglöhne, Provisionen und Mobbing, Kaufsucht und Kleptomanie sowie der Ruin kleiner Boutiquen. Der Fortschritt war reizvoll, aber um welchen Preis?

Als einer der ersten bemerkte Baudelaire, wie sehr das rasante Tempo des Großstadtlebens, die hastenden anonymen Menschenmengen, die flüchtigen und plötzlichen, ja schockartigen Reize auch die Wahrnehmung veränderten. Das »Bad in der Menge« war faszinierend, aber wer sich nicht die Haut der Coolness überzog, erlebte zuerst die Überforderung der Sinne und zuletzt ein Burn-out. *Stress and the City:* Baudelaire war der erste Stadtneurotiker, er erfand die Nervenkunst, lange bevor Soziologen, Psychologen und Psychiater das »Zeitalter der Nervosität« ausriefen.[26] Die Widersprüche des materiellen Aufschwungs und des Marktes erfuhr er am eigenen Leibe. In dem Victor Hugo gewidmeten Gedicht »Le Cygne« gibt es das pathetische Bild des Schwans, der trauert, Durst leidet und verkümmert. Kein See, kein Strand, nirgends, nur Schutt, Staub und Asphalt: »Das alte Paris ist nicht mehr (die Gestalt einer Stadt, / Wechselt rascher, ach! als das Herz eines Sterblichen).«[27] Der Schwan ist ein Dichterbild, ebenso wie der Albatros, der von breiten Schwingen durch das Azur des Himmels getragen und auf schwankendem Boden als ungelenker schräger Vogel verlacht wird. Baudelaire sah sich im Traum als »Fürsten der Wolken« und erkannte in Balzacs »Fürsten der Bohème«[28] einen Wahlverwandten. Die öffentliche Meinung hingegen sah in ihm einen unbehausten und ruhelosen, widerspenstigen und gefährlichen Zeitgenossen.

Doch es gab auch französische Stimmen, die einen ganz anderen

Ton anschlugen. Gautier, der empfänglich für Feerien und theatralische Effekte war und auf gewundenen Pfaden zwischen dem bohemischen Abseits und den Sphären der Macht hin und her wanderte, bewunderte die märchenhafte Geschwindigkeit, mit der die Metropole sich veränderte und die ganze Welt in Staunen versetzte. Vor seinen Augen vollzog sich eine wahre, nie zuvor gesehene Metamorphose, die die Stadt durchlüftete. Die zufällig übereinander gestürzten Steine und der Bauschutt bewirkten überraschend pittoreske Reflexe von Licht und Schatten. Endlich wurden die sumpfigen Straßen, feuchten Bruchbuden und schändlichen Elendsquartiere, in denen Rachitis und Skrofulose sich ausbreiteten, ausgetrocknet.[29]

Auch George Sand äußerte ihre helle Begeisterung angesichts der neuen Stadt, ohnehin kannte und schätzte sie Haussmann schon seit 1836. Er hatte sie damals in einer heiklen, nachgerade melodramatischen Familienangelegenheit unterstützt, als ihre Ehe längst zerrüttet war, die Liaison mit dem romantischen Dichter Alfred de Musset hinter und diejenige mit dem Komponisten Frédéric Chopin noch vor ihr lag. Ihr Ehemann Casimir Dudevant hatte gerade die gemeinsame Tochter Solange aus ihrem Landhaus in Nohant entführt und auf sein Schloss gebracht, da erschien George Sand in der zuständigen Unterpräfektur im aquitanischen Nérac, deren Hausherr Haussmann war. Er war Frühaufsteher und mit seiner Morgentoilette beschäftigt, als George Sand vorfuhr, ihm zur Legitimation ihres Vorhabens ein Empfehlungsschreiben des Innenministers vorlegte und ihn um Hilfe und Schutz bat. Beherzt stieg Haussmann zu der Schriftstellerin in die Kutsche und brachte den Entführer zur Raison. Ohne Streit und Scherereien gab dieser das Mädchen und das Sorgerecht zurück. Fortan war die resolute Schriftstellerin, die diese Episode ironisch ihrem »heroischen und fantastischen Leben in Nohant« hinzufügte, eine Verbündete des resoluten Haussmann.

Als der Präfekt der Hauptstadt im Zenit seines Ruhms stand und die meisten ihrer Kollegen und Freunde die Haussmannisierung als Sieg der Finanzwelt und Austreibung der Phantasie und Poesie aus den Straßen von Paris verteufelten, schwärmte George Sand von den breiten Trottoirs. Endlich, so schrieb sie im *Paris-Guide* ihres guten Freundes Louis Ulbach, verläuft man sich nicht mehr, kann mit den Händen in den Taschen auf den Boulevards flanieren und den freien Blick genießen, anstatt in den engen und dunklen Gassen ständig angerempelt zu werden. Nirgends ist die »Träumerei beim Gehen« angenehmer. Jeder wird auf Asphalt und Pflastersteinen zum Flaneur und verschwendet Zeit. Das ist Luxus für alle! Obwohl es doch nun eigentlich wie in Amerika heißt: *Time is money*. In allem, der Pariser Luft, dem Anblick und Sound der Stadt, spürt man das gewisse Etwas, die Atmosphäre ist fröhlich entspannt. Das gibt es sonst nirgendwo auf der Welt.[30]

1853 konnte niemand die langfristigen Auswirkungen der Haussmannisierung erahnen. Dass sich aber eine Zeitenwende vollzog, das sahen und spürten alle, die in Paris lebten, hierherzogen oder nur zu Besuch waren. Paris vibrierte, grollte, krachte, der Boden öffnete sich und trieb die Zukunft aus sich heraus. Überall, in allen Bereichen der Kultur und des Lebens, entstand das Neue. Wo das Alte sich als großer Auftritt inszenierte und wichtig tat, war es Kostüm und Kulisse.

Auf nach Algerien!

1853, also lange bevor sich Rimbaud nach Afrika aufmachte, um dort das »absolut Moderne« zu suchen, war der Kontinent bereits eine Top-Destination für die Franzosen. Das lag nicht nur am »Orientalismus«, der in Paris triumphierte und neben dem Nahen und Fernen Osten auch den »schwarzen«, noch unbekannten Kontinent zum Ziel geheimer Wünsche machte. Vielmehr war diese Mode selbst ein Effekt des Ausgreifens nach dem Orient. Die traditionelle Grand Tour, die in früheren Jahrhunderten nach Italien geführt hatte, umfasste längst Palästina, den Libanon und Nordafrika. Die Maler, die von der Reise zurückkehrten, zeigten Menschen und Sitten, die auf das Pariser Publikum überaus exotisch wirkten. Ihre Bilder hingen in Ausstellungen an bevorzugten Plätzen und erzielten höchste Preise. Neben Meeresstürmen und Bergschluchten konnte nun auch das gleißende Wüstenlicht den Status des Erhabenen für sich beanspruchen. Wer dorthin gereist war, berichtete, dass Menschen und Tiere sich in der Glut des Südens langsam, träge und wollüstig bewegten. Wenn das Licht flirrte, der Sand wie ein gelbes Meer auf- und niederwogte, kamen die Visionen. Und wenn die Frauen tanzten, sich in Gaze hüllten und den Bauch freimachten, fielen Männer in Trance. Das musste man gesehen und gespürt haben!

Doch Folklore, große Natur und erotisches Verlangen waren nicht die einzigen Anlässe für den Aufbruch in den Orient. Schon die Ägyptenexpedition Napoleon Bonapartes, die Lust auf Afrika geweckt hatte, war keine Abenteuerreise oder vorrangig wissenschaftliche Mission. Denn aus Afrika brachte Napoleon I. Elfenbein, Beutekunst, Kredite und Aufträge mit.

Beute war auch das, was in den 1850er Jahren die Politiker und Investoren interessierte. Für ihren Fortschrittseifer war Frankreich, war Europa zu klein. Mit Geschwindigkeit und Hartnäckigkeit begannen sie, Afrika und den Nahen und Fernen Osten zu durchforsten. Napoleon III. lieferte ihnen die Legitimation und verankerte die Unternehmungen von Anfang an im Programm seiner Außenpolitik. Dieses Programm war in Bordeaux aufgelegt worden. Als der damalige Prinz-Präsident im Herbst 1852 auf seiner Werbetour für das Kaiserreich durch alle Regionen reiste, bot ihm Haussmann, der zu diesem Zeitpunkt noch Präfekt in Aquitanien war, in Bordeaux die Bühne für einen festlichen Auftritt und eine flammende Rede. Deren Kernsatz lautete: »L'Empire, c'est la paix.« Aber wer genau hinhörte, konnte auch andere Töne und Nuancen wahrnehmen. Von heute aus betrachtet erkennt man in ihnen einen Grund für das problematische Verhältnis Frankreichs zum Maghreb, das bis in die postkoloniale Zeit nachwirkt.

Louis-Napoleon warb dafür, riesige Territorien urbar zu machen, Oasen zu bewirtschaften, Verkehrswege zu erschließen, Häfen auszuheben, Flüsse schiffbar zu machen, Kanäle zu bauen und das Eisenbahnnetz zu erweitern. »Wir haben«, so sein Appell, »Marseille gegenüber liegend, ein weites Königreich, das wir Frankreich eingliedern müssen«.[31] Dieses Königreich war Algerien. Es war das erste Ziel und der Prüfstein der französischen Kolonialpolitik in Nordafrika. Es sollte 1902 Teil des französischen Staatsgebiets werden und dies bis zum Algerienkrieg und der Unabhängigkeit des Landes 1962 bleiben.

Napoleon III. knüpfte an langjährige und schwierige Beziehungen zwischen beiden Ländern an. Seit dem 18. Jahrhundert hatte ein reger Getreide- und Weinhandel zwischen dem nordafrikanischen, unter osmanischer Herrschaft stehenden Land und französischen Kaufleuten stattgefunden. Manche, wie die Familie Pereire, waren dadurch zu Multimillionären geworden und konnten sich später für ihre Investitionen das ererbte Wissen über das Land zunutze machen.

1830 nutzte Frankreich eine Provokation als Vorwand, um Algier zu besetzen. Der Regent Hussein Dey, auch Hussein Pascha genannt, hatte 1827 dem französischen Konsul mit einem Fächer ins Gesicht geschlagen, als dieser sich weigerte, säumige Geldzahlungen für Getreidelieferungen zu leisten. Es war sogar die Rede davon, dass es sich statt eines Fächers um eine Fliegenklatsche gehandelt hatte, was den Affront selbstverständlich noch unerträglicher machte. Diplomatische Bemühungen schlugen fehl, der Dey verweigerte einen Ehrensalut auf die französische Flagge als Wiedergutmachung. So lautete die offizielle Version des Ablaufs. Zuletzt kapitulierte Hussein Dey und wurde mitsamt Familie und Harem auf dem Dampfschiff *Jeanne d'Arc* ins Exil nach Neapel verschifft. So viele Frauen und Nebenfrauen auf dem Dampfer mit dem Namen des jungfräulichen Mädchens!

Seit 1848 stand Algerien unter französischer Militärverwaltung, 1852 lebten dort bereits etwa 100 000 Siedler. Auf diese Sachlage bezog sich Louis Napoleon in seiner Rede in Bordeaux. Wenige Tage später, als er triumphal nach Paris zurückkehrte, gewährte er dem Gelehrten und Freiheitskämpfer Abd el-Kader, der in Toulon eingekerkert war, eine Amnestie. Fortan hatte er in ihm einen wertvollen Verbündeten für seine Nordafrikapolitik.

Es war dieser materielle Fortschritt, den Flaubert, Baudelaire und die Brüder Goncourt schon im eigenen Land verachteten und der nun weitere Länder und Leute vereinnahmte. Hugo hingegen hatte in den 1840er Jahren zunächst »Hosannah« gerufen und die französische Herrschaft in Algerien begrüßt. Er glaubte daran, dass es die Mission der Franzosen war, der dunklen Welt das Licht zu bringen. Das war seit der französischen Aufklärung eine zwar gängige, angesichts der natürlichen Gegebenheiten des Mittelmeerlandes jedoch schiefe Metapher. Hugo war damals durch die Straßen Algiers gelaufen und hatte die strahlende Poesie des Orients im Spiel von Licht und Schatten empfunden, beim Anblick der weißen Häuser und der prachtvollen Bäume, Palmen, Feigen und der Aloe.

Nach dem Staatsstreich musste er jedoch glauben, dass Licht und Schatten die Sphären getauscht hatten und die Aufklärung in Barbarei umgeschlagen war. Im Oktober 1852 bekam er auf Jersey Besuch von einem Leutnant der französischen Armee in Afrika. Dieser berichtete ihm von Gräueltaten und Verbrechen gegen die Menschlichkeit. Er erzählte von Razzien und Plünderungen in Algerien, von Kindern, die aus Fenstern geworfen und auf Bajonettspitzen aufgespießt wurden, von Ringen, die mit den Ohren, an denen sie hingen, abgerissen und mit den Fingern, die sie trugen, abgeschnitten wurden. Stammesdörfer waren niedergebrannt, Grotten, in die Mensch und Tier sich geflüchtet hatten, zugemauert und ausgeräuchert worden. Wenn ein Araber gefangen wurde, riefen ihm die Soldaten lachend zu: »Wir schlagen dir den Kopf ab.«[32] Das war das Grauen.

Als Hugo damals, 1842, durch Algier wanderte, erschien George Sands Buch *Un hiver à Majorque* über ihren Aufenthalt mit Chopin auf der Baleareninsel. Die politische Wirklichkeit schien weit weg zu sein. Und doch fand sie den Weg zu ihr, so wie Sand immer alles zugetragen und erzählt wurde. Bei ihren Wanderungen begegnete sie einem Einsiedler, der, wenngleich naturgemäß schweigsam, mit der redseligen Schriftstellerin ins Gespräch kam. Er hatte 1830 die Flotte gesehen, die zur Eroberung Algiers auf dem Meer vorbeigezogen war. Und weil dieses das einzige Spektakel seines Lebens war, wollte er von George Sand wissen, ob das Abenteuer gelungen sei. Auf ihre Bemerkung hin, Frankreich habe nicht nur Algier, sondern mittlerweile auch Constantine, die große Stadt im Nordosten des Landes, eingenommen, machte er große Augen und rief aus: »Die Franzosen sind ein großes Volk.«[33]

Krim, Krieg und Verdrossenheit

Napoleon III. inszenierte sich selten in der Pose und Rolle des aggressiven Feldherrn und Kriegstreibers, den Markenzeichen seines Onkels. Das Zeitalter der Eroberungen, so sagte er im Mai 1854 in einer Rede vor der Gesetzgebenden Versammlung, sei endgültig vorbei. Er war außenpolitisch vielleicht ein Abenteurer, vor allem aber ein Mann der Diplomatie und der Netzwerke. »Das Kaiserreich ist der Frieden«, das galt, solange man Frankreich nicht enttäuschte oder störte.

Napoleon III. sprach vier Sprachen fließend. Er kannte Europa besser als die meisten Politiker und Monarchen seiner Zeit, und fasste 1864 in einer Rede vor dem Senat sogar die Einrichtung eines europäischen Gerichtshofs ins Auge.[34] Aus heutiger Sicht erscheint das weitsichtig und klug. Und doch war er auch ein Bonaparte. Der Wiener Kongress hatte die Rolle Frankreichs geschmälert. Nun sollte es in einem »Europa der Vaterländer« zu neuer Bedeutung kommen und die geostrategische Ordnung im Gleichgewicht halten. So hatte er es im Londoner Exil 1840 in seiner Abhandlung *Des Idées napoléoniennes* geschrieben. Der Kontinent aber begann im Jahr 1853 zu wanken, und die Orientfrage, die sich im Nahen Osten auftat, wurde zur Schicksalsfrage Europas und zum Auslöser des ersten großen Krieges der industriellen Ära.

Der Krimkrieg oder »Orientkrieg« begann am 4. Oktober 1853

mit der Kriegserklärung des Osmanischen Reiches an Russland, hatte aber eine lange Vorgeschichte. Zar Nikolaus I. sprach im Januar 1853 gegenüber dem englischen Botschafter Hamilton Seymour vom »kranken Mann am Bosporus«: Er beobachtete aufmerksam den Niedergang des riesigen Osmanischen Reiches, der ihm für seine eigenen Machtbestrebungen auf dem Balkan und im östlichen Mittelmeer sehr gelegen kam. Russland hatte seit der Zeit Peters des Großen nach einem Zugang zu den warmen Meeren gesucht. Das Passieren der Dardanellen aber, die das Marmarameer mit dem Mittelmeer verbanden, war nur den Türken gestattet, und über dem Bosporus erhob sich Konstantinopel. Unterdessen misstrauten die Engländer, die ihr großes Reich vor allem einer starken Flotte verdankten, den Expansionsgelüsten des Zaren und wachten zu Wasser und zu Lande über die Verkehrswege nach Indien. Das Osmanische Reich hatte sich zum wichtigsten Handelspartner des Landes entwickelt, die Teilungspläne, die der Zar nun vorschlug, passten dem Empire gar nicht.

So stand es um das Herrschaftsgefüge und die Interessen im vorderen Orient, als die Osmanen 1852, auf der Suche nach Verbündeten, Nikolaus I. mit einer symbolischen Geste herausforderten: der Vergabe der Schlüsselgewalt über die heiligen Stätten in Palästina – darunter die Geburtskirche in Bethlehem und die Grabeskirche in Jerusalem – an katholische Orden in Frankreich. Nun kassierten diese die Pilgergelder, die zuvor in die Kasse der russisch-orthodoxen Kirche geflossen waren.

Dieses interreligiöse Gerangel interessierte Napoleon III. wenig, auch wenn er die Kirche für seine Zwecke brauchte und hofierte. Die Sprengkraft der Transaktion unterschätzte er möglicherweise sogar. Im Februar 1853 schickte der Zar den General Fürst Alexander Menschikow zu Verhandlungen nach Konstantinopel. Der Sultan Abdülmecid zeigte sich bereit zu Kompromissen im »Mönchsgezänk« um die Schlüssel, nicht jedoch im Hinblick auf den unverschämten Vorschlag, das ganze Land unter russisches Protektorat zu stellen. Drei Wochen später wurden die englischen und französischen Mittelmeerflotten in den Dardanellen zusammengezogen, woraufhin 80 000 Soldaten der russischen Armee in die Donaufürstentümer Walachei und Moldau einrückten, die unter osmanischer Verwaltung standen. Am 4. Oktober, nach Rücksprache mit Queen Victoria, erklärte das Osmanische Reich Russland den Krieg. Die russische Armee überschritt die Donau, belagerte die strategisch wichtige Festung Silistria in Bulgarien und setzte am 30. November im Hafen von Sinope die gesamte osmanische Schwarzmeerflotte in Brand.

Am 27. März 1854 erklärten England und Frankreich gemeinsam Russland den Krieg. Österreich-Ungarn, schon damals unter Kaiser Franz Joseph I., und Preußen unter Friedrich Wilhelm IV., weigerten sich, den einstigen Verbündeten Russland zu unterstützen und blieben neutral. Napoleon III. sah sich, nach längerem Zögern und vergeblichen persönlichen Versuchen, Nikolaus I. zum Einlenken zu bewegen, zum Kriegseintritt gezwungen. Zuletzt hatte der Zar seine diplomatischen Anstrengungen und also Frankreich mit dem Hinweis auf das Desaster des napoleonischen Russlandfeldzuges verhöhnt und eine Wiederholung angedroht. Der Kaiser musste reagieren, um das Gesicht zu wahren und die politische Bedeutung Frankreichs zurückzugewinnen. Dabei konnte er sich der Unterstützung des Volkes sicher sein, das sich durch die Äußerungen des Zars provoziert sah und zum Kriegseintritt bereit war. Wer hätte eine Allianz zwischen England und Frankreich nach mehr als vier Jahrhunderten der Erzfeindschaft und nach den Schlachten von Trafalgar und Waterloo für möglich gehalten!

Napoleon III. glaubte, wie so viele Feldherrn vor und nach ihm, der Krieg werde nicht mehr als ein militärischer Spaziergang sein. Das Pariser Leben ließ sich ohnehin von den fernen Auseinandersetzungen nicht beeindrucken. Die Menschen schliefen gut und setzten sich, nach kurzer Beunruhigung, wieder ausgiebig zu Tisch, so wie es in Frankreich seit jeher üblich war. Drei Jahre später, nach erbitterten Flottenschlachten, einem hartnäckigen Stellungskrieg, nach eisigen russischen Wintern, die an 1812, das Jahr des Russlandfeldzuges erinnerten, nach den Kämpfen in Schützengräben und dem

Ausbruch von Cholera, Typhus und Ruhr, würde der verlustreiche Krieg mit dem Frieden von Paris enden. Allein nach der fast einjährigen Belagerung von Sewastopol 1854/55 hatte Frankreich 95 000 gefallene und durch Epidemien dahingeraffte Soldaten zu beklagen. Der Krimkrieg erschütterte Europa, er vereinte alle Schrecken eines modernen Krieges: die Technik, die Strategien, zuletzt auch die Kommunikationsmittel und Medien, durch die der ferne Rand des Kontinents nach und nach ins Bewusstsein der Grande Nation rückte.

Unterdessen gewöhnten sich Schriftsteller und Künstler widerwillig daran, in einem Kaiserreich zu leben. Dass dieses zu allem Überfluss auch noch Krieg führte, war für die meisten ein ebenso unerträglicher wie unbequemer Gedanke, denn damit sank die ohnehin schwache Hoffnung auf Meinungsfreiheit und parlamentarische Rechte noch weiter. Der Staatsstreich als Ermöglichungsbedingung des Zweiten Kaiserreichs saß ihnen immer noch in den Gliedern, das imperiale Getue des Parvenu verachteten sie. Und nun auch noch Großmachtgelüste!

Victor Hugo vollendete in seinem Exil verbissen *Les Châtiments*, Flaubert litt an der »verdammten« *Madame Bovary*. Er hatte sich in den ersten Wochen des Kaiserreiches tief in die Sitten der Provinz und die Dummheit seiner Epoche vergraben und spürte, dass in mindestens zwanzig französischen Dörfern eine Madame Bovary zweifelte, seufzte und weinte. Im Brief vom 16. Dezember 1852 an Louise Colet äußerte er sich erstmals zu seinem Projekt des *Dictionnaire des idées reçues*, in dem er mit seinem ganz Hass und einem stilistischen Feuerwerk die Diktatur der Mittelmäßigkeit anprangern und alles anzünden werde, was der Mehrheit und öffentlichen Meinung lieb war. Neben vielen deftigen Bemerkungen, die von der heutigen Political Correctness nicht gebilligt würden, findet sich dort auch der Eintrag »FRANKREICH: Will von einer eisernen Faust regiert werden.«[35]

Keine Frage, der damals noch unbekannte Briefeschreiber – wenngleich nach eigener Einschätzung von »lyrischem Gemüt« – war auf

Krawall gebürstet.[36] Und er lechzte danach, die literarische Bühne zu erobern. Die ganze Gesellschaft war nichts als eine mehr oder weniger gut organisierte Räuberbande, die Wölfe heulten aus dem Abseits. Der Gemeinsinn war verloren gegangen, jeder kämpfte für sein Rudel oder für sich allein. Ihm blieb nichts anderes übrig, als es aus seinem Schlupfwinkel heraus genauso zu machen. Er merkte, wie er sich täglich mehr von den Menschen entfernte.[37] In diesen unguten Zeiten drosch er auf Kollegen ein, lebende wie tote. Welch ein großer Autor wäre Balzac gewesen, hätte er schreiben können, teilte er Louise Colet mit und schimpfte drei Tage später, dass sich Théophile Gautier, sein »Freund Théo«, dem Mainstream anpasse und mit seinen beschaulichen Feuilletons in der Zeitung *La Presse* tief gefallen sei. Den Brief vom Zweiten Weihnachtstag 1852 unterschrieb er mit »GUSTAVUS FLAUBERTUS. Bourgeoisophobus«. Von Weihnachtsstimmung konnte keine Rede sein.

Zwei Monate später teilte er der geduldigen Freundin und »lieben und guten Muse« mit, dass ein einstiger Mitschüler wegen der Verbreitung von Hugos *Napoléon le Petit* für ein Jahr ins Pariser Gefängnis Sainte-Pélagie musste. Dem Vater, einem hohen Verwaltungsbeamten und ehemaligen Konsul im Orient, war es also nicht gelungen, seinen Sohn zu einem »Papageien« und »Kretin« zu erziehen. Klar war aber auch der Verlust der Meinungsfreiheit: eine Monstrosität. Bereits eine Woche nach der Proklamation des Kaiserreichs hatte Flaubert sich zu der Verschwörung gegen Dichtung und Freiheit geäußert: Der Bourgeois beruhige sich beim Anblick eines Polizisten, während sich der geistvolle Mensch beim Anblick eines Kritikers erfreue.

In diesem Jahr, als das Friedensversprechen des Kaisers sich als hohl erwies, beschimpfte Flaubert nicht nur die Zensur. Er litt vor allem und über alle Maßen an den Martern des Stils. In den Monaten vor Ausbruch des Orientkrieges war er bei Tag und bei Nacht mit Landwirtschaftsausstellungen befasst, die Eingang in eines der glänzendsten Kapitel von *Madame Bovary* fanden. Am 18. Juli 1852 hatte er mit finsterer Entschlossenheit die *comices agricoles* in dem Dorf

Grand-Couronne besucht und die Geräusche und Gerüche, den Morast und die Umtriebigkeit der Menschenmengen ertragen. Ähnlich wie in der Hauptstadt ging es auch in der tiefsten Provinz um Preise und um Leistung, nur Masterfolge zählten: Auf dem großen Dorfplatz vermischt sich die Stimme des Auktionators, der Zuchtbullen anpreist, mit den raunenden Worten des Schürzenjägers Rodolphe, der Emma Bovary verführt, alles unterlegt vom *basso continuo*, dem Muhen, Blöken und Meckern der zum Markt getriebenen Viecher. Allmählich begriff er, wie all das zusammenhing und im Sound der *bêtise*, der Dummheit der Menschen und der ganzen Welt, zusammen rauschte.

In seinem abgeschiedenen Landhaus in Croisset, dessen grüner Lichtschein den Schiffern auf der Seine nachts als Orientierung diente, erreichten ihn gleichwohl die Nachrichten von der sich zuspitzenden politischen Lage im vorderen Orient. Das bekümmerte ihn. Zusammen mit Maxime du Camp hatte er 1850 die osmanischen Provinzen Palästina, Syrien, den Libanon, die Türkei und Tunesien besucht und war in Ägypten den Nil flussaufwärts gefahren. Während Maxime eine Kamera mitgebracht hatte und zum Pionier der Orientfotografie wurde, hatte er ein Reisetagebuch geführt und Briefe an seine Mutter geschrieben, in denen er seine Impressionen in einer rhapsodischen Mischung aus Klischees, starken sinnlichen Wahrnehmungen und präzisen Beobachtungen mitteilte: Licht, Farben, Wüste, Düfte, Bauchtänze, Wasserpfeifen, Kamele, Karawansereien. Der Orient hatte seine Vorstellungskraft erobert, er faszinierte ihn und bereicherte seine Träume. Damit erging es ihm ähnlich wie vielen anderen Malern und Schriftstellern.

Am 26. September 1853 äußerte Flaubert sich in einem Brief an Louise Colet zum politischen Geschehen. Der Krimkrieg war im Gange, den Osmanen galt seine Sympathie und den Russen sein Misstrauen. Er sah alle »edlen Kräfte des menschlichen Wesens in der Brust eines haarigen Derwischs« schlagen und sehnte sich danach, sich noch einmal von seiner Vorhaut zu trennen, durch ganz Stambul zu laufen und dabei zu schreien: »Allah! Allah! Emsiek el

Daroud!«, was er auch gleich übersetzte als »Im Namen Gottes! An die Waffen!« Und es war ihm, als fahre ihm bei diesen Gedanken ein Wüstennebel übers Gesicht. Später zitierte er einen polnischen Grafen mit den Worten, der russische Geist greife schon auf sein Land über und Absolutismus, Spionage, religiöse Scheinheiligkeit seien auf dem Vormarsch, kurz, Antiliberalismus in all seinen Ausprägungen. Flaubert selbst war der Meinung, man könne auch in Frankreich bleiben und müsse nicht bis nach Polen reisen, um diesen Ungeist zu erfahren. Denn er entdeckte unter dem Firnis und Prunk des Zweiten Kaiserreichs nicht nur Gier und Gewalt, sondern auch eine duckmäuserische Stimmung, die Gesellschaft und Literatur erfasste:

> »Nichts als Lack. Und darunter Barbarei in weißen Handschuhen! Kosakenpfoten mit gefeilten Fingernägeln! Rosenpomade, die nach Talg riecht! Man ist einsamer als ein Beduine in der Wüste. Denn der Beduine kennt wenigstens die im Sand verborgenen Quellen. Er ist umgeben von Unendlichkeit, und darüber kreisen die Adler.«[38]

Es war einer der letzten Briefe an Louise Colet, einige Monate danach beendete Flaubert die Korrespondenz mit den rüden Worten, er werde nie mehr dort sein, wo sie ihn suche. Die weißen Handschuhe aber, die hier die verachteten Kosakenpfoten und die ebenso dämlichen Hände der Hofchargen so zierlich kleideten, sollte er einige Jahre später selbst anziehen.

1855

Spektakel und Diplomatie

1855 hatte sich die französische Bevölkerung im Kaiserreich eingerichtet, doch vielen im Land schien die Stimmung trotz der großen Betriebsamkeit bleiern. Die glühendsten Gegner saßen noch immer im Gefängnis oder waren im Exil. Von den Kanalinseln aus erscholl in regelmäßiger Folge die zornige Stimme Victor Hugos, dessen Gedichte, Reflexionen und Reden in Brüssel erschienen und als Schmuggelware oder in Form von Raubdrucken auch die Fangemeinde in Frankreich erreichten. Flaubert und Baudelaire arbeiteten, das heißt, sie schrieben. Gleiches galt für die Goncourts, soweit sie nicht gerade feierten, und für George Sand, wenn sie nicht gerade Gäste bewirtete. Sie alle erlebten, mit mehr oder weniger großer Abneigung, den ganz alltäglichen und geradezu normalen Widerspruch zwischen bourgeoiser Zähigkeit und fiebrigem Aufbruch, Beharrungsvermögen und Zukunftsmusik.

Paris bereitete sich auf die Erste Weltausstellung vor und erwartete prominente Gäste und Massen von Touristen aus allen Erdteilen. Das Event war die erste große Gelegenheit, das Zweite Kaiserreich international sichtbar zu machen, und das war außenpolitisch und innenpolitisch umso wichtiger, seitdem sich Frankreich an der Seite Englands gegen Russland im Krieg befand. Flaubert konnte sich in dem Glauben wiegen, der Kaiser habe seinen Schlachtruf gehört und unterstütze den osmanischen »Derwisch mit der haarigen Brust«. Die Krim lag in weiter Ferne, was dort geschah, löste in Paris zunächst keine Angst aus. Ganz im Gegenteil, es weckte Neugier und Reiselust. Auch wenn nun erstmals in der Geschichte Kriegsgebiete fotografiert werden konnten, vermittelten Zeitungsgeschichten und Illustrationen doch vorrangig reizvolle Landschaften und Sittenbilder, beschrieben die schemenhaften Gipfel des Kaukasus und die Palmen an der Küste des Schwarzen Meeres. Bald brachten Züge und Raddampfer die ersten Touristen an die Felsklippen der Halbinsel Krim. Von dort aus schauten Herren, die sich vom Armeedienst freigekauft hatten, und Damen in Krinolinen auf die Schlachtfelder hinab. Wenn sie ihre Teleskope, Operngläser und Krimstecher vor die Augen hielten, boten sich ihnen aus sicherer Entfernung eindrucksvolle Szenen und Kampfhandlungen. Und wenn sie genug gesehen hatten, ließen sie sich zu einem Picknick nieder und öffneten ihre Körbe, die prall gefüllt waren mit Schildkrötensuppe, Gänseleber, Schinken, russischer Rentierzunge und Wildschweinkopf mit Trüffeln und Pistazien. Wer diese Delikatessen der Londoner und Pariser Traiteure nicht bezahlen konnte, holte sich gepökeltes Fleisch bei den Marketenderinnen. Und da der Krimsekt für den Petersburger Hof reserviert war und erst zur Pariser Weltausstellung 1900 einem großen Publikum kredenzt werden sollte, tranken die Picknicker Flaschenbier oder ließen sich Champagner und große Bordeauxweine zum Kaviar schmecken, der exquisiten Spezialität der Region. Der All-inclusive-Kriegstourismus war geboren, noch war er freilich ein Luxusvergnügen.[1]

Allmählich wurde jedoch in ganz Europa offenbar, dass der Krieg kein »kleiner Spaziergang« und auch keine Abenteuer- oder Bildungsreise war. Selbst die Brüder Goncourt, wenngleich mehr denn je verbissen in die Kuriositäten und Marginalien des Pariser Kulturbetriebs und voll des Spotts darüber, dass Napoleon III. Schriftstücke mit »Napoléon Empereur« unterzeichnete, konnten die fatalen Entwicklungen im fernen Osten des Kontinents nicht mehr ignorieren, die ihr Kollege Flaubert ein Jahr zuvor noch bärbeißig und mit dem frivolen Bekenntnis seiner Liebe zum Orient notiert hatte. Im *Journal* vermerkten sie lapidar: »Krieg mit Russland.« Und versuchten, diese unerfreuliche und befremdliche Tatsache gleich wieder zu vergessen.

George Sand hingegen war willens, von ihrem ländlichen Idyll aus das Zeitgeschehen im Auge zu behalten. Sie reagierte früh auf den Kriegseintritt Frankreichs. Wie immer schrieb sie Briefe und teilte ihrer erweiterten Familie ihre Sorgen und Hoffnungen mit. Einen Tag nach der Kriegserklärung Frankreichs und Englands wünschte sie Plon-Plon viel Glück für seinen Einsatz. Ihr war zugetragen worden, dass er sich auf die militärische Aufgabe freue, und er könne sicher sein, dass man in ihrem Haus, einem der wenigen noch gläubigen Häuser, für ihn bete. Anders als viele andere begrüßte Sand den Krimkrieg und glaubte an Frankreichs Mission, was ihr so mancher der alten republikanischen Freunde verübelte. Im Antwortschreiben beteuerte Plon-Plon, der in Wirklichkeit vergeblich versucht hatte, den Kaiser vom Kriegseintritt abzubringen, es gehe auf der Krim hauptsächlich um das Schicksal Polens und darum, die Türken zu stärken und die Russen dorthin zurückzudrängen, wohin sie gehörten: nach Asien.

George Sand hoffte auf die Auferstehung Polens und schloss mit den Worten: »Gott ist groß, und Mahomet nicht sein einziger Prophet.«[2] Wenngleich die Liaison mit Chopin nun schon lange der Vergangenheit angehörte, lag ihr die Unabhängigkeit seines Heimatlandes nach wie vor am Herzen.

Die Feldpost brauchte drei Wochen, um ihren Brief zuzustellen. Auf dem Papier findet sich eine Notiz des Empfängers: »Im Lager von Jeffalik nahe Varna, 5. August 1854.«[3] Die Hafenstadt Varna im heutigen Bulgarien war zu diesem Zeitpunkt ein Schauplatz besonders erbitterter Kämpfe, im Lager der Franzosen war obendrein die Cholera ausgebrochen. Die Seuche forderte mehr Opfer als die Schlachten und raffte gleich in den ersten Tagen ihres Wütens den General dahin. Angesichts dieser Umstände entschloss sich Plon-Plon, gegen den Willen seines Cousins, nach Hause zurückzukehren. Von der Entourage des Kaisers ohnehin stets beargwöhnt, trug er fortan den Spitznamen »Craint-Plomb«, was soviel hieß wie »Bleierne Angst«.

Als aber Napoleon III. im Februar 1855 hartnäckig darauf bestand, auf die Krim zu reisen, widersetzten Minister und Berater sich seinem Ansinnen und behinderten seine Vorbereitungen. Dabei war es ihnen völlig egal, ob er militärisch oder diplomatisch eingreifen oder einfach die Moral der Truppe stärken und die Stimmung in Frankreich besänftigen wollte. Obwohl zuhause die optimistische Unterstützung angesichts der unerwarteten Kriegsdauer und der hohen Opferzahlen in offene Ablehnung umgeschlagen war und diese gefährlich zu werden drohte, wurde die Mission als zu verwegen und politisch riskant eingeschätzt: Bislang nämlich hatte der Kaiser keinen Nachkommen. Falls ihm im Feld etwas zustieße, würde sein alter Onkel Jérôme und nach ihm ausgerechnet dessen liberaler Sohn Plon-Plon nächster Kaiser der Franzosen. Kaiser Franz-Joseph riet von der Wiener Hofburg aus ebenfalls von der eigenmächtigen Expedition ab und wies darauf hin, dass Zar Nikolaus I. gerade verstorben war und sein gemäßigter Sohn Alexander II. den Krieg gewiss bald beenden werde. Zudem fürchtete er einen zu großen politischen Einfluss der Franzosen auf dem Balkan.

Gala und Diplomatie

Er war nicht der einzige, den diese Bedenken umtrieben. Auch Queen Victoria missfielen die Pläne Napoleons III. Sie argwöhnte gar, er wolle auf der Krim der englischen Armee Kommandos erteilen. Und so wurden zügig Gelegenheiten für beschwichtigende Gespräche gesucht, mit der Folge, dass das Jahr 1855 nicht nur das Großereignis der Weltausstellung, sondern auch eine Serie von Staatsbesuchen zu bieten hatte und sich Spektakel und Diplomatie für Berichterstatter und das große Publikum auf wunderbare Weise miteinander vermischten. Als erstes lud die Queen das Kaiserpaar nach London ein, nachdem sie bereits im September 1854 ihren Ehemann Albert, Prinz zu Sachsen-Coburg und Gotha, nach Frankreich geschickt hatte. Der Kaiser konnte bei dem Treffen mit ausgezeichnetem Englisch brillieren und freute sich nun, nach London zurückzukehren. Diesmal nicht auf dem demütigenden Weg ins Exil, sondern auf der *grande route* eines Staatsbesuchs.

Die französischen Hofblätter, die ihre Aufgabe darin sahen, das Volk durch Gala und Glamour von Krieg und Krisen abzulenken, jubelten. Nun boten sich die Gelegenheiten und Geschichten, nach denen sie lechzten. Das englische Königshaus präsentierte sich während des fünftägigen Aufenthalts der französischen Gäste mit der Etikette und den Ritualen einer sehr alten Dynastie. Zugleich aber zeigte sich die Königsfamilie einfallsreich und unkonventionell. Prinz Albert nahm die Gäste in Empfang, als sie am 17. April 1855 in Dover an Land gingen, bei starkem Nebel fuhren sie auf dem Dampfschiff *Austerlitz* die Themse hinauf. Die Königin erwartete sie mit Familie und Gefolge in Windsor Castle, abends wurde im Waterloo Room getanzt.

Queen Victoria war zu diesem Zeitpunkt 35 Jahre alt, hatte bereits acht Kinder und saß seit fast acht Jahren auf dem Thron. Sie schrieb gewissenhaft und ausführlich Tagebuch und war wie George Sand eine unermüdliche Korrespondentin – man konnte ihr schmeicheln, wenn man sie als Autorin ansprach. Den Besuch erwartete sie mit gemischten Gefühlen. Noch zwei Tage zuvor hatte sie, wie sie in ihrem unterhaltsamen, fast leutseligen *Journal* vermerkt,[4] Besuch gehabt von Amélie, der ehemaligen französischen Königin und Witwe Louis-Philippes, die nun, da sich die Zeiten in dem *fickle*, dem flatterhaften Land, geändert hätten, in einer offenen Kutsche mit vier armseligen Postpferden abreisen musste, während der Kaiser gerade vierzehn Pferde vorausgeschickt habe. Allen Bedenken zum Trotz jedoch gestaltete sich das Treffen »traumhaft«. Es wurden Tage voller Lächeln. Sogar das Wetter, mit dessen Bericht die meisten Tagebucheinträge einsetzen, spielte vom zweiten Tag an mit und bescherte den Gästen Sonnenschein und der Königin Kopfschmerzen. Napoleon III. scherzte, mit ihm gebe es nur gutes Wetter, und wie alle ausländischen Gäste schwärmte er für die satten grünen Wiesen, die es nur in England gebe. Er sei sehr klein, schrieb Victoria, aber mit breiter Brust und ausladenden Schultern, wie sie eigentlich zu einem viel größeren Manne gehörten, und er gehe gemessenen Schrittes.

Der ausgedehnte Spaziergang durch die Hauptstadt unter dem Jubel der Bevölkerung entzückte das Kaiserpaar. Die Teilnahme an zwei Sitzungen des englischen Kriegsrates und die Verleihung der höchsten britischen Auszeichnung, des im Hundertjährigen Krieg begründeten *Ordre de la Jarretière*, bereiteten dem Kaiser Genugtuung. London war die Stadt geblieben, die er bewunderte, endlich konnte er ihr erhobenen Hauptes begegnen. Der Antrittsbesuch bei einer der ältesten Monarchien und die Aufnahme in den Kreis der europäischen Herrscherhäuser schienen geglückt. Nur die Feinde zuhause mokierten sich über das Hochgefühl, das der neue Träger des Hosenbandordens zur Schau stellte.

Victoria bescheinigte Napoleon III. Taktgefühl, guten Geschmack, eine feine Erziehung und das Freisein von Eitelkeit. Auf der Bühne, die dieser Besuch bot, dominierten, zum Wohlgefallen der Öffentlichkeit diesseits und jenseits des Ärmelkanals, huldvolle Höflichkeit und Galanterie. Gleichwohl war der Krimkrieg Gesprächsthema. Die täglichen telegraphischen Nachrichten und Depeschen von der Front begleiteten die festlichen und familiären Begegnungen, und am Ende gab es ein Abkommen über einen detaillierten Operationsplan für die Eroberung Sewastopols, das von den Kriegsministern beider Länder unterzeichnet wurde.[5] Beim Abschied des französischen Kaiserpaares weinten alle Kinder der Königin, und diese selbst war sehr ergriffen. Noch einmal wurde *Partant pour la Syrie* gespielt, die von Hortense de Beauharnais komponierte Hymne der Bonapartes, obwohl man sie für Victorias Geschmack während des Besuchs vielleicht etwas zu häufig hören musste, an einem Tag allein vierzehn Mal.

Dann war die glitzernde Eskorte entschwunden, das märchenhafte Event aus und vorbei. Wie der Kronprinz Bertie, so zeigte auch der Prinzgemahl Albert großen Gefallen an der eleganten Toilette der jungen Kaiserin, was ihm seine Gemahlin nicht übelnahm. Vielmehr zeigte sie sich darüber sogar erfreut und vermerkte, er sei sonst überhaupt nicht charmant im Umgang mit Frauen und gebe ihr außerdem nie Anlass zur Eifersucht. 1861 starb Albert mit nur 42 Jahren. Fortan trug Victoria lebenslang Trauer. 63 Jahre lang sollte sie regieren, nur fünf Jahre weniger als der »ewige Kaiser«, der Habsburger Franz Joseph. Aber es ist dieses Trauerbild der Herrscherin, das alle sonstigen Darstellungen der einstmals jungen, lebenslustigen und stets urteilsstarken Frau überlebt hat.

Bereits im August 1855 fand der Gegenbesuch statt. Seit der Hinrichtung Jeanne d'Arcs 1431 im Hundertjährigen Krieg war kein englischer König mehr zu einem Staatsbesuch in Frankreich gewesen, als letzter hatte Heinrich VIII. im Jahr 1520 französischen Boden betreten, um Franz I. in der Nähe von Calais zu treffen und die englisch-französischen Beziehungen in den blutigen Zeiten der Religionskriege zu verbessern. Queen Victorias frühere Besuche in Frankreich hatten keinen offiziellen Charakter gehabt, nach Paris war sie nie vorgelassen worden. Nun aber kamen Victoria und Albert, begleitet von den Kindern Bertie und Vicky,[6] für zwölf Tage in das Nachbarland auf der anderen Seite des Ärmelkanals.

Frankreich bereitete ihnen einen herzlichen Empfang, geschätzte 800 000 Franzosen huldigten den Royals während ihres Aufenthalts, obwohl sich manch einer im Verborgenen noch immer über die Schmach von Waterloo ärgerte. Napoleon III. war gerade einem Attentat durch den Italiener Giovanni Pianori entgangen, es war nicht das erste und sollte nicht das letzte sein. Er begrüßte die Gäste am 18. August gleichwohl persönlich und mit militärischen Ehren im Hafen von Boulogne und begleitete sie nach Paris. Das Protokoll war gespickt mit zeremoniellen Anlässen und einem umfangreichen Unterhaltungsprogramm. Dieses schloss Besuche von Museen, Schlössern, Gärten und Parks ebenso ein wie private Shoppingtouren, auf die sich Victoria, Albert und ihre Kinder in Alltagskleidung begaben, inkognito. Da sie jedoch Tag und Nacht von Bewunderern ausgespäht wurden, war jegliche Verkleidung zwecklos.

Bei Ausflügen in die umliegenden Jagdwälder tranken die Gäste »ausgezeichnetes deutsches Bier«, das der Kaiser für sie hatte brauen lassen, nahmen eine »ziemlich köstliche *bouillon*« zu sich und lernten insgesamt eine »einfache und gute *cuisine*« kennen, die jedoch »weniger abwechslungsreich« war als daheim in England. Soweit Victorias eigenwillige kulinarische Bemerkungen über das französische Essen. Es gab einen Empfang im Schloss von Versailles, ein Bankett im Opernsaal und einen großen Ball im Spiegelsaal, bei dem vier Orchester aufspielten, der Kaiser mit der Königin und der Prinzgemahl mit der Kaiserin Walzer tanzte und alles gemalt und fotografiert wurde.

Napoleon III. kümmerte sich persönlich um den englischen Thronfolger. Der Prince of Wales himmelte die Kaiserin an und fasste so großes Zutrauen zu ihrem Mann, dass er ihm gestand: »Sie wissen, dass Sie ein wunderschönes Land haben, ich wünschte, Ihr Sohn zu sein.«[7] Ein Empfang im Rathaus bot den Anlass für die Umbenennung des »Boulevard de l'Hôtel de Ville« in »Avenue Victoria«. Die Straße war gerade erst im Zuge der frühesten Umbaumaßnahmen Haussmanns entstanden und hatte auch die Rue de la Vieille-Lanterne zerstört. Neben der Ehre, die damit der Queen zuteilwurde, konnte mit dem neuen Straßennamen auch die Spur des Schauplatzes verwischt werden, an dem sich Anfang des Jahres der unrühmliche Tod Nervals ereignet hatte. Die Rue de la Vieille-Lanterne und der Boulevard de l'Hôtel de Ville verschwanden, wie so vieles, vom Stadtplan und aus dem kollektiven Gedächtnis.

Am letzten Tag der Reise besuchte die englische Königin den Invalidendom und verneigte sich vor dem Sarkophag Napoleons I., vierzig Jahre nach Waterloo. Ihr Gemahl erinnerte sich später an dieses merkwürdige Erlebnis. Uniformiert und im Fackelschein waren sie mit dem Kaiser und Plon-Plon zum Grab des ersten Napoleon geschritten, während die Orgel des Invalidendoms *God save the Queen* gespielt und eine Militärkapelle *Rule, Britannia!* geschmettert hatte.[8] Ein stärkeres Symbol dafür, dass die »Entente Cordiale« geglückt und handlungsfähig war, hätte es kaum geben können. Im September eroberten die alliierten Truppen die Festung Malakoff auf der Krim und den Flottenstützpunkt nahe der größten Stadt, Sewastopol. Das Ende des Krimkriegs rückte näher.

Während Victoria mit britischer Noblesse notierte, sie sei erleichtert über die Reihenfolge der Staatsbesuche, da sie und ihr Gemahl die Großzügigkeit und Grandeur der französischen Gastfreundschaft schwerlich hätten erwidern können, kostete Napoleon III. den Glanz aus, den der geglückte Besuch der Queen auf ihn warf. Alles war ihm gelungen, das offizielle Programm ebenso wie das Rahmenprogramm, die Inszenierung von Kultur und Luxus, der eigene Auftritt und das Erscheinen seiner Frau, deren elegante Kleider wieder einmal Eindruck gemacht und ihren politischen Auftrag erfüllt hatten.

Victoria verwendete nun die formelle Anrede »my brother«, die den Monarchen befreundeter Nationen vorbehalten war. In einem Brief an den belgischen König Leopold I. schrieb sie, die Begegnung sei *sincere* gewesen, und in einem Memorandum vom 2. Mai, das sie im Buckingham Palast nach dem Besuch des Kaiserpaares aufgezeichnet hatte, resümierte sie die Begegnung und attestierte Napoleon III., dass alles, was er sage, von Bildung, Wissen und Urteilskraft zeuge. Der arme König Louis-Philippe sei so redselig, *talkative*, gewesen wie das ganze Volk, Kaiser Napoleon III. jedoch verhalte sich ganz unfranzösisch, nämlich *honestly and faithfully*, seine Worte seien nicht bloß rhetorisch, »not merely des phrases de politesse«. Die lebenswichtige Allianz zwischen England und Frankreich erschien ihr nun dauerhaft, und sie war sich sicher, dass dem unbeständigen Frankreich die eiserne Faust Napoleons III. guttat. Das meinte sie natürlich ernst und nicht sarkastisch wie Flaubert.

Weltausstellung

Paris war im Weltausstellungsfieber, als die Royals eintrafen. Die Queen zeigte sich an zwei Tagen auf der Ausstellung und wurde in einer zierlichen Kutsche zuerst durch den Palais des Beaux-Arts, dann durch den Palais de l'Industrie gefahren – ein Highlight für sie selbst und das Publikum. Der Ansturm der Menge, die am selben

Tag wie die gekrönten Häupter die Ausstellung besuchen wollten, war so groß, dass nur Inhaber von Saisonkarten zugelassen wurden. Das führte dazu, dass noch schnell mehr als 1000 Dauerkarten verkauft wurden. Die glücklichen Besitzer konnten miterleben, wie Napoleon III. dem Prinzgemahl eine Vase aus Sèvres-Porzellan mit einer Illustration der Londoner Weltausstellung überreichte und während des Rundgangs aufschrieb, welche Exponate der Königin besonders gefielen, um sie ihr später in das Schloss Saint-Cloud zu schicken, in dem sie residierte.

Inmitten der rundum aufgerissenen Straßenzüge von Paris nahm die Weltausstellung das ganze Gebiet zwischen den Champs-Élysées und der Seine ein. Sie war am 15. Mai eröffnet worden und dauerte bis zum 15. November 1855. Schon 1853 hatte ein kaiserliches Dekret sie in Auftrag gegeben und eine Kommission unter Beteiligung regierungsfreundlicher Personen wie dem Bankier Émile Pereire und dem späteren Erbauer des Suezkanals, Ferdinand de Lesseps, eingesetzt. Seitdem lief eine groß angelegte Kampagne mit Vorträgen, Zeitungsartikeln, Katalogen und Ausstellungsführern; was Medieneinsatz, Reklame und Publicity anging, wurde nicht gekleckert, sondern geklotzt. Die Ausstellung war die erste von sechs Pariser Weltausstellungen zwischen 1855 und 1937, unter ihnen diejenige von 1889 mit dem Eiffelturm als Wahrzeichen. 1855 aber musste sie sich noch aus dem Schatten der Londoner *Great Exhibition* von 1851 lösen, der ersten Weltausstellung überhaupt.

Während Frankreich sich 1855 anschickte, England zu übertreffen, was das Spektakel von Modernität und Wohlstand und die Zahl der Aussteller und Besucher anging, brütete Flaubert noch immer über der lächerlichen Landwirtschaftsausstellung und schlachtete weitere provinzielle Sottisen für seine *Madame Bovary* aus. Er hatte 1851 mit seiner Mutter – und nur ihr zuliebe – die Londoner Weltausstellung besucht, missmutig den nebligen Ärmelkanal überquert, die Nachbauten ägyptischer und etruskischer Architektur verhöhnt und über Aktivisten gespottet, die erreicht hatten, dass eine Gruppe alter Ulmen im Hyde Park nicht gefällt, sondern überbaut wurde. Bei diesem Überbau handelte es sich um den Crystal Palace, dessen scheinbare Schwerelosigkeit Flaubert gefiel, auch wenn er die industrielle Ästhetik insgesamt ablehnen musste. Über Maxime du Camp, der mit ihm in die Wunder und Geheimnisse des Orients eingetaucht war und sich nun für die Weltausstellung begeisterte, konnte er sich nur noch wundern. Welch mangelnde Urteilskraft! Die Ausstellung passte doch bestens in die »falsche Idealität«, die dem ganzen Land vorgegaukelt wurde.[9] Für sein Projekt des *Wörterbuchs der Gemeinplätze* notierte er: »AUSSTELLUNG – Wahn des 19. Jahrhunderts«.[10]

Für Napoleon III. war die Weltausstellung das Supermedium seiner spektakulären Politik, die 1855 richtig in Fahrt gekommen war. Wer heute eine Weltausstellung sucht, findet sie in Hannover, Astana oder Dubai. Nur: Wer will sie noch sehen? Im 19. Jahrhundert war das ganz anders. Die Ausstellung wurde mit Salutschüssen und dem Eintreffen des Kaiserpaares und seiner Eskorte eröffnet. Vor den Toren drängelten sich Menschenmengen. Von überallher erscholl »Vivat! Vivat!« Ob auch Claqueure einbestellt worden waren, ist nicht zu ermitteln. In seiner Begrüßungsadresse pries Napoleon III. sich glücklich, diesen Tempel des Friedens einweihen zu können, der allen Völkern Eintracht gebiete. Für die Völker, die gerade Krieg führten, waren das allerdings hohle Worte. Am Eröffnungstag herrschte nasskaltes Wetter, aber die Feierlichkeiten waren erhebend.

Das Orchester spielte den Marsch aus Rossinis *Wilhelm Tell*, während der Kaiser wie ein Weltenherrscher auf einem improvisierten Thronsessel saß. Seine Büste prangte über dem als Triumphbogen gestalteten Eingang des Industriepalastes und schmückte die Medaillen, zahlreiche der mehr als 10 000 Auszeichnungen vergab er persönlich. Eugénie aber fror in den eiskalten Hallen, da das Protokoll ihr und sämtlichen Hofdamen und Ministergattinnen große Abendtoilette vorgeschrieben hatte.[11]

Die *Exposition universelle* war eine Leistungs- und Wettbewerbsschau aus allen Bereichen der menschlichen Arbeit – Landwirtschaft, Handwerk, Technik, Industrie, Wissenschaften, Architektur und Kunst – und sie war zugleich eine Politshow, die ungeahnte diplomatische Begegnungen ermöglichte. 25 befreundete Nationen mitsamt ihren Kolonien präsentierten sich, um die politischen und wirtschaftlichen Beziehungen mit Frankreich zu vertiefen, das waren mehr als vier Jahre zuvor in England.

Plon-Plon, den der Kaiser zum Präsidenten bestimmt hatte, war in große Uniform gekleidet. Er bezeichnete das Ereignis als notwendig zur Förderung der Freiheit und der Harmonie von Empfindungen und Interessen, die der großen menschlichen Familie zugutekämen. Wettbewerbe und landestypische Darbietungen gäben sich als Resultate der göttlichen Vorsehung, der Ressourcen, klimatischen Bedingungen und Kommunikationsmittel sowie als Ausdruck des Temperaments der Völker und des nationalen Genius zu erkennen. Aus moralischer Gesinnung und individuellem Unternehmergeist erwachse die industrielle Überlegenheit einer Nation.[12] Die Rede, ausgeschmückt mit Betrachtungen der florierenden Völkerpsychologie, klang wie ein Programm aus Gründerjahren. Oder wie das Manifest eines frühsozialistischen Kapitalismus, dessen Ideen von wirtschaftlichem Aufschwung, Freihandel und sozialer Gerechtigkeit auch der Kaiser in früheren Jahren und Schriften angehangen hatte. Zugleich zeichnete sich in der Rede aber jene Vorstellung einer Hierarchie der Zivilisationen ab, die in den folgenden Jahrzehnten zur Legitimation kolonialistischer Expansion dienen würde. Deutlicher als alle anderen Medien der Zeit symbolisierten Weltausstellungen »den universalen Anspruch des atlantischen Westens«[13] und übten folglich in den Jahrzehnten des europäischen Imperialismus ihre größte Anziehungskraft aus. So hatte es Heinrich Heine nicht gemeint, als er Jahre zuvor wie ein »Schiffbrüchiger« Paris erreichte und seine Wahlheimat »Hauptstadt von Frankreich und der ganzen civilisierten Welt« nannte.[14] Und so hatte es auch Hugo nicht verstanden, als er dazu ermunterte, die französische Aufklärung in die Welt zu tragen. Eine luzide Kritik des wirkmächtigen Mythos von der »großen Familie der Menschen« sollte Roland Barthes 100 Jahre später in *Mythen des Alltags* äußern.[15]

Die Weltausstellung 1855 war ein Phänomen moderner Globalisierung und Medialisierung, mehr als 20 000 Aussteller waren vertreten, fast 5,2 Millionen Besucher konnten begrüßt werden. In der Hauptstadt hingen an vielen Gebäuden und Geschäften Schilder mit der Aufschrift »English spoken«. So mancher Einheimische rieb sich verwundert die Augen, und so mancher Tourist versuchte vergeblich, sich auf Englisch zu verständigen.

Um die Anreise zu erleichtern, wurden die ersten Pauschalreisen angeboten. Die neuen Eisenbahnverbindungen erleichterten und beschleunigten die Anreise in die Hauptstadt, wenn man erst auf dem Festland angekommen war. In den Waggons konnten sich die Fahrgäste in die 1853 von dem Verleger Hachette gegründete »Bibliothek der Eisenbahn« vertiefen, in Klassiker, Schmöker, Biographien, illustrierte Bücher, Kinderliteratur und Reiseführer, die in den Bahnhöfen verkauft wurden. Die Kollektion, schrieb der Verleger, umfasse bereits 100 Titel der besten französischen und ausländischen Autoren und richte sich an die Reisenden, um die erzwungene Freizeit während des Transports zu verkürzen, um zu unterhalten und wichtige Informationen zu Reiserouten und Zielorten zu liefern.[16] Auch George Sand hatte einen Vertrag mit dem großen Verlagshaus Hachette unterzeichnet und war in der Kollektion mit zehn Romanen vertreten.[17]

Der Industriepalast auf der Fläche des heutigen Grand Palais war riesig: 208 Meter lang, 108 Meter tief, 35 Meter hoch, und trotzdem mussten zusätzliche Galerien gebaut werden. Wer sie alle besuchte, war am Ende ermattet von den langen Wegen, den Menschenmengen, dem Lärm. Und auch das Staunen machte müde. In der mehr als einen Kilometer langen Maschinenhalle wurde neben der ersten Waschmaschine auch die erste Nähmaschine ausgestellt, die 25 Näherinnen ersetzte. Daneben standen hydraulische Motoren, Lokomotiven und Dampfschiffe. Alle Maschinen waren in Betrieb und schnurrten, klackerten, rollten, ratterten, stampften. So viel war klar: Mit dem Fortschritt veränderte sich die ganze Arbeitswelt.

Und wie Flaubert fand, keineswegs zum Guten. Das war ihm schon bei seinem Besuch der Weltausstellung in London klar geworden und auch, wenn er sich am Strand beim Lärm der Schiffsglocken und Turbinen die Ohren zuhalten musste. Ein Ärgernis, der Krach und Radau, den die Industrie in der Welt veranstaltete, und all die lauten und marktschreierischen Maschinen! Er fragte sich, wie viele stumpfsinnige Berufe die Industrie hervorbringe und welche Dummheit daraus langfristig folgen müsse. Daten für eine grauenhafte Statistik! Denn was sollte man von einer Bevölkerung wie derjenigen Manchesters erwarten, die ihr ganzes Leben damit verbrachte, Nadeln zu fabrizieren? Die immer größere Arbeitsteilung schuf, genau wie die Maschinen, Massen von Maschinenmenschen. Das war seine persönliche Meinung, die in diesem Punkt, und nur in diesem, der Einschätzung von Friedrich Engels ziemlich nahekam. Ja, die Menschheit verblödete, so viel stand fest. Die *Träumer* des Mittelalters waren andere Menschen als die *Aktiven* der Moderne. Die Menschheit, so notierte er, hasst uns und wir dienen ihr nicht und hassen sie, weil sie uns verletzt.[18]

Das Publikum der Weltausstellung plagte sich nicht mit solchen Gedanken und ließ sich gern belehren und unterhalten. Es betrachtete sich im größten Spiegel der Welt und folgte dem Hin- und Herschwingen des Foucault'schen Pendels, mit dem der Physiker Léon Foucault erstmals präzise und auf ebenso einfache wie erregende Weise die Erdrotation veranschaulichte. Doch auch wenn endlich alle begriffen, dass die Welt schwankte und sich drehte, konnte ihnen nicht schwindlig werden, weil sie ja auf dem sicheren Boden des Kaiserreichs standen und den wissenschaftlichen Fortschritt zum Wohle der Menschheit mit allen Sinnen erfahren konnten. Die Besucher des Industriepalasts lutschten Stollwercks Hustenbonbons, die mit einer Medaille ausgezeichnet wurden, und kosteten eine pasteurisierte Bouillon, die der Chemiker Louis Pasteur in einem Glaskolben konserviert hatte. Es dauerte nur noch kurze Zeit, bis auch die erste H-Milch getrunken werden konnte.

Der Miesepeter Flaubert hingegen erzählte daran anknüpfend von den experimentierfreudigen, aber dilettantischen Junggesellen Bouvard und Pécuchet. Die beiden besorgen sich Sardinenbüchsen, füllen sie mit Eiern, Kalbfleisch und Hummer und dichten sie ab. Als sie die Dosen wieder öffnen, raubt ein pestilenzartiger Gestank ihnen den Atem: Das Kalbfleisch hat sich in gekochte Schuhsohlen verwandelt, der Hummer in eine schlickige Flüssigkeit. Doch sie verzagen nicht, brennen Schnaps und laden die Nachbarn zur Verkostung ein. Der Alkohol schmeckt wie Lakritzsirup und sieht auch so aus. Zu guter Letzt explodiert der Destillator wie eine Granate, Glas und Blei splittern bis in den Hof, und die Tüftler kauern sich in eine Ecke.[19] Das und noch viel mehr fiel Flaubert ein, um seine Rachegelüste zu befriedigen, ja, der Hass war ihm bis in die Eingeweide gekrochen. Sollte etwa die *bêtise* seiner Zeit auch noch konserviert werden?

Ende September, die Luft war noch schwül, es regnete in Strömen und die nassen, schon gelben Bäume »rochen nach Kadaver«, glaubte er zu krepieren. In ihm stieg, wie er seinem liebsten Freund Louis Bouilhet schrieb, die »Scheiße hoch wie bei einem eingeklemmten Bruch, bis in den Mund«. Aber er wollte sie »bei sich behalten, sie eindicken, daraus einen Brei machen und damit das 19. Jahrhundert beschmieren, wie man die indischen Pagoden mit Kuhfladen vergoldet.«[20] Flaubert hielt Wort und vergoldete Mist und Trivialität.

Die Besucher der Weltausstellung hingegen sahen nur die Erfolge des Fortschrittsstrebens. Sie erlebten die Vorführung des ersten Rollstuhls, der gleich, nachdem die Kaiserin ihn ausprobiert hatte und mit ihm durch die Ausstellungshalle geglitten war, als todschickes Gefährt galt. Außerdem war ein Telegraphenkabel zu bewundern, dessen phänomenale Fähigkeiten die Besucher überraschten: Ein solcher Draht, erläuterte Plon-Plon den Zuhörern, habe ihm gerade die Nachricht von der Einnahme Sewastopols übermittelt. Die weite Welt war an einem Ort zusammengerückt, und dieser Ort war Paris. Neben seiner Attraktion als Rummelplatz, Erlebnispark und Kulisse war Paris endgültig zum Umschlagplatz von Ideen und Erfindungen, Medien und Waren geworden. Letztere waren hier noch Prototypen, umgeben von einer Aura des Besonderen. Doch so bald wie möglich sollten sie in Serie gehen. Denn das war der Fortschritt: Konsum, immer mehr Konsum für alle!

Paris hat die Kunst

Auf der Londoner Weltausstellung hatten die Künste nur eine untergeordnete Rolle gespielt. Einige Skulpturen waren ausgestellt, Gemälde aber ausgeschlossen worden. Deshalb kam der wichtigste Zweig der französischen Kunsttradition 1851 nicht genügend zur Geltung, auch wenn viele der ausgelobten Preise nach Frankreich gingen.

Mit der großen Ausstellung im Palais des Beaux-Arts ergriff Frankreich 1855 die Gelegenheit, der ganzen Welt den kulturellen Reichtum des Landes zu zeigen und die Vorreiterrolle im Bereich der schönen Künste, der Eleganz und des Geschmacks zu behaupten. Dazu zählte neben Malerei und Mode auch das *savoir-vivre*, die Ess- und Trinkkultur. Zum ersten Mal wurden auf der Weltausstellung Weine nach der *appellation*, der Herkunfts- und Güte-Bezeichnung gemäß der sogenannten Bordeaux-Klassifizierung, unterschieden und etikettiert. Fortan gab es neben Kunstsammlern auch Weinsammler, oft in Personalunion. Den erlesensten Weinkeller von Paris jedoch legte Haussmann an.

Die umfangreiche Kunstausstellung wurde kuratiert von illustren Vertretern des Kulturbetriebs. Zu ihnen gehörten zwei Rivalen der zeitgenössischen Malerei, die auch eigene Ausstellungsräume hatten: Jean-Auguste-Dominique Ingres, der seit langem eine Autorität war, und Eugène Delacroix, der noch auf den ganz großen Erfolg wartete. Den Malern zur Seite stand der Schriftsteller Prosper Mérimée, hochdekorierter Autor der Novelle *Carmen*, die 1847 erschienen war und durch die Oper von Georges Bizet unsterblich werden sollte. Er war außerdem Senator, Inspektor der archäologischen Denkmäler und ein Vertrauter der Kaiserin. So sehr er Künstler war, so sehr war er auch ein Multiplikator der kaiserlichen Fortschrittspolitik.

Delacroix hingegen betrübten die vielen Maschinen. Ihm behagte die Materialität nicht, weil sie den Anschein erweckte, sie könne ganz von allein bewundernswerte Dinge tun. Und überhaupt war er schon lange der Meinung, dass dieser ganze Fortschritt ein Übel war, dass falsche Leidenschaften und Begehrlichkeiten leere Herzen hervorbrachten: »Erfindet Eisenbahnen und Telegraphen, überquert im Nu Länder und Meere, aber steuert eure Leidenschaften wie eure Luftschiffe.«[21] Er jedenfalls hatte keine Lust, die Errungenschaften der schädlichen Instinkte noch einmal zu sehen.

Die Kunstausstellung hingegen beschäftigte ihn während des ganzen Jahres, ihretwegen konnte er auch nicht nach Nohant zu George Sand fahren. Die Ausstellung seiner eigenen Bilder wurde zu einem Triumph und verschaffte ihm den endgültigen Durchbruch, für ihn durchaus unerwartet. Die Kritiker, das erfahrene Kunstpublikum und der noch junge Kunstmarkt waren sich erstmals in der Huldigung Delacroix' einig.

Die Kunstausstellung erwies sich als Publikumsmagnet. Während *Le Charivari* sich über das ungebildete Massenpublikum mokierte, das ohnehin nicht zwischen Delacroix und Ingres unterscheiden könne, machte sich George Sand ihrerseits Gedanken über die Menschenmenge in den Ausstellungsräumen. Ihr Sohn Maurice versuchte sich als Schriftsteller, Zeichner und Maler, blieb aber ein erfolgloser Projektemacher. Sand versicherte ihm, dass das Künstlerleben ein Auf und Ab von Lachen und Weinen sei. Als nun wieder keines seiner Bilder es in die Ausstellung geschafft hatte, versuchte sie ihn mit der Bemerkung zu trösten, die Zulassung hänge schlichtweg von Gunst und Zufall ab, und die »hohen Tiere Ingres, Delacroix usw.« nähmen schon für sich allein so viel Platz ein. Die gewöhnlichen Ausstellungsbesucher würden ohnehin durch die Ausstellung gehen, »So viele Bilder« rufen, und sich zu den Meistern durchfragen, um nicht unnötig Zeit mit dem Rest zu verlieren. Die Meister kämen zur Geltung, alles Neue sei jedoch für die Menge verloren.[22] Und auch für sie, wie sie am Ende zugab.

Die gewöhnlichen Besucher, über die sich die Gebildeten so gern lustig machten, waren dennoch allesamt hoch willkommen. Sie bewiesen, dass das Kaiserhaus selbst in Kriegszeiten in der Lage war, das Volk zu unterhalten. Der wichtigste Gast aber war die Queen. Sie galt als Kunstkennerin. Zu ihrem Bedauern musste wegen des dichten Protokolls die Betrachtung von Bildern und Statuen schnell vonstattengehen, und so eilte auch sie gleich zu den »großen Tieren«. Victoria zeichnete selbst gern und hatte nach dem Besuch Napoleons III. und Eugénies die Köpfe der beiden fein skizziert. Als sie am Arm des Kaisers den Palais des Beaux-Arts betrat, war sie voll freudiger Erwartung, zumal sie wusste, dass die englische Kunst reichlich vertreten war.

Seit dem Ende des 18. Jahrhunderts, und verstärkt seit dem Ende der napoleonischen Kriege, fand ein reger Austausch zwischen englischen und französischen Malern statt. Sie besuchten sich wechselseitig und trotzten den Widrigkeiten der bilateralen Politik. So mancher französische Maler reiste auf seiner Bildungsreise jetzt nicht nur nach Italien, sondern überquerte auch den Ärmelkanal. Mehr als ein englischer Maler ließ sich in Frankreich nieder, bevorzugt in der Normandie. Die englischen Landschaftsmaler tauschten sich mit den Malern von Barbizon aus, Delacroix hatte englische Malerfreunde, und John Constable und William Turner wurden seit den 1820er Jahren in den Pariser Kunstsalons als Ausnahmekünstler und Ideengeber für die junge Strömung des *plein air* gefeiert. Französische Sammler sorgten längst für den Erfolg englischer Maler auf dem französischen Kunstmarkt, nun wurden ihre Bilder erstmals dem breiten Publikum gezeigt.

Die Besucher sahen Genrebilder und Präraffaeliten, die in Frankreich zunächst auf Unverständnis stießen. Viele erfreuten sich hingegen an Landschaftsbildern und Aquarellen sowie an Gemälden orientalischer Szenen und antiker Ruinen. Gautier gab sich beeindruckt von der Vielfalt, sah aber auf fast jedem englischen Bild einen Hund. Der junge Prince of Wales, Bertie, zeigte sich im Gegenzug höflich und so angetan von der Stallszene auf einem Bild Ernest Meissoniers, dass Napoleon III. es ihm für die stattliche Summe von 25 000 Francs kaufte.[23] Und weil die direkte Gegenüberstellung englischer und französischer Kunst den *regard croisé*, den fruchtbaren Dialog zwischen beiden Ländern förderte, kam den Künsten ganz unverhofft die nicht alltägliche Aufgabe zu, zum Gelingen der diplomatischen Begegnung beizutragen. Mérimée, der wie die Goncourts und Flaubert gern tratschte, ließ es sich nicht nehmen, zu kolportieren, dass Napoleon III. und Victoria ausgerechnet im Palais des Beaux-Arts heftig miteinander geflirtet hätten, als Eugénie sich zurückzogen habe, um sich auszuruhen.[24] Sie war, wie man später erfuhr, im ersten Monat schwanger.

Wie auch immer die Flirts oder Komplimente zu bewerten sind, die Charme-Offensive war der Begegnung zuträglich, und zu Übergriffen kam es offenbar nicht. Auf dem klug vorbereiteten Rundgang verlockte der Gastgeber die Queen zu Entdeckungen und führte sie zu vertrauten Malern. Zu ihnen gehörte Franz Xaver Winterhalter. Zunächst sah Victoria, als besonderen Willkommensgruß, ihr eigenes Porträt, sodann Bilder der Gastgeber: *L'Empereur Napoléon III*, das Staatsporträt von 1853, und *L'Impératrice Eugénie entourée de ses dames d'honneur*.[25] Letzteres war pünktlich zur Weltausstellung fertig geworden. Victoria zeigte sich hoch erfreut.

Winterhalter, der Bauernsohn aus Menzenschwand am Feldberg im Schwarzwald, hatte sie und Prinz Albert schon 1842 gemalt. Die beiden Bilder waren feinsinnig aufeinander bezogen und verbanden die Eheleute durch Komposition und Lichtführung. 1843 malte er Victoria noch einmal, sie selbst hatte dieses »geheime Bild« als Geschenk zum Geburtstag ihres Mannes in Auftrag gegeben. Dieses Porträt der jungen Victoria mit offenem Haar, in leichter Morgentoilette vor einem roten Vorhang mit Aussicht auf eine Landschaft, war so überaus bezaubernd, dass Prinz Albert es lebenslang als sein Lieblingsbild betrachtete und in den Privatgemächern aufhängte. Als enthusiastischer Förderer der Künste, der er war, holte er den Maler unverzüglich an den englischen Hof.[26]

Winterhalter hatte zu dieser Zeit bereits eine erstaunliche Karriere gemacht. Er hatte in St. Blasien, in München und in Italien gelernt. 1837 war ihm der Durchbruch gelungen mit einem sinnlichen und leuchtenden Gruppenporträt der zehn jungen Leute, die fünfhundert Jahre zuvor in Giovanni Boccaccios Novellensammlung *Decamerone* vor der in Florenz wütenden Pest aufs Land geflohen waren und sich zum Zeitvertreib Geschichten erzählten. In den folgenden Jahren reiste Winterhalter durch ganz Europa, um den zahlreichen Anfragen der großen Häuser nachzukommen. Die neu ausgebauten Eisenbahnnetze erlaubten ihm, auch kurzfristig terminierte Aufträge anzunehmen. Der Kunstkritiker Arthur Stevens scherzte, man könnte meinen, dass jedes erlauchte Haupt der Weihe durch Winterhalters Pinselstrich bedürfe.[27]

Winterhalter war längst ein Maler im Auftrag ihrer Majestät oder besser, ihrer Majestäten. Den Franzosen war es nun gelungen, ihn für die Weltausstellung zu engagieren. Das Staatsporträt Napoleons III., das er zwei Jahre zuvor gemalt hatte, war das Werk eines vollendeten Hofmalers. Es zeigt Napoleon III. vor einem schweren scharlachroten Vorhang im stilisierten Palast der Tuilerien, in Generalsuniform gekleidet und ausgestattet mit den kaiserlichen Insignien, der Kette und Schärpe der Ehrenlegion und dem bienenbestickten Königsmantel aus Hermelin, den er nie getragen hat. Das Porträt erfindet den großen Auftritt eines Herrschers, seine Theatralität ist außerordentlich. Es begeisterte, ganz anders als dasjenige des Ingres-Schülers Hippolyte Flandrin. Dessen Bild, 1853 in Auftrag gegeben und erst 1861 vollendet, zeigt den Kaiser in der Uniform

eines Brigadegenerals im großen Kabinett der Tuilerien. Princesse Mathilde, die häufig kein Blatt vor den Mund nahm, fand es so trist, dass sie es mit der Bemerkung kommentierte, ihr Cousin sehe aus, als habe er gerade einen Sohn verloren.[28]

Winterhalters Porträt aber, ein Glanzstück der kaiserlichen Selbstinszenierung, avancierte zum Fanartikel und zur imperialen Devotionalie. Der stets maliziöse Gautier urteilte, Flandrin zeige den wahren Kaiser, Winterhalter hingegen einen Kaiser, der in seiner Uniform aussehe wie ein wegen Trunkenheit entlassener Zirkusdirektor.[29] Winterhalter konnte diese Boshaftigkeit aushalten, Tatsache war ohnehin, dass er viel lieber Frauen als Historien- und Herrscherbilder malte.

L'Impératrice Eugénie entourée de ses dames d'honneur war in der Ausstellung als Herzstück der französischen Hauptgalerie in Augenhöhe gehängt. Winterhalter hatte das Bild innerhalb weniger Monate gemalt. Ursprünglich sollte es, wie sein erfolgreiches Gemälde *Decamerone*, eine Gruppe von zehn Personen zeigen – im Januar 1855 verließ jedoch eine Hofdame das Gefolge der Kaiserin, so blieben insgesamt neun Damen. Die junge Eugénie in einem leuchtend weißen, mit violetten Schleifen verzierten Sommerkleid und einem Diadem im Haar überragt ihren Hofstaat, die Stimmung ist gelöst und vertraut, die Damen, mit Blumen und Strohhüten in der Hand, sind eingetaucht in eine lichtvolle ländliche Szenerie, in die zarten Blätter spielt der feine Pinselstrich englischer Landschaftsmaler. Eine Ölskizze, auf der noch alle zehn Damen versammelt sind, verdeutlicht noch mehr als das spätere Gemälde das Genre der *fête champêtre* im Stil des 18. Jahrhunderts. Die Inszenierung der Kaiserin, die dort selbst einen Strohhut trägt, erinnert an Porträts, die Élisabeth Vigée Le Brun von Marie Antoinette gemalt hatte.[30]

Jeder wusste, dass Eugénie die Vorgängerin verehrte und vom Trianon, vom Hameau und der exquisiten Mode der Rokoko-Königin schwärmte. Doch keiner, nicht einmal die ärgsten Feinde des Kaiserhauses, wünschte ihr das Schicksal Marie Antoinettes, zumal die fromme und mildtätige Eugénie bislang wenig Anlass für den Vorwurf herrischen Stolzes oder eines skandalösen Lebensstils, ja nicht einmal einer vergleichbar hemmungslosen Verschwendungssucht bot. Noch war in Erinnerung, dass sie das Brautgeschenk der Stadt Paris für ein eigenes Wohltätigkeitsprojekt spendete.

Winterhalter malte Kleider, Volants, Falten, Plissees, Rüschen, Spitzen, Schleifen und zeigte Eugénie immer wieder, in schimmernder Seide, in raffiniertem Tüll, einmal mit Strohhut, einmal in einem Kleid im Stil Marie Antoinettes, als junge Frau, als strahlende Kaiserin und zuletzt als ältere Dame. Der Hofschneider war Charles Frederick Worth, ein englischer Schneider. Er machte in Paris Karriere, avancierte zum ersten berühmten Schöpfer der *Haute Couture* und verdrehte den Frauen im Zweiten Kaiserreich den Kopf. Er belieferte die Kaiserin und auch die adligen Damen mit Kleidern aus Tüll, Spitze und feinster Lyoner Seide und schmeichelte ihrem Körper und Gesicht, indem er sie umhüllte mit Wolken und Wirbeln aus luftigen, schimmernden, weißen, creme- und pastellfarbenen Materialien. Schnell wurden sie zu Vorbildern der reichen und neureichen Pariser Bürgerinnen und verführten selbst Damen aus der tiefen Provinz, nach Paris zu reisen, um dort die luxuriösen Stoffe einzukaufen. Oder davon zu träumen. In *Au Bonheur des Dames* schildert Zola in impressionistischer Manier die Stoffe und Kleider

der Pariser Damenwelt und nennt den umworbenen Modedesigner des *tout Paris* »Worms«. Im neuen Kaufhaus Le Bon Marché kann man die Materialen für seine Arbeit bewundern:

> »Eine Ausstellung von Seide, Atlas und Samt entfaltete hier in einer sanften und flimmernden Skala die herrlichsten Blumenfarben: zuoberst die Samte von tiefem Schwarz, vom Weiß geronnener Milch; weiter unten die Atlasstoffe, die rosenfarbenen, die blauen, schillernd in den Brüchen, immer lichter werdend bis zur Blässe äußerster Zartheit; noch weiter unten die Seiden, ein wahrer Regenbogen, zu Schlaufen aufgebunden, in Falten gelegt wie um eine sich biegende Taille.«[31]

Franz Xaver Winterhalter war der Maler der Frauen. Er malte am englischen, französischen, österreichischen und russischen Hof. Queen Victoria, Kaiserin Eugénie und Kaiserin Elisabeth, »Sissi«, sowie zahlreiche Damen europäischer Fürstenhäuser, Bankiersfamilien und großer Theaterbühnen liebten ihn, weil er sie so malte, wie sie sich gern sahen oder gesehen werden wollten. Ja, er malte sie feminin und glamourös, er verschönerte und idealisierte sie, so wie es heute *Soft-skin*-Effekte auf Instagram-Fotos tun. Queen Victoria aber hatte schon im April bei der ersten Begegnung mit Kaiserin Eugénie notiert, dass sie genauso aussehe wie Winterhalter sie gemalt habe. Als er 1873 im Alter von 68 Jahren starb, zeigte sich Victoria betrübt, nannte ihn unersetzlich und erhob ihn in den Rang des großen Hofmalers van Dyck.

1868 hatte Winterhalter sich selbst porträtiert, schlicht, aufrecht, ernsthaft, mit vollem lockigen Haar. Die Selbstinszenierung unterschied sich von derjenigen Ingres', der sich 1858 mit dem Kreuz der Ehrenlegion darstellte und mit »Pictor Gallicus« zeichnete. Sie unterschied sich auch von dem Selbstporträt Delacroix' aus dem Jahr 1840, das den fragenden und herausfordernden Blick des modernen Malers betont. In der Gemengelage der Malerschulen, inmitten der Freundschaften und Konkurrenzen, der Netzwerke, Patronagen und

Intrigen war Winterhalter ein Außenseiter. Delacroix bezeichnete ihn als guten, aber sehr langweiligen Kerl. Die Kunstkritik, die alles Lob und allen Tadel ausspricht und Karrieren verhindert oder beflügelt, beachtete ihn kaum.[32] Winterhalter aber bedurfte weder der Kritik noch der Reklame, um auf sich aufmerksam zu machen. Er war begehrt und konnte sich damit begnügen, seine Gönner zu erfreuen und seine Gönnerinnen zu entzücken.

Baudelaire, der Kunstkritiker

1855 erlebte die französische Kunstkritik einen Höhepunkt ihrer Geschichte. Während die Weltausstellung landes- und weltweit vorrangig als diplomatische Gelegenheit, mondänes Ereignis und Spektakel für die Massen in Erinnerung geblieben ist, war die Ausstellung im Palais des Beaux-Arts auch der Anlass für raffinierte Debatten und erbitterte Flügelkämpfe, für die Konsekration oder Verdammnis von Malern, Gattungen und Tendenzen, für Unabhängigkeitserklärungen und Neuanfänge.

Die Künstler und Kritiker waren auch gezwungen, sich mit der Fotografie auseinanderzusetzen, die erstmals mit einer Sonderschau vertreten war und sich als Konkurrentin der Malerei positionierte. Die Aufträge für Fotografen nahmen von Monat zu Monat zu, Porträtisten wie Nadar stiegen gerade zu Stars auf, *le tout Paris* ließ sich ablichten. Gegen Ende des Zweiten Kaiserreichs sollte es in Paris fast 300 Fotoateliers geben.

Das neue Medium und die Malerei im Kunstpalast zogen das internationale Publikum an, niemals zuvor waren so viele Besucher gekommen, um Bilder zu sehen. Die Kritiker notierten, wie die Werke beworben, präsentiert und verkauft wurden, und kamen zu dem Ergebnis, dass Kunstproduktion, Kunsttendenzen und Marktgesetze zusammengehörten. Die Kunstkritik war keine Liebhaberei mehr, sondern inzwischen ein Beruf, mit dem man gutes Geld verdienen konnte, zumindest besser als mit Gedichten. Die Weltausstellung war der Beweis der neuen komplexen Gegebenheiten, und die Tatsache, dass Delacroix zugleich als Maler und als Mitglied der Preisjury vertreten war, zeigte, wie engmaschig die Netze geflochten waren.

Einer der profiliertesten Kunstkritiker der Zeit war Baudelaire. Gerade war es ihm gelungen, in der *Revue des Deux Mondes* 18 Gedichte zu veröffentlichen, ein unverhoffter Erfolg. Denn nicht wenige dieser Gedichte betrauern – wie »La Muse vénale« – die verzweifelte Lage der Kunst, die sich den Lüsten des »rohen Haufens« feilbieten muss.[33]

Seit 1845 kommentierte Baudelaire die Jahresausstellungen und Salons für verschiedene Zeitschriften. Im *Salon* von 1846 hatte er auch einen beiläufigen Satz über Winterhalter geschrieben, er sah ihn *en décadence*, auf dem absteigenden Ast sozusagen.[34] Davon konnte freilich keine Rede sein.

Wie für viele andere Dichter und Schriftsteller waren auch für Baudelaire die Einkünfte aus Literatur- und Kunstkritiken lebensnotwendig, denn seine Dichtungen brachten fast nichts ein. Zu den bekanntesten Texten seiner *Critique d'art* gehören drei Artikel zur *Exposition universelle* 1855. Gegenstand sind Ingres und Delacroix sowie einige Tendenzen der internationalen Malerei. 1855 war Ingres 75 Jahre alt, die Galerie mit mehr als 40 seiner Bilder erschien schon wie eine Retrospektive seines umfangreichen Werkes. Ingres repräsentierte die »Französische Schule« des Klassizismus und war Erbe seines Lehrers Jacques-Louis David, der die Krönung Napoleons I. gemalt hatte. Er war ein gefragter Porträtmaler und hatte 1832 mit meisterhaftem Blick und Können den Herausgeber des einflussreichen *Journal des Débats*, Louis-François Bertin, in seiner ganzen Körper- und Machtfülle dargestellt. Noch mit über 80 Jahren sollte er *Le Bain turc* malen, eine Ikone der erotischen Orientmalerei. Bereits 1829 war er zum Professor der École des Beaux-Arts ernannt worden und blieb stets ein verlässlicher Vertreter der Interessen von Thron und Altar. Dass der Präsident der Ausstellung, Plon-Plon, seinen Ausstellungsraum zuerst besuchte, verstand sich von selbst. Allerdings hatte Ingres

1854 auf dem Bild *Jeanne d'Arc au Sacre de Charles VII* der Schutzpatronin Frankreichs das Gesicht seiner Gattin gegeben. Das machte ihn anfällig für Spott. Und nun, da in seinem Ausstellungsraum das monumentale Auftragsgemälde *L'Apothéose de Napoléon* in aufdringlicher Weise auf sich aufmerksam machte und das Kaiserpaar sich von dem Künstler höchstpersönlich den Mythos des Sonnenwagens erklären ließ, war mit Häme zu rechnen.

Gautier, die Stimme der offiziellen Kunstkritik, musste sich zusammenreißen und sparte nicht mit Huldigungen: Die Bilder Ingres', so schrieb er, seien rein, streng, inbrünstig, meditativ. Jede Besprechung der Ausstellung müsse mit diesem Maler beginnen, er sei der Gipfel der Kunst. Allerdings klang seine gewundene Bemerkung, Ingres sei nicht aktuell, sondern ewig, ein bisschen nach dem Etikett »alte Garde«, *old school*. Nadar hingegen, der mit seinen Porträtfotos gerade den Porträtmalern den Rang ablief, bezeichnete Ingres im *Figaro* höchst unbotmäßig als »Bischof«, seine Kapelle rieche wie das Taschentuch eines Kranken.[35] Das war frech, doch ein Star wie er durfte das.

Baudelaire hingegen war alles andere als ein Star. Sein freies Urteil war deshalb umso mutiger. Die angesehene Zeitschrift *Le Pays* veröffentlichte seinen ersten und dritten Artikel zur Weltausstellung, lehnte aber den zweiten, sehr kritischen Artikel über Ingres ab, der daraufhin in dem unbedeutenden Blatt *Le Portefeuille* gedruckt wurde. Beim Schreiben dieses Artikels hatte sich Baudelaire hundeelend gefühlt und war offenbar so enttäuscht und verärgert über die Zurückweisung, dass er den angekündigten vierten Teil seines Kommentars gar nicht erst schrieb, zumindest fehlt von ihm jede Spur.[36]

Was hatte Baudelaire Schlimmes getan? Nun, er verhöhnte das Paradebild und bemerkte, das Pferdegespann ziehe den Himmelswagen hinab in die Tiefe. Apotheose sieht anders aus! Außerdem bezeichnete er Ingres als kalten Erben dogmatischer »akademischer Gespenster« und als einen vom Stil nahezu krankhaft Besessenen, der keinerlei Entwicklung durchgemacht habe und dem die Imagination fehle. Von ihm erwartete er keinen Nachtrag mehr zum »Evangelium der Malerei«. Das war Ketzerei.

Die Delacroix-Kritik hingegen wurde zur Hymne. Baudelaire, der Delacroix schon 1846 begeistert besprochen hatte, beklagte, dass dieser Maler wie kein anderer attackiert, lächerlich gemacht und behindert worden sei. Man verkenne sein Übermaß an Imagination und somit die wichtigste Begabung, die »Königin« aller Kräfte und Fähigkeiten, die *reine des facultés.*[37] Ingres' Konkurrent, der 1855 auch schon 57 Jahre alt war, repräsentierte die romantische Malerei und polarisierte seit dreißig Jahren. Das galt für das Publikum ebenso wie für die Kritiker. George Sand hatte ihn früh in ihre Obhut genommen. Delacroix begeisterte sich für Shakespeares Dramen, die Stendhal als Vorbild der Romantik gerühmt hatte, für die Dichtungen Dantes und Byrons und für Goethes *Faust*, zu dem er ebenso eine Serie von Lithographien anfertigte wie zu Shakespeares *Hamlet*. Seine Bilder waren bewegt, wild und manchmal wüst und blutrünstig – das Kolossalgemälde *La Mort de Sardanapale* hatte 1827 die Kritiker verstört. Als er zur Erinnerung an die Julirevolution 1830 das Gemälde *La Liberté guidant le peuple* ausstellte, jubelte das Publikum, die Regierung König Louis-Philippes jedoch, der die umstürzlerische Energie des Bildes nicht verbor-

gen blieb, kaufte es und ließ es verschwinden. Mehr als 20 Jahre lang lagerte es im Depot. Jetzt, zur Ersten Pariser Weltausstellung, wurde es wieder hervorgeholt und ausgestellt, allerdings erst nach heftigen Kontroversen der Kunstkommission über die Angemessenheit von Barrikaden, phrygischen Mützen und den nackten Brüsten der Freiheitsheldin und Galionsfigur der Republik, Marianne, bei einer kaiserlichen Großveranstaltung.

Delacroix war auf der Ausstellung mit 36 Bildern vertreten, musste sich jedoch den Raum mit anderen Malern teilen. Das war nicht vereinbart gewesen, und erst der Erfolg versöhnte ihn mit diesem Arrangement. Der Kaiser begrüßte ihn freundlich und verlieh ihm das Kreuz der Ehrenlegion. Plon-Plon lobte ihn als wunderbaren Koloristen. Das war ein geschicktes und vielleicht auch vergiftetes Lob, das die Bilder entpolitisierte und ihnen alles Rebellische nahm. Das Publikum aber strömte ihm zu, die Kritiker beruhigten sich. Baudelaire sah in Delacroix einen Wahlverwandten, dessen phantasiereiche Kunst die Einbildungskraft des Betrachters anregte. Wenngleich er auch die noch immer gültigen Genres der Historienmalerei und der allegorischen Malerei bediente, zeigten seine Bilder, anders als diejenigen Ingres', Schwung, Enthusiasmus, Intensität und den Ausdruck »ultra-sensibler« Nerven. Tumult und Menschenmassen, wie auf dem Gemälde *La Prise de Constaninople par les croisés* aus dem Jahr 1840, strahlten eine übernatürliche Kraft von erregender Aktualität aus. Kurzum: Für Baudelaire war Delacroix der Erfinder der modernen Malerei. Mit der Gegenüberstellung der Großmeister Ingres und Delacroix zog er auch eine Bilanz der Malerei zur Jahrhundertmitte. Und obwohl Gautier lästerte, es sei mittlerweile ein Gemeinplatz, Ingres oder Delacroix zu loben, war Baudelaires Blick doch originell und unkorrumpierbar.[38]

Auf der Weltausstellung 1855 entdeckte Baudelaire auch ganz Unerwartetes. Er fand es in den Räumen der außereuropäischen Kunst, die ihn staunen ließ, und er fand es abseits der Galerien mit den Bildern Gustave Courbets, die ihm nicht gefielen. Courbet, 36 Jahre alt, war eine wilde Erscheinung, von wuchtiger Statur, mit wüstem schwarzen Bart und polternder Stimme. Viele sahen in dem Bauernsohn selbst einen Bauern, zumal auf seinen Bildern die Farben von Böden, Wäldern, Flüssen und Grotten seiner Heimat in der Franche-Comté dominierten: Braunocker, Lehmbraun, Umbra, Steingrau, Blaugrün, Blattgrün, Moos, alle Farben der Natur, vor allem die dunklen. Die Kunstkommission hatte 11 seiner Bilder angenommen und viele abgelehnt, darunter das Kolossalgemälde *L'Atelier*, das er zuletzt innerhalb weniger Wochen gemalt hatte. Es zeigt sein überfülltes Atelier. Um die Staffelei drängen sich Menschen aus allen Milieus, Reiche und Arme, Politiker und Kaufleute, Künstler und Bohemiens, allesamt Zeitgenossen, unter ihnen auch Napoleon III. und Garibaldi. Der Maler arbeitet an einem Landschaftsbild, ein nacktes Modell schaut ihm von der Mitte aus über die Schulter. In einer Ecke des Ateliers sitzt Baudelaire und liest.[39]

Die Zurückweisung trieb Courbet den Zorn ins Gesicht. Er hasste Jurys, die Regierung und das ganze Kaiserreich. Aus Protest eröffnete er, feierlich in einen schwarzen Rock gekleidet, eine eigene Ausstellung mit 40 Bildern im »Pavillon des Realismus« in der Nähe der Champs-Élysées.[40] Über dem Portal hing ein Schild mit der Aufschrift »Le Réalisme«, am Eingang wurden Kataloge mit seinen Bildern verkauft. Das war die selbstbewusste Geste eines *independent artist*, ein Manifest in Form einer souveränen Performance.

Literarische und künstlerische Programme hatte es immer gegeben, aber sie trumpften bislang nicht als Aktion auf, sondern versteckten sich lieber als Texte in anderen Texten. So wie 1827 Hugos romantisches Programm im Vorwort eines nie aufgeführten Theaterstücks.[41] In den folgenden Jahren und Jahrzehnten hingegen sollten zurückgewiesene und avantgardistische Künstler immer wieder Manifeste schreiben und sich durch spektakuläre Aktionen und Kampagnen bemerkbar machen, um sich in der Kunstszene zu positionieren: als nächster Edouard Manet, dann die Impressionisten, später die Futuristen und Surrealisten. 1855 war Courbet die Aufmerksamkeit der Öffentlichkeit sicher, Provokation, Reklame und ein großer Auftritt waren stets die beste Strategie, das galt damals wie heute.

Noch bevor sich jedoch das große Publikum blicken ließ, hagelte es Kritik und Spott. Der erste Besucher war Gautier. Er konnte Courbets Kunst nicht leiden und ging schweigend durch den Ausstellungsraum. Der *Figaro* verglich den Pavillon mit einem Zirkuszelt, der *Charivari* zeichnete den muskulösen Maler mit der Sprechblase »Ich bin der Koloss von Rhodos in Sachen Kunst«. Dann kam Delacroix und konnte seinen Blick nicht abwenden von dem monumentalen Gemälde *Enterrement à Ornans*, von dem Priester und dem Totengräber, von Ministranten mit ihren Weihrauchfässern, von dem Windhund und den trauernden Bäuerinnen und Bauern, die, aufrecht unter dem Kreuz wie eine vornehme Adelsfamilie, das Grab umstehen. Nein, sagte sich Delacroix, dieses Mannsbild von Maler wird sich nicht einschüchtern lassen!

Baudelaire war mit Courbet persönlich befreundet, äußerte sich jedoch schmallippig zu seinen Bildern. Sie kamen nur in dem Artikel über Ingres vor. Darin lobte er die aufständische Gesinnung und den »kraftvollen Arbeiter« Courbet. Gleichzeitig aber warf er ihm vor, die Imagination zugunsten der »äußeren, positiven, unmittelbaren Natur« zu opfern. Mit diesem Urteil verkannte er die kühne Vorstellungskraft dieses Künstlers der neuen Generation.[42] Die Schlacht um den Realismus aber war eröffnet. Ihr Lärm drang bis nach Nohant, wo George Sand auf einen offenen, in der Zeitschrift *L'Artiste* veröffentlichten und an sie gerichteten Brief von Jules Champfleury reagieren musste, in dem der spätere Theoretiker des Realismus sich für die Bilder Courbets stark machte. Die Form des offenen Briefes und die Verteidigung Courbets behagten George Sand durchaus nicht, sie konnte und wollte auch nicht ohne längere Überlegungen antworten. Zu Courbet hatte sie sich bereits am 23. Mai gegenüber ihrem Sohn geäußert: Sie habe, während Paris sich von Grund auf verwandle und prachtvolle Gebäude entstünden, endlich die Bilder des berühmten Courbet gesehen. Das Ganze sei jedoch weder so witzig noch so exzentrisch, wie man behauptete. Es sei *nul*, wertlos und »dumm, nichts weiter«.[43]

Während Baudelaire den Künstlerfreund Courbet in seinen Artikeln also kaum mehr behandelte als Winterhalter, sind seine Äußerungen über Kunst und Kultur außereuropäischer Länder umso ausführlicher. Delacroix, endlich im Zenit seiner Karriere angelangt, hatte zuvor gegenüber George Sand von »Bildern aus allen Ecken der Welt« gesprochen, die er in seiner Funktion als Jurymitglied begutachten müsse. Wer wollte, konnte darin einen leicht herablassenden Ton hören. Der 34-jährige Baudelaire hingegen, der als ganz junger Mann die Inseln Mauritius und La Réunion im Indischen Ozean bereist hatte, war fasziniert von der Mannigfaltigkeit der Eindrücke. Zum ersten Mal wurden in Paris Kunstwerke unterschiedlicher Länder, auch solcher aus Übersee, gemeinsam ausgestellt. Seine Artikelserie beginnt mit einem artigen Lob der »schönen« Ausstellung, die einem »Kritiker und Träumer« wie ihm so viele Überraschungen und Erkenntnisse zu bieten habe und beweise, dass Kosmopolitismus ein »göttliches Geschenk« sei. Sodann werden die Leser durch die staunenswerte Ausstellung geleitet, in der man, wie nach langer Reise, in fernen Gefilden an Land gehe und eine ganz neue Welt sehe: Bauten, deren Formen dem »akademisch geschulten Auge« zuwiderlaufen, Pflanzen, die das an heimische Eindrücke gewohnte Gedächtnis beunruhigen, Frauen und Männer, deren »Muskeln nicht gemäß dem klassischen Stil vibrieren« und deren »Gang nicht den Kadenzen gewohnter Rhythmen« folgt. Kunst aus China erschien ihm »fremdartig, bizarr, verdreht in der Form, intensiv in der Farbe und zuweilen empfindlich bis zum Dahinschwinden«. Gerade so, dass Johann Joachim Winckelmann sich, wenn er noch lebte, verwundert die Augen reiben würde angesichts der merkwürdigen Proportionen.

Baudelaire stellte den Normen der Pariser Kunstakademie das Fremde und Exotische gegenüber und verkündete eine »universelle Schönheit«. Er übersetzte gerade Edgar Allan Poes Novelle *Ligeia*, die rätselhafte Geschichte der Begegnung mit einer unvergleichlich attraktiven Frau, die dem Dichter wie ein Luftgebilde oder eine Figur aus der Glut eines Opiumtraums entgegentritt.[44] Ihre Proportionen und ihre ganze Erscheinung sind befremdlich. Ist sie eine lebende Tote, mit einer Haut wie reinstes Elfenbein und Haaren, schwärzer als Raben in der Nacht? Oder ein Vampir, schmal, lang und ausgelaugt? Wie so viele Figuren, die Poe erfand, lässt sie sich nicht lesen. Die vibrierende Schönheit Ligeias aber war seine Formel von Schönheit überhaupt, und auch Baudelaire legte sie seiner ästhetischen Anschauung zugrunde: *Das Schöne ist immer bizarr.*[45] Und er fügte hinzu, dass die Vitalität sich verlagert habe und die dekadente alteuropäische Kultur nur durch fremde Kulturen neu belebt werden könne. Sollte das aus heutiger Sicht als geistiger Kolonialismus gedeutet werden?[46] Eher nicht. Denn es war doch der Ausdruck ernsthafter Neugier und ästhetischen Staunens und zuvörderst eine Kritik an Frankreich und seinen Gewissheiten und Zukunftsplänen. Für Baudelaire nämlich, wie auch für Flaubert und die Goncourts, war der »Fortschritt« nicht das Zeichen von Lebensenergie, sondern ein »perfides Fanal«, eine groteske Idee, eine Blüte aus dem Sumpf moderner Selbstzufriedenheit. »Fortschritt« war der Ausdruck einer industrialisierten, amerikanisierten Gesinnung, die Geist und Seele verkümmern ließ. In Lokomotiven und Dampfschiffen sah Baudelaire den Sündenfall der Moderne. Hingegen waren Nomadenvölker, Hirten, Jäger, Bauern und selbst Kannibalen, ja *alle* dem Westen an Energie und Würde überlegen und der »wahren Zivilisation« näher.[47] Es war kühn und mutig, den Fortschritt derart zu beschimpfen, unter dessen Signatur die ganze Weltausstellung gestellt war. Mutig vor allem, weil Baudelaire arm war.

Wenngleich exotische Vegetationen und Sinneswelten auch Eingang in seine Dichtungen gefunden haben, war Baudelaire zuallererst der Dichter der Großstadt, der erste, der sie zu einem der Lyrik würdigen Gegenstand machte. Über Landschaftsmalerei findet sich kein Wort in den Ausführungen zur Weltausstellung. Edmond und Jules de Goncourt hingegen räumten in ihrer Abhandlung *La Peinture à l'Exposition de 1855* der Landschaftsmalerei breiten Raum ein. Diese beiden Kenner und »Dichterkritiker«[48] hatten einfach einen Radar für künstlerische Trends, und 1855 zeichnete sich die Landschaftsmalerei als ein solcher ab. Zwar besaß das Genre eine lange Tradition in Frankreich, schließlich hatten Claude Lorrain und Nicolas Poussin schon im 17. Jahrhundert, zur Zeit Ludwigs XIV., Landschaften gemalt. Allerdings waren dies idealisierte, allegorische Landschaften gewesen, bestückt mit mythischen oder biblischen Motiven in einem klassizistisch geordneten Raum.

Schon die Landschaften der Künstlerkolonie von Barbizon und die Landschaften Courbets waren anders, sie zeigten unmittelbare, schlichte oder flüchtige Erscheinungen der Natur. Dieses Interesse hatten sie den Engländern abgeschaut, Constables Wolken, Turners Morgendunst oder die Abendsonne über der Themse. Die nun gezeigten französischen *paysages* waren eigenwillig organisiert, die Proportionen freier als auf klassischen Bildern, die Stimmung gedämpfter als in der Romantik, die Themen und Motive einfach und alltäglich: eine Baumgruppe, ein Moor, ein Fluss, ein Heuhaufen. In der Hierarchie der Gattungen nahmen Landschaften bis zur Jahrhundertmitte den untersten Platz ein. Die Landschaftsmaler – Théodore Rousseau, Jean-François Millet, Charles-François Daubigny – galten den offiziellen Kunstrichtern als bäuerliche Aufständische, die sich rückständigen Ideen verpflichtet hatten und nicht malen konnten. Der Präsident widmete ihnen zur Ausstellung im Palais des Beaux-Arts nur einen Satz. Anders die Brüder Goncourt. Sie waren gewiss keine Landeier, sie waren Großstadtmenschen wie Baudelaire. Aber sie verachteten auch jede Form von Idealismus und Spiritualismus, die sie in der offiziellen Kunst vorfanden. Und während sie die gesamte deutsche Malerei ablehnten, die englische konventionell, die französische Genre- und Historienmalerei engstirnig, Ingres kalt und Delacroix überladen fanden, hoben sie die ländlichen Szenen des heute weitgehend vergessenen Alexandre Gabriel Decamps in den Himmel, der sich obendrein mit seinem Gemälde *Les Experts* über die Jury des Pariser Salons lustig gemacht hatte: Seine Experten sind Affen, die ziemlich ratlos in das Studium eines Landschaftsbildes vertieft sind. Das war Humor ganz im Sinne der Goncourts.

Der ungeschönte »Materialismus« der französischen Landschaftsmalerei erschien den Brüdern als Gebot der Stunde. Sie wollten auf Bildern die Wahrheit der Natur sehen und verlangten, das Auge des Malers müsse, gleich dem des Schriftstellers, ein fotografischer Apparat sein. Ihnen lag daran, die Malerei in Zeiten der »schönen Erfindung« der Fotografie konkurrenzfähig zu machen, und der Vorwurf, Landschaftsmaler könnten nicht malen, klang für sie wie üble Nachrede. Sie waren stattdessen überzeugt, dass diese junge, noch unbekannte Generation in Diensten von Frühling, Sommer, Herbst und Winter stand und aller Hoffnung würdig sei. In ihr Lob mischte sich Kulturkritik, die stets auch Fortschrittskritik ist:

> »Wenn die Natur zum Tode verurteilt ist und die Industrie sie zerteilt, wenn die Schienenwege sie durchpflügen und sie von einem zum anderen Ende vergewaltigt wird, wenn die Stadt über die

Felder herfällt und die Fabriken die Menschen einpferchen, dann bemüht sich der menschliche Geist um die Natur, betrachtet sie wie nie zuvor, als sehe er diese ewige Mutter zum ersten Mal.«[49]

Soweit das Urteil der Brüder Goncourt. Der ältere, Edmond, sollte den Triumph der Landschaftsmalerei im Impressionismus nach der ersten Gruppenausstellung im Atelier Nadars 1874 noch erleben. Und er würde 1880 sogar Édouard Manets *Asperges* sehen können, ein Gemälde, das einem Gemüse die Würde und den Reiz der Kunst zuerkennt.

Am 15. November wurde die erste Pariser Weltausstellung geschlossen. Napoleon III. bezeichnete sie in seiner Abschlussrede als ein »grand spectacle« für die ganze Welt. Ja, sie war ein großes Schauspiel, ein ganz großer Erfolg. Trotz eines ernstzunehmenden Krieges seien aus aller Welt Menschen angereist, um die Ergebnisse aus Industrie, Wissenschaften und Künsten in einem Wettbewerb um die Zukunft zu präsentieren, der dieser Krieg nichts anhaben könne. Wer in Paris so viele Wunder gesehen habe, wünsche den Frieden. Europa müsse und Frankreich wolle ihn herbeiführen, dazu verpflichte die zivilisatorische Stufe, auf der sie stünden. Nur durch Eintracht und im Vertrauen auf Gott könnten die Schwierigkeiten des Augenblicks und die Aufgaben der Zukunft gemeistert werden.[50]

Die Weltausstellung und die diplomatischen Besuche, die rund um dieses Großereignis stattfanden, stärkten die Stellung Napoleons III. im europäischen Machtgefüge und innerhalb der dynastischen Hierarchien. Auch für die Corporate Identity des Zweiten Kaiserreichs war die Weltausstellung ein überwältigender Erfolg. Mit ihr nahmen die spektakuläre Politik und die sehr moderne mediale Inszenierung von Macht, Glanz und Fortschritt weiter Fahrt auf. Alles schien möglich. Wenn man nicht so verdrossen war wie Baudelaire, Flaubert und die Goncourts. Oder so zornig wie Hugo. Das Jahr 1855 war ein Glücksjahr für das Regime, obwohl sich Frankreich auf dem Balkan im Krieg befand.

Jacques Offenbach und das Amüsement

Im Jahr 1855 wurde Paris zur Hauptstadt des Luxus, des Showbusiness und des Amüsements. Die Tuilerien leuchteten im Glanz der Bankette und Bälle, der Umbau der Stadt war in vollem Gange, die immer zahlreicheren Theater spielten die großen Klassiker, Stücke von beiden Dumas und das eine oder andere Drama von George Sand. Dazu frivole Boulevardkomödien, oft Travestien des Zweiten Kaiserreichs. Die hohen und niederen Salons empfingen ihre Gäste, und bei den Geselligkeiten vermischte sich das mondäne Leben, *le monde*, mit der Halbwelt, *le demi-monde*. Im Théâtre du Gymnase wurde 1855 die Komödie *Le Demi-monde* von Alexandre Dumas d. J. uraufgeführt, fünfundzwanzig Jahre später würde Zola in seinem Kurtisanenroman *Nana* das ganze Zweite Kaiserreich als Halbwelt darstellen.

Zwei Tage vor Jahresende feierte der Theaterkapellmeister Jacques Offenbach seinen ersten großen Erfolg und wurde zum Shootingstar des Zweiten Kaiserreichs. Jacques hieß eigentlich Jakob und war 1819 in Köln geboren worden. Sein Vater, der Kantor der jüdischen Gemeinde, schickte ihn mit 14 Jahren zur musikalischen Ausbildung nach Paris, wo er seinen Namen änderte und viele Jahre durch Theater und Bohèmekneipen tingelte. Im Zweiten Kaiserreich mischte er mit seinen Operetten die Musikwelt auf, wurde aber zuletzt, im Deutsch-Französischen Krieg, von französischer Seite als Spion Bismarcks verfolgt und von deutscher Seite als Verräter abgestempelt.

Im Jahr 1855 landete Offenbach seinen ersten Hit: *Ba-ta-clan*. Seit dem 13. November 2015 ist das Pariser Bataclan der ganzen Welt als Ort des Schreckens bekannt. Kaum jemand weiß jedoch, dass der Name dieses Tanz- und Konzertsaals auf die gleichnamige Operette Offenbachs zurückgeht. Sie wurde am 29. Dezember in dem heruntergekommenen Winterquartier seines eigenen kleinen Théâtre des Bouffes Parisiens uraufgeführt, das eigentlich nur Jahrmarktkünstlern, Zauberern und Gauklern als Spielstätte diente. Es war diese Operette, *Ba-ta-clan*, die den Architekten Charles Duval dazu anregte, am Boulevard Voltaire im 11. Pariser Arrondissement das Grand Café Chinois – Théâtre Ba-ta-clan zu erbauen. Dieses wurde am 3. Februar 1865 eröffnet und war der Schauplatz der volkstümlichen Musikdramen, der Vaudevilles von Eugène Scribe und später eine beliebte Bühne französischer und internationaler Musikstars.

Offenbach lebte am Rande der Armut und hatte in den großen Theatern das Nachsehen gegenüber dem aufstrebenden Charles Gounod, dem erfolgreichen Hector Berlioz und gegenüber Gioachino Rossini, der schon lange in Paris brillierte und dort gerade wieder eine Wohnung bezogen hatte.

Das prekäre Künstlerdasein hatte Gründe, ebenso wie die Tatsache, dass die angesagten Bühnen Offenbach nicht aufführten. Denn er hatte, anders als seine Kollegen, keine Lust auf erhabene, hochromantische oder biblische Stoffe, und er hatte noch weniger Lust auf Totenmessen. Obendrein fehlte ihm eine mitreißende Mezzosopranistin wie Pauline Viardot, die für Charles Gounod sang. Offenbach also probte in der eilig tapezierten, vergoldeten und mit Plüsch ausgestatteten Bruchbude den Einakter *Ba-ta-clan*. Das Libretto hatte sein Compagnon Ludovic Halévy geschrieben, der zwei Jahrzehnte später auch an Georges Bizets Oper *Carmen* mitwirken würde.

Ba-ta-clan ist eine musikalische Chinoiserie. Der Ferne Osten war gerade *à tendance*, die Architektur spielte mit Pagoden, Drachen und Lampions, begehrt waren chinesische Möbel, Schmuck und Fächer, und soeben hatte Baudelaire die chinesische Kunst gerühmt. Offenbach zeigte also Gespür für den Zeitgeist. Und das war sein Stück: Im Fernen Orient regiert in der Mitte des 19. Jahrhunderts der Kaiser Fé-ni-han über 27 Untertanen. Er ist ein schiffbrüchiger Franzose und beherrscht die chinesische Sprache nicht. Um die unordentliche Herrschaft zu vertuschen, erfindet er ein mit Französisch und Italienisch durchmischtes Kauderwelsch, das sich ein bisschen chinesisch anhört und zunächst auch sein Gefolge täuscht, zu dem der junge Mandarin Ké-ki-ka-ko und die hübsche, in den Rang einer Prinzessin erhobene Fé-an-nich-ton gehören. Auch sie sind als französische Schiffbrüchige im Fernen Osten gestrandet, er ursprünglich ein ruinierter Lebemann, sie eine abgetakelte Chansonsängerin. Weil Fé-ni-han die Landessprache nicht versteht, hat er fünf Untertanen, die er eigentlich mit hohen Preisen hätte auszeichnen müssen, pfählen lassen. Deshalb ist eine Verschwörung gegen ihn im Gange, die Lage spitzt sich zu. Ké-ki-ka-ko und Fé-an-nich-ton, die sich auf eine Liebelei eingelassen haben, beschließen, in ihr Heimatland zurückzukehren. Ko-ko-ri-ko, der Kommandant der kaiserlichen Garde, belauscht das Gespräch, verhaftet die beiden und verlangt ihre Hinrichtung. Der Kaiser zögert und verurteilt Ké-ki-ka-ko und Fé-an-nich-ton erst zum Tode, als der Marsch *Ba-ta-clan* erklingt. Während der lutherische Choral »Eine feste Burg ist unser Gott« zu Gehör gebracht wird, den Giacomo Meyerbeer zuvor in der ernsten Großen Oper *Les Huguenots* verwendete, trällern die Gefangenen ein französisches Liedchen. Das rührt den Kaiser, die Todgeweihten werden begnadigt, müssen aber das Land verlassen. Von Heimweh überwältigt, besteigt Fé-ni-han mit ihnen ein Schiff, das sie nach Frankreich zurückbringt.

Das ist viel für einen Einakter. Das fernöstliche und märchenhafte Ambiente, das Tohuwabohu des Geschehens, das Phrasen- und Possenhafte der Sprache, die synkretistische Musik, all das taucht die Operette in eine traumhafte, halluzinatorische Stimmung. Wie im Rausch ziehen Handlung und Musik an dem begeisterten Publikum vorbei. Und als Ké-ki-ka-ko und Fé-an-nich-ton sich singend und tanzend an ihre Pariser Zeit erinnern, das Orchester Walzer und Cancan spielt, da glaubt ein jeder, der Ferne Osten und die ganze Welt seien, wie jüngst auf der Weltausstellung, immer schon ganz selbstverständlich ein Teil von Paris, dem Mittelpunkt des Universums und des Vergnügens: »Charmante Erinnerung/ An ein Leben/ Das fröhlich folgte/ Der Verrücktheit.// Tanzen wir Walzer!/ Tanzen wir Polka!/ Springen wir!/ Tanzen wir!«[51]

1857

Applaus und Aufschrei

Das Jahr 1857 bot Napoleon III. reichlich Gelegenheiten, seine Zähigkeit, aber auch seine Eitelkeit unter Beweis zu stellen. In diesem Jahr und auch in dem darauffolgenden zeigte sich, dass die »eiserne Hand« durchgreifen konnte und die Handlanger wussten, was zu tun war. Auf allen Feldern des gesellschaftlichen Lebens, in Paris und im tiefsten Landesinnern, wurden Normen brachial durchgesetzt. 1857 erging es Flaubert und Baudelaire wie den Goncourts 1853. Sie erfuhren im Gerichtssaal, was es heißt, in einem Kaiserreich zu leben. Es existierte nun bereits mehr als vier Jahre. Der Kaiser der Franzosen saß fest im Sattel. Die glamourösen Ereignisse der Jahre 1855 hatten ihn national und international gestärkt. Die Proteste waren nicht verstummt, aber doch weniger scharf geworden, sie gehörten längst zur Geschäftsordnung, zum Alltag, und waren gewissermaßen das Hintergrundrauschen dieser Jahre. Die ärgsten Feinde waren noch immer im Gefängnis oder im Exil in Belgien, England oder Savoyen, die weniger radikalen Kritiker pflegten den Sarkasmus. So wie Flaubert und die Brüder Goncourt, die ihren eigenen Interessen nachgingen, also der Kunst und dem Kampf gegen die Namenlosigkeit auf dem Literaturmarkt. Sie waren überdies der Meinung, das Volk bekomme stets die Herrscher, die es verdiene. Das hätte Hugo nicht unterschrieben, nicht in diesen Zeiten. Viele Franzosen passten sich an, wer geblieben war und bleiben konnte, zog sich ins Private zurück und lebte nicht immer schlecht. So wie George Sand, die aus dem ländlichen Off ihre Stimme für verfolgte und gequälte Seelen erklingen ließ, dies aber unermüdlich und aus vollstem Herzen.

Die Stimmung in Literatur- und Kunstkreisen insgesamt war gedämpft. »Vage Melancholie, Mutlosigkeit, Trägheit, Schlaffheit des Körpers und des Geistes«, diagnostizierten die Goncourts an sich selbst und anderen, und wenn sie von einer Reise nach Paris zurückkehrten und aus der Droschke stiegen, fiel ihnen auf, dass wieder nichts Auffälliges geschehen war und das Leben, platt und langweilig wie es war, auf der Stelle trat. Sie fühlten sich wie ein Schwimmer im Meer, der nicht weiß, ob er vorankommt.

Manchmal flohen die Schöngeister vor der Pariser Luft und dem Gestank des Geldes, vor fiebriger Gewinnsucht und den eitlen höfischen Veranstaltungen und verbrachten ein Wochenende auf dem Land. Und wenn sie dann wieder im Bois de Boulogne spazieren gingen, sahen sie von Mal zu Mal mehr Kutschen, die sich auf den Wegen stauten: »Alle Welt hat heute einen Wagen, jeder wird reich oder ruiniert sich«, notierten sie und fügten sarkastisch hinzu, dass manche Damen »ganze Pachthöfe am Leibe« trugen und Kredite auf Zinsen aufnahmen. »Nie war der *Schein* so zwingend, so beherrschend, so schädigend für ein Volk und so demoralisierend.«[1]

Geisterstunden

Victor Hugo saß unterdessen auf den Kanalinseln fest. Was in Paris seit der Machtergreifung des »kleinen Napoleon« vor sich ging, kannte er nur noch aus den Zeitungen und aus Erzählungen von Freunden, die ihn besuchten oder ihm schrieben. Letzteres war nicht einfach, da die Post überwacht wurde. Niemand konnte voraussagen, wie lange sein Exil noch dauern würde, er selbst wusste es am wenigsten.

Im April 1856 erschienen bei Hetzel in Brüssel 158 neue Gedichte unter dem Titel *Les Contemplations*. Die Sammlung steht im Zeichen Saturns, ihre zwei Bände teilen sich in »Einst« und »Jetzt«. Eine melancholische Stimmung durchgeistert die Gedichte des großen Dissidenten. Und war er nicht selbst schon ein Geist? Der Geist einer Republik, die in die Tiefen der Vergangenheit hinabgesunken war?

Das Buch verkaufte sich gut. Im Mai 1856 konnte Hugo die Villa »Hauteville House« auf Guernsey erwerben. Er zog mit seiner Familie von Jersey auf die benachbarte Insel um und gestaltete das Haus zu einem Gesamtkunstwerk. Zu diesem Zeitpunkt ahnte niemand, dass sein Exil noch weitere vierzehn Jahre dauern würde. In den romantischen Klagen der *Contemplations* aber hörten die Leser auf dem Festland die Stimme Hugos, die sie in Paris vermissten. Sie erinnerte an die unseligen Zeitläufte und die Einsamkeit des Exils, und immer wieder, so auch in einem der berühmtesten und berührendsten Gedichte, gedachte der Vater der früh verstorbenen Tochter Léopoldine, »Demain, dès l'aube«:

Morgen, bei Sonnenaufgang, wenn der Tag die Felder bleicht.
Breche ich auf. Sieh nur, ich weiß, du wartest auf mich.
Ich gehe durch die Wälder, ich gehe über die Berge.
Ich kann nicht lange fern von dir sein.
–
Allein, unerkannt, mit gebeugtem Rücken, mit gefalteten Händen,
Traurig, und der Tag wird mir sein wie die Nacht.
–
Und wenn ich da bin, lege ich auf dein Grab
Einen Strauß grüner Stechpalme und blühender Heide.[2]

Léopoldines Tod lag nun schon lange zurück. Sie war 1843 im Alter von neunzehn Jahren mit ihrem Ehemann in der Seine ertrunken. Hugo hatte das Gedicht bereits am 3. September 1847 geschrieben und jetzt endlich veröffentlicht. Der Verlust der ältesten Tochter, die sich abzeichnende Depression der schönen und hochbegabten jüngsten Tochter Adèle und die fatale Politik, das alles stand am Anfang der *Contemplations* und auch des wohl seltsamsten Kapitels im Leben des Jahrhundertdichters. Dieses Kapitel, mit dem er inzwischen abgeschlossen hatte, umfasst die spiritistischen Séancen, die Hugo von 1853 bis 1855 auf Jersey abhielt. Als alles begann, dauerte das Exil auf der Insel auch schon dreizehn Monate, die Schmähschrift *Napoléon le Petit* und die satirischen Gedichte der *Châtiments* waren fertig. Lange Spaziergänge waren Hugo zur Hauptbeschäftigung geworden, und während er aufs Meer in Richtung Frankreich blickte, träumte er. Meistens trug er ein Schulheft, eine Gänsefeder und ein Fässchen Tusche bei sich und fertigte eine Reihe von zauberhaften, melancholischen Zeichnungen an, die er »Sudeleien zwischen zwei Versen« nannte.[3]

Mit Hugo hielten sich viele Weggefährten auf Jersey auf, die meisten von ihnen politische Aktivisten. Sie alle waren zur Untätigkeit verdammt und fanden nur geringen Trost darin, gemeinsam über das Zweite Kaiserreich zu klagen. Die Familie Hugo lebte in dem großen Haus »Marine Terrace« hoch über dem Felsenstrand Grève d'Azette. Bei Tag und Nacht war das Rauschen des Meeres zu hören. Der weiße Kubus, schrieb Hugo, habe die Form eines Grabes. Auf einem Foto des ältesten Sohnes Charles, der mit seiner Kamera auf der Insel umherwanderte, steht im falben Mondschein ein Geisterhaus.

Mehrere Jahre lang verkehrten in Marine Terrace die Lebenden mit den Toten. Anfang September 1853 hatten die Hugos Besuch von Delphine de Girardin, der Gattin des Verlegers der Zeitung *La Presse*

bekommen. Sie war ganz erfüllt von der Erfahrung spiritistischer Sitzungen und führte die *tables parlantes* oder *tables tournantes* in Marine Terrace ein.

Von der Ostküste Nordamerikas kommend, hatte die Spiritismus-Welle nun auch Europa erreicht. Seit Beginn des Jahrzehnts waren Séancen in London *hip* und mittlerweile auch in Paris *le dernier cri*. Es handelte sich um eine Art Gesellschaftsspiel, das sehr ernst genommen wurde. In den Salons der Hauptstadt wurden die Tische gerückt und bald auch bei George Sand auf dem Land. Die Hausherrin rechnete ohnehin mit einem Leben nach dem Tode und dem sanften Erwachen in der Wiege des Universums, das in ihrer Phantasie groß und schön war. Das schrieb sie Hugo, um ihn zu trösten. Auch Gautier war empfänglich für Geister. Er liebte Schauererzählungen und schrieb selbst welche, eine hieß *Spirite*. Honoré Daumier hingegen ließ auf seinen Karikaturen zur »Fluidomanie« die Tische allzu ungeniert poltern und tanzen,[4] und das Publikum des *Charivari* amüsierte sich einmal mehr über die Respektlosigkeit, die der fröhliche Lästerer den Marotten der feinen und honorigen Welt entgegenbrachte.

Am Siegeszug der Geister änderte der Spott nichts. Die Kaiserin lud 1857 das berühmte schottische Medium Daniel Dunglas Home in die Tuilerien ein, und der ganze Hof geriet in Wallung. Wenn der rothaarige junge Mann neben ihr saß, konnte Eugénie die Seufzer ihrer ungeborenen Kinder hören und die missgebildete Hand ihres verstorbenen Vaters ergreifen. Ihr Gatte, stets neugierig auf die Grenzen und Fortschritte des Wissens, nahm an einigen Séancen teil. Plon-Plon hingegen forderte, den Scharlatan zu entlassen.

Auf Jersey herrschte dieselbe Anspannung. Unter der Ägide der Freundin Delphine versammelte sich die Familie Hugo mit ihren Gästen um den Esstisch und erwartete die Erscheinung der vor langer Zeit oder unlängst Verstorbenen. Charles wurde als Medium auserkoren, sein Vater war zunächst skeptisch. Die ersten Abende schienen ihm Recht zu geben: Nichts geschah. Delphine aber verzagte nicht, kaufte in einem Trödelladen einen runden Tisch mit drei

Beinen, und tatsächlich: Der Tisch fing an zu sprechen, die Anwesenden vernahmen die Stimme Léopoldines, zehn Jahre und sieben Tage nach ihrem Tod. Fortan saß die Familie mit ihren Freunden fast täglich zu den abendlichen Sitzungen um den Tisch und stellte ihm Fragen, die nur mit »Ja« oder »Nein« beantwortet werden konnten. Klopfte der Tisch einmal geräuschvoll, hieß es »Ja«, rückte er zweimal, bedeutete es »Nein«.

Der Dichter war wie alle Romantiker und die meisten Frühsozialisten empfänglich für spirituelle Erfahrungen und übersinnliche Phänomene. Nachdem seine Tochter aus dem Grab zu ihm gesprochen hatte, rief er die großen Gestalten der Weltgeschichte und der Mythen an, unter ihnen Platon, Hannibal, Kain, Jesus, Buddha, Dante, Luther, Galileo Galilei und Napoleon »den Großen«. Am 27. Januar 1854 fragte Hugo: »Shakespeare, bist du da?« Und ja, der größte aller Dichter war da. Hugo wartete nun täglich auf Zeichen und unterhielt sich mit den Geistern der Vergangenheit, vertraute auf ihre Inspiration und ihren Trost und protokollierte die Gespräche in vier umfangreichen Heften, die zur postumen Veröffentlichung bestimmt wurden und als *Le Livre des Tables* überliefert sind. Außerdem hatte er begonnen, mit Feder und Tusche düstere Räume zu zeichnen und Gespenster, die sich in Spitzen und Netzen von Spinnen verfangen.

Zuweilen erschienen der Abendgesellschaft nicht nur verstorbene Prominente, sondern auch die vertrauten Gespenster, die mit ihnen zusammen in Marine Terrace lebten, die weiße Dame, die schwarze Dame, die graue Dame. Ein Geheimnis lag über diesen Abenden, lange hüteten die Teilnehmer ihr Wissen und redeten nur in Bruchstücken und Andeutungen von ihren sonderbaren Erfahrungen. Bei Victor Hugo selbst klingen die Konversationen mit der unsichtbaren Welt zunächst nur vereinzelt und verschlüsselt an, so im Gedicht XXVI der *Contemplations*, »La bouche d'ombre«: Hier fasst ihn ein Geist mit Händen, die immer riesiger werden, bei den Haaren, zerrt ihn auf einen Gipfel und zeigt ihm die Welt mit den Worten: »Alles spricht, alles lebt!« Der »Schattenmund« verkündete die große

Vision, an der Hugo seit den romantischen Anfängen nie gezweifelt hatte. Nun gab sie ihm wieder Kraft, die Energie, die ihn fast verlassen hatte, durchströmte ihn aufs Neue. In den folgenden Jahren vertiefte er sich in die gewaltigen epischen Projekte der *Légende des siècles* und der *Misérables*, die 1859 und 1862 erschienen und die ganze Menschheitsgeschichte seit ihren mythischen Ursprüngen sowie die Saga des Volkes und seiner Rebellion gegen Unterdrückung und Armut umfassen. Im Jahr 1857 also war er gut beschäftigt.

Zola jedoch, der bald selbst Anlauf für sein literarisches Großprojekt nehmen sollte, äußerte sich geringschätzig über den Spiritismus und bezeichnete ihn als Rettungsanker für Künstler, denen die Ideen ausgingen.[5] Hugos düstere und erhabene Romantik und seine Naturmystik waren ihm so fremd wie nur irgendetwas. Ganz so abwegig erschienen die Geisterstunden späteren Lesern Hugos jedoch nicht. Denn wo sind die Grenzen zwischen Esoterik und Wissenschaft, Phantasterei und Imagination? Was sehen Schamanen, Schlafwandler, Hypnotisierte, Berauschte und Menschen in Trance? Sind nicht Lesen und Schreiben immer ein Gespräch mit Geistern, eine Zirkulation sozialer Energien, und ist nicht die ganze Welt der Medien, auch der technischen, gespenstisch?[6]

Zahlreiche Schriftsteller und Künstler interessierten sich für Hugos spiritistische Sitzungen, besonders jedoch die Surrealisten, auch sie Grenzgänger zwischen Poesie und Wissenschaft. In den sprechenden Tischen sahen sie eine Vorform des eigenen Projekts der *écriture automatique*. 1933 widmete André Breton den »automatischen Mitteilungen«, die Hugo auf Jersey empfing, einen Artikel in seiner Zeitschrift *Minotaure*, in der auch der Psychoanalytiker Jacques Lacan publizierte. Und Olivier Assayas, einer der interessantesten Vertreter der aktuellen französischen Kinoszene, ließ zuletzt 2016 in seinem Gespensterfilm *Personal Shopper* Victor Hugo auftreten und die sprechenden Tische von Marine Terrace auf die Konsumkultur und SMS- und WhatsApp-Welt von heute treffen. Alles erscheint und spricht, alles ist verrätselt.[7]

Feste und Feiern

Während die einen auf Erlösung aus dem Jenseits hoffen, fällt sie anderen in der Wirklichkeit zu. Am frühen Morgen des 16. März 1856 nämlich wird Napoleon Louis Bonaparte geboren und erhält den Titel »Kaiserlicher Prinz« und den Rang »Sohn Frankreichs«. »Sire, es ist ein Sohn«, teilt der Leibarzt Dr. Henri Conneau dem überglücklichen Vater mit. Die Geburt sichert die dynastische Erbfolge, im ganzen Land gibt es Urlaub und Ferien für alle, eine ganze Woche lang. Das freudige Ereignis fällt in die Zeit der Verhandlungen zur Beendigung des Krimkrieges. Diese können am 30. März nach insgesamt 24 Sitzungen im Amtssitz des Grafen Walewski, seit kurzem Außenminister und ein gewiefter Verhandlungsführer, mit dem Pariser Frieden abgeschlossen werden. Die Ergebnisse können sich sehen lassen: Das Osmanische Reich wird in das europäische Mächtesystem aufgenommen, der Sultan garantiert die Sicherheit aller Untertanen »ohne Unterschied der Religion«; das Schwarze Meer wird für neutral und die Schifffahrt auf der Donau für frei erklärt; die Donaufürstentümer erhalten die Immunität zurück, und eine Konvention regelt Öffnung und Schließung des Bosporus und der Dardanellen. Österreich und Preußen, die nicht in den Krimkrieg eingegriffen hatten, erklären sich mit der Neuordnung des Kontinents einverstanden, alles in allem ist somit ein Verständigungsfrieden geglückt.

Zur guten Stimmung und Vertrauensbildung der Kongressteilnehmer trug ganz wesentlich das Rahmenprogramm bei, darunter tägliche Bankette, Konzerte und Empfänge. Die Regierungschefs und ihre Diplomaten verfolgten zwar den ernsten Auftrag, die schicksalhafte Zukunft Europas zu bauen, auf Diät aber sollten sie nicht gesetzt werden. Darüber war man sich in der Hauptstadt aller Genüsse einig.[8]

Alle profitierten am Ende vom Frieden, Frankreich freilich am meisten. Dem Land fiel jetzt die Machtstellung zu, die Russland innegehabt hatte. Wenige Monate nach der Weltausstellung bewährte sich Paris, inzwischen eingeübt in Willkommenskultur und Festivallaune, somit erneut als Hauptstadt Europas, der Kaiser konnte sich zudem den Ruf eines glänzenden Diplomaten erwerben. Die *Times* schrieb, Napoleon III. sei ein großer Mann und die Hoffnung einer Welt, deren Schrecken sein Onkel gewesen war. Er sei ein Genie des Friedens, sein Onkel hingegen ein Genie des Krieges.[9]

Die Soldaten kehrten von der Krim zurück und paradierten in der Hauptstadt. Entlang der Boulevards schmückten die Pariserinnen die Fenster und warfen den Heimkehrern Blumensträuße zu. Die Nationalgarde stand Spalier und bekränzte die Sieger von Sewastopol mit Lorbeerzweigen. Eine große Menschenmenge applaudierte, viele Frauen weinten vor Freude, und doch auch, weil sie so viele Verwundete sahen. Alles in allem jedoch lag Friedensstimmung über dem Land, Paris feierte.

»Loulou«, wie der Vater den kleinen Prinzen nannte, blieb der einzige Nachkomme des Kaiserpaars. Bei der Geburt hatte es Komplikationen gegeben, aber der Knabe war gesund und lag inzwischen in einer Wiege, welche die Form eines großen Segelschiffes hatte, ein Geschenk der Stadt Paris. Anfang März wurde sie einer enthusiastischen Menschenmenge im Thronsaal des Pariser Rathauses vorgeführt. Der Eintritt war gratis, und so strömten 25 000 Besucher herbei, gerade so, als sei die Weltausstellung ohne Unterbrechung in eine weitere glamouröse Festivität übergegangen. An dem Bug der Wiege hob ein napoleonischer Adler mit aufgespannten Schwingen zum Flug an; am Heck hielt eine Allegorie der Stadt Paris in Gestalt einer hoch aufgerichteten, von Genien begleiteten Frau eine Krone über das Köpfchen des Prinzen. Den Schiffsrumpf schmückten kostbare Darstellungen der Kardinaltugenden Besonnenheit, Kraft, Wachsamkeit, Gerechtigkeit. Welch eine Schutzmacht, und welch eine Bürde stellte dieses Möbelstück für den kleinen Prinzen dar!

Loulou wurde zwei Tage nach der Geburt in der Kapelle der Tuilerien gesalbt und am frühen Abend des 14. Juni 1856 in Notre-Dame getauft. Seine Amme, eine kräftige, in heimische Tracht gekleidete Burgunderin, trug den in Spitzen, blaue Schleifen und Hermelin gehüllten Säugling während der Fahrt zur Kathedrale. Unter dem dort eigens errichteten Baldachin übernahm ihn die »Gouvernante der Kinder Frankreichs«. Alle Glocken läuteten. Die kupferne Taufschale aus dem 12. Jahrhundert hatte der Überlieferung nach Ludwig der Heilige, der Namenspatron des Täuflings, vom Kreuzzug mit nach Frankreich gebracht.[10] Die von dem Architekten Viollet-le-Duc mit unzähligen Goldbienen bestickten, wehenden Stoffbahnen ausgeschmückte Kathedrale ließ die Taufe in noch größerem Glanz erscheinen als die Vermählung des Kaiserpaares. Taufpate war Papst Pius IX., und die Zeremonie in Anwesenheit von diplomatischem Corps, Senat, Gesetzgebender Versammlung und Staatsrat war so pompös, dass Napoleon III. voller Genugtuung gesagt haben soll: »Eine solche Taufe zählt soviel wie eine Krönung.«

Die weithin kolportierte Bemerkung – ohne zuverlässige Quelle – bezog sich darauf, dass der Papst sich 1852 geweigert hatte, den neuen Bonaparte zu krönen. Das nagte bis zu diesem Tag an Napoleon III., denn selbst viele Getreue sahen darin einen Mangel an Durchsetzungskraft und Legitimation. Sie kannten schließlich Davids Gemälde der eigenmächtigen Inthronisation Napoleons I. Dieser hatte damals Papst Pius VII. mit einer kühnen Geste die Krone aus der Hand genommen und sich selbst aufgesetzt.

Napoleon III. war auf die Kirche angewiesen, die nach Restauration und Wiener Kongress ihre alte Macht zurückgewonnen hatte. Nun war ihm Genugtuung getan. Für ihn, seine Familie und seine

Getreuen malte Thomas Couture die Taufzeremonie. Manch einer fühlte sich angesichts des Schwungs, der Begeisterung und Üppigkeit des Bildes an die Darstellungen biblischer Feste im Werk des Venezianers Paolo Veronese erinnert. War das nicht schon Legitimation genug?

Der 14. Juni 1856 war einer der glücklichsten Tage des Zweiten Kaiserreichs. Erneut erlebte Paris ein überwältigendes Spektakel. Mehr als 300 000 Zuschauer versuchten, etwas von den Tauffeierlichkeiten zu sehen oder wenigstens von dem Festzug, der aus zwölf achtspännigen Prunkkutschen bestand. Seit dem Morgen platzierte sich die Pariser Bevölkerung auf der Île de la Cité, Tausende von Besuchern reisten mit dem Zug nach Paris und strömten in Richtung Notre-Dame. Die Schaulustigen verharrten auf der Brücke nahe der Kathedrale und stützten ihren Arm auf den Stein wie auf die samtbeschlagene Brüstung einer kolossalen Theaterempore. Andere ließen sich am Ufer der Seine nieder, und die Anrainer standen, soweit ihr Haus noch keinen Balkon hatte, mit Operngläsern auf den Dächern. Die Börse und die Gerichte waren geschlossen, 120 000 Erinnerungsmedaillen wurden verteilt, in Schulen, Armenhäusern, Kasernen und dem Erziehungsheim für arme Mädchen, das die Kaiserin noch im neunten Schwangerschaftsmonat gegründet hatte und mit großer Fürsorge betreute. Alle Theatervorstellungen waren an diesem Tag kostenlos, konnten aber nicht mit dem Schauspiel konkurrieren, das sich an der Kathedrale bot. Die ganze Stadt wurde am Abend illuminiert und glitzerte wie ein Meer aus Diamanten. Nur wenige Zuschauer hatten freilich in dem Tumult die prachtvolle Mutter, den stolzen Vater oder gar das Kind erblicken können. Das aber änderte nichts an der Feststimmung, die zugleich hochsommerlich und weihnachtlich war.[11]

Loulou wurde gehegt und gehätschelt, er wurde gemalt und fotografiert und in Marmor gemeißelt. Seine Kindheit war Spektakel und Staatsangelegenheit zugleich. Der Knabe wurde umsorgt von drei Gouvernanten, der burgundischen Amme, der von Queen Victoria entsandten *nurse*, Miss Jane Shaw, sowie von dem Kinderarzt

Dr. Barthez mitsamt seinem Assistenten, Xavier Uhlmann, der dem Prinzen lebenslang zugetan bleiben sollte.

Im Sommer spielte Loulou im Schlosspark von Saint-Cloud mit einer Modelleisenbahn, einer der ersten der Welt. Sie hatte alles, was ein solch bezauberndes Spielzeug haben muss: Tunnel, Viadukte, Drehscheiben, Weichen, Rampen, Bahnhöfe und eine Lokomotive. Ein Uhrwerk trieb sie an, alles funktionierte, und das »Glanzstück der mechanischen Wissenschaft«[12] ließ das Kind erfahren, was Fortschritt hieß.

Als Loulou kaum drei Jahre alt war, posierte er für das Atelier Mayer & Pierson, das seit einigen Jahren boomte und die immer zahlreicher aus dem Boden schießenden Konkurrenten hinter sich ließ. Als »Fotografen Seiner Majestät des Kaisers« erhielten die Gebrüder Mayer und ihr Kompagnon Pierson Bildaufträge für öffentliche Anlässe wie den Pariser Kongress und stellten ein Album der kaiserlichen Familie zusammen, das ein Verkaufsschlager wurde und den Fotografen die Türen zu den Salons der europäischen Monarchien und Adelskreise öffnete. Hier trafen sie hin und wieder auch auf den Hofmaler Winterhalter. Auf dem Kinderporträt sitzt Loulou vor einer entrollten Leinwand auf einem Pony, sein Vater, in einen bürgerlichen Anzug gekleidet und mit einem Hund an seiner Seite, schaut ihm vom rechten Bildrand aus zu. Es ist eine raffinierte Aufnahme sich kreuzen-

der und überlagernder Blicke, der kleine Prinz starr und verewigt, der Hund in Bewegung und unscharf. Als Loulou neun Jahre alt wurde, stellte der Bildhauer Jean-Baptiste Carpeaux ihn zusammen mit seinem Hund Nero dar. Die gefällige Skulptur schaut aus wie Tim und Struppi im Zweiten Kaiserreich[13] und sicherte dem bis dahin unbekannten Künstler aus Valenciennes eine überaus erfolgreiche Karriere, die ihn an den Hof, durch die mondänen Pariser Salons und in die großen Kunstsalons führte.

Fluten und Legenden

Wer es in diesen Jahren mit dem Kaiserhaus hielt, erlebte voller Entzücken eine royale Medienshow, wie sie bislang undenkbar schien. Wer gegen die Regierung war, staunte trotzdem, wenngleich verdrossen und genervt, über den Rummel. Napoleon III. war als Gatte einer schönen jungen Frau, als Familienvater und Landesvater überall sichtbar, ja es wirkte, als könne er an vielen Orten gleichzeitig sein. Das Massenpublikum liebte die Vermischung der privaten und öffentlichen Geschichten des Kaiserhauses, und die Lust am Spektakulären unterschied sich kaum von heutigen Inszenierungen politischer und gesellschaftlicher Prominenz.

Momente des Glücks und Krisenphasen steigerten gleichermaßen die Popularität des Kaisers, der die Macht der Bilder verstanden hatte und für sich zu nutzen wusste. Das galt auch für Naturkatastrophen. Sie sind immer Sternstunden der Exekutive. In der Kombination aus Störung, Bewältigungsszenario und heroisch-tragischer Erzählung liefern sie Stoff für politische Symbole und Mythen, und hin und wieder entscheiden sie sogar Wahlen.[14] Die Hamburger Flutkatastrophe 1962 machte Helmut Schmidt zur Legende, und unvergessen sind Gerhard Schröders Auftritt in Gummistiefeln im 2002 überfluteten Grimma und Barack Obamas resoluter Einsatz nach dem Hurrikan »Sandy« im Jahr 2012.

Frankreich erlebte eine solche Naturkatastrophe 1856. Ende Mai und noch in der ersten Juniwoche traten die Loire und die Rhône mit ihren Zuflüssen über die Ufer und überfluteten weite Teile im Süden des Landes. Es war eine Jahrhundertflut, ganz Frankreich zitterte. Der Kaiser reagierte unverzüglich. Die Straßen in den überschwemmten Gebieten waren unpassierbar, doch glücklicherweise gab es ja die Eisenbahn. Am 1. Juni brach er auf und kehrte erst zwei Tage vor der Taufe seines Sohnes nach Paris zurück. Er besuchte die betroffenen Gegenden im Loirebecken und von Lyon aus die besonders heimgesuchten Regionen im Rhônetal, spendete Trost, veranlasste die Lieferung umfangreicher Hilfsgüter und wies finanzielle Unterstützung für die Opfer an. Bald darauf brachte er ein Gesetz zum Schutz vor Überflutungen auf den Weg. Nicht einmal seine Gegner gingen jetzt so weit, ihm »Katastrophentourismus« vorzuwerfen.[15] Der Arzt Charles Robin berichtete, er habe die Geschehnisse zwar nicht selbst erlebt, könne aber als Ohrenzeuge berichten, was er von Augenzeugen wusste: Der große Monarch, der sich gerade entschlossen an die Spitze der europäischen Mächte gestellt und mit dem Frieden von Paris den politischen und religiösen Weltfrieden gestiftet hatte, war in Offiziersuniform, mit einem Säbel am Gürtel, in einem Boot über die Wasserflächen geglitten und zu den Ärmsten in der Provence geeilt, als nur noch die Spitzen der Bäume aus den Fluten ragten. Angesichts des Unglücks rief er bestürzt die Worte »Oh mon Dieu!« aus und leerte seine Taschen für die armen Bauern. Ja, er verstand, dass die einfachen Herzen großer Taten bedurften. Aus einem Mund rief das einige Volk: »Vive l'Empereur!« Die Begebenheit kam einer Legende gleich.[16]

In den regierungsfreundlichen Zeitungen überschlugen sich die Artikel über den beherzten Einsatz des Kaisers. Zur gleichen Zeit wurde William Adolphe Bouguereau tätig, später ein Lehrer von Henri Matisse. Er nahm die Überflutungen und die Reise des Kaisers zum Anlass für sein Historienbild *L'Empereur visitant les inondés de Tarascon*. Das kolossale Gemälde zeigt – mit realistischen Details und doch in sakral überhöhter Weise – den Adventus eines

Herrschers und Retters: Napoleon III. trifft auf einer Barke bei den von der Außenwelt abgeschnittenen Einwohnern von Tarascon ein. Bouguereau plante zunächst den Bildaufbau mit dem hoch aufragenden Glockenturm der Kirche Sainte-Marthe als Fluchtpunkt. Er konnte sich auf eine im kollektiven Gedächtnis verankerte Legende aus dem 12. Jahrhundert stützen, der zufolge die Heilige Martha die Stadt vor einem Drachen gerettet hatte. Damals war der Hilferuf an den König ungehört verhallt. Vor diesem Hintergrund mussten die Ankunft und Hilfsaktion des Kaisers als unwahrscheinlich und darum umso wirkmächtiger erscheinen. Als erst einmal das Bildprogramm festlag, war es für den erfahrenen Maler eine leichte Übung, die Personengruppen und die Details zu skizzieren. Zuletzt setzte er Napoleon III., der gerade mit seinem Boot am Dach eines überfluteten Hauses anlegt, auf das sich die Bewohner mit einer Leiter retten konnten, direkt vor die Kirche in den Bildvordergrund und die Blickachse. Das Bild passte perfekt zum Zeitgeist und wurde von Kritikern und Publikum einmütig gefeiert.

Im *Journal* der Brüder Goncourt finden sich erstaunlich wenig spöttische Bemerkungen zu den wichtigen und staatstragenden Ereignissen des Jahres 1856. Sie hatten erst einmal genug von ihrem Land und hielten sich vom 8. November 1855 bis zum 6. Mai 1856 lieber in

Italien auf. Als sie sich am 16. Mai in Paris zurückmeldeten, tauchten sie sogleich wieder in die bohemische Szene ab. Den Abend des 1. Juli verbrachten sie in einer Spelunke und verhöhnten den Kollegen Théodore de Banville, den sie als Vordenker der poetischen Bewegung des »Parnasse« und der damit verbundenen Kunstreligion ohnehin nicht ernst nahmen. Nun aber hatte er, obwohl er so weltabgewandt tat, die hoheitsvollen Kantaten für die Taufe des Kronprinzen gedichtet und ordentlich kassiert. Das gab er natürlich nicht zu. Dazu hatten die Goncourts eine klare Meinung: Banville war »ein stolzer Lump!«[17]

Flaubert seinerseits zeigte ein explizites Desinteresse an dem kaiserlichen Nachwuchs. Kinder fand er generell lästig, und obendrein wurde seine ganze Aufmerksamkeit von *Madame Bovary* eingefordert. Von Victor Hugo war keine Reaktion zu erwarten. Erstaunlicherweise aber schwieg auch die familienfreundliche George Sand zur Geburt des Prinzen. Sie hielt sich Anfang März in Paris auf, um mit Verlegern und Theaterintendanten über ihre Bücher und Stücke zu verhandeln. Ihre Briefe weisen keine Notiz zu dem freudigen Ereignis auf, und es gibt auch keine Spur eines Glückwunschtelegramms in die Tuilerien. Als die Flüsse im Frühsommer gewaltig über die Ufer traten, war sie zurück auf ihrem Landsitz. Anfang Juni war der Postverkehr für fünf Tage unterbrochen, eine schreckliche Situation für die passionierte Briefschreiberin. Vom 2. bis 6. Juni notierte sie täglich: »keine Post«. Auch in Nohant hatte Starkregen Felder und Wiesen verwüstet. Das Heu war verdorben, glücklicherweise jedoch niemand ertrunken und kein Haus eingestürzt. Das Klima aber, so klagte sie, werde insgesamt immer schrecklicher und unwägbarer. Tatsächlich war das Wetter in der Mitte des Jahrhunderts aus dem Lot. Frühling und Sommer waren in manchen Jahren ungewöhnlich heiß, die Weinernte musste früh, viel zu früh einsetzen, sonst wäre so gut wie nichts zu retten gewesen. Angesichts der »Sintflut« in den anderen Landesteilen, schlug George Sand dem Verleger Émile de Girardin vor, in seiner Zeitung *La Presse* einen Spendenaufruf und eine Unterschriftenliste zu veröffentlichen. Der

Kaiser nämlich, so teilte sie ihm mit, verteile seine Hilfsleistungen vorzugsweise an diejenigen, die sich als seine Anhänger zu erkennen gaben. Girardin lehnte diese mediengestützte Nothilfe ab und leitete die Idee weiter an den Herausgeber des Konkurrenzblattes *Le siècle.*[18] Auch hier keine Reaktion. Ach, Paris! Wieder einmal erwies sich, dass sich die Hauptstadt eigentlich nur für sich selbst interessierte.

Der Kaiser aber hatte auf den privaten und öffentlichen, den innen- und außenpolitischen Bühnen, in guten und schlechten Zeiten *bella figura* gemacht, Gerüchte über seine angegriffene Gesundheit bestätigten sich vorerst nicht. Der Mythos des »Second Empire« war gesponnen aus *storytelling*, Bildern, Festlichkeiten und Personenkult. Im Herbst 1856 wurden erstmalig die »Séries de Compiègne« ausgerichtet, ein Reigen von Jagden, Diners und Tanzgalas. Die Treffen wurden zu einer der größten Charme-Offensiven des Kaiserpaares. Mindestens 60, manchmal mehr als 100 Gäste vergnügten sich fortan alljährlich für acht Tage in den Gemächern und Salons, den Gärten und Wäldern des Landschlosses. Sie hatten viele Freiheiten und nur eine Pflicht: zum Diner im Frack und mit weißen Handschuhen zu erscheinen. Alle fügten sich dem Dresscode, sogar Flaubert, der einige Jahre später höchst geschmeichelt der Einladung folgen würde. 1857 jedoch saß er erst einmal auf der Anklagebank.

Flaubert auf der Bank für die Gauner

Abseits vom imperialen Festtaumel, von Kriegen, Klimakrisen und Zensur gedieh in Paris das literarische Leben. Aber die Zensurbehörde hatte tausend Augen und spionierte Gegner des Kaisers und die Schriftsteller aus, die Vaterland, Religion und Familie nicht gebührend achteten. Ganze Texte oder nur einzelne Passagen fielen unter ihr Verdikt, und zahlreiche Schriftsteller, soweit sie noch lebten, landeten vor Gericht. Waren sie schon tot, wurden wenigstens ihre Werke verurteilt.

So ordnete der kaiserliche Gerichtshof an, alle Druckplatten und Exemplare der *Mystères du peuple* von Eugène Sue zu vernichten, 60 000 Bücher waren bereits gedruckt. Der Vorwurf lautete, der »sozialistische Dandy« und Erfolgsautor der fünfzehn Jahre früher erschienenen *Mystères de Paris* habe in seinem umfangreichen Spätwerk dem Geist der Revolution und dem rebellischen Volk und seinen Delikten und Verbrechen eine positive Rolle eingeräumt, das Buch sei eine Gefahr für die Gesellschaft.[19] Es war vielleicht ein Zufall, dass just zu diesem Zeitpunkt in der Zeitung *La Patrie* der Feuilletonroman *Les Drames de Paris* an den Start ging. In dessen Autor Ponson du Terrail sahen viele den Nachfolger Sues. Die Serie über die Abenteuer und Tricks des Hochstaplers Rocambole lief über mehr als fünf Jahre und lebt im französischen Wortschatz mit dem Ausdruck *rocambolesque* für etwas höchst Unwahrscheinliches bis heute fort. Aber war sie nicht vor allem ein Beweis dafür, dass die Gesellschaft Hochstapler verehrte und Kritiker verfolgte?

Eine ähnlich aufrührerische Haltung wie Sue wurde dem Verfasser der monumentalen *Histoire de la Révolution Française*, dem Historiker Jules Michelet, vorgeworfen. Dieser korrespondierte mit George Sand, lebte aber wie Hugo im Exil, und sein Lehrstuhl am Collège de France war ihm aberkannt worden.

Nicht nur die Regierung, sondern auch die katholische Kirche verfolgte eine harsche Zensurpolitik. Sie forderte dazu auf, frivole Tänze wie Walzer und Polka zu verbieten, und setzte 1864 das Gesamtwerk Balzacs auf den Index. Einer der Scharfmacher war der Staatsanwalt Ernest Pinard, der schon 1853 am Prozess gegen die Brüder Goncourt beteiligt gewesen war und Eugène Sue bis ins Grab verfolgte. Er war ein ehrgeiziger, obrigkeitsgläubiger Magistrat, ein Getreuer Napoleons III. und in langer Familientradition der Kirche eng verbunden. 1857 war er 34 Jahre alt und kletterte die Karriereleiter empor. In diesem Jahr lieferte ihm die systematische Überwachung der Öffentlichkeit die Grundlage für spektakuläre Gerichtsprozesse gegen die französische Literatur. Angeklagt waren die Autoren zweier gerade erschienener Werke, die zu den größten der französischen und europäischen Literaturgeschichte, ja der Weltliteratur überhaupt gehören: Flauberts Roman *Madame Bovary* und Baudelaires Gedichtzyklus *Les Fleurs du Mal*. Flaubert hatte an seinem ersten großen Roman über fünf Jahre lang mal wie ein »Bär«, mal wie ein »Nashorn« geschuftet und auf dem Altar der Kunst wie ein »Opfertier« gelitten. Er hatte medizinische Fachbücher gelesen, um sich über Klumpfußoperationen zu informieren, sich auf Landwirtschaftsausstellungen dem Geblöke, Muhen und Geschrei ausgesetzt und in schlaflosen Nächten geschrieben, korrigiert und gekürzt. Seine Freunde wussten aus seinen Briefen, was er seit Jahren durchmachte. Sie kannten seine unausgesetzten Selbstzweifel und die Qualen des Schreibens.

Im Sommer 1856 sah er endlich, dass sein Roman in der *Revue de Paris* angekündigt war. Alles also gut und schön, schrieb Flaubert seinem engsten Freund Louis Bouilhet, sein Name allerdings sei falsch geschrieben: »Gustave *Faubet*«. Das war der Name eines Krämers in der Rue Richelieu. »*Quid dicis?* Noch bin ich nicht erschienen, da spricht man mich schon falsch aus.«[20]

Der Sarkasmus war gerechtfertigt, die Geschichte nahm auch weiterhin keinen guten Verlauf. Es hatte damit angefangen, dass Flaubert sich mit den Herausgebern der Zeitschrift angelegt hatte, weil sie sich nicht trauten, den heiklen Ehebruchroman vollständig zu drucken. Und das war nur das Vorspiel. In den darauffolgenden Monaten entfesselte *Madame Bovary* einen Skandal und ein Strafgericht ungeahnten Ausmaßes. Je nach Einschätzung kann man darin auch ein komisches Theaterstück sehen, in dem Krämerseelen die großen Rollen spielten.

1857 war das Gründungsjahr der radikal neuen Literatur, die sich selbst als »modern« verstand und von der Nachwelt bis heute uneingeschränkt so angesehen wird. Sie blitzte im Roman und in der Dichtung auf und musste sich gegen alte Werte und Normen zur Wehr setzen, die das Zweite Kaiserreich hartnäckig behauptete und mit allen Mitteln durchsetzte. 1857 spitzte sich der Konflikt zwischen Altem und Neuem zu, so wie es immer geschieht, wenn etwas Modernes, das heißt Neues, auftrumpft. In diesem Jahr verstarben viele Schriftsteller, die noch vom *vieux Paris*, vom alten Paris vor Napoleon III. und Haussmann erzählt hatten, viele andere waren bereits tot. 1848 war der hochbetagte François-René de Chateaubriand gestorben, der romantische Dichter des Meeres und der nordamerikanischen Wildnis, damals ein erbitterter Gegner Napoleons I.; 1850 verstarb im Alter von 51 Jahren Honoré de Balzac, der mit seiner *Comédie humaine* das überwältigende Panorama der Gesellschaft des früheren 19. Jahrhunderts und Visionen des späteren geschaffen hatte. Im Mai 1857 starb Alfred de Musset mit nur 46 Jahren, der zarte Freund Haussmanns und Dichter der romantischen Melancholie des *Mal du siècle.* Gleich zwei Frauen, die einander nicht mochten, setzten ihm in Romanen ein Denkmal, George Sand mit *Elle et Lui*, und Louise Colet mit *Lui*. Im savoyischen Exil verstarb im August, 53-jährig, Eugène Sue, der Meister des Feuilletonromans und Magier aller Geheimnisse von Paris. Und es starb, in seinem Sessel, der alte Pierre-Jean de Béranger, dessen Gedichte und Songtexte das Volk, die Jugend und selbst Könige rührten. Er war ein Bob Dylan seines Jahrhunderts: »Ich, adlig? Oh nein, meine Herren, nein. // Bauer bin ich, ja sehr, Bauer, Bauer, Bauer.«[21] Für sein Begräbnis mit staatlichen Ehren und die Kosten der Grabstätte kam Napoleon III. auf. Eine große Menschenmenge begleitete still und ergriffen die sterblichen Überreste des alten Barden zum Friedhof Père-Lachaise. Unter Kollegen freilich war der Verstorbene umstritten, besonders bei denen, die nicht nur den Kaiser, sondern auch jegliche Volksnähe verachteten. Die Goncourts waren voll des vergifteten Lobes und nannten Béranger den vielleicht kompetentesten, aber auch bestbezahlten Mann zu Lebzeiten, den lärmend gerühmten und von den Zeitungen lobgehudelten »*Nationaldichter*, der aus der Bescheidenheit die Popularität seines Namens machte, aus dem Rückzug eine Reklame«. Auch Flaubert äußerte sich verächtlich über die *honneurs nationaux* und nannte Béranger einen »dreckigen Bourgeois«.[22] Béranger hatte das *enterrement chic* vorausgesehen und sich, ähnlich wie Flaubert in seinen Skizzen für einen Roman über Napoleon III., über vornehme Beerdigungen lustig gemacht. Böse Zungen konnten darin wieder nur listige Selbstvermarktung erkennen.

Es menschelte also allerorten im Pariser Literaturbetrieb, der Gossip blühte. Am 30. April 1857 begegnete George Sand im Pariser Odéon-Theater zum ersten Mal Flaubert, was zunächst ohne Folgen blieb und vor allem hieß, dass er nicht gleich Briefe von ihr bekam und sie ihn in ihrer Korrespondenz mit keiner Silbe erwähnte, so wie er schon nicht in der langen Liste begabter und förderungswürdiger Autoren aufgeführt war, die sie dem Literaturagenten Émile Aucante im Februar geschickt hatte.[23] Offenbar redeten sie auch nicht über den Prozess gegen Flaubert, der nun zu Ende gegangen war. Am 16. April erschien *Madame Bovary* ungekürzt in zwei Bänden bei Michel Lévy, mit dem George Sand ihrerseits gerade zürnte, weil er ihre *Souvenirs* veröffentlichte, ohne ihr vorher die Druckfahnen geschickt zu haben.[24] Erstaunlich also, dass das Jahr verging, ohne dass die beiden, die sich in der gleichen aufgewühlten Literaturszene bewegten, einander näher kennenlernten. Ziemlich beste Freunde wurden sie erst später.

Madame Bovary ist ein Gesellschaftsroman und, wie der Untertitel nahelegt, ein Sittenbild aus der Provinz. Gegenstand ist das Eheleben der normannischen Bauerntochter Emma Rouault, verheiratete Bovary. Emma wird nach dem Tod der Mutter im Kloster erzogen, ganz so wie eine höhere Tochter. Sie spielt Klavier, zeichnet und stickt, verschlingt empfindsame und romantische Literatur und abonniert später glanzvolle Frauenzeitschriften und Wohnmagazine. Angeregt durch ihre Lektüren, sehnt sie sich nach einem feinen und geselligen Leben in Paris. Doch anders als die vielen jungen Männer in den Romanen des 19. Jahrhunderts, die aus der Provinz in die Hauptstadt »aufsteigen« und dort Karriere machen oder auch scheitern, muss sie sich damit begnügen, über den Stadtplan von Paris zu flanieren. Sie wird die Gattin des verwitweten Landarztes Charles Bovary. Alles enttäuscht und empört sie: die Hochzeitsnacht, die sie sich anders vorgestellt hatte, die Manieren ihres geist- und glücklosen Ehemannes Charles, der bei Tisch nicht konversieren, auf Bällen nicht

Walzer tanzen kann und schließlich bei einer Klumpfußoperation versagt. Das alles passt zu der ungepflasterten Dorfstraße und der Ödnis des Landlebens. Emma flüchtet sich in Nervenkrisen, Liebschaften und Konsum und nimmt sich zuletzt, korrumpiert, ruiniert und unerlöst, das Leben.

Flauberts erster Roman ist ein Jahrhundertroman. Die intelligente und gleichzeitig verblendete Emma verkörpert die radikale Ambiguität eines Frauenschicksals im 19. Jahrhundert und des Strebens nach Glück. Sie ist Opfer, weil sie unaufgeklärter Erziehung, engen Rollenmustern und fatalen Versprechungen unterworfen ist. Sie ist Täterin, weil sie nicht nur ihr eigenes Leben verwirkt, sondern eigensinnig und gnadenlos auch das ihres Ehemannes, der sie liebt, und ihrer Tochter, der sie schon deshalb keine Mutterliebe entgegenbringt, weil sie kein Sohn ist. Emmas Geschichte hat Eingang gefunden in den Wortschatz: »Bovarysmus« bezeichnet den Widerspruch zwischen Traum und Leben, die pathologische und fatale Disposition eines Menschen, hemmungslos allen Wünschen nachzugeben und die Daseinsmöglichkeiten in Gänze falsch einzuschätzen.[25] Flaubert lastete diese Dummheit, *bêtise*, nicht nur seiner Protagonistin, sondern der Religion, Wissenschaft und Moral der Gesellschaft und ebenso seiner eigenen Generation und sich selbst an. Seine Kühe stehen nicht nur auf den saftigen Wiesen der Normandie und muhen und stieren und käuen wieder; als Rindviech, *bœuf*, und als Kalb, *veau*, verstecken sie sich sogar in Namen und Worten seines Romans: *BOVary, le nouVEAU.*

Flauberts Roman, dem große Ehebruchromane des späten 19. Jahrhunderts wie Leo Tolstojs *Anna Karenina* oder Theodor Fontanes *Effi Briest* folgen, ist keineswegs die erste Ehebruchsgeschichte der französischen Literatur und nicht einmal Flauberts erster Text, der den Ehebruch als erotisches und moralisches Thema auslotet. Was also war der Skandal, was der Anlass für den Immoralismusprozess?

Laut Maxime du Camp machte ihn Louis Bouilhet auf einen Artikel in der *Gazette des Tribunaux* aufmerksam. Darin ging es um den Selbstmord der normannischen Arztgattin Delphine Delamare.[26]

Flaubert dachte über den Fall nach. Denn die Freunde, denen er gewöhnlich seine Manuskripte vorlas, rieten ihm dringend, sich einem bodenständigen Thema zuzuwenden. Die romantischen und exzentrischen Ideen, die er in Jugendschriften und zuletzt in Skizzen zur *Tentation de Saint Antoine* verarbeitet hatte, erschienen ihnen als Irrweg.

Beim Projektemachen im Verlauf der Orientreise mit Maxime du Camp gab Flaubert seiner Protagonistin den Namen »Emma Bovary«. Umso wütender war er dann über die Entscheidung des Freundes, den Roman eigenmächtig zu kürzen. Bevor der Roman nämlich vom 1. Oktober bis zum 15. Dezember 1856 in der *Revue de Paris* erschien, hatte sich ihr Herausgeber Maxime du Camp für eine freiwillige Selbstzensur entschieden. Er strich das erste Kapitel des dritten Teils, die raffiniert anzügliche Szene der Fiakerfahrt Emmas und ihres Geliebten Léon durch Rouen, und er griff auch in das Ende des Textes ein, die Schilderung von Emmas Tod. Am 14. Juli 1856 schrieb er dem Autor: »Lass uns Herr über deinen Roman bleiben, wir nehmen die Streichungen vor, die uns unabdingbar scheinen. Sei tapfer, schließe die Augen während der Operation.«[27]

Flaubert erhob Einspruch und kündigte die Verantwortung und Autorschaft für das »Fragment« auf. Die Vorsicht oder der Opportunismus der Herausgeber und die Erklärung Flauberts beeindruckten die Zensurbehörde in keinster Weise und gingen ihr nicht weit genug. Und so standen die zuletzt entzweiten Freunde wenig später vereint vor Gericht. Der Prozess wegen des »Verstoßes gegen die öffentliche Moral, die guten Sitten und die Religion« wurde am 29. Januar 1857 vor der sechsten Strafkammer eröffnet. In seiner Anklage bezeichnete der Vorsitzende Pinard *Madame Bovary* als Gefahr für junge Mädchen und Frauen. Er führte an, die Protagonistin habe schon als Kind im Beichtstuhl beim Gedanken an den himmlischen Bräutigam sinnliche Lust empfunden und sich nach dem Ausritt mit ihrem ersten Liebhaber Rodolphe und dem Ehebruch im Wald verklärt im Spiegel betrachtet. Ihr Selbstmord sei eine Todsünde, und noch bei der letzten Ölung, der Salbung aller sündigen und schuldig gewordenen Körperteile, habe sie wollüstig das Kruzifix geküsst. Die Schilderungen der Verzückung und der körperlichen Symptome ihrer Hemmungslosigkeit, darunter Schweißperlen und Schweißausbrüche, glühende Haut und Schwindelanfälle, wurden als abstoßend bewertet. Außerdem sah man das französische Bürgertum und die Kirche durch die Figuren des Apothekers Homais, des Wucherers L'Heureux und des Pfarrers Bournisien verunglimpft. Und nirgends sei erkennbar, dass der Autor an etwas anderes als die schiere Materialität des Körpers, tot oder lebendig, glaube. Als Beweis der Gottlosigkeit des Autors wurde die Passage über Emmas Tod herangezogen: »Und das war alles. Sie existierte nicht mehr.«

Eines der Schlüsselwörter der Anklage war »licencieux«, »lasziv«, und tatsächlich steckt im lakonischen, zumeist unpersönlichen und unparteiischen Stil Flauberts eine raffinierte Anzüglichkeit, eine hohe Kunst des Obszönen, an der sich in Zeiten von *Fifty Shades of Grey* und *Feuchtgebiete* niemand stoßen würde, die aber auch kaum jemand mehr stilistisch beherrscht. Pinards dichtes Plädoyer zeigte, dass der Staatsanwalt ein unerbittlicher Verfechter der politischen Imperative und zeitgenössischen Normen, aber auch ein scharfsinniger Leser war.[28] Er beantragte zwei Jahre Gefängnis für Flaubert.

Die Rede des Verteidigers Antoine Sénard war lang und umständlich, sie dauerte viereinhalb Stunden. Das Hauptargument war, dass Emma Bovary durch falsche Erziehung zur Sünderin wurde und die Charakterstudie, in der sie so hart bestraft wird, zur Tugend erziehe. Sénard fragte das hohe Gericht und das Publikum, ob jemand glaube, dass irgendein junges Mädchen der jungen Frau nacheifern wolle? Die schlimmen Stellen stünden im Verhältnis von 1:500 des Gesamttextes und die französische Literaturgeschichte lehre, dass Unmoral in einem Buch nicht zwangsläufig zu einem unmoralischen Buch führe. Sénard nahm sich die Zeit, die gestrichene Fiakerszene vorzulesen: Emma und ihr zweiter Liebhaber Léon treffen sich in der Kathedrale von Rouen und ziehen sich anschließend in eine geschlossene Droschke zurück. Unter den Peitschenhieben des Kutschers beschleunigen die Pferde das Tempo, das Gespann rast mehr als einmal an den bekannten Sehenswürdigkeiten der Stadt und an Fußgängern und Gaffern vorbei, die über die Kraft dieser enthemmten »schweren Maschine« nur staunen können. Zuletzt kommen die Pferde verschwitzt und erschöpft zum Stehen. Mit keiner Silbe wird erwähnt, was in der Kutsche geschieht. Wer aber, wollte Sénard wissen, könne den Autor dafür haftbar machen, dass der Ehebruch in der Einbildungskraft der Leser stattfinde? Und was den Schluss betraf, machte Emmas qualvoller Tod wirklich Lust auf einen Ehebruch?

Anders als Pinards knappes Plädoyer zielte Sénards Verteidigungsrede geschickt darauf ab, die Stimmung im Gerichtssaal zu beeinflussen. Die Richter folgten der Verteidigung, die Anklage kapitulierte zuletzt auch vor der literarischen Qualität. Zwar rügte das Gericht *Madame Bovary* als einen Angriff auf Ehe und Familie, den Staat, die Obrigkeit und die Religion. Aber das Stilmittel der erlebten Rede, die weitgehend durchgehaltene Position des »unsichtbaren Erzählers« und die wissenschaftliche Präzision der psychologischen und medizinischen Schilderungen entlasteten den Autor von dem Vorwurf, unsittliches und unchristliches Verhalten verherrlicht zu haben.[29] Sénard gewann den Prozess, und Flaubert kam mit einem »ernsten Tadel« des Gerichts davon. Aus Dankbarkeit widmete er den Roman seinem meisterlichen Anwalt. Vor ihm lag nun eine steile Karriere.

Für die literarische Welt und die Medien war der Prozess um *Madame Bovary* ein großes Ereignis. Für Flaubert brachte er den literarischen Durchbruch. Gleich mehrere Intendanten wollten den Roman schon in der Saison 1857/58 als Theaterstück aufführen. Doch auf den Plakaten sollte der Titel, nicht aber der Name des Autors stehen. Diesen »Dreck« lehnte er trotz eines beachtlichen Honorarangebots ab, denn die Bühne wollte er, wenn überhaupt, durch die große Tür betreten und nicht mittels einer merkwürdigen Kollaboration und Herumbastelei an seinem Werk.[30]

Wichtiger als das Interesse der Theaterleute war, dass er in Princesse Mathilde eine gewichtige Fürsprecherin gefunden hatte. Die

Cousine des Kaisers wurde längst »Muttergottes der Künste« genannt und war, seitdem sie 1853 ihren Salon in der Rue de Courcelles eröffnet hatte, zu einer der wichtigsten Figuren des kulturellen Lebens in der Hauptstadt geworden. Flaubert hatte also Glück und schrieb seiner Gönnerin in den folgenden Jahren galante Briefe.

Das ganze Land beschäftigte sich inzwischen mit seinem Roman. Ihm kam zu Ohren, dass Pfarrer den Frauen und Fräuleins ihrer Gemeinden das Buch aus der Hand rissen,[31] und er bekam Post von Lesern und Leserinnen, die den Roman offenbar unter der Bettdecke lasen. Unmittelbar nach dem Erscheinen des letzten Kapitels in der *Revue de Paris* traf bereits ein Brief aus Angers an der Loire ein, von der 56-jährigen Mademoiselle Leroyer de Chantepie. Ein reger Briefwechsel setzte ein. Begierig wartete die passionierte Leserin und Gelegenheitsautorin auf Neuigkeiten von Flaubert und über Flaubert und konstatierte im Januar 1858, dass er nun offenbar das Milieu gewechselt habe und einer der eleganten Flaneure auf den Boulevards, ja überhaupt einer der gefragtesten Männer von Paris geworden sei. Das habe man ihr bis in ihr einsames Asyl zugetragen. Die schmeichelhaften Bemerkungen hatten einen gewissen Unterton, enttäuscht, leicht beleidigt, denn sie hatte einen ganzen Monat lang vergeblich auf Post gewartet, keine Weihnachtsgrüße, keine Neujahrswünsche, nichts. Im Stillen hatte sie geglaubt, Erfolg und Ruhm müssten ihm gleichgültig sein.[32] Doch da irrte sich das ältere Fräulein gewaltig, denn Flaubert war gefallsüchtig und wollte geliebt werden, auch wenn er das weit von sich wies und seine Unachtsamkeit mit einer hartnäckigen Grippe entschuldigte.

Seine Briefpartnerin mochte sich in Flauberts Charakter getäuscht haben, umso hellsichtiger aber war ihre Lektüre von *Madame Bovary*. Der Roman war für sie nichts als die reine Wahrheit. Sie selbst, schrieb Mademoiselle Leroyer de Chantepie, hatte in der Provinz die gleiche Traurigkeit und Verdrossenheit wie die »arme Gemahlin Bovary« empfunden und deren Tod in einer schlaflosen Nacht beweint. Nach der Lektüre sei sie ganz krank gewesen. Sie bewunderte »Monsieur Flaubert« für seine vollkommene Kenntnis der menschlichen und weiblichen Natur und für sein »auf das menschliche Herz, die Seele, die ganze Welt in ihrer Hässlichkeit angewendetes Skalpell«.[33]

George Sand veröffentlichte am 8. Juli im *Courrier de Paris* einen Artikel, in dem sie Flauberts Roman im Rahmen des »Realismus« diskutierte. Sie befand, dass die Bewegung trotz des modischen Labels ihre Meriten noch erwerben müsse. Gleichwohl attestierte sie Flaubert ein »brillantes«, mit Meisterhand und Willensstärke ausgeführtes Debüt und lobte, dass der Autor nicht bewerte und seinen Lesern das Urteil überlasse. Das »bemerkenswerte« und »sehr schöne Buch« über die himmelschreiende Dummheit, die Hässlichkeit und Traurigkeit der Wirklichkeit war für die feministisch engagierte Schriftstellerin nicht unmoralisch, sondern eine nützliche Lehre für die jungen Ehefrauen auf dem Land. Der Appetit auf Luxus, falsche Poesie und verlogene Passion, dem sich die »innombrables madame Bovary en herbe« hemmungslos hingäben, resultiere aus der Tatsache, dass sie von Kretins umgeben seien. Dem jungen Autor empfahl sie dennoch, sich zukünftig auch echten Leidenschaften, verständnisvoller Güte und großherzigen Gefühlen zu widmen.[34] Die Debatte um den Realismus, die in der Malerei längst erbittert geführt wurde, war nun auch in der Literatur angekommen. Zahlreiche weitere Kollegen äußerten sich zum Prozess und zum Roman, darunter die Brüder Goncourt, die stets die Zensur fürchten mussten und sich auskannten in den Strafkammern der französischen Gerichte.

Von Baudelaire, der im Jahr 1857 selbst einen Literaturprozess über sich ergehen lassen musste, erschien am 18. Oktober ein Artikel in der Zeitschrift *L'Artiste*. Er bezeichnete den »exzellenten« Roman des plötzlich zu Berühmtheit gelangten Flaubert als das, was er war: bedingungslos neue, großartige Literatur, die als einzige nach dem Verglühen des »erstaunlichen Meteors« Balzac diese Qualität für sich beanspruchen könne. Baudelaire verhöhnte den »blinden und zu heftigen Eifer« der französischen Justiz und rühmte die Unparteilichkeit des Stils, den Willen zur Schönheit und das »Wunder«, das Flaubert vollbracht habe, indem er ganz ohne Geschwätzigkeit das trivialste aller Abenteuer makellos und wahrhaftig dargestellt und sich in den Körper einer Frau begeben habe. In seinem Artikel bezeichnete Baudelaire Emma Bovary als »Hysterikerin«, dreißig Jahre bevor Jean-Martin Charcot dieses Krankheitsbild entdecken und im Rahmen seiner *Leçons du mardi* im Hörsaal der Pariser Salpêtrière an lebenden Beispielen vorführen sollte. Diese Dienstags-Vorlesungen würde ein späterhin berühmter Schüler hören: Sigmund Freud.[35] Flaubert bedankte sich am 21. Oktober bei Baudelaire für die Rezension und die kongeniale Lektüre und bescheinigte dem Kollegen, in das Geheimwissen, die »Arcana« des Werkes eingedrungen zu sein.

Interessant ist auch das Urteil von Sainte-Beuve, obwohl dieser prominenteste Literaturkritiker des 19. Jahrhunderts die eigentliche Modernität des Romans, den ganz neuen Stil nur als Marotte wahrnahm und ihn ausschließlich biographischen und psychologischen Erklärungsmustern unterordnete. Er hatte eine wirkmächtige und zähe Methode entwickelt und sie in der Devise »Wie der Baum, so die Frucht« kurz und bündig zusammengefasst. Flaubert verspottete den Kritiker gern und brauchte ihn doch für seine Karriere. Den Roman hatte er ihm mit der Widmung geschickt: »Demütige Hommage eines Unbekannten.« Sainte-Beuve bedankte sich, sein Artikel erschien am 4. Mai im *Moniteur universel.* Er bescheinigte Flaubert »Stil, ja ein wenig zu viel Stil«. Langatmig erzählte er die Handlung des Romans nach, schenkte jedoch auch dem armen Charles Bovary Aufmerksamkeit, der im ganzen Lärm um Madame Bovary kaum beachtet wurde. In Erinnerung ist vor allem seine Bemerkung geblieben, Gustave Flaubert, der Sohn und Bruder großer Chirurgen, führe die Feder wie andere das Skalpell. Er, der Leser, spüre überall den Anatomen und Psychologen. Den privaten Brief von Marie-Sophie Leroyer de Chantepie, die das Skalpell ins Spiel gebracht hatte, konnte Sainte-Beuve nicht kennen.

Flaubert selbst aber ließ keine Kritik unkommentiert, schon gar nicht, wenn sie aus der Feder des Literaturpapstes stammte. Er verwendete die Metapher des Skalpells, ebenso wie die für den Feuilletondruck vorgenommenen Streichungen Maxime du Camps und das Plädoyer Pinards, für einen Eintrag in sein *Wörterbuch der Gemeinplätze*:

> »ROMANE. Pervertieren die Massen. – Sind in Feuilletons weniger amoralisch als in Buchform. – Nur die historischen Romane können toleriert werden, denn sie lehren die Geschichte. – Es gibt Romane, die mit der Spitze eines Skalpells geschrieben sind, andere, die auf der Spitze einer Nadel ruhen.«[36]

Vielleicht wäre die markante Äußerung Sainte-Beuves trotzdem in Vergessenheit geraten, wäre nicht 1869 in der Zeitschrift *Parodie* die Karikatur Achille Lemots erschienen. Sie zeigt Flaubert mit dem Skalpell in der Hand beim Sezieren von Madame Bovary. Das Blut tropft aus ihrem Herzen in sein Tintenfass.

Die biographische Methode Sainte-Beuve ist aus der Mode gekommen, und die moderne Literatur verkannte der sakrosankte Kritiker zumeist gründlich. Im Detail lag er jedoch nicht immer ganz falsch. Flaubert hatte seine Kindheit im Hôtel-Dieu von Rouen, dem städtischen Krankenhaus, verbracht, dessen Chefarzt sein Vater war. Von seinem Zimmer im zweiten Stockwerk aus schaute der kleine Gustave in die Gärten des Hospitals und konnte sehen, wie sich die Kranken bei schönem Wetter auf Bänken unter hohen Bäumen niederließen. Der Seziersaal lag zum Garten des Wohnhauses hin. Zusammen mit seinen Geschwistern kletterte der Junge an manchen Tagen heimlich in das Spalier der Weinreben und betrachtete von dort die Leichen, die auf den Tischen lagen und im Schein der Sonne von denselben Fliegen umschwärmt wurden wie die Blumen und die kleinen Voyeure selbst. Erst wenn der Vater die Kinder erwischte, sprangen sie aus den Rankgittern.[37]

Der Blick in die Arbeitsräume der Pathologie und die Beobachtung medizintechnischer Errungenschaften gruben sich tief in Flauberts Vorstellungskraft ein. Mit zwölf Jahren sah er, wie am Strand von Trouville eine junge Frau ertrank, und um seine jung verstorbene Schwester Caroline trauerte er ein Leben lang. 1857 schrieb er, als Kind habe er gern im Anatomiesaal gespielt, alles Elend der Welt gesehen und sicherlich von dorther seine düsteren und zynischen Allüren. Die Hypothese des absoluten Nichts erschrecke ihn nicht, er werfe sich bereitwillig und gelassen in das große schwarze Loch.[38] Ach, wenn er einer schönen Frau begegnete, sah er augenblicklich, wie auf einer Radioskopie, ihr Skelett.

Um die Illusionslosigkeit und die Distanz aber, die 1857 so provozierten und noch heute immer wieder überraschen, kämpfte Flaubert wie ein Besessener. Sie gelangen ihm erst nach dem Durchgang durch alle Sehnsüchte, Wonnen und Schrecken, die er Madame Bovary ausleben und erleiden ließ. Im November 1866 äußerte er sich dazu noch einmal in einem interessanten Briefwechsel mit Hippolyte Taine, der seinem Freundeskreis angehörte und längst eine akademische und öffentliche Instanz war. Taine hatte Schriften zur italienischen, holländischen und flämischen Kunst verfasst, war hoch dekorierter Professor an der École des Beaux-Arts und Autor einer Geschichte der englischen Literatur. Gerade arbeitete er an einer großen psychologischen Studie mit dem Titel *De l'Intelligence*, in der es ihm vor allem um die neuronale Organisation der Einbildungskraft ging. Den Sommer des Jahres 1866 verbrachte er mit seiner Mutter in einem Landhaus im Wald von Fontainebleau, wo er sich mit den Malern von Barbizon austauschte. Er wollte Kreativitätsprozesse verstehen. Aus demselben Grund wandte er sich in mehreren Briefen an Flaubert.

Taine stellte Flaubert vier präzise Fragen nach dem Charakter und der Intensität der inneren Bilder oder »Halluzinationen«, die sein Schreiben bestimmten. Flaubert reagierte interessiert. In Erinnerung geblieben ist seine Auskunft, dass die eingebildeten Personen ihn beunruhigten und verfolgten oder, andersherum, er selbst in ihrer Haut stecke. Er habe beim Beschreiben von Emma Bovarys Vergiftung den Geschmack von Arsen im Mund gehabt und sich »so stark vergiftet«, dass sich zweimal hintereinander, Schlag auf Schlag, sein Magen umgedreht und er sein ganzes Abendessen erbrochen habe.[39] Flauberts viel zitiertes Wort »Madame Bovary, c'est moi«, das solche Zustände kurz und bündig zusammenfasst, ist hingegen nicht verbürgt, aber welches mythische Wort ist das schon.

Baudelaire, allein im Gerichtssaal

Baudelaire erkannte in Flaubert einen Wahlverwandten. Im Bewusstsein der Modernität, in der Verteidigung ihrer Werke gegen Bevormundung und in der Anklage waren sie vereint. Am 21. Juni 1857 erschien die Gedichtsammlung *Les Fleurs du Mal*. Baudelaire schickte ein Exemplar an Flaubert, der sich bei dem »lieben Freund« umgehend und voll des Lobes bedankte. Er bezeichnete Baudelaire als »unvergleichlich«, einen »Verjüngerer« der Romantik, und nannte ihm seine Lieblingsgedichte: »La Beauté« und »Une Charogne«.

Allein die Tatsache, dass diese beiden Gedichte in einem Band versammelt waren, jagte vielen einen Schauer über den Rücken: hier die rätselhafte und verführerische Schönheit, kühl wie Schnee, weiß wie Schwanengefieder, und dort das faule Gepränge des Kadavers, der atemberaubende Gestank und die Schmeißfliegen, die um den eitrigen Schoß summen. Das war ein Schock, auf solche Bilder war niemand vorbereitet.

Die Verächter des Werks waren schnell. Schon am 5. Juli erschien im *Figaro* ein derber Verriss. Er legte den Akzent auf die »Immoralität« der Gedichte. Nie habe man so etwas gesehen, schrieb der Kritiker, das Abscheuliche neben dem Unwürdigen, das Abstoßende neben dem Ekelerregenden, auf so wenigen Seiten so viele angebissene und zerkaute Brüste, eine solche Parade von Dämonen, Föten, Teufeln, Bleichsüchtigen, Katzen und Ungeziefer: »Das Buch ist ein Krankenhaus, offen für jeden Wahnsinn des Geistes und alle Fäulnisse des Herzens. Wenn diese dort wenigstens geheilt würden, sie sind jedoch unheilbar.«[40]

Der Artikel hatte unmittelbare Folgen. Am 7. Juli beauftragte das Büro für öffentliche Sicherheit im Innenministerium die Staatsanwaltschaft, Anklage zu erheben und alle Exemplare zu konfiszieren. Ein neuer Auftritt also für Ernest Pinard! Er eröffnete den Prozess wegen des Angriffs auf Gesetze zum Schutz von Religion und Moral. Baudelaire hatte, anders als Flaubert, keine gut vernetzten Fürsprecher. Er war allein, auch wenn von Guernsey aus Hugos donnernde Stimme die moralisierende Justiz als »weitere Krone« des Kaisers verhöhnte und der Dichter dem Dichter über den Ärmelkanal hinweg die Hand reichte. Aber wen kümmerte in diesen Zeiten, was Hugo von der Insel aus rief? Sollte er sich doch heiser schreien! Und was half es, dass er versuchte, Baudelaire mit dem Hinweis zu trösten, die Anklage sei eine der wenigen Auszeichnungen, die das Kaiserreich zu vergeben habe?[41]

Hugos Einsatz war moralische Hilfe, eine andere gab es nicht. Denn die Bohème, zu der Baudelaire sich zählte und gezählt wurde, galt nichts in der Öffentlichkeit, ihre Werke verkauften sich nicht. Dass die Bohemiens ihre Armut trotzig als eine Art Adelsprädikat vor sich hertrugen und den Erfolg verhöhnten, schadete ihnen nur. Baudelaire beschimpfte angesehene Schriftsteller als Spießer und George Sand als »Latrine«. Dass sich sogar Künstler in diese Schwätzerin, ja diese Besessene verliebten, zeige, wie tief die Männer in diesem Jahrhundert gesunken seien.[42]

Nun stand er allein vor Gericht. Die Strafkammer beschuldigte ihn, nicht einmal eine Schule zu vertreten, vielmehr komme der ganze Unrat aus ihm selbst. Sein Prinzip sei es, alles zu entblößen und die menschliche Natur bis in die intimsten Falten zu durchwühlen. Baudelaires junger Anwalt hatte beim Prozess gegen Flaubert assistiert, jetzt gelang es ihm jedoch nicht, einen Freispruch zu erwirken. Am 21. August wurden sechs erotische Gedichte der *Fleurs du Mal* verboten und der Autor zu 300 Francs, die beiden Herausgeber zu je 100 Francs Strafe verurteilt. Auguste Poulet-Malassis, der Hauptherausgeber, hatte 1848 auf den Barrikaden gestanden und wurde seitdem von den Sicherheitsorganen beobachtet. Seine satirische Zeitschrift *L'aimable Faubourien, journal de la canaille - vendu par la crapule et acheté par les honnêtes gens* hatte ihm eine Haftstrafe von sieben Monaten eingebracht.[43] Denn auch wenn er sich selbst ironisch als Kanaille oder Kanake bezeichnete, war das eine Provokation. Sie bewies, dass er zur gleichen renitenten Szene wie Baudelaire gehörte und sein Komplize war.

Die sechs Gedichte, die im Immoralismusprozess zensiert wurden, rühmen die todbringende Süße eines vampiresken Erdbeermundes, die auf Lesbos waltende sapphische Liebe und die »Kleinode« des weiblichen Körpers.[44] Sie sind in gelehrter Manier geschrieben und reich an Metaphern aus den klassischen Erotica. Die Richter verurteilten sie als Pornographie und legten ihnen die Verletzung des Schamgefühls, einen verstörend ausschweifenden und wollüstigen Ton und einen derben, unflätigen Realismus zur Last. Damit wurde »Realismus«, auch wenn der Begriff hier eklatant missverstanden wurde, zum Kampfbegriff einer Justiz, die in der Erbauung des Geistes und der Reinigung der Sitten die Aufgaben der Literatur sah.

Ganz glücklos war der Verteidiger freilich nicht. Denn insgesamt sind es, vor dem Hintergrund der feindseligen Anklage, erstaunlich wenige Gedichte, die dem Verbot zum Opfer fielen. Nicht einmal »Ein Aas« wurde zensiert.

In fast allen Gedichten der *Fleurs du Mal* überwiegt die Trauer über die Vulgarität des materiellen Fortschritts und den Niedergang der Seele. Nur erotische und rebellische Phantasien, exotische Parfums und die Schönheit der Form konnten den Dichter retten, nur die Vorstellungskraft lichtete noch den Anker. Denn Baudelaire reiste nicht mehr. Er durchlitt, wie »der König eines verregneten Landes, reich, aber machtlos, jung und doch sehr alt«, die Düsternis und die Schatten in der Stadt, die nun weltweit den Ruf der Lichterstadt hatte. »Ennui« und »Spleen« sind Schlüsselwörter der *Fleurs du Mal*, Chiffren für Melancholie, existentielle Langeweile, Verdruss und Weltekel: Der Himmel ist tief und schwer, der Tag schwarz, trauriger als die Nacht.[45] »Ténèbres« reimt auf »funèbres«, ganz so, als erklinge die Stimme des Dichters aus den Tiefen des Schatten- und Totenreiches. Doch selbst die frevlerischen Verse, in denen der Dichter Petrus zur Verleugnung Christi gratuliert, und die glühenden und traurigen Gedichte der »Tableaux parisiens« fanden zuletzt Gnade vor Gericht. Fasziniert sahen die Richter Gestalten, die ihnen in den eigenen *beaux quartiers* noch nie begegnet waren: Trinker, Mörder, Huren, Suchtkranke, Lumpensammler, Arme und Alte, die durch die Straßen der großen Stadt schleichen, wanken, taumeln, trotten und schlurfen. Manche von ihnen heben drohend die Faust und starren die Neugierigen herausfordernd an, andere senken den Blick und schämen sich, und wieder andere wenden sich ab oder schauen ins Leere.

Mit extravagantem Vokabular, mit fremdartigen, grotesken und pathetischen Bildern und der außerordentlichen Formstrenge seiner Verse zelebrierte Baudelaire das sinnliche Verlangen, die fleischliche Lust und die Faszinationskraft des Fernen, Abwegigen und Verdrängten. Er gab den Abgehängten und Modernitätsverlierern ein Gesicht und den marginalen und prekären Existenzen literarische Würde und Größe. Seit dem 15. Jahrhundert, seit den Gaunergedichten François Villons, hatte es keine solche unbotmäßige Dichtung gegeben.

Ernest Pinard wurde seiner Verdienste wegen 1858 zum Ritter der Ehrenlegion geschlagen, das Urteil gegen Baudelaire erst am 31. Mai 1949 aufgehoben. Der zensierte Teil der *Fleurs du Mal* wurde postum unter die verstreuten Gedichte mit dem schönen Namen *Épaves*, »Treibgut« aufgenommen.[46]

Drang der Lärm der Gerichte bis in den Palast? Äußerte sich die »Sphinx« zu den Geschehnissen? Der Immoralismusprozess gegen die Literatur war freilich auch ohne offizielle oder auch nur private Stellungnahme eine Demonstration der verlässlichen Allianz von Kaiserhaus und Altar. Und obwohl Napoleon III. keine Ahnung von Theologie, kaum religiöse Neigungen und stattdessen eine zweifelhafte persönliche Moral hatte, die weiterhin außereheliche »kleine Zerstreuungen« zuließ, sah die Kirche von Frankreich in ihm den Mann, den die göttliche Vorsehung geschickt hatte. Durch zahlreiche Konkordatsregeln war sie im Zweiten Kaiserreich wieder auf der Höhe ihrer Macht und ihres Reichtums, wie in den alten Zeiten vor der Französischen Revolution.

Umso erstaunlicher ist deshalb, dass die gottesfürchtige Eugénie, die ihren Mann immerhin dazu bewegen konnte, sie gelegentlich auf Pilgerreisen zu begleiten, dem liederlichen Baudelaire zu Hilfe kam. Am 6. November wandte sich Baudelaire von seiner Wohnung am Quai Voltaire 19 aus mit einem Brief an die Kaiserin. Er bat sie um Verzeihung dafür, ihre Zeit in Anspruch zu nehmen, zehn Tage lang habe er aus Unsicherheit und Schüchternheit gezögert, an ihre überaus huldreiche Güte zu appellieren. Aber er sei überzeugt, dass das Herz der Kaiserin Mitleid empfinde angesichts des von ihm durchlittenen geistigen und materiellen Kummers. Die angesetzte Geldbuße überschreite bei weitem die Möglichkeiten der »sprichwörtlichen Armut«, in der Dichter lebten. Baudelaire verabschiedete sich mit dem Ausdruck »tiefen Respekts« von »Ihrer Majestät« und unterzeichnete als »sehr ergebener und sehr gehorsamer Diener und Untertan«.[47]

Wieviel Selbstüberwindung mag ihn dieser Brief gekostet haben? Die Krise aber lastete so schwer, dass er über seinen Schatten springen musste. Und er hatte Erfolg: Eugénie setzte sich bei Gericht für ihn ein, gegen den Willen des Innenministers Adolphe Billault, der 1852 als damaliger Präsident der verfassunggebenden Versammlung den Sieger des Plebizits und künftigen Kaiser als Erster offiziell mit »Sire« angeredet und sich damit Autorität erworben hatte. Die Kaiserin jedoch ließ sich nicht beirren. Dank ihrer Intervention belief sich Baudelaires Strafe am Ende nur noch auf 50 Francs.

Immer schneller, immer größer, immer mehr

Das Zweite Kaiserreich zeigte 1857 seine Krallen. Während die Künstler sich duckten oder aufbegehrten, gingen der Umbau der Hauptstadt und die Schaffung neuer, eleganter und repräsentativer Schauplätze zügig voran. Architektur war das, was sie selbst in unspektakuläreren Zeiten ist: Symbolpolitik. Am 26. April wurde im Bois de Boulogne auf den alten Grundmauern der Abtei Longchamp eine Pferderennbahn eröffnet. Hier wie überall galt es, auf das schnellste Pferd zu setzen. Oder es im Stall zu haben. Longchamp wurde ein mondäner und halbmondäner Treffpunkt für alle, die sehen und gesehen werden wollten. Eleganz, Geschmeidigkeit und Geschwindigkeit dominierten das Ambiente, Maler und Fotografen wetteiferten um die besten Darstellungen der Rennen. Von der Tribüne aus feuerten Damen in Sommergarderobe, mit Sonnenschirmen, extravaganten Hüten und Lorgnons die schneidigen Jockeys an. Die Hufe wirbelten Sand auf, das Auge konnte dem schnellen Galopp kaum folgen, die Konturen verschwammen. Am Ende aber konnte es nur einen Sieger geben.

1863 wurde erstmals der Große Preis von Paris, das weltweit höchstdotierte Pferderennen, ausgerichtet. Das Wettfieber brach aus, das erste Siegerpferd hieß »Éclaireur«, also »Aufklärer«, »militärischer Kundschafter«. Tatsächlich sollte das vornehme Longchamp in den nachfolgenden Kriegen als Unterkunft für Nutztiere dienen und mehrfach zerstört werden. 2018 wurde es noch einmal neu eröffnet. Architekt war Dominique Perrault, dem Paris auch die Neue Nationalbibliothek verdankt. Sie gehört zu den großen Projekten Präsident Mitterrands, der lange plante, ein Buch über Napoleon III. zu schreiben. Dazu ist es nicht gekommen.

Fortschritt, Luxus, Vergnügen und Kunst. Auf diesen Feldern hatte sich Paris seit der Weltausstellung als weltweit führend gezeigt. Und wo es schon so viel zu sehen und bestaunen gab, sollte es noch mehr geben. Am 14. August 1857, dem Vorabend der alljährlichen »Fête Napoléon«, eröffnete das Kaiserpaar die Gebäude des neuen Louvre. Napoleon III. zeigte sich glücklich über die Vollendung dieses gewaltigen, 300 Jahre währenden Projekts, das schon Heinrich IV. ins Auge gefasst hatte. Es verband den alten Louvre mit den Tuilerien, gab den Blick auf die Seine frei und lud mit seinen Gärten zum Lustwandeln ein. Das war die *Cité impériale*, die neue Kaiserstadt im Herzen von Paris. Das Viertel um den kleinen Triumphbogen des »Carrousel« war eingerissen und zu einer weitläufigen Esplanade umgebaut worden.

Mit dem Bau des neuen Louvre war der Architekt Louis Visconti beauftragt worden, der das Grabmal Napoleons I. im Invalidendom und prachtvolle Plätze der Hauptstadt, darunter die Place des Victoires, gestaltet hatte. Als er 1853 starb, wurden seine klassizistischen Pläne von Hector Lefuel ausgeführt und zugleich in freier Manier abgewandelt und pompös dekoriert. Der neue Louvre wurde zum Inbegriff des *style Napoléon III*.

Nicht alle Zeitgenossen fanden ihn so herrlich wie der Kaiser selbst. Der Choreograph und Historiker des französischen Adels, Imbert de Saint-Amand, aber notierte, in Rom habe man nicht einmal zur Zeit der Cäsaren ein solches Gebäude gesehen.[48] Der neue zentrale Innenhof bekam den Namen *Cour Napoléon*. Er wurde mit zahlreichen Skulpturen und die umliegenden Gebäude mit kapriziösen Kapitellen, Girlanden, Voluten, Karyatiden und Trophäen ausgeschmückt. Alles war hier und überall vielleicht ein wenig *too much*, der Geschmack fragwürdig, aber darüber ließ sich wie immer streiten. Ein Nebeneffekt jedoch überzeugte selbst Kritiker: Es gab Aufträge in Hülle und Fülle für Ateliers und Werkstätten – einen solchen Bau- und Dekorationsboom hatte man nie erlebt. Die Flügel des Louvre erhielten die Namen großer Persönlichkeiten der Frühen Neuzeit, der Denon-Flügel hingegen, mit der Galerie der italienischen Malerei und dem Konterfei Napoleons III. am Frontgiebel, erinnert an den Sammler und Gelehrten Dominique-Vivant Denon. Dieser hatte Napoleon I. nach Ägypten begleitet, Kunstschätze für ihn gesichtet, die Pyramiden gezeichnet und durch gezielte Akquise und Beschlagnahmungen dafür gesorgt, dass Paris zur Kunsthauptstadt Europas und zum »neuen Rom« wurde. Heute bezeichnet man diese Mitbringsel als das, was sie oft waren: »Beutekunst«.

Wie so viele andere Viertel im Zentrum der Hauptstadt verschwand das Carrousel-Viertel mit der Haussmannisierung vom Erdboden. Spuren davon wurden freigelegt, als Präsident Mitterrand der *Cour Napoléon* mit den gläsernen Pyramiden noch einmal ein neues Gesicht verlieh. Am Abend seines Wahlsieges, dem 7. Mai 2017, durchschritt dann Emmanuel Macron den Innenhof, allein, ernst und schweigsam, wie einer Etikette früherer Zeiten folgend. So hatte es vor ihm auch Mitterrand getan. Ein bisschen Napoleon steckt in jedem französischen Präsidenten.

Am 18. August, nach dem Ende aller Feierlichkeiten zur Eröffnung des neuen Louvre und der *Cité impériale*, traf das Kaiserpaar zur alljährlichen Sommerfrische in der Villa Eugénie in Biarritz ein. Bei den Strandspaziergängen wurde es von den baskischen Fischern mit der gebotenen Diskretion und Ehrerbietung gegrüßt. Die Stimmung war entspannt, zumal vorgezogene Neuwahlen im Juni die Regierung gefestigt und ein diplomatisches und privates Treffen mit Queen Victoria und Prinz Albert auf der Isle of Wight das wechselseitige Vertrauen angenehm bestätigt hatten. Die Queen und der Kaiser waren sich einig über Zuständigkeitsbereiche in Osteuropa und gemeinsame Projekte in Südostasien. Auf der Agenda stand jedoch weiterhin auch Europa, vor allem Italien. Gerade hatte Plon-Plon beherzt den ersten Spatenstich für einen Eisenbahntunnel durch den Mont Cenis nach Piemont gesetzt. Im September besuchte der Kaiser zusammen mit Zar Alexander II. das Volksfest und die Landwirtschaftsausstellung auf dem Cannstatter Wasen. Eigentlich ging es nicht um Bullen und Kühe, sondern um die Zusicherung Russlands, neutral zu bleiben, sollte es in Italien zum Krieg kommen – womit zu rechnen war. Keines der großen Projekte – Paris, Europa, Afrika und die Welt – erlaubte Rast oder gar Stillstand.

Paris arbeitete auch in diesem Jahr bei Tag und Nacht. Am 26. Oktober eröffneten die ersten Pavillons der neuen Markthallen. Ihre Bauweise war luftig und anmutig, aus Eisen und Glas, wie lauter Baldachine aus transparenten Regenschirmen. Sie waren getrennt durch eine Avenue und verbunden durch Gassen, in denen Lebensmittel, Händler, Lastenträger, Käufer und Köchinnen ohne Unterlass zirkulierten und Straßenkinder und Straßenhunde genug Essbares zum Überleben fanden.

Die Markthallen auf der großen, erweiterten Ost-West-Achse erwachten vor dem Morgengrauen und boten sich, wie einem Traum entstiegen, dem Auge dar. Bald wurden sie zum »Bauch von Paris«, Umschlagplatz und Metapher gefräßigen Handels und umfänglicher Völlerei eines ganzen Volkes. Hier begegneten sich die Fetten und die Mageren, die Satten und die Hungrigen. In Zolas Roman *Le Ventre de Paris* erscheinen die Markthallen als ein Mikrokosmos sinnlicher Exzesse, in dem sich betäubender Lärm, üppige Farben und Formen mit süßen, strengen und atemberaubenden Gerüchen vermischen und die ganze Fülle an Früchten, Fleisch, Blut, Butter, Käse, Krustentieren, alle Gaben der Erde und des Meeres ausgebreitet sind. Hier türmen sich farbenprächtige Gebirge aus Wirsing, Kohlköpfen, Kürbissen und Tomaten auf, dort glänzen Schweinsfüße neben bleichen Weißwürsten und schwarzen Blutwürsten, leuchten gefüllte Zungen, mächtige Schinken und glacierte Kalbsfilets neben Pasteten in silbrigen Folien. Selten zuvor ließ ein Text den Schmelz und Schimmel von Käselaiben und -rinden in dieser Intensität erahnen, während Wild und Geflügel als pathetische Figuren von *natures mortes*, von Stillleben, inszeniert sind und die Schuppen von Fischen wie irisierende Nuancen eines impressionistischen Bildes oder Pastelltöne eines Aquarells schimmern.

Ein Jahrhundert später sollte der neue Großmarkt im Süden von

Paris eröffnen, der gewaltigste Großmarkt der Welt, auch er eine Arena für Überlebenskünstler.[49] Da waren die Hallen des Zweiten Kaiserreichs längst abgerissen und Hunderte von Geschäften bis in die vierte unterirdische Etage, in den Bauch der Erde gebaut worden. Wer sie um die Jahrtausendwende besuchte, wühlte sich in die Eingeweide des Turbokonsums und erlebte die Tristesse eines billigen Shoppingareals, bevor auch dieses zerstört, alles neu gebaut und 2016 wieder eröffnet wurde. Immer rumort es im Bauch von Paris, immer wieder öffnet er sich.

Immer weiter

Immer weiter griff unterdessen die Expansion auf Afrika, Südamerika und Südostasien aus. Das koloniale *Take-off* kannte keine Grenzen mehr. Neben Tunesien, Algerien und Marokko standen nun auch Länder West- und Zentralafrikas sowie Südostasiens auf der Agenda. Am 24. Juni 1857 eroberte die französische Armee die Bergfestung Icheriden im Norden Algeriens. 4000 Kabylen der dort lebenden Berberstämme leisteten Widerstand. Scheich Haddad ergab sich zusammen mit seinen Söhnen am 13. Juli, rief jedoch zur lebenslangen Rebellion gegen die Invasoren auf. Doch diese drangen immer weiter in die Weiten des afrikanischen Kontinents vor. Am 21. Juli 1857 unterzeichnete Napoleon III. ein Dekret zum Aufbau von Einheiten senegalesischer Infanteristen. Während die französischen Soldaten häufig von Schwarzfieber und Malaria heimgesucht wurden, schienen die Senegalesen weniger anfällig für Tropenkrankheiten, gegen die es weder Impfungen noch Heilmittel gab. In fescher Uniform traten sie in den Dienst des Mutterlandes Frankreich, *la mère patrie*. Erst kämpften sie, zumeist an vorderster Front, bei Eroberungen in Westafrika, dann 1870 im Deutsch-Französischen Krieg, anschließend in den Welt- und Kolonialkriegen des 20. Jahrhunderts, zuletzt in Vietnam. Am Ende wurden sie, behängt mit

Medaillen, wieder nach Dakar geschickt, nach Hause. Sie bildeten das erste Kontingent der französischen Kolonialarmee und lieferten ein Kapitel in der großen Erzählung der immer größer werdenden Nation und ihrer Integrationskraft, drei Farben einer Flagge, ein Empire. Ein Jahrhundert später sollte Roland Barthes mit der Analyse eines Titelbildes der Illustrierten *Paris Match* den imperialistischen Kern der *grande nation* freilegen. Das Cover zeigt einen sehr jungen Afrikaner in französischer Uniform. Er salutiert vor der Trikolore.[50]

Afrika war nicht die Endstation der französischen Expansion, kein Weg war zu weit, kein Ozean zu groß. Am 19. September 1857 brach das erste Dampfpostschiff des kaiserlichen Nachrichtendienstes in Richtung Südamerika auf, gleichzeitig erließ der Kaiser ein großes Flottenprogramm für die Weltmeere. In Südostasien war Frankreich längst ein Verbündeter des British Empire, das über die Ostindien-Kompanie den Drogenhandel von Indien bis in den Fernen Osten steuerte und die Einheimischen mit Opium versorgte: eine tückische Waffe im Ringen um das Monopol über die Luxusgüter Tee, Seide und Porzellan, die strengen Ausfuhrbedingungen unterlagen.

Nach chinesischen Protesten gegen ökonomische und juristische Privilegien westlicher Staaten durch die »ungleichen Verträge« nach dem Ersten Opiumkrieg 1842, nahmen englische und französische Kanonenschiffe am 29. Dezember 1857 den Hafen von Kanton ein. An den Weihnachtstagen hatten Kundschafter die Region durchkämmt und entscheidende Hinweise gegeben. Die chinesischen Boote und die Krieger, die sich in den Befestigungsanlagen verschanzten, waren hilflos gegen die Invasion der *Furious*, der *Audacieuse* und der vielen anderen Schiffe mit furchtgebietenden Namen. Der Himmel brannte und das Wasser zischte, wenn ein Funkenregen niederging und Granatsplitter aufschlugen. Und die Fischer in ihren Dschunken sahen solch gewaltige Maschinen und Flammenmeere, wie kein Rausch sie ihnen je vorgegaukelt hatte, obwohl das Opium jede Form verfremdete, den Raum anschwellen ließ und die Zeit ins Unendliche dehnte, gerade so, als seien in einer einzigen Nacht 100 oder 1000 Jahre dahingegangen.

10 000 Kilometer von diesem Grauen entfernt setzte Baudelaire sich gerade an die Übersetzung der *Confessions of an English Opium-Eater* von Thomas de Quincey. Er wusste, dass Schlafmohn und Laudanum trösten und Schmerzen lindern, Flügel verleihen und ungeahnte Welten erschließen, und dass sie am Ende doch Elend bringen, Körper und Geist zerrütten wie eine schwere Krankheit.[51]

Und während Chinoiserien wie die Operette *Ba-ta-clan* die westlichen Hauptstädte entzückten oder amüsierten, beschlagnahmten die Europäer das bislang gegen die westliche Moderne abgeschottete Großreich. 1858 wurden zahlreiche Häfen für England, Frankreich, Russland und die USA geöffnet, die Freiheit der Religion und des Opiumhandels, und das Missionsrecht erklärt. Der Krieg endete zwei Jahre später, nachdem in Peking der Sommerpalast des Kaisers durch ein britisch-französisches Corps geplündert und in Brand gesetzt worden war. Als Hugo, der Chinoiserien liebte und sammelte, die triumphierende Botschaft des Kommandanten Butler erhielt, schrieb er ihm zurück, zwei Banditen hätten das Weltwunder des Orients vernichtet: England und Frankreich. Beide glaubten, die Zivilisation gegen die Barbarei zu vertreten, und das sei nun das Ergebnis, die Zerstörung eines Märchens.[52]

Als das Jahr 1857 zu Ende ging, waren alle Flaggen gehisst und die Linien und Verkehrswege des imperialistischen Zeitalters gezogen. Frankreich war neben England der Hauptakteur, und wie diese beiden mächtigen Empires wurden auch Deutschland, Italien und das kleine Belgien, das so manchem französischen Flüchtling Asyl gewährt hatte, vom Kolonialfieber erfasst.

1858

Terror und Spiel

1858 war ein Jahr der Extreme. Das galt für Wetter, Politik und Stimmungen gleichermaßen. In Paris begann das Jahr unheilvoll mit einem Todesfall und einer Explosion. Schon das vorangegangene Jahr hatte bedrohlich begonnen: Am 3. Januar wurde der Pariser Erzbischof, der das Kaiserpaar getraut hatte, vor den Augen unzähliger Gottesdienstbesucher erstochen. Der Angreifer, ein suspendierter Priester, rief: »Nieder mit der Göttin!« Am 30. Januar wurde er hingerichtet. 1858 aber wurde das Jahr der »eisernen Faust«, der verschärften Pressezensur, der Sicherheitsdebatten und Notstandsgesetze. Die Regierung zog die Daumenschrauben an, Misstrauen zersetzte das Land. Paris kam nicht zur Ruhe und bot reihenweise Spektakel, traurige, finstere und prunkvolle.

Am 3. Januar, genau ein Jahr nach dem Mord in der Kirche, starb im Alter von nur 36 Jahren Rachel Félix, die große Tragödin der französischen Bühne, die verehrte Galionsfigur des Zweiten Kaiserreichs und ein Vorbild der noch berühmteren Diva Sarah Bernhardt. Diese war noch ein Kind, als Rachel im Oktober 1852 die Wahlkampfrede »L'Empire, c'est la paix« mit ihrem Auftritt als Muse der Geschichte und der Rezitation der gleichnamigen Ode in der Comédie-Française glamourös zelebrierte. Rachel war zu diesem Zeitpunkt auf dem Höhepunkt einer spektakulären Karriere, die sie selbst für ein Wunder hielt. Ihre Kindheit hatte sie in äußerster Armut verbracht, oft ohne festen Wohnsitz, doch wie ihre Geschwister war sie attraktiv und begabt. Sie alle strebten zum Theater, nur Rachel wurde berühmt. Schon vor 1840 brillierte sie in großen Rollen und stieg zum Star am Pariser Theaterhimmel auf. Ihr Liebesleben bot reichlich Stoff für den Tratsch der frühen Boulevardpresse und nach ihrem frühen Tod auch für Romane. Sie war zudem ein Exportschlager, stand auf den Bühnen großer Theaterhäuser in Hamburg, Berlin und München, trat an den Höfen in Potsdam, London, Wien und St. Petersburg auf und unternahm Tourneen bis in die USA und nach Kuba. Vierzig Vorstellungen gab sie allein in New York, Boston und Philadelphia, wo das Publikum ihr klassisches Repertoire mit den hohen Versen zwar nicht verstand, aber als kulturelles Highlight des alten Kontinents *amazing* fand und Gipsbüsten der Diva erstand. Der preußische König Friedrich Wilhelm IV. ließ auf der Pfaueninsel eine Statue von ihr errichten, die 1935 von den Nationalsozialisten zerstört werden sollte, nach ihrem Auftritt am Hofe Nikolaus I. wurden im Zarenreich Parfums nach ihr benannt. 1856 musste sie sich, nach einer Ägyptenreise, aus der Öffentlichkeit zurückziehen. Nun war sie an der »Schwindsucht« gestorben. Ein Klischee und ein beliebtes Thema vieler Romane des 19. Jahrhunderts – von Balzacs *Splendeurs et misères des courtisanes* über Alexandre Dumas' d. J. *La Dame aux camélias* bis zu Murgers Kultroman der Bohème – war doch auch bittere Realität. Viele Menschen, auch Künstlerinnen, starben an dieser Krankheit.

Rachels Tod war das erste Medienereignis des neuen Jahres. Telegraphische Depeschen hatten bereits einige Stunden zu früh vom Ableben der Schauspielerin berichtet, da hatte sie nur das Bewusstsein verloren. Es wurde auch kolportiert, sie habe im Sterben ein Lächeln auf den Lippen gehabt. Immer mehr Geschichten über die letzten Stunden verbreiteten sich wie ein Lauffeuer, einige gab die geschäftstüchtige Familie der Verstorbenen selbst in Auftrag. Und da es noch keine Tweets gab, wurden Telegramme verschickt. Rachels Tod war das Tagesgespräch in Theatern und Salons, in Cafés und auf der Straße. Alle Zeitungen druckten feierliche Nachrufe. Der *Figaro* lieferte ein Special, das der Herausgeber in Erwartung des Todes, wie die neugierigen und schwatzhaften Goncourts wussten, seit zwei Monaten auf Abruf in der Schublade aufbewahrte. Die Sonderausgabe enthielt Anekdoten, ein Autograph der Schauspielerin, außerdem fünfzig unveröffentlichte, teils äußerst pikante Briefe. Im *Moniteur universel* schrieb Gautier, die schreckliche, elektrisch übermittelte Nachricht sei wie ein Blitz eingeschlagen. Er rechnete mit den üblichen Nachrufen und beklagte, dass sich die verstorbene Künstlerin, die die größten Verse der französischen Literatur gesprochen hatte, nun mit der banalen Prosa des Feuilletons zufriedengeben musste.

Rachel selbst hatte einige Jahre zuvor in einem Brief geschrieben, es sei eine gute Zeit zum Sterben, eine rühmende Leichenrede sei ihr sicher; für die Zeitungen sei ohnehin jeder Dahinscheidende ein Ausnahmemensch.[1] Wie so viele Künstler wurde sie auf dem Père-Lachaise, im jüdischen Bereich, 7. Abteilung, beerdigt. Zehntausende kamen zum Begräbnis, das der Große Rabbiner von Paris am 11. Januar vornahm. Schon wieder trug Paris öffentlich Trauer, wieder gab es, wie im Falle Bérangers, ein *enterrement chic*, das die mondäne und halbmondäne Welt so liebte. Und wieder zog es Massen von Neugierigen an und solche, die einfach weinen wollten.

Flaubert hasste Tränen und Rührseligkeiten. Da er außerdem die Grippe hatte und an seiner Berühmtheit bastelte, äußerte er sich nicht, zumindest nicht direkt. Dabei hatte er die *grande tragédienne* in früheren Jahren oft auf der Bühne erlebt. Sie war erschienen als römische Kaisergattin, antike Muse und als delphische Prophetin, die bebte, wenn ein Gott durch ihren Mund zu den Menschen sprach. Das waren magische Momente, dann klopfte sein Herz so stark, als wollte es aus der Brust springen. Jahre später heißt es im *Lexikon der Gemeinplätze*:

> »Schauspielerinnen. Ruin der Söhne aus guten Familien. – Sind erschreckend lüstern und feiern Orgien. Verschlucken Millionen (und enden im Hospital). – Entschuldigung! Es gibt auch solche, die gute Mütter sind!«[2]

George Sand hielt sich die meiste Zeit in Nohant auf. Der Jahresbeginn war für die Region ungewöhnlich kalt, und die frostige Landschaft schien von einem friedlichen und geselligen Winterbild Alter Meister abgeschaut. Sie erfreute sich daran, Hunde, Ziegen und Kinder über die zugefrorenen Flüsse laufen zu sehen, und bangte um die leichtsinnigen Jungs, die mit den Stiefelabsätzen ins Eis stießen, um es knacken und krachen zu hören. Zum Begräbnis der Schauspielerin nach Paris zu fahren, dazu fühlte sie sich nicht verpflichtet, und war doch in Gedanken auf dem Père-Lachaise. Persönlich vermisste sie Rachel keineswegs. Sie hatte nicht vergessen, dass die Schauspielerin ein Verhältnis mit dem Dichter Musset hatte, nachdem ihre eigene Beziehung mit ihm gescheitert war. Sie war zwar keine direkte Rivalin gewesen, aber es blieb die kränkende Bemerkung des gemeinsamen Liebhabers, die Taille von Mademoiselle Rachel habe den Umfang des Arms von Mademoiselle George. Davon abgesehen hatte Rachels Privatleben hinter den Kulissen ihr generell nicht gefallen, auch hatte sie wenig Lust verspürt, sie häufig auf der Bühne zu sehen. Trotzdem erkannte sie an, dass sie im Rampenlicht eine Priesterin und Göttin gewesen war, und würdigte, dass sie den Menschen die Höhen des Daseins, das Schöne und Gute gezeigt hatte. Das war umso mehr ein Verdienst, als die Menschheit zu dieser Zeit in die Kloaken hinabzusteigen drohte.[3]

Die Brüder Goncourt hatten kein Problem damit, sich über die gute Sitte des respektvollen Totengedenkens hinwegzusetzen. Das Grab war noch leer, als sie im *Journal* vom 10. Januar lästerten und eine Anekdote erzählten: Bei der Frage nach israelitischen Todesriten hatten sie vom jüdischen Bankier Bischoffsheim, einem der Liebhaber Rachels, erfahren, dass den Verstorbenen der letzte Kurs der Börse auf den Bauch gelegt werde und sie ihn beim Aufwachen am Jüngsten Tag herausschreien würden.[4] Der eklatante Antisemitismus dieser Anekdote störte im 19. Jahrhundert niemanden. Im Gegenteil, er war im Bürgertum und in Künstlerkreisen üblich und salonfähig. Ein Judenwitz war immer ein guter Witz. Kritiker hatten der Diva ohnehin immer unterstellt, ihren Ruhm nur dem Einfluss reicher Israeliten zu verdanken.[5]

Rachel hatte an beiden Enden gebrannt. Sie war aus dem Elend des Prekariats emporgestiegen und leuchtete viele Jahre als Star am internationalen Theaterhimmel. Das allein trug zur Mythenbildung bei. Kurz vor ihrem Tod schrieb sie an ihren Freund und Förderer Arsène Houssaye: »Ich habe gierig, als Naschkatze, leben wollen. In wenigen Jahren habe ich meine Tage und meine Nächte aufgezehrt. Alles in allem ist damit genau so viel geleistet worden. Lasst mir schnell ein Loch auf dem Père-Lachaise machen und grabt mir ein Loch in Eurem Gedächtnis«[6].

Zu ihren Lebzeiten wurde Rachel Félix so oft abgebildet wie keine andere Künstlerin zuvor. Gérôme malte sie, Nadar fotografierte sie, und obwohl sie in ihren klassischen Rollen auf der Bühne so entrückt schien, war sie von dieser Welt und überaus modern. Noch auf dem Totenbett ließ ihre Schwester Sarah sie zweimal fotografieren. Eines der beiden Bilder diente Friederike O'Connell, die aus Potsdam an den Fuß des Montmartre gekommen war, als Vorlage für eine Kohlezeichnung. Diese zeigt einen schönen, romantisierten Tod, wurde in Zeitungen veröffentlicht, in der bekannten Galerie Goupil & Cie. präsentiert, massenhaft kopiert und als Gedenkbildchen verteilt.[7] Im stets voyeuristischen und erregten Paris fand es reißenden Absatz, ebenso wie Schmuck und Kleider Rachels, die zunächst einer amerikanischen Lotterie versprochen waren und nun als Fetische in Paris verhökert wurden. Obwohl die Familie stets das grelle Licht und das Medienecho suchte, wurde ihr der Rummel um das Totenbild am Ende zu viel. Sie erhob Anklage und forderte das Recht auf das Bild. Tatsächlich wurden daraufhin Fotos und Zeichnungen der Verstorbenen aus dem Verkehr gezogen. Es war ein Grundsatzurteil im Bereich der Bildrechte und der Rechte am eigenen Bild.

Attentate

Drei Tage nach der Beerdigung Rachels war Paris erneut in Aufruhr. Denn am Abend des 14. Januar entging das Kaiserpaar nur knapp einem Anschlag, als es zur Abschiedsgala des Baritons Eugène Massol in der alten Oper Le Peletier erwartet wurde. Auf dem Programm standen Ausschnitte aus Rossinis Oper *Wilhelm Tell* und Donizettis *Maria Stuart*, patriotische Stoffe und Freiheitshymnen. Es herrschte schönes Winterwetter, der Himmel war sternenklar. Wie immer, wenn es nicht in Strömen regnete, vergnügten sich Nachtschwärmer auf den Boulevards, Scharen von Zuschauern eilten zu Aufführungen auf den Bühnen der Hauptstadt. Als die Hofkarosse mit der Eskorte gegen halb neun vor der alten Oper nahe der Passage de l'Opéra[8] eintraf, erschütterten drei im Sekundentakt aufeinander folgende Explosionen den Vorplatz. Eines der beiden Pferde stieg hoch und stürzte tot zu Boden, das andere schlug aus und schleuderte die Kutsche gegen das Gebäude. Die Wucht der Detonationen war so groß, dass das Glasdach über dem Eingang der Oper und die Fenster der umliegenden Häuser zersplitterten und die Flammen der Gaslaternen erloschen. In der plötzlichen Dunkelheit brach Panik aus, die Menschen schrien auf, stoben in alle Richtungen auseinander oder stürzten über die am Boden liegenden Körper.

156 Männer, Frauen und Kinder wurden verletzt, acht getötet. Napoleon III. und seine Gemahlin überlebten wie durch ein Wunder. Die berstenden Wagenfenster hatten sie nur leicht verletzt, der Hut des Kaisers war von Bombensplittern durchsiebt, das weiße Kleid der Kaiserin mit dem Blut des Generals Roguet bespritzt, der vor ihr aus der Kutsche steigen wollte und getroffen worden war. Geistesgegenwärtig und mit der Autorität seines Amtes versuchte Napoleon III., in dem ganzen Chaos Befehle zu erteilen und Ordnung zu schaffen, während Eugénie zu den Verletzten eilte. Das mochte ein natürlicher Impuls sein, war aber zugleich ein Rollenverhalten, das den Menschen und Medien gefiel. Erneut zeigte sich die junge Kaiserin als Samariterin.

Trotz der Ausnahmesituation, trotz des Schocks ließ sich das Kaiserpaar von den Begleitern überreden, vor das verängstigte und in den Samtpolstern erstarrte Opernpublikum zu treten. Als beide den Saal betraten, der Kaiser gefasst, die Kaiserin lächelnd, brach Jubel aus, die Zuschauer huldigten der Vorsehung, die sie gerettet hatte, und das Orchester spielte die bonapartistische Hymne *Partant pour la Syrie*. Es war ein pathetischer Auftritt, der den eigentlichen Helden des Abendprogramms, Wilhelm Tell und Maria Stuart, komplett die Show stahl.

Noch während der Aufführung suchten der Innenminister Billault und der Polizeipräfekt Pierre Marie Pietri den Kaiser in seiner Loge auf. Sie wurden frostig empfangen, weil sie ganz offenbar nicht vorausgesehen hatten, was vorauszusehen war. Schon kurz vor dem Attentat hatte die Polizei einen Mann mit dem Namen Andrea Pieri gefasst, der sich auffällig benommen und tatsächlich in seinen Kleidern eine Bombe und einen Revolver versteckt hatte. Journalisten und Drucker mussten sich am nächsten Tag höllisch konzentrieren, um in den Berichten die Namen des mutmaßlichen Täters und des Polizeipräfekten nicht zu verwechseln, schließlich unterschieden sich die Namen Pierre, Pietri und Pieri nur minimal. Von der Festnahme ihres Komplizen hatten sich die restlichen Attentäter nicht beirren lassen. Der gefasste Pieri aber war eingeschüchtert oder ohnehin ein unsicherer Kandidat, jedenfalls verriet er den Haupttäter: Graf Felice Orsini.[9]

Orsini wurde wenige Stunden später zwei Kilometer vom Tatort entfernt in einer Wohnung der Rue du Mont-Thabor 10, ganz in der Nähe der Tuilerien, gefasst. Er hatte sich bei der Zündung der Bombe selbst verletzt, wurde im allgemeinen Durcheinander zu den Opfern gezählt und in einer nahegelegenen Apotheke ärztlich versorgt. Dann reichte ein freundlicher Kunde dem Verwundeten den Arm und begleitete ihn zu einer Kutsche, die ihn nach Hause brachte. Orsini wähnte sich in Sicherheit und legte sich schlafen. Das alles war gekonntes Improvisationstheater. Die Geschichte jedoch, er sei ein englischer Bierhändler auf der Durchreise, glaubte ihm keiner der

Polizisten, die ihn stellten. Gewiss ist: Es war ein Winterabend für Geschichten, Legenden und falsche Identitäten. Und Napoleon III., aufgewühlt wie er war, fasste noch in derselben Nacht den Plan zum Bau einer neuen Oper, die ihn überdauern sollte.

Das Attentat vom 14. Januar 1858 war nicht der erste Anschlag auf den Kaiser. Die ständige Bedrohung hatte längst Konsequenzen für das alltägliche Leben in der Hauptstadt, und, da Napoleon III. so mobil war, für die Sicherheitsvorkehrungen im ganzen Land. Immer wieder wurden Personen observiert und in Verwahrung genommen, die vermeintlich oder tatsächlich in den Tuilerien, auf den Champs-Élysées oder im Bois de Boulogne die Gewohnheiten des Kaisers ausspionierten.

Im Juni 1853, im September 1854 und im April 1855 hatte es mehrere Anschlagsversuche gegeben, zuerst in der Nähe des Longchamp-Geländes, dann auf der Bahnstrecke zwischen Calais und Tournai, die der Kaiserzug mit seinen acht Waggons passierte, anschließend auf den Champs-Élysées. Ein Italiener namens Pianori gab aus einer Pistole mehrere Schüsse auf Napoleon III. ab, wurde daraufhin von einem Leibgardisten überwältigt und mit einem Stilett verletzt. Glaubt man Maxime du Camps *Souvenirs*, lenkte der Kaiser sein Pferd mit einem beherzten Schwenk in die Mitte der aufgebrachten Menschenansammlung und rief seinem Wächter zu: »Ich verbiete Ihnen, ihn zu verletzen.« Alle diese Angriffe auf den Kaiser waren ohne gravierende Folgen geblieben. Am 14. Januar 1858 war es anders, auch wenn Napoleon III. selbst nicht getroffen wurde. Die hohe Zahl der Opfer war bestürzend und beispiellos.

Der Attentäter Felice Orsini trug den Namen einer der berühmtesten römischen Adelsfamilien, die in der Renaissance mehrere Päpste hervorgebracht hatte und ihre echten oder auch mythischen Ursprünge bis auf das Geschlecht Julius Cäsars zurückführte. Dass ausgerechnet ein junger Mann dieses Namens ein Attentat auf den neuen Cäsar verübte, war schon interessant genug. Der folgende Prozess jedoch versprach, spektakulär zu werden. Jetzt ging es um alles, die Ruhe im Land und das Schicksal des Aufbruchs in die

Moderne. Wie sicher konnten sich die Bürger noch im öffentlichen Raum fühlen, wenn einzelne Gefährder so viele Menschen töten und verletzen konnten und politische Probleme anderer Länder auf französischem Boden ausgetragen wurden? Es waren dies vor allem, das zeigten die Namen der Verdächtigen, Probleme Italiens. Felice Orsini wurde 1819 geboren, hatte Priester werden sollen und war Jurist geworden. Er stand den Freimaurern und der Bewegung *Giovine Italia* nahe, die im Zuge des Risorgimento für die Unabhängigkeit und Einheit Italiens kämpfte. Die Halbinsel war noch immer in Kleinstaaterei und Fremdherrschaft gefangen, das Königreich beider Sizilien unterstand seit dem Wiener Kongress den spanischen Bourbonen, die Lombardei und große Teile Norditaliens waren vom Habsburgerreich annektiert, der Kirchenstaat stand zwischen allen Mächten und war selbst übermächtig. Daneben existierten kleine autokratische Fürsten- und Herzogtümer wie Parma, Lucca und Modena. Von Turin aus regierte Vittorio Emanuele II das Königreich Sardinien, das die Regionen Piemont, Ligurien, Savoyen und die Grafschaft Nizza einschloss.[10]

Der Name Bonaparte hatte in den Ohren Orsinis und seiner Gefährten einen guten Klang. Denn die Armee Napoleons I. hatte am 10. Mai 1796 die österreichischen Truppen in der entscheidenden Schlacht bei Lodi besiegt, der junge Feldherr war seinen Soldaten über die Adda vorangestürmt. Fünf Tage später konnte er in Mailand einziehen, unter dem Jubel der Bevölkerung, die ihm wie einem neuen Heiland huldigte.

Es waren große historische Ereignisse und ein großer Stoff für Literatur. Alessandro Manzonis Roman *I Promessi Sposi*, der von Goethe gelobt wurde und in Italien als Nationalroman gilt, beginnt am Lauf der Adda. Der französische Roman *La Chartreuse de Parme*, den der italophile Stendhal mit kreativem Überschwang in nur 52 Tagen verfasste, setzt mit dem Enthusiasmus ein, den die Jugend Italiens dem Eroberer und Befreier bei seinem Adventus in Mailand entgegenbrachte. Niemand ahnte damals, dass der junge General und spätere Kaiser in den Folgejahren ganz Europa in ein

Schlachtfeld verwandeln würde, ohne Italien befreit zu haben. Jetzt, sechzig Jahre später, nachdem Europa zuerst beim Wiener Kongress und zuletzt mit dem Frieden von Paris neu geordnet worden war und Italien noch immer nicht frei und geeint war, erschien dieser historische Moment den italienischen Patrioten und Revolutionären als ein Erbe, das den Neffen des »großen« Napoleon verpflichtete. Aber sie konnten nicht erkennen, dass sich der neue Kaiser um die Sehnsucht des Landes kümmerte, in dem er selbst als Jugendlicher mit seiner Mutter Hortense die Sommer verbracht hatte und dessen Sprache er fließend beherrschte. An seine frühen Sympathien für die Carbonari schien er sich nicht mehr zu erinnern. Er schmückte sich damit, den Pariser Frieden ausgehandelt zu haben, doch hatte er dabei vergessen oder einfach nicht gewagt, den habsburgischen Kaiser Franz Joseph I. in die Pflicht zu nehmen und die Österreicher aus Venetien und der Lombardei zu vertreiben. Bei der Neugestaltung des Kontinents war das unterjochte und zerstückelte Italien ausgeklammert worden, die größte Chance vertan.

Orsini war ein Anhänger des Freiheitskämpfers Giuseppe Mazzini, der sich in London im Exil befand und von Hugo, dem die Hände gebunden waren, moralisch unterstützt wurde. Orsini ging in den Untergrund und organisierte 1854 von Siebenbürgen aus eine Verschwörung gegen die Habsburger. Sie misslang, er wurde verhaftet und in Mantua eingesperrt. Mit Hilfe einiger Verbündeter und der Sozialistin und Frauenrechtlerin Emma Herwegh konnte er zwei Jahre später aus dem Gefängnis entkommen und über Genf und Zürich unter falschem Namen durch Frankreich nach England fliehen.

Emma Herwegh war Berlinerin, hatte 1848 in Männerkleidung und mit einem Dolch bewaffnet an den Revolutionen in Deutschland und Frankreich teilgenommen und war mit dem Dichter und Satiriker Georg Herwegh verheiratet. Dieser hatte Artikel für die *Rheinische Zeitung* von Karl Marx geschrieben, sich in Paris mit Heinrich Heine angefreundet und eine WG mit Jenny Marx ins Auge gefasst. Mittlerweile lebte das Ehepaar Herwegh in Zürich und korrespondierte mit Hugo und George Sand. Im Salon des Hauses trafen sich

Richard Wagner, Franz Liszt und der russische Anarchist Alexander Herzen, dessen Besuche abrupt endeten, als Georg Herwegh mit Natalie Herzen eine Affäre begann. Seine kluge Frau Emma hingegen hatte wahrscheinlich eine Liebschaft mit Orsini, schickte ihm Bücher ins Gefängnis und versteckte Feilen zwischen den Seiten.[11] Mit diesen Werkzeugen durchfeilte Orsini zwei Gitterstäbe seiner Zelle und seilte sich an einem aus Leintüchern geflochtenen Tau mehr als 30 Meter ab in die Tiefe. Als er Boden unter den Füßen hatte, strich er seine Kleidung glatt, machte sich ganz entspannt auf den Weg und passierte als freundlicher Spaziergänger die österreichischen Wachen.

Zu seiner großen Freude, schrieb Mazzini dem »caro O.« am 3. Mai 1856 aus London, sehe er ihn nach der Verhaftung in Transsilvanien durch ein Wunder an Kühnheit und Glück aus der Gefangenschaft gerettet. Emma verdiene die Dankbarkeit aller.[12] Von der abenteuerlichen Flucht erzählte Orsini selbst, mit allen Mitteln des Suspense, in den 1857 veröffentlichten *Memorie*, die er der *Gioventù italiana* widmete. Das Erlebnis, das wie eine Episode aus einem Abenteuerroman Dumas' d.Ä. klingt, teilte er mit seinem Widersacher Napoleon III., der 1846 seinerseits unter Aufbietung ähnlich theatralischer Mittel aus der Festung Ham geflohen war. Manchmal hat auch die große Geschichte einen Stunt zu bieten!

Orsini ließ sich durch kein Hindernis beirren. Er operierte zunächst von London aus weiter und schloss sich einem Netzwerk an, das Aktivisten rekrutierte und Fundraising betrieb. Zu diesem Netzwerk gehörte der ehemalige Schiffsarzt und Frühsozialist Simon Bernard, der sich im Londoner Exil als Journalist und Hobbyfotograf betätigte. Er kannte sich aus mit chemischen Stoffen und der Wirkung von Knallquecksilber und mischte, zusammen mit Ingredienzen aus der Apotheke, eine hochexplosive Substanz. In Behältern, die als »Neuartige Geräte für die Gasbeleuchtung« deklariert waren, schmuggelte er den Sprengstoff über Ostende und Brüssel nach Paris. Dann reiste Bernard, der wichtigste Hintermann des Anschlags vom 14. Januar, unerkannt nach Frankreich ein und tauchte unter.

Unterdessen plante Orsini seelenruhig und konzentriert das Attentat, beobachtete die öffentlichen und privaten Gewohnheiten des Kaisers und folgte ihm, wenn er in den Bois de Boulogne ausritt. Nach seiner Festnahme legte er bereitwillig ein umfassendes Geständnis ab und war zufrieden, dass es die von ihm gezündete Bombe war, die nahe der kaiserlichen Kutsche detoniert war. In den Zeitungen nannte man sie »Höllenmaschine«. Das sorgte im ganzen Land für Aufruhr, auch bei George Sand in Nohant. Die aufgeladene Stimmung und die Verrohung der Sitten in Paris erfüllten sie mit Sorge, zumal sich ihr Sohn dort aufhielt.[13]

Bald bekam Orsini in seiner Zelle unerwarteten Besuch von dem Polizeipräfekten Pietri. Der Korse war italophil, gleichzeitig dem Kaiser treu ergeben und daher Feuer und Flamme, als dieser ihn höchstpersönlich bat, mit Orsini zu sprechen. Er riet dem Gefangenen, Reue zu zeigen und zu bekennen, dass er sich in Napoleon III. geirrt und seine guten Absichten falsch eingeschätzt habe. Auch teilte er ihm mit, dass das Land nach dem Attentatsversuch in Zukunft noch autoritärer regiert werden würde.

Tatsächlich war die Stunde der Hardliner gekommen. Morny warf seinem Halbbruder Louis Napoleon nach dem Anschlag eine zu milde Haltung und Schwäche vor und forderte sofortige politische Konsequenzen. Der Innenminister wurde entlassen, und in der Sitzung der Gesetzgebenden Versammlung vom 19. Januar verkündete Napoleon III. »repressive Gesetze«: eine noch strengere Zensur sowie Überwachung und Inhaftierung Verdächtiger ohne vorausgehenden Prozess. Kritische Zeitungen, darunter die *Revue de Paris*, wurden ganz verboten. Die Regierung veranlasste Razzien gegen Oppositionelle in Frankreich und gegen Exilfranzosen in Belgien, in der Schweiz und im Piemont, binnen weniger Tage wurden 300 Personen verbannt oder verhaftet. Sie hatten sich in Kellern, Mansarden, Dachspeichern, Spelunken und manchmal auch auf Almhütten verkrochen.

Die Goncourts schrieben das Gesetz der Verdächtigen auf: »Wenn die Sklaverei ihren Gipfel erklommen hat, grenzt die Sklaverei an Freiheit.« Das legten sie für sich selbst so aus, dass es ratsam war, exzessiv auf dem Vulkan zu tanzen. Zwar dachten sie auch daran, freiwillig ins Exil nach Belgien zu gehen, aber das war nur die Laune eines Augenblicks, denn ihre Heimat waren und blieben »Paris und die Gosse.« Über Orsini, der den natürlichen Instinkt des Menschen, nicht getötet zu werden, überwunden hatte und die »Erhabenheit einer Nation, die Höhe der moralischen Temperatur, den Puls des Ideals« verkörperte, »die nur den weit fortgeschrittenen Zivilisationen gegeben ist«,[14] konnten sie nur staunen. Ihr Vaterland zählten sie nicht zu den fortgeschrittensten Zivilisationen, weil es gerade ins Barbarische kippte.

Frankreichs Fangarme griffen weit über die Grenzen des Landes hinaus. In England jedoch, das von Paris aus als »Laboratorium des Verbrechens« und »Unterschlupf der Vipern« diffamiert wurde, verhallte der Ruf nach verschärften Sicherheitsmaßnahmen. Das House of Commons weigerte sich, die traditionell liberale Politik aufzugeben und strengere Asylgesetze zu verabschieden. Am 20. Februar stürzte die Regierung unter Lord Palmerston, die sich zu Zugeständnissen an die Franzosen bereit erklärt hatte. Die freundlichen Beziehungen zwischen beiden Ländern trübten sich ein. Im Londoner Hyde Park wurden antifranzösische, ja frankophobe Reden gehalten. Schon zuvor hatte Karl Marx hier den Ursprungsort »unparlamentarischer«, »außerparlamentarischer« und »antiparlamentarischer Demonstration« vermutet, obwohl der Hyde Park für die Londoner so etwas war wie Longchamp für die Pariser. Sonntags kreuzten sich hier die Wege der Aktivisten mit denen der englischen »*Hautevolée*, die ihre Prunkkarossen und ihren Putz Revue passieren« ließ und von »knüttelschwingenden Konstablern« beschützt wurde. Aber die Meinungsfreiheit ließ sich nicht niederzwingen, und die Speaker's Corner wurde weltweit bis heute zum Symbol von zivilem Ungehorsam und gesellschaftlicher Teilhabe.[15]

Auch in der persönlichen Beziehung zwischen Napoleon III. und Victoria gab es bald Momente der Irritation. Der Kaiser schrieb an die Queen, die Franzosen sähen sich gezwungen, Verschwörer überall aufzuspüren, auch wenn es ihm schwerfiele, die extremen Maßnahmen zu ergreifen, die man von ihm verlange. Im August überquerten die englische Königin und der Prinzgemahl erneut den Ärmelkanal, um zusammen mit Politikern, Seeleuten und Schaulustigen an der Einweihung eines Hafenbeckens in Cherbourg teilzunehmen, dem wichtigsten Militärhafen Frankreichs. Seit einem im März erlassenen kaiserlichen Dekret trugen alle Matrosen die Marinière, das blau-weiß geringelte langarmige Shirt. Lange bevor Coco Chanel es als Modeattribut entdeckte und James Dean und Jean Seberg es mit viel Appeal trugen, sahen die Matrosen schon fesch aus, als sie für die Royals Spalier standen, Segel hissten, Masten hochkletterten und Motoren anwarfen. Die Gäste besichtigten die Festungsmauern und die imposante Kriegsflotte, wobei Alberts Stimmung kurzfristig bei dem Gedanken sank, dass das ganze Equipment wieder gegen England gerichtet werden könnte. Victoria hatte sich zuvor geweigert, die Gattin des Außenministers Walewski zu umarmen, weil man ihr zugeflüstert hatte, dass sie die aktuelle Geliebte des Kaisers war. Insgesamt aber bewahrten alle Anwesenden Contenance, die britisch-französische Freundschaft zeigte sich pragmatisch. Mit einem der ersten Züge der neuen Eisenbahnlinie Paris–Cherbourg traf eine Statue Napoleons I. ein, die feierlich errichtet wurde, der erweiterte Hafen wurde auf den Namen »Napoleon III.« getauft. Alle applaudierten, als die Tore sich öffneten und das Meer zwei Stunden lang das gewaltige Betonbecken flutete, gerade so, als stürzten mehrere Niagarafälle herunter.[16] Große Reedereien und Schifffahrtsgesellschaften wie die transatlantische Kompagnie der Brüder Pereire boomten, immer mehr Kriegsschiffe, Handelsschiffe und Passagierschiffe liefen fortan von Cherbourg aus und trugen den Fortschritt über die Weltmeere.

Der Attentäter als Gentleman

Paris liebte große Prozesse und hatte schon viele Hinrichtungen erlebt. Seitdem Folterwerkzeuge, Scheiterhaufen und Galgen nach der Französischen Revolution von der Guillotine abgelöst worden waren, sah das Publikum bei der Vollstreckung eines Todesurteils einen klinisch sauberen Schnitt, und Köpfe, die prompt zu Boden fielen. Doktor Guillotin, darin stimmten Politiker und Ärzte überein, hatte sich um das »humane Töten« verdient gemacht.

Während die Regierung des Zweiten Kaiserreichs im späten Winter 1858 ein Sicherheitsgesetz nach dem anderen erließ, bereitete sich die Hauptstadt auf den Prozess gegen die Attentäter des 14. Januar vor. Der Polizeipräfekt Pietri hatte Orsini überreden können, sich an den Kaiser zu wenden, und dieser schrieb ihm zwei Briefe aus dem Hochsicherheitstrakt. Im ersten Brief beklagte Orsini die Versklavung Norditaliens durch die Österreicher und bat den Kaiser, eigene Versäumnisse gutzumachen und eine Allianz zwischen Preußen und Österreich zu verhindern. Europa ohne die Freiheit Italiens? Das war nichts als eine Chimäre. Der Gefangene erinnerte den Kaiser an die revolutionären Wurzeln der bonapartistischen Herrschaft und an die vielen Italiener, die freudig ihr Blut für Napoleon den Großen vergossen und ihm bis zum bitteren Ende Treue geschworen hatten. Er selbst stünde nun schon auf den Stufen zum Schafott: »Möge Eure Majestät mein Land befreien, und Ihr sind die Huldigungen von fünfundzwanzig Millionen italienischer Bürger sicher.«[17]

Der Prozess eröffnete am 25. Februar. Auf Wunsch Orsinis und mit kaiserlicher Erlaubnis verlas der Verteidiger Jules Favre den Brief an Napoleon III. Orsini erschien vor Gericht ernst, würdevoll und vornehm, mit dem Aussehen und den Allüren eines Gentlemans. Seine Ausstrahlung machte ihn zum Publikumsliebling und den Gerichtssaal zur Bühne, gerade so, als würde eine klassische Tragödie aufgeführt. Mit dem Unterschied, dass es hier am Ende einen echten Toten geben sollte. Nur der österreichische Botschafter Hübner, ein nichtehelicher Sohn des alten Metternich und Mitgestalter des Pariser Friedens, hatte erwartungsgemäß kein Interesse an der Freiheit Italiens und schmähte den ganzen Prozess und den Auftritt Orsinis als Rührstück. Am 26. Februar notierte er abfällig in seinen *Erinnerungen*, der nett gekleidete und wohlerzogene Orsini sei der Held eines traurigen Dramas. Alle feinen russischen und polnischen Damen, die dicht gedrängt auf den Bänken des Gerichtssaals säßen, seien in ihn vernarrt und bewunderten seine Schönheit, seinen Mut und seine Gelassenheit, selbst die Kaiserin sei begeistert von dem Mörder in Glacéhandschuhen.[18]

Favre verteidigte den Angeklagten in einem leidenschaftlichen Plädoyer. Sogar der Kaiser, dem der Angeklagte immerhin nach dem Leben getrachtet hatte, war ergriffen und ließ dem Todgeweihten ins Gefängnis übermitteln, er bedauere, dass in diesem Fall die Staatsräson obsiegen müsse. In der Tat waren es die Justiz, die Minister und der Erzbischof von Paris, die sein vorsichtig geäußertes Ansinnen, Orsini zu begnadigen, zurückgewiesen hatten.

Am 26. Februar wurden Orsini und Pieri zum Tode, zwei weitere Mittäter namens Gomez und Di Rudio zu lebenslanger Haft in der Strafkolonie von Cayenne in Französisch-Guyana verurteilt, von der Di Rudio drei Jahre später die schier unmögliche Flucht gelang. Cayenne oder die »Teufelsinsel« war seit dem Beginn des Zweiten Kaiserreichs das nationale Zuchthaus für politische Gefangene und blieb es bis nach dem Zweiten Weltkrieg. Wer hier in Ketten gelegt ankam, konnte normalerweise alle Hoffnung fahren lassen und starb oft schon im ersten Jahr an Malaria, Gelbfieber, Tuberkulose, an Hunger, Durst oder durch Folter.[19] Selten wurde ein Urteil revidiert, wie 1896 in der Revision des Prozesses gegen den jüdischen General Alfred Dreyfus. Die Affäre, ein Höhepunkt des Antisemitismus und eine nationale Zerreißprobe, sollte Zola wegen seines offenen Briefes, *J'accuse …!*, an den Präsidenten der Dritten Republik zum öffentlichen Intellektuellen machen.

Zwei Tage vor seinem Tod schrieb Orsini erneut an den Kaiser. Dieser Brief war sein Testament. Er äußerte Reue über den Anschlag und forderte seine Gefährten und Landsleute auf, Italien nicht weiter durch Gewalttaten, sondern durch Verzicht, Hingabe und Eintracht zu befreien. Der Hinrichtung Orsinis und Pieris fand am 13. März im Beisein einer großen Menschenmenge in der Rue de la Roquette statt, die von der Bastille zum Friedhof Père-Lachaise führt. Maxime du Camp hatte sich unter die Schaulustigen gemischt und bezeugte Orsinis Stolz und eleganten Stil bis zum letzten Atemzug. Bevor der zum Tode Verurteilte seinen Kopf in den Rundbogen der Guillotine legte, rief er: »Vive l'Italie! Vive la France!« Dann schnellte das Fallbeil nieder. Ein Seufzer ging durch die Zuschauermenge, die Damen wischten sich die Tränen von den Wangen.[20]

Orsinis Briefe beeindruckten Zeitungsleser, Schriftsteller, Künstler und auch Napoleon III., der einmal mehr unvorhersehbare, mit seinen Beratern nicht abgestimmte Entscheidungen traf. Als Hübner formell die Empörung Österreichs über den abscheulichen Anschlag und die übergroße Freude seines Landes angesichts der Rettung des Kaiserpaares vorzubringen versuchte, wurde ihm eine Audienz versagt. Einer Gesandtengruppe des sardinisch-piemontesischen Ministerpräsdienten Camillo Benso di Cavour hingegen, die Glückwünsche entrichtete, gab er die Botschaft mit auf den Weg, er werde Italien nicht im Stich lassen. Den ersten Brief Orsinis ließ er im *Moniteur* drucken, den zweiten schickte er an Cavour. Wie Napoleon III. war dieser seit 1852 im Amt. Er hatte nach dem Frieden von Paris eine erzürnte Rede gegen den Kaiser gehalten und gedroht, die öffentliche Meinung werde sich der italienischen Sache annehmen, wenn die Politik es nicht tue. Orsinis Brief veröffentlichte er in der *Gazette piémontaise*. Aus dem Grabe erklang nun die mahnende und mäßigende Stimme des vormals militanten Patrioten.

Während aber die französische Regierung polizeistaatliche Dekrete erließ und Aktivisten knüppelte, erreichte Orsinis Tat auf Umwegen und auf paradoxe Weise ihr Ziel. Anstatt dem österreichischen Kaiser zu signalisieren, dass er Distanz zur italienischen Freiheitsbewegung wahre, machte Napoleon III. diese nun zur Chefsache. Im Sommer schickte er seinen Leibarzt Dr. Conneau in geheimer Mission nach Turin und eröffnete Cavour und Vittorio

Emanuele II, dem König von Sardinien, dass er Verhandlungen über Italien aufnehmen wolle. Zu diesen zählte er auch die Heiratspolitik, die jahrhundertelang Allianzen zwischen europäischen Höfen ermöglicht hatte. Dieser Teil der Strategie bestand darin, seinen 36-jährigen Cousin Plon-Plon um die Hand der 15-jährigen Tochter des Königs, Marie Clotilde von Savoyen, anhalten zu lassen.

Die Heirat erfolgte am 30. Januar 1859. Der Vater des jungen Mädchens hatte freilich nur zögerlich zugestimmt. Denn der Altersunterschied der Brautleute war gewaltig, und er war durchaus noch immer pikiert, dass ihn bei seinem Besuch in Paris im November 1858 nicht der Kaiser selbst, sondern der Bräutigam in spe in Empfang genommen hatte. Das Zeremoniell für ihn war also nicht dasselbe wie für Queen Victoria, das musste er daraus schließen. Außerdem hatte der Schwiegersohn den Ruf eines Schürzenjägers, genau wie er selbst, doch wenn es um die eigene Tochter ging, wog dieser Ruf schwerer. Tatsächlich wurde ihm, dem König von Sardinien, nachgesagt, er könne an keinem Dekolleté vorübergehen, ohne seine Augen darein zu versenken. Das kam nirgends gut an, auch wenn es damals noch keine MeToo-Bewegung gab. Der englische Botschafter Lord Cowley notierte, dass »this curious Royal buffoon« in Paris einen besonders schlechten Eindruck machte: Er redete auf Empfängen in schrecklichem Ton, benahm sich erbärmlich gegenüber den Damen und schwadronierte zum Entsetzen Walewskis, der als Pole naturgemäß sehr katholisch war, über seine Abneigung gegen die Kirche.[21] Wie auch immer. Der König entschied sich gegen seine Bedenken und für Italien.

Die Heiratspolitik war der eine Teil des Italienplans. Der andere bestand in einem Gespräch unter vier Augen. Napoleon III. lud Cavour nach Plombières ein, wo er sich zur alljährlichen Kur gegen Gicht und Blasenschwäche aufhielt. Niemand in Paris, nicht einmal der wachsame Außenminister Walewski, ahnte etwas von dem geheimen Treffen in den Vogesen. Cavour reiste am 19. Juli unter falschem Namen an und blieb fünf Tage. Auch in Turin, wo er einen Kurzurlaub in der Schweiz hatte vermelden lassen, schöpfte niemand

Verdacht. So kam es zu einem geheimen diplomatischen, eigentlich aber verschwörerischen Treffen ohne Protokoll.

Sieben Stunden lang unterhielten sich die beiden *dealmaker* – erst im Hotel, dann während einer ausgedehnten Landpartie – und verständigten sich auf eine Strategie für Italien. Napoleon III. versprach Cavour, ihm bei jeder aggressiven Geste der Österreicher beizustehen, und ja, die aggressive Geste musste herausgefordert werden. Auf die Unterstützung des Zaren Alexander II. glaubte er sich dank des Treffens auf dem Canstatter Wasen verlassen zu können. Im Falle eines Krieges sollte Vittorio Emanuele die Lombardei und Venetien, die Fürstentümer Parma, Modena und Lucca sowie einen Teil des Kirchenstaats erhalten, die Toskana sollte zum Königreich werden und die ganze Halbinsel eine Konföderation unter der Präsidentschaft des Papstes bilden, um die katholische Kirche ruhig zu stellen. Nizza und Savoyen würden an Frankreich fallen. Cavour sah sich bereits als Architekt eines freien Italien. Von seiner Herberge aus unterrichtete er Vittorio Emanuele noch am selben Abend über die per Handschlag getroffenen Vereinbarungen. Ein Jahr später befand man sich bereits mitten im Sardinischen Krieg, dem Auftakt der Scharmützel und Schlachten um Italien. Auch dieser Krieg verlief anders als erwartet, zuletzt aber, 1870, wurde Italien geeint und Rom seine Hauptstadt – in dem Jahr, als in Europa ein anderer Krieg das Ende des Zweiten Kaiserreichs besiegeln sollte.

Das erste Fotomodell

»Cherchez la femme!« Dieses geflügelte Wort kam im Zweiten Kaiserreich auf und geht zurück auf den Roman *Les Mohicans de Paris* von Alexandre Dumas d.Ä., der 1854 veröffentlicht und umgehend als Theaterstück aufgeführt wurde. Dumas lässt den Polizisten Jackal folgenden zweifelhaften Satz sprechen. »Es gibt bei allen Fällen eine Frau, immer, wenn man mir Bericht erstattet, sage ich: Cherchez la femme!« Was den Fall Orsini anging, so galt dieser Satz gleich für mehrere Frauen: für die selbstbewusste Aktivistin Emma Herwegh, ohne deren intelligenten Einsatz der Patriot und spätere Attentäter nicht aus dem Gefängnis hätte fliehen können; für die 15-jährige Marie Clotilde von Savoyen, die als »Geisel für den Frieden« verheiratet wurde; und für eine Italienerin, die zunächst nicht wusste, wie ihr mitgespielt wurde, und sich dann dafür revanchierte, dass sie zu politischen Zwecken missbraucht worden war. Diese Italienerin, die Gräfin Castiglione, wirbelte die Pariser High Society auf und beschäftigte Napoleon III. und Cavour noch bei ihrem konspirativen Treffen in Plombières.

Als die beiden draufgängerischen Projektemacher in der frischen Luft der Vogesen zusammensaßen, rauchten, tranken und endlos redeten und gestikulierten, brachte ein Bote ein Telegramm Walewskis. Dem Außenminister war gemeldet worden, dass Cavour heimlich und mit unbekanntem Ziel die französische Grenze bei Strasbourg übertreten hatte. Man wolle ihn in Plombières erkannt haben, inzwischen wussten die politischen Kreise in Paris von diesem Vorfall. Hübner ahnte nichts Gutes und schäumte. Walewski war irritiert, umso mehr, als er dahintergekommen war, dass der Kaiser seit 1857 ein Verhältnis mit seiner Frau hatte und diese daher wohl mehr wusste als er selbst. Erst am 7. Dezember erreichte ihn ein Bericht des Kaisers über das Treffen im Kurort Plombières. Angesichts dieses unverhohlenen Affronts und aus Protest gegen die Kriegsvorbereitungen trat Walewski von seinem Amt zurück, um es einen Tag später auf Drängen des Kaisers wieder anzutreten. Irrlichternde Minister jedenfalls bringen nicht erst heutzutage die Politik durcheinander.

Die in die Wege geleitete französisch-italienische Männerfreundschaft war aber längst auch durch die »kleinen Vergnügungen« des Kaisers garantiert. Diese gehörten gewissermaßen zur informellen Diplomatie. Marie-Anne Walewska, die Frau des Außenministers, stammte aus florentinischem Adel. Sie war durch die Heirat mit Walewski nach Paris gekommen, brillierte in den Salons und am Hof, wurde eine Vertraute der Kaiserin und zuletzt eine ihrer Hofdamen. Die Liaison mit dem Kaiser änderte nichts an der freundschaftlichen Beziehung der beiden jungen Frauen, zumal die mehr oder weniger diskreten »Zerstreuungen« des Gatten für Eugénie zur Normalität ihres Ehelebens dazugehörten.

Als die ehemalige Favoritin Miss Howard von der Affäre hörte, kommentierte sie sarkastisch, jeder Napoleon brauche schlichtweg eine Walewska im Bett. Damit spielte sie auf die Tatsache an, dass Graf Walewski aus der Liaison seiner Mutter mit Napoleon Bonaparte stammte. Gräfin Walewska, die Édouard Dubufe 1859 als entschlossene Schönheit in cremefarbener Krinoline malte,[22] war jedoch nicht die erste italienische Geliebte Napoleons III. Sehr viel turbulenter verlief seine Affäre mit ihrer Vorgängerin und Cousine, der Gräfin Castiglione, geborene Oldoini. Diese Affäre war Teil einer Verschwörung und begann einige Jahre vor der in Plombières geknüpften Männerbande. 1858 gehörte sie zu den Scoops aus der Welt der Schönen und Reichen.

Virginia Oldoini wurde 1837 als Diplomatentochter in Florenz geboren und im Alter von 17 Jahren mit dem Grafen von Castiglione verheiratet, einem Cousin Cavours und Vertrauten Vittorio Emanueles. Virginia war eine spektakuläre Schönheit mit wallendem kastanienbraunen Haar, ovalem Gesicht, schräg stehenden blauen Augen und stets leicht geöffneten Lippen. Die Männerwelt war verrückt nach ihr, ihre Ehe aber verlief unglücklich. Das alles kam Cavour zur Rettung Italiens gelegen. Anfang 1856 schickte er die Gräfin Castiglione mit der ausdrücklichen Mission nach Paris, den Kaiser zu verführen: die klassische Rolle für eine Femme fatale. Sie debütierte im Haus von Plon-Plon, verkehrte im Salon von Princesse Mathilde und bald auch in den Tuilerien. Bereits in ihrer ersten Saison galt sie, wie Mérimée notierte, als »Salonlöwin« und Star des Augenblicks.[23]

Und es geschah, was geschehen sollte: Der Kaiser machte der jungen Frau den Hof. Sie aber wies ihn zurück, bis er ihr Schmuck im Wert von über 500 000 Francs aus der Juweliermanufaktur Boucheron und ein Haus in der Nähe der Champs-Élysées schenkte. In der seidenen Unterwäsche, die sie von ihm verlangt hatte, ließ sie sich verführen, die Liaison nahm ihren Lauf und wurde am Hof mehr oder weniger diskret behandelt. Bis zum 17. Februar 1857: An diesem Tag fand im Wohnsitz des Außenministers Walewski am Quai d'Orsay der wichtigste Maskenball der Saison statt. Die Gräfin Castiglione betrat, wie immer verspätet, als *dame de cœur* verkleidet den Ballsaal. Den anwesenden Männern stockte der Atem, der Kapellmeister Johann Strauss Sohn hielt im Walzertakt inne und starrte auf die Erscheinung. Diese Herzdame trat vor aller Augen zum Herzkönig. Hübner ließ die Bemerkung fallen, sie sei eigentlich kaum verkleidet gewesen. Ein bodenlanger Schleier aus Gaze umspielte sie, das schimmernde, hochgeschlitzte Kleid aus Organza ließ ihre Körperform durchscheinen, ein aufgesticktes Herz betonte das freizügige Dekolleté, ein weiteres Herz, umrankt von üppig geflochtenen Blüten, prangte in Höhe des Schoßes.

Napoleon III. hatte Mühe, sich zu beherrschen, nun, da die Affäre allen Anwesenden offenbar war. Eugénie zischte, soweit man dem Klatsch glauben kann, das Herz der Dame sitze offenbar etwas tief.[24] Hübner kommentierte den Abend lapidar: »Dienstag, 17. – Kostümball bei Walewski. Der Kaiser und die Kaiserin verblieben bis vier Uhr, aber ohne die Maske abzulegen. Die schöne Castiglione macht Furore und ruft höheren Orts Eifersucht hervor.«[25]

Ob und was genau sie zur italienischen Einigung beitrug, ist nicht überliefert. Dass sie eine Spionin war, argwöhnte der Kaiser erst Ende April 1857, als er mitten in der Nacht das Haus seiner Geliebten verließ und in der Rue Montaigne wieder einmal knapp einer Attacke auf sein Leben entging. Erneut waren die Angreifer Italiener. Fortan wurde die Castiglione vom Geheimdienst überwacht. Mit dem Komplott hatte sie nichts zu tun, die Affäre mit dem Kaiser aber endete abrupt.

Vielleicht scherzten die Herren Bonaparte und Cavour im Sommer 1858 nahe den Heilquellen von Plombières über diese sensationelle Geschichte, *off the records*. Der Theatercoup jedoch war Cavour gelungen und der Kaiser nunmehr seit mehr als einem Jahr der Gespielin überdrüssig, die Politik fügte sich inzwischen auch ohne ihr Zutun. Die Gräfin von Castiglione freilich war gekränkt, als der Kaiser sie als Favoritin entließ und sich ihrer Cousine Walewska zuwandte. Sie erregte weiterhin Aufsehen auf Maskenbällen, als Amazone, Rächerin, Karmeliternonne und Königin der Nacht, und sie hatte weitere hochrangige Liebhaber, darunter den Grafen Morny, Plon-Plon und den Grafen Nieuwerkerke, der zugleich der offizielle Liebhaber von Princesse Mathilde war und deshalb den Posten als Oberintendant der Schönen Künste Seiner Majestät innehatte. Es heißt, die Gräfin, die grundsätzlich nur mit Männern sprach, habe ihn um eine Sonderführung durch den Louvre gebeten, am Weihnachtsabend zu Mitternacht, um vom Dach aus das Geläut aller Glocken von Paris hören zu können. Sie sei die Frontgiebel des Museums emporgekraxelt und unter den Sternen gewandelt.[26]

Ihr Nachleben sicherte La Castiglione sich jenseits aller Klatschgeschichten durch Bilder. Das Atelier Mayer & Pierson entdeckte die Italienerin bald nach ihrer Ankunft in Paris. Die Fotografen empfingen sie in ihrem eleganten Studio, das inzwischen auch ein kleines Museum für die Porträts aus der Welt der Politik und der High Society war, und machten sie zum ersten Topmodel dieser jungen technischen Kunst und zum Vorbild späterer Modefotografie. Sie selbst interessierte sich, lange vor den Selfies der Gegenwart, nur für ein Motiv: sich selbst.

Mit vierzig Jahren zog die Castiglione sich aus dem Pariser Leben zurück, verhüllte alle Spiegel, schloss die Fenster, ging nur noch in der Dunkelheit mit ihren Hunden spazieren und verarmte. Allein an der Beziehung zu Pierre-Louis Pierson hielt sie fest, bis 1895 machte er mehr als 450 Aufnahmen von ihr. Sie alle sind Ausdruck von Narzissmus und Voyeurismus, von Leidenschaft für getauschte und verstohlene Blicke und für das neue Medium, das alle Varianten des erotischen Spiels darstellen konnte: dramatische und kapriziöse Körperinszenierungen, gewagte Posen, frivole und pathetische Kostüme, fetischistische Details wie ihre nackten Beine und ihre Füße, damals allzu kühne Aufnahmen. Die Bilder blieben zu Lebzeiten der Castig-

lione das Geheimnis der beiden, viele ließ sie retouchieren.

Sie starb 1899, ihrem letzten Willen, zusammen mit ihren Hunden und im Negligé der ersten Liebesnacht mit dem Kaiser bestattet zu werden, wurde nicht Folge geleistet. Bei der Versteigerung ihres Besitzes 1904 im Auktionshaus Drouot gelangten fast 300 der geheimen Fotografien und 500 unveröffentlichte Briefe in den Besitz des Dandys Robert de Montesquiou, den Marcel Proust zum Vorbild für Exzentriker seines Romans *À la recherche du temps perdu* nahm und vielleicht vor ihm schon Joris-Karl Huysmans für den Kultroman der Dekadenz, *À Rebours*. Erst 1999 wurden die Fotos einer breiten Öffentlichkeit gezeigt.[27] Noch immer aber stehen das schillernde Leben der Gräfin Castiglione, ihre Indienstnahme und ihre Triumphe exemplarisch für die Skrupellosigkeit und Theatralität des Zweiten Kaiserreichs, das schon damals das »neue Babylon« genannt wurde.

Holzwege und himmlische Erscheinungen

Am 1. Oktober 1858, in diesem zugleich finsteren und grellen Jahr, weihte die Kaiserin das Haus der Barmherzigen Schwestern des Ordens des Heiligen Vincenz von Paul ein und gab dem Erziehungsheim für arme und gefallene Mädchen den Namen des Thronfolgers. Der Architekt Hittorff hatte es in der Form des Colliers gebaut, das Eugénie als Hochzeitsgeschenk von der Stadt Paris bekommen und zurückgegeben hatte.

Napoleon III. legte unterdessen sozialpolitische Programme auf, um an seine Schrift *De l'Extinction du paupérisme* anzuknüpfen und die Versprechen der Bordeaux-Rede einzulösen. Er eröffnete Armen- und Waisenhäuser, unterstützte die seit Jahrzehnten bestehenden Rentenversicherungen für Arbeiter und stand der Arbeiterbewegung insgesamt positiver gegenüber als die Scharfmacher seiner Regierungsmannschaft. Selbst Verordnungen, die aus heutiger Sicht randständig erscheinen müssen, hatten eine große politische Bedeutung. Dazu gehörte das Gesetz über Totholz, das bereits 1853 unter dem Druck wachsender sozialer Spannungen verabschiedet worden war. Es gestattete der armen Bevölkerung, in den Staatswäldern kostenlos totes und trockenes Holz aufzusammeln.[28] Im Winter 1858 öffneten in Paris zahlreiche Tafeln, sogenannte »Fourneaux économiques«, die in geheizten Räumen gegen eine symbolische Summe warmes Essen für Bedürftige ausgaben, jährlich mehr als eine Million Speisen, besonders viele im eisigen Winter 1859. Viele Arbeiter dankten dem Kaiser für diese Initiative, Kritiker hingegen prangerten sie als paternalistische Fürsorge an und forderten stattdessen tiefgreifende Sozialreformen und Freiheiten. Zu den Kritikern gehörte auch Adolphe Thiers, der 1871 nach dem Deutsch-Französischen Krieg und der Pariser Kommune erster Präsident der Dritten Republik werden sollte. Von den gegnerischen Meinungen unbeirrt, gründete Napoleon III. die Arbeiterkasse zwecks Mikrokrediten und Rückversicherungen für Kleinstinvestoren. Das immerhin war eine ebenso zukunftweisende wie nüchterne sozialpolitische Verordnung, die kaum jemand von ihm erwartet hatte.

Das Jahr 1858 war zugleich ein Jahr der Erscheinungen. Ob diese in irgendeiner Beziehung zur Lage des Landes standen, ob Kontrolle, Zensur und generelles Misstrauen, die sich über Paris und das ganze Land legten, die Hoffnung auf Erlösung von höherer Stelle weckten oder gar das Übernatürliche erst herausforderten, bleibt im Dunkel der Geschichte. Am 11. Februar erschien die Gottesmutter Maria der vierzehnjährigen Bernadette Soubirous an der Grotte von Massabielle in Lourdes. Das junge Mädchen war damit beschäftigt, Brennholz zu sammeln, als es die wunderschöne, weiß gekleidete und blau gegürtete Dame zum ersten Mal sah. Während einer der Visionen, die bis zum 18. Juli andauerten, legte Bernadette in der Grotte eine Quelle frei, der Heilkräfte zugesprochen wurden. Wissenschaftler konnten keine außergewöhnliche Anreicherung von heilkräftigen Mineralien feststellen, die Gutachten sprachen dem Quellwasser lediglich die Qualität eines guten Trinkwassers zu, wie in gebirgigen Regionen üblich. Daraufhin entbrannte ein Streit um die Bedeutung der Erscheinungen. Der Bürgermeister von Lourdes hielt die Aussage des Mädchens für eine Wahnvorstellung und ließ die Wundergrotte schließen, um die Religion nicht in Verruf zu bringen; der Ortspfarrer Peyramale forderte als Beweis für die Erscheinung den Namen der Dame. Bernadette gab ihn mit »Unbefleckte Empfängnis« an. Diesen Begriff der katholischen Dogmatik hatte Papst Pius IX. erst vier Jahre zuvor geprägt, die arme Müllerstochter aus den Pyrenäen konnte ihn unmöglich kennen. Die Beglaubigung der Vision schien erbracht.

Während ihrer jährlichen Sommerfrische in Biarritz zeigten auch der Kaiser und die fromme Kaiserin Interesse an dem Wunder, und die Zeitung *L'Univers* lancierte am 28. August den Appell: »Lasst den Glauben leben.« Am 4. Oktober wurde die Grotte für die Gläubigen geöffnet. Seitdem ist sie eine der meistbesuchten Pilgerstätten Frankreichs. Immer wieder wird von Wunderheilungen erzählt, doch ist die Wallfahrt nach Lourdes nicht zuletzt ein großes Geschäft mit der Hoffnung von Kranken und Verzweifelten.

Im Jahr der Marienerscheinungen zeigte sich auch ein großer Komet am Sternenhimmel. Es war nicht der erste Komet des Jahres, doch einer der hellsten und strahlendsten des ganzen Jahrhunderts. Sein Erscheinen rief Staunen, Furcht und Schrecken hervor. Am 2. Juni 1858 saß der Astronom Giambattista Donati wie sonst auch in der Sternwarte von Florenz und schaute durch sein Fernrohr, als er plötzlich den Kometen entdeckte. Drei Monate später war sein Schweif mit bloßem Auge sowohl auf der Nord- als auch auf der Südhalbkugel des Erdballs zu sehen. Astronomen, Schriftsteller und

Künstler rühmten seine Schönheit, vielen Menschen jedoch erschien er als unheilvolles Vorzeichen elementarer Katastrophen, die Himmel, Ozeane und den Planeten Erde erschüttern würden. Manche sahen in ihren Albträumen, dass sich das Mittelmeer in einem einzigen Augenblick öffnete und leerte und Monsterwellen über das Land rollten, die Algerien bis zum Äquator verschoben.[29]

Der Komet Donati war der erste fotografierte Komet, ein Medienereignis rund um den Erdball. Europäische Satireblätter wie *Le Charivari* und *Punch* spotteten über die allgemeine Aufregung, über Sensationslust und Aberglauben. In Asien hingegen widmete man sich dem Himmelsphänomen mit großer Ernsthaftigkeit, Mathematiker stellten Berechnungen an, Astronomen erforschten die Strahlung und die Umlaufbahn des großen Kometen. Doch unzählige Menschen, die hier zum Firmament aufschauten, deuteten die Erscheinung als Kriegs- und Unglücksstern.[30]

Japonisme

Diese pessimistische Auslegung passte zur Stimmung in Japan, denn das Reich des Tenno befand sich in einer der schwersten Krisen seiner Geschichte. In Paris hingegen stieg es gerade zum Sehnsuchtsort auf und setzte die Trends in Kunst, Mode und Lifestyle. Erst 1854 hatte sich Japan nach mehr als zweihundertjähriger Abschließung zum Westen hin geöffnet. Die Verträge mit europäischen Mächten und den USA versetzten die Bevölkerung des traditionsreichen, von strengen Zeremonien geprägten Inselreiches in Aufruhr, die freizügigen Handelsabkommen galten als unkalkulierbares Risiko. Bis jetzt hatte es nur eingeschränkte Beziehungen zu den Niederlanden gegeben, die rigoros über den Export und Vertrieb von heiß begehrten Waren aus dem Fernen Osten wachten. Gewürze und Tee, Seide, Lackzeug und Porzellan, alle diese Luxusgüter gelangten so aus China und Japan über Indonesien und den gesamten Fernen Osten in den Westen. Jahrhundertelang hatten europäische Könige und Fürsten ihre *Asiatica* in Wunderkammern gehütet.

Viele Geheimnisse rankten sich um die Produktion der Luxusgüter. Die Herstellung von Porzellan, eine knochenharte Arbeit, stellte man sich in Europa als alchemistisches Verfahren, als esoterisches Ritual vor. 1709 gelang es Johann Friedrich Böttger, weißes Porzellan zu brennen, und sein Landesherr August der Starke, George Sands Urahn, war sicher, dass der Stein des Weisen gefunden sei.[31] Das erste »weiße Gold« aus Europa, erkennbar an der Schwertermarke, war rar und kostbar, bis zum Ende des 18. Jahrhunderts entstanden an vielen Königs- und Fürstenhöfen Pozellanmanufakturen. Noch immer stellten diese eine exklusive Ware her, vergleichbar mit der Seide, die in Frankreich nur aus Lyoner Werkstätten kam und unter Arbeitsbedingungen entstand, die Weber immer wieder zu blutigen Aufständen veranlassten.

1858 änderte sich alles. Am 9. Oktober, dreieinhalb Monate nach dem Handelsvertrag mit China, schloss Frankreich in Edo, dem späteren Tokio, einen Handels- und Freundschaftsvertrag mit Japan, und zwischen beiden Ländern setzte ein umfassender wirtschaftlicher und kultureller Austausch ein. Frankreich und Europa staunten über ein sagenhaftes Land, das man nur aus frühen Reiseerzählungen kannte, und über eine Kultur und Kunst, die aus weiter Ferne kamen. Ganz Paris war plötzlich japanophil. Der *Japonisme* ergänzte und verdrängte die Chinoiserien, die in Kunstsalons, in Mode und Dekor seit dem 18. Jahrhundert zu finden waren und in spezialisierten Pariser Geschäften, zuletzt auch im Kaufhaus Le Bon Marché, angeboten wurden.

Baudelaire hatte auf der Weltausstellung 1855 die Kunst Chinas und die bizarren Formen als Ausdruck einer lebendigen Imagination gepriesen. Die Goncourts, forsch wie immer, behaupteten nun sogar, die eigentlichen Entdecker des Fernen Ostens zu sein und schon 1852 ein japanisches Album gekauft zu haben. In dem Buch *La Maison d'un artiste* wird Edmond nach dem Tod seines Bruders Jules das Haus öffnen, in dem sie gemeinsam wohnten. Er führt durch die

Räume und zeigt den geneigten und neugierigen Lesern die staunenswerte Sammlung an ostasiatischen Schätzen aus drei Jahrhunderten. Unter ihnen auch japanische Alben, üppig im Treppenhaus aufgehängt und aufgeblättert: Auf dem Waffelpapier der Blätter lässt sich ein zart verträumtes Land entdecken, dessen anmutige Frauen immerzu auf Wasser schauen. Unter dem Eindruck magischer Zerstäubungen erscheinen rosafarbene Himmel, wenn sie nicht gerade golden glänzen oder purpurrot, sodass es aussieht, als flögen die Vögel durch Blut. Dazu die fröhliche, ganz reine und jugendfrische Blütenpracht. Weiße und rosa Bäume heben sich, ohne die Schatten des Okzidents, in der untergehenden Sonne golden vom Blatt ab und erleuchten nach Sonnenuntergang oberhalb der Balkone, über die ihre Zweige sich neigen, die dunkle Nacht mit wirklichen Sternen. Der Abend dämmert in der Farbe der Brust einer Taube oder als graue Perle. Alle Farben der Natur schimmern auf Seidenstoffen, die um schmiegsame Frauenkörper wehen: das grünliche Weiß der Auberginen und das silbrige Weiß der Schuppen von Fischen, das bleiche Rosa des Raureifs und das schneeige Rosa des Pfirsichs, das Bläuen des Schnees und das Schwarzblau des Himmels, alle Farben, selbst Gelb, Rot, Braun, erscheinen als reizende Nuancen und brechen sich im Auge des Koloristen.[32] So beschrieb es Edmond de Goncourt, gerade so, als zeichne er mit der Feder ein Bild.

1858 war Japan in Paris und Paris japanisch gestimmt. Männer und Frauen trugen seidene Kimonos, auf Tapeten in Stadtpalais und haussmannisierten Häusern öffneten sich Kirschblüten, das Kaffeeland Frankreich trank Tee aus zarten Porzellanschalen. Erst war es ein vornehmer Trend, bald folgte das *Customizing.* Seide wurde Halbseide und Satin, immer mehr Frauen konnten sich als Geisha kostümieren. Porzellan und Seide wurden so erst bürgerlich und zuletzt Konsum- und Massenware. Natürlich nicht die reinste Seide, und schon gar nicht das Porzellan mit den gekreuzten Schwertern oder das Sèvres-Porzellan.

Zwischen japanischen und französischen Künstlern und Bildern setzte ein reger Austausch ein. Ohne diesen sähe die Malerei der nachfolgenden Jahrzehnte anders aus. Das gilt besonders für Claude Monet und den Impressionismus. Noch zeichnete der gerade Achtzehnjährige Karikaturen, die der Rahmenhändler Boudin zusammen mit Seestücken seines eigenen Sohnes Eugène in seinem Schaufenster in Le Havre ausstellte. Der junge Karikaturist verdiente sich mit Aufträgen sein Taschengeld und unterzeichnete mit »O. Monet« für »Oscar-Claude Monet«. Seinen ersten Vornamen hat die Nachwelt vergessen. Er wollte Maler werden, studierte die akademische Malerei und die Landschaften der Freiluftmaler aus Barbizon. Lieber aber, viel lieber sammelte er auf seinen Spaziergängen Impressionen von Sonnenaufgängen am Meer, weißen Segeln im Wind und Feldern voller Klatschmohn. Wäre der Impressionismus ohne den *Japonisme* geworden, was er am Ende war? Oder schaute umgekehrt der Kunstsammler und Kritiker Edmond de Goncourt durch die Brille des Impressionismus auf die japanische Kunst?

Paraden und Höllengalopp

Das Jahr 1858 hatte dramatisch begonnen und blieb politisch angespannt: Das Land im Ausnahmezustand, der Winter eisig, die Stimmung im Keller, zumindest bei den vielen Kritikern der Regierung. Wer es sich leisten konnte und ausreisen durfte, war froh, Paris und Frankreich für eine Weile zu verlassen, so wie Flaubert, der weit, weit weg wollte und den Mai in Karthago verbrachte. In den Sommermonaten lag über der Hauptstadt und dem Pariser Becken eine drückende Hitze. Schon Anfang Juni zeigte das Thermometer mehr als 35 Grad Celsius, im darauffolgenden Jahr wurden die ärgsten Hundstage des gesamten Jahrhunderts gemessen.[33] Nur in den Seebädern wehte hin und wieder noch eine frische Brise, hier gab es noch Luft zum Atmen.

Ja, George Sand hatte Recht, das Klima war aus dem Lot, die Sitten verdarben. Und doch sank die Feierlaune in diesem *annus horribilis* keineswegs, die Devise *The show must go on* galt für die Politik und für das kulturelle Leben in Paris gleichermaßen. Und während die Japan-Manie der Stadt eine zarte Note verlieh, klotzte der Kaiser. Am 5. April eröffnete er in der Hauptstadt das Herzstück der Nord-Süd-Achse, den Boulevard de Sébastopol, dessen Name an die entscheidende Schlacht des Krimkriegs erinnert. Napoleon III. ritt, gefolgt von seiner Garde und einer Kutsche mit der Kaiserin, den festlich in Nationalfarben geschmückten großen Boulevard vom Châtelet bis zur Gare de l'Est ab. Er dankte Haussmann für das großartige Werk und lobte ihn als aufgeklärten Beamten, der sich beherzt gegen den Geist der Routine und gegen üble Nachrede behauptete. Zahlreiche Illustrationen in den großen Zeitungen hielten die wehenden Flaggen, die Parade und die jubelnden Menschenmengen fest.

Der einige Jahre zuvor eingeweihte und sodann erweiterte Ostbahnhof war das Tor nach Europa und über Europa hinaus, in Friedens- wie in Kriegszeiten. 1870 sollten von hier und von der Gare du Nord aus die französischen Soldaten gegen Preußen ziehen. »Nach Berlin! Nach Berlin!«, würden die Menschen jubeln und nichtsahnend einem Debakel entgegenstürmen.[34] Ab 1883 sollte der Orientexpress von hier aus bis nach Konstantinopel fahren und immer mehr Touristen an den Gestaden des Orients entladen. Noch heute hängt in dem großen Bahnhof jedoch auch das monumentale Gemälde des Amerikaners Albert Herter, *Die Abfahrt der Frontsoldaten, August 1914*. Es zeigt Menschen, die nachdenklich ihre Söhne dort verabschieden, wo man 1870 noch gesungen hatte. Wieder ziehen junge Männer erwartungsvoll in den Krieg. Das ist der Augenblick, den Herter in Erinnerung an seinen ältesten Sohn festhält, der 1918 als Freiwilliger fiel.[35] Eisenbahnen und Bahnhöfe, Flotten und Seehäfen: 1858 glaubte die französische Elite, alles im Griff zu haben.

Die Theatersaison im Théâtre des Bouffes-Parisiens eröffnete am 21. Oktober mit dem ersten abendfüllenden Programm Offenbachs, der Operette *Orphée aux enfers* nach einem beliebten Stoff der griechischen Mythologie: Der Sänger Orpheus folgt seiner Geliebten Eurydike, die an einem Schlangenbiss verstorben ist, in das Totenreich und hofft, den Herrscher der Unterwelt, Hades, mit seiner Musik zu rühren und Eurydikes Rückkehr ins Leben zu erwirken. Die Bedingung jedoch, sich auf dem Weg zurück nicht nach Eurydike umzuschauen, kann der von Zweifeln getriebene Orpheus nicht erfüllen. Er verliert die Geliebte für immer, lebt fortan nur für die Erinnerung und wird zuletzt ermordet. Sein abgetrenntes Haupt wird mitsamt seiner Lyra in den Fluss Hebros geworfen und ins Ägäische Meer hinabgetrieben, wo es singend auf den Wellen treibt.

Der ergreifende und poetische Mythos stellte sich bei Offenbach folgendermaßen dar: Die Eheleute Orpheus und Eurydike sind einander überdrüssig und gehen beide fremd. Eurydikes Liebhaber ist Pluto, der Herr der Unterwelt. Um die Geliebte ganz für sich zu besitzen, beißt er ihr in den Hals und entführt sie in sein Reich. Auf dem Olymp langweilen sich unterdessen die Götter. Da berichtet Juno ihrem Gatten Jupiter erzürnt, dass eine wunderschöne irdische Dame in die Unterwelt verschleppt worden sei. Der Götterbote Merkur überbringt den Namen des Täters: Pluto. Vor das höchste Gericht zitiert leugnet dieser die Tat. Nun fordert Orpheus, unterstützt von der »Öffentlichen Meinung« – eine moderne Variante des antiken Chors –, seine Frau zurück. Daraufhin nimmt Jupiter sich, alarmiert vom Lärm der Zeit und erfreut über die Abwechslung, der Sache an und begibt sich in Begleitung seiner turbulenten Götterschar in die Unterwelt. In Gestalt einer Fliege schlüpft der vielfach Wandelbare durch das Schlüsselloch in Eurydikes Zimmer, gibt sich als höchster Gott zu erkennen und verspricht der reizenden jungen Frau, sie mit auf den Olymp zu nehmen. Die Götter amüsieren sich unterdessen in der Hölle. Als Pluto für sie eine Riesenparty gibt, erscheint Eurydike im Kostüm einer Bacchantin und Jupiter tanzt ein Menuett, das sich zum Höllen-Cancan, zum berüchtigten »galop infernal« steigert. Erneut fordert Orpheus lautstark seine Frau zurück. Zuletzt erlaubt Jupiter ihre Rückkehr in die irdische Welt, stellt jedoch die alte Bedingung, an die sich Orpheus auch diesmal nicht halten kann. Eurydike gleitet auf ewig zurück in die Unterwelt und Jupiter bestimmt: »Eine Bacchantin mach' ich jetzt aus ihr.«

Mit diesem Stück landete Offenbach einen Sensationserfolg. Das Publikum geriet außer Rand und Band, tanzte den Can-Can und feierte die derbe Neuauflage des Mythos als gelungene Travestie der herrschenden Pariser Sitten. Es lachte über die Geheimnisse, Ambiguitäten und Verstrickungen von mondäner Welt, *demi-monde* und Unterwelt, die man ohnehin stets neugierig und skandallüstern ausspähte und kolportierte, beklatschte und betratschte. Die Götter des Olymp als Raver der Unterwelt, das war der Hit und letztendlich die nackte Wahrheit. Die Theaterbesucher sangen die in die Operette eingearbeitete Tonfolge der *Marseillaise* mit, die eigentlich verboten war, und amüsierten sich über die Karikatur des in den Salons gepflegten Antikenkults. Sie waren über die Maßen vergnügt, denn im Grunde lebten sie alle wie Götter in Frankreich. Der Kaiser, der sich in dem liebestollen und enthemmten Jupiter wiedererkennen musste, ließ die *Bouffonnerie* durchgehen, und sogar die Verwandlung in eine Fliege tolerierte er, obgleich es wenigstens eine Goldbiene hätte sein können.

Im Jahr der strengsten Zensur genoss das Stück Narrenfreiheit, obwohl die freigeistige und frivole Offenbachiade gewagt war, so viel gewagter als die kleinbürgerlichen Operetten späterer Jahrzehnte. Und die Goncourts hatten recht, die Welt bot alle Zutaten für Boulevardstücke. Als Hector Berlioz ein Jahr später im Théâtre Lyrique eine seriöse Adaptation der Oper *Orpheus und Eurydike* von Christoph Willibald Gluck vorlegte, schmälerte das keineswegs den Triumph der Offenbach'schen Operette, in der Friedrich Nietzsche die »supremste Form der Geistigkeit« erkannte. Der Can-Can der 2. Szene des 2. Aktes galoppierte um die Welt. Sittenstrenge Kritiker empörten sich über die »Bordellmusik«,[36] umso mehr taugte sie zum Gassenhauer: Der Höllengalopp wurde die Erkennungsmelodie der Revue im Moulin Rouge.

Am Heiligabend 1858 wurde zur Mitternachtsmesse in der Kirche La Madeleine das *Weihnachtsoratorium* von Camille Saint-Saëns uraufgeführt. Der junge Musiker hatte es für diesen Anlass und für diese

Kirche komponiert, die Napoleon I. 1808 als Ruhmeshalle für seine Soldaten hatte bauen lassen. Soeben hatte Saint-Saëns in dieser Kirche die Organistenstelle angetreten, später würde ihm Gabriel Fauré folgen. Vor beiden lag eine mondäne Karriere, und ihre empfindliche und zarte Musik führte sie bis in Salons, in denen auch Marcel Proust verkehrte. Im bonapartistischen Paris wurde das Jahr 1858 also feierlich und, wie in den Jahren zuvor, sehr französisch verabschiedet.

Nichts ödete Flaubert mehr an. Wenn er von den Ruinen Karthagos träumen wollte, schob sich die luxuriöse Rue de Vendôme vor sein inneres Auge, und wenn er über die Boulevards streunte, sah er nur eine Dorfstraße mit traurigen Freudenmädchen, ehrenwerten Halunken und auftrumpfenden Idioten. Er hoffte, dem Bürger möge der lächerliche spitze Hut vom Kopf wehen. Ja, das wünschte er sich, schlecht gelaunt und boshaft wie er war, aber noch ging dieser Wunsch nicht in Erfüllung,[37] auch wenn das widersprüchliche, gereizte und überhitzte Jahrzehnt langsam seinem Ende zuging.

1860

Große Erwartungen und Camp

Am Neujahrstag 1860 notierten die Goncourts verbittert die Vergabe von zwölfhundert Auszeichnungen an die Armee. Keine einzige für Wissenschaften oder Künste! Sie blickten zurück auf ein bleiernes Jahrzehnt und sahen in den Ehrungen »das schöne Ergebnis«, das Frankreich mit seinem Fortschritt, seiner Zivilisation, seiner modernen Gesellschaft erreicht habe: »Die rohe Gewalt ist dort alles und nimmt alles.«[1] Für sie selbst, für viele Kollegen und Teile der Pariser Bevölkerung, war diese moderne Gesellschaft keine Verheißung, sondern ein Verhängnis. An Gerechtigkeit glaubten sie nicht mehr, das taten nur noch Opportunisten und Idioten. Dies galt umso mehr, als Frankreich seit zwei Jahren alle Merkmale eines Polizeistaats aufwies, der in der öffentlichen Meinung eine Basis hatte, »die er mit Speichelleckereien liebkoste und umschmeichelte«.[2] Insgesamt also eine Lage, die sie schon 1858 als das Gegenteil von Zivilisation bezeichnet hatten.

Die »zivilisatorische Mission« aber, die Frankreich sich auf die Fahnen geschrieben hatte, sollte in den folgenden Jahren und Jahrzehnten tatsächlich rohe Gewalt rechtfertigen. Auch in Europa war das Land wieder in einen Krieg verwickelt, denn Napoleon III. und Cavour setzten unverzüglich die raubeinigen Pläne um, die sie beim Tête-à-Tête in den Vogesen geschmiedet hatten. Als Erstes provozierten sie die Österreicher, jeder auf seine Art. Cavour warb lombardische Freiwillige an und zog Truppen im Norden der italienischen Halbinsel zusammen. Napoleon III., dessen Cousin Plon-Plon gerade die Tochter Vittorio Emanueles geheiratet hatte, reizte in seiner Neujahrsrede vor dem diplomatischen Corps die österreichische Gesandtschaft. Er betonte bei diesem Anlass – in der Regel ein Austausch von Honneurs –, dass die Beziehungen beider Regierungen schlechter als in der Vergangenheit, seine persönlichen Empfindungen gegenüber Kaiser Franz Joseph jedoch unverändert seien. Ausdrücklich bat er Botschafter Hübner darum, zu Hause den exakten Wortlaut zu übermitteln. Hübner schrieb später in seinen *Erinnerungen*, die Neujahrsadresse sei zwar mit *Bonhomie* ausgesprochen, in der Sprache der Diplomatie jedoch ein Affront gewesen. Ein Börsensturz war die Folge. Am 10. Januar 1859 hielt Vittorio Emanuele seine Neujahrsrede vor dem sardischen Parlament. Er sah ein Jahr ohne Heiterkeit anbrechen und meinte den Schmerzensschrei gleich aus mehreren Teilen des Landes zu hören.

Napoleon III. verhandelte unterdessen in Sachen Italien über die Unterstützung der europäischen Staaten, ein schwieriges Unterfangen, auch mit England. Das Land hatte inzwischen eine frankophobe Regierung, und die Beziehung zur Queen war nicht mehr auf dem Stand der charmanten Begegnungen des Jahres 1855. Der informelle Tiefpunkt wurde im Frühjahr 1860 erreicht, trotz eines soeben abgeschlossenen Freihandelsvertrages, der den freien Verkehr von Apple Pie und Camembert über den Ärmelkanal ermöglichte. Es war der Moment, in dem die Queen und die Kaiserin mit spitzen Zungen die Regierungsgeschäfte kommentierten. Victoria warf Napoleon III. »Plünderungspolitik« vor und bezog sich auf das Gerangel um Savoyen und Nizza; Eugénie konterte, England stehe glücklicherweise machtlos und isoliert da – die gerechte Strafe für eine Politik aus altem Groll.[3]

Eine Ewigkeit schien seit dem Sommermärchen vergangen zu sein, in dem die beiden Damen öffentlich ein Zeugnis gegenseitiger Zuneigung abgelegt, gescherzt und Modetipps ausgetauscht hatten. Fakt war aber auch, dass die anderen europäischen Mächte die Absichten Napoleons III. ebenfalls skeptisch beobachteten. Russland ließ sich, trotz der launigen Erinnerung des Zaren an den Canstatter Wasen, in der italienischen Angelegenheit nur zu einer wohlwollenden Neutralität verpflichten; Preußen hoffte zwar auf eine Demütigung Österreichs, fürchtete aber, Frankreich könne anschließend die Rheingrenze in Frage stellen. Dieser Verdacht sollte sich binnen zehn Jahren bestätigen. Zuhause in Paris meuterte wieder einmal der mächtige Morny. Er polterte gegen die undurchsichtigen und unkontrollierbaren Machenschaften seines Halbbruders und deklamierte vor dem Parlament, der Frieden dürfe nur für große nationale Interessen gefährdet werden. Diese ungünstige Gemengelage unterstrich, was Napoleon III. bereits im Dezember 1858, in bonapartistischer Tonlage und in Verkennung der gesamtpolitischen Lage, an Walewski geschrieben hatte. In dem langen Brief heißt es, Frankreich stehe allein da, umgeben von alten Dynastien mit ihren Vorurteilen und jungen Generationen mit ihren brennenden Leidenschaften, die allesamt auf den ersten entscheidenden Schritt Frankreichs warteten, um zu wissen, ob sie für oder gegen das Land seien. Frankreich müsse sich als Führungsmacht der Zukunft zu erkennen geben, die eigenen Fesseln lösen und die Völker befreien und zivilisieren. Er ging davon aus, dass die Nachbarn am Rhein, in der Schweiz und in Belgien »aus Furcht oder Sympathie um ein Bündnis flehen« würden, anstatt seinem Land »wie heute in die Waden zu beißen«. Und er glaubte »Frankreich, fest auf den Alpen und den Pyrenäen ruhend und voller Vertrauen in die beiden großen lateinischen Völker, Spanien und Italien, in der Lage, notfalls gegen die Länder des Nordens zu kämpfen.«[4]

Gemetzel

Im Frühjahr 1859 scheiterten die diplomatische Mission des englischen Botschafters Lord Cowley und der Antrag Russlands auf einen Friedenskongress für Italien. Ein ungutes Vorzeichen war bereits, wie Cowley irritiert notierte, dass Napoleon III. ihn am 6. März in der Pause eines Konzerts in den Tuilerien im Beisein des russischen

Gesandten angeherrscht hatte, Savoyen und Nizza gingen England überhaupt nichts an. Zu diesem Zeitpunkt war in der bonapartistischen Zeitung *La Patrie* eine Serie von illustrierten Geschichten zu Ende gegangen, die den französischen Charakter der Natur und der Bewohner Savoyens schilderte und Lust auf diesen stolzen Landstrich machte.

Hübner empörte sich über die Propaganda. Am 19. April überreichten die Österreicher in Turin ein Ultimatum für die bedingungslose Abrüstung innerhalb von drei Tagen. Vittorio Emanuele lehnte es erwartungsgemäß ab. Daraufhin marschierten die habsburgischen Truppen in Piemont ein und lösten den Sardinischen Krieg aus. Was Cavour beabsichtigt hatte, traf ein: Die Österreicher erschienen nun als diejenigen, die durch diplomatische Torheit den Krieg heraufbeschworen hatten, und Frankreich war nach dem in Plombières beschlossenen Bündnisfall automatisch ihr Gegner. Dieser Umstand betrübte den alten Staatskanzler Metternich, den gewieften Strategen des Wiener Kongresses, in den letzten Tagen seines Lebens. So jedenfalls berichtete es seine Enkelin und Schwiegertochter Pauline, die sich kurze Zeit später mit Klatsch und Tratsch aus der mondänen Pariser Welt zu Wort melden sollte. Ihr »Großpapa«, der »Fels der Ordnung«, misstraue der »Sphinx der Tuilerien« noch immer.[5]

Nach dem Zurückdrängen der Österreicher bei Magenta zogen Napoleon III. und Vittorio Emanuele am 8. Juni 1859 in Mailand ein. Der *Constitutionnel* vermeldete auf der Titelseite der Ausgabe vom 9. Juni einen enthusiastischen Empfang. Vom majestätischen Dom aus leuchtete der Corso in allen Regenbogenfarben der vielen Flaggen und Tücher, Männer fielen auf die Knie, Frauen versuchten, die Hand des Kaisers zu ergreifen, Veteranen der napoleonischen Feldzüge hielten ihre Sankt-Helena-Medaillen hoch, Kinder waren als farbenprächtige Infanteristen verkleidet. Seine kaiserliche Hoheit lächelte glücklich und sah sich als Erbe des großen Bonaparte anerkannt. In der Mailänder Scala und bei Galaempfängen in Turin wurde gefeiert, in den Domen beider Städte erscholl das *Te Deum*.

Auch Paris feierte und überschüttete die Soldaten mit diversen Auszeichnungen. Der Oberbefehlshaber der Streitkräfte, Patrice de Mac-Mahon, erhielt den Titel »Herzog von Magenta« und sollte ein Jahrzehnt später, gestärkt durch diese Ehrung, enthusiastisch in den Deutsch-Französischen Krieg ziehen. Die Kaiserin bewunderte die Uniformen der Nationalgardisten, die am Abend von den Tuilerien in Richtung Notre-Dame paradierten. Eine gewaltige Menschenmenge säumte den Weg und applaudierte. Das Presseecho meldete aus den Londoner Zeitungen *Daily News* und *Morning Post* unerwartete Bewunderung für die Leistungen des Kaisers und Aufregung an den Finanzmärkten. Auf der Titelseite der großen Pariser Tageszeitungen aber wurde auch um Wäschespenden zur Herstellung von Verbandmaterial und Wundpflastern für die Versehrten der Italienarmee gebeten. Stoffreste, Tücher, Laken, Bett-, Tisch- und Unterwäsche konnten in Krankenhäusern, Pflegeheimen, Wohltätigkeitsbüros und allen zwölf Rathäusern der Stadt abgegeben werden.

Der Appell kam gerade noch rechtzeitig. Denn zwei Wochen später übermittelten die Telegraphen steigende Zahlen Verwundeter und Gefallener. Am 24. Juni wurde das österreichische Heer in der Schlacht von Solferino zehn Kilometer südlich des Gardasees von den vereinigten Truppen besiegt. Der Kaiser selbst führte die französische Armee an, wie einst sein Onkel es getan hatte. Diesmal, anders als wenige Jahre zuvor im Krimkrieg, hatte sich Napoleon III. durch niemanden aufhalten lassen und war mit seinem Schiff *La Reine Hortense* bis Genua gereist, um zu seinen Truppen zu stoßen und das Kommando zu übernehmen. Kaiserin Eugénie oblag unterdessen, obwohl sie politisch völlig unerfahren war, die Regentschaft.

Die Schlacht bei Solferino war ein Gemetzel. Unter einer Maske der Unbewegtheit verbarg der als Feldherr unerprobte Kaiser sein Grauen angesichts der vielen Toten und Verwundeten. Es waren diese Schrecken des Krieges, die den jungen Schweizer Geschäftsmann Henri Dunant bewogen, das »Rote Kreuz« als erste internationale NGO zu gründen. Dunant merkte an, dass die neuen Vernichtungswaffen die Kriege möglicherweise kürzer, aber auch unerbittlicher machen würden. Für seinen humanitären Einsatz sollte er 1901 den ersten Friedensnobelpreis erhalten.[6]

Im kollektiven Gedächtnis und in der Literatur Österreichs lebte Solferino als Höllenszenario oder als Heldenmythos weiter.[7] Die Schlacht war ein Wendepunkt des italienischen Freiheitskrieges. Aber es zeigte sich, dass die europäischen Großmächte zwar danach drängten, den Machtbereich der Habsburger einzuschränken, gleichzeitig aber wenig Interesse an einer italienischen Einigung und einem weiteren Machtzuwachs der Franzosen hatten. Preußen mobilisierte 200 000 Mann und forderte die deutschen Staaten auf, bereitzustehen, um den Rhein, falls nötig, zu überqueren. Auf eine solche Eskalation aber wollte Napoleon III. sich zu diesem Zeitpunkt nicht einlassen. In Paralleldiplomatie erprobt, schloss er am 11. Juli in Villafranca einen geheimen Waffenstillstand mit Österreich und zog sich aus dem Krieg zurück. Zum zweiten Mal, und ebenso vergeblich wie im Jahr zuvor nach dem Treffen in Plombières, reichte Walewski ein Entlassungsschreiben ein.[8]

Am 14. August 1859, pünktlich zur Fête Napoléon, kehrten der Kaiser und seine Armee aus Italien zurück und zogen in Paris ein. Mit militärischem Pomp führte Napoleon III. seine Armee an, in den Gewehrläufen steckten Blumen. Er geleitete die Soldaten zur Siegessäule der Place Vendôme, die aus Kanonen der ruhmreichen Schlacht von Austerlitz gegen die Österreicher und Russen gegossen worden war. Dort wurde der dreijährige Thronfolger in der roten Uniform der kaiserlichen Garde zu seinem Vater aufs Pferd gesetzt und salutierte eifrig. Doch die Menschenmenge auf den Boulevards, bereit zum Jubel und zur Huldigung, erschrak über die vielen Lücken in den Reihen der Soldaten, die nicht geschlossen worden waren, um der vielen gefallenen Kameraden zu gedenken. Niemals, schrieb die *Times*, sah man ein solch pittoreskes Heer von Desperados paradieren und salutieren. So kehrte auch dieser Krieg nach Hause zurück.

Am 10. November 1859 wurde mit dem Frieden von Zürich die Karte Italiens neu geordnet: Venetien blieb unter österreichischer Herrschaft, Frankreich erhielt die Lombardei, gab sie weiter an Sardinien-Piemont und erhielt dafür Nizza und Savoyen. Gerade hatte die Ballsaison begonnen, und es gab Anlass, besonders ausgiebig zu feiern.

Vier Tage nach dem Friedensschluss wurde Richard Klemens von Metternich, ein Sohn des verstorbenen Staatskanzlers, als Nachfolger Hübners zum österreichischen Botschafter in Paris ernannt. Er und seine Frau Pauline waren als einzige Ausländer zum Neujahrsball in den Tuilerien geladen. Der Kaiser beehrte den jungen Metternich mit Aufmerksamkeiten und wusste, dass er ein ausgezeichneter Pianist war,[9] die Kaiserin fand Gefallen an der Österreicherin, die schließlich aus dem Land Marie Antoinettes kam. Die verlustreiche Schlacht von Solferino lag nun ein halbes Jahr zurück. Schlag Mitternacht bat Napoleon III. den neuen Botschafter aus Wien, einen Walzer zu spielen, und führte Eugénie aufs Parkett. »Ich musste«, notierte der junge Metternich, »innerlich lachen, denn dass der österreichische Botschafter den französischen Kaiser in den ersten Minuten des neuen Jahres zum Tanzen bringt, ist doch, mit Verlaub gesagt, zumindest originell. Ich konnte nicht den Wunsch unterdrücken, den Radetzky-Marsch zu spielen.«[10]

Ob Napoleon III. und Eugénie wussten, was er sich damit erlaubte und wie er sie zum Narren hielt? Den Marsch nämlich, der bis heute traditionell das Neujahrskonzert der Wiener Philharmoniker beendet, hatte Johann Strauss Vater 1848 nach der siegreichen Schlacht der Österreicher gegen die sardische Armee in Custoza für den Feldmarschall Josef Wenzel Graf Radetzy komponiert. Damals hatte es noch so ausgesehen, als würde Italien niemals frei sein.

Garibaldi Superstar

Der riskante Deal zwischen Napoleon III., Cavour und Vittorio Emanuele führte zum einen dazu, dass die Österreicher aus Teilen Norditaliens vertrieben wurden. Zum anderen brachte er Garibaldi auf den Plan. Der Abenteurer und Partisan wurde zum Vollender der italienischen Freiheit und Einigung und zur glamourösen Kultfigur. Auch in Paris erhitzte er die Gemüter. Wer einen ähnlich charismatischen Rebellen für das 20. Jahrhundert sucht, muss bis nach Bolivien und Kuba gehen und den Spuren des Guerilleros Che Guevara folgen, wenngleich dessen Schicksal als Märtyrer der Revolution dem italienischen Freiheitskämpfer erspart blieb.

Garibaldi wurde 1807 in Nizza geboren, das zu dieser Zeit unter napoleonischer Herrschaft stand. Er schloss sich Mazzinis Freiheitsbewegung an und wurde 1834 nach einem gescheiterten Anschlag auf das französische Waffenarsenal in Genua wegen Hochverrats zum Tode verurteilt. Er konnte untertauchen und 1836 unter falschem Namen über Tunis und Tanger nach Südamerika fliehen. Dort beteiligte er sich an Aufständen in Brasilien und Uruguay und leitete ein Flottenkommando. 1848 kehrte er mit sechzig Anhängern auf seinem Schiff *Speranza* nach Europa zurück, ging in Nizza an Land, marschierte mit einem Freiwilligenheer auf Rom und schloss sich der Römischen Republik Mazzinis an, die jedoch nach kurzer Zeit scheiterte. Garibaldi musste erneut fliehen, überquerte wieder den Atlantik und blieb bis 1854 in New York. Dann kehrte er zurück, gründete auf der vor Sardinien gelegenen Insel Caprera einen Landwirtschaftsbetrieb und unterstützte die Politik Cavours. 1859 überquerte er den Fluss Tessin südlich des Gotthardmassivs, zusammen mit 3000 unerfahrenen Gebirgsjägern, die durch einen überraschenden österreichischen Angriff aufgerieben wurden.

Erbost über den Frieden von Zürich und die Verschacherung seiner Heimat Nizza, besann er sich auf seine Erfahrungen bei der Marine. Am 11. Mai 1860 schiffte er sich in Genua ein und segelte mit dem »Zug der Tausend« nach Marsala am Südzipfel Siziliens, um das Königreich beider Sizilien von der Bourbonenherrschaft zu befreien. Er eroberte Palermo, brachte ganz Sizilien unter seine Kontrolle und rief sich zum »Diktator Siziliens« aus. Bis September wuchs sein Heer auf 50 000 Mann. Franz II., König von Neapel und Sizilien, floh aus Neapel, wo Garibaldi am 7. September triumphierend einzog.

In einer Volksabstimmung sprach sich die Bevölkerung des Königreichs beider Sizilien mit großer Mehrheit für die Vereinigung mit dem Königreich Sardinien und eine konstitutionelle Monarchie aus. Am 26. Oktober begrüßte Garibaldi Vittorio Emanuele als »König von Italien« und zog am 7. November gemeinsam mit ihm in Neapel ein. Kurz darauf wurde das italienische Königreich mit Turin als Hauptstadt ausgerufen. Cavour starb wenige Wochen später, auf den Lippen »L'Italia è fatta«: Italien ist vollbracht!

Allein Garibaldis Versuch, auch den Kirchenstaat einzunehmen, scheiterte an der Gegenwehr des französischen Kaisers. Erst nach dem Sturz des Zweiten Kaiserreichs sollte der Vatikan von italienischen Truppen erobert, Rom Hauptstadt Italiens und der politische Machtverlust des Heiligen Stuhls mit dem Dogma der Unfehlbarkeit des Papstes kompensiert werden. Als Dank für seinen letzten Feldzug mit einem italienischen Freiwilligenheer gegen Preußen erhielt Garibaldi 1871 den Abgeordnetensitz seiner Heimatstadt, verlor ihn jedoch wieder, weil er nicht davon abließ, Nizza für Italien zu reklamieren. Daraufhin zog er sich auf sein Landgut zurück, empfing republikanisch gesinnte Gäste und wurde nach seinem Tod am 2. Juni 1882 unter großer internationaler Beteiligung beigesetzt. Der Nachruf in der *Revue des Deux Mondes* verklärte und romantisierte den Freiheitshelden und trug nicht nur zur außergewöhnlichen Medienpräsenz des Italieners, sondern auch zu seinem sagenhaften Nachruhm bei.[11]

Garibaldis Leben glich einem heroischen Roman und war Stoff für republikanische Kunst und Devotionalien. Die edle, schillernde Erscheinung und die verwegenen Taten qualifizierten den Helden der Alten und der Neuen Welt zum Popstar. In den Straßen wurde das Volkslied über das Rothemd der garibaldinischen Freischärler geträllert, und die Trendsetterinnen der Hauptstädte, die immer auf der Suche nach einem exzentrischen Accessoire waren, trugen die *camicia rossa*. Das musste kein politisches Statement sein – ein *Like* für die Kultfigur aber war es immer.

Die französischen Schriftsteller reagierten 1860 sofort auf die fesselnden Nachrichten aus Italien. Der kaisertreue Alexandre Dumas d.Ä. knüpfte routiniert an seine historischen Abenteuerromane an und lieferte die *Mémoires de Garibaldi.* Sie erschienen 1860 als Feuilleton in der Zeitung *Le Siècle*, 1861 in Buchform bei Michel Lévy, und beginnen wie folgt: »Ich wurde am 22. Juli 1807 in Nizza geboren, nicht nur in demselben Haus, sondern in demselben Zimmer wie Masséna. Der berühmte Marschall war, wie man weiß, der Sohn eines Bäckers. Mein Vater war Sohn eines Fischers und selbst Fischer.«[12]

Mit dem Namen des Offiziers der napoleonischen Italienarmee, Masséna, und dem Hinweis auf die Herkunft beider Strategen aus dem Volk ließ Dumas den bonapartistischen Mythos wieder auferstehen, verband die Hymne auf die italienische Freiheitsbewegung mit einem Kaiserlob und drehte ein »großes Kino« auf allen Ozeanen und Schlachtfeldern, die sein Held beherrschte. Wer eine solche Geschichte ausschmücken durfte, musste keine mehr erfinden! Noch im selben Jahr erschien in Brüssel eine Sonderausgabe der *Mémoires* mit einer Rede Victor Hugos und einem Vorwort George Sands. Sie wurde in Frankreich verboten. Denn Hugo brachte das Kunststück fertig, gegen die Unterdrückung in Italien zu protestieren, ohne den Kaiser als Befreier zu loben. Er fragte nach Garibaldis Ursprüngen und gab eine Antwort, die ebenso viel über den italienischen Helden wie über ihn selbst aussagte: Garibaldi sei ein Mann in der erhabenen Bedeutung des Wortes, ein *Vir* im Sinne Vergils. Das hieß übersetzt in die Alltagssprache: ein Mann des Mutes und der großen Tat, den die Seele des Volkes zum Sieg führt. Hugo lud Garibaldi auch, allerdings vergeblich, auf die Kanalinsel ein und benannte ein Zimmer in Hauteville House nach ihm.

Das Vorwort von George Sand war eine Hymne. Sie begegnete Garibaldi während ihres ganzen Lebens kein einziges Mal und schrieb ihm, soweit man weiß, nicht einmal Briefe. Vielleicht waren seine Adressen einfach unzuverlässig. Erwartungsgemäß aber war sie von ihm beeindruckt. Sie betätigte sich zwar vorrangig als Beschützerin junger begabter und empfindsamer Männer, liebte es aber bekanntlich ebenso, wenn erfahrene Männer in Entscheidungssituationen beherzt zupackten. Gebannt verfolgte Sand Tag für Tag Garibaldis Aktivitäten, immer war Garibaldi Gesprächsstoff und niemals Anlass für Streit, denn alle bewunderten seinen Enthusiasmus und rühmten ihn und seine Gefährten als Athleten.

Wie viele Menschen in ganz Europa wachte George Sand morgens auf und fragte sich, wo der Revolutionär sich gerade aufhalte und was er am Tag zuvor wohl getan habe. Er trug das Banner der neuen Zeit, und sie fand sein Unternehmen, wie überhaupt seine gesamte Erscheinung, geheimnisvoll und hochpoetisch. Garibaldis kühne Taten weckten aufs Neue ihre Zuversicht und erinnerten sie an das, was in Frankreich, wo nur noch das Recht des Stärksten galt, erstorben war: eine große Seele und der Glaube an die Zukunft. Das tat ihr gut. Sie war nun ganz grau. Anders als der Jahrhundertsommer im Jahr zuvor war der Sommer 1860 ungewöhnlich kühl, Hagel und Starkregen vernichteten die Obst- und Getreideernte. In den schweren Träumen unruhiger Nächte »schlug sie ihr Feldlager auf und lud fiebrig das Gewehr nach«. Doch obwohl ihr »Husarenherz« morgens gerädert war, fühlte sie sich stark »wie ein Türke« und badete mit Vertretern des »mutigen Geschlechts« im eisigen Fluss.[13]

Ganz anders beurteilten die Brüder Goncourt den Garibaldi-Hype. Das musste keine Missgunst, kein Neid auf den Starkult oder gar mangelnde Freiheitsliebe sein. Aber sie misstrauten eben doch den Allüren und dem Ruhm Garibaldis und argwöhnten, er habe anderen, weniger glamourösen und lauten Liebhabern der Freiheit die Show gestohlen. Über den Rummel in Paris und gleich über den ganzen Boulevard, den der Italienheld bediente, schütteten sie Hohn und Spott aus und notierten am 29. Juli 1860, man wisse nicht mehr, wer den meisten Wirbel mache: der Guerillero Garibaldi, der im Zirkus der Kaiserin frei schwingende Trapezkünstler Léotard oder die Can-Can-Tänzerin Rigolboche, die gerade in Offenbachs *Orphée aux enfers*, in Casinos und bei öffentlichen Bällen für Wirbel sorgte. Das waren ebenso luftige wie frivole Vergleiche. Gerade war in Paris die Broschüre *Rigolboche et Garibaldi* erschienen, und es zirkulierten pornographische Hefte, sogenannte »Rigolbochaden«, die nicht zensiert wurden, »weil sie offenbar gut zu einem Spätreich passten«.

Schon am 16. Juni hatte Jules de Goncourt in einem Brief an Flaubert, der in Croisset an seinem neuen Roman arbeitete und ins alte Karthago abgetaucht war, geschrieben: »Schauen Sie! Ich werde Ihnen die einzige Neuigkeit mitteilen, die ich aus Paris erhalten habe. Wissen Sie, wie man Garibaldi dort nennt? Garibaldoche! Die Mode hat den Schwanz vom Namen Rigolboche abgeschnitten und ihn an den anderen angehängt.« Das Obszöne erheiterte die Lebemänner in diesen tristen Zeiten, und mehr denn je verspürten die Brüder Lust, rüde zu reden. Am 3. September notierten sie einen Bordellbesuch in Strasbourg bei »Soldatenhuren, der schweren Kavallerie der Prostitution«. Die »Damen« erwiesen Garibaldi die Ehre und folgten damit der ›Meinung der Herde‹.»[14]

Über das Mittelmeer

Zu Beginn des neuen Jahrzehnts spielte Frankreich eine Hauptrolle auf den Bühnen der internationalen Politik, in Nordafrika, im Mittleren und Fernen Osten zeichneten sich die wirtschaftlichen und geostrategischen Absichten immer klarer ab. Acht Jahre waren seit den programmatischen Reden in Bordeaux und in Marseille vergangen, und Algerien, das »Land gegenüber von Frankreich«, stand ganz oben auf der Agenda des Kaisers. Er hatte sogar mit der Idee geliebäugelt, dem Thronfolger den Titel »König von Algier« zu verleihen, verwarf ihn aber, weil er zu sehr an den unglücklichen »König von Rom« erinnerte. Dass sich das Schicksal seines Sohnes tatsächlich in Afrika vollenden würde, konnte er zu diesem Zeitpunkt nicht ahnen.

Nach einer Reise durch die jüngst ausgehandelten Gebiete Savoyen und Nizza besuchten Napoleon III. und Eugénie im September 1860 das Land auf der anderen Seite des Mittelmeeres und wurden zu ihrem Entzücken als »Sultan und Sultanin« empfangen. Wie alle Reisenden des 19. Jahrhunderts, die ihre Grand Tour bis hierher ausgedehnt hatten, waren sie beeindruckt von der Pracht und Eleganz der Gastgeber und ihrer Paläste und nicht zuletzt von der für sie ausgerichteten »Fantasia«, einem Wettkampf von 10 000 Reitern der kabylischen Berberstämme. In Algier legte Eugénie den Grundstein für den Boulevard de l'Impératrice. Die breite Uferstraße, die heute Boulevard de la République heißt, war bald gesäumt von großen Geschäften und gleichförmig eleganten Wohnhäusern. Haussmanns Baustil setzte sich nun auch hier durch, Immobilienspekulation, eine fiebrige Bautätigkeit und die Investitionen der Brüder Pereire verwandelten die Stadt in ein neues Marseille.

Am 19. September hielt Napoleon III. in Algier vor Stammesvertretern und Siedlern eine Rede. Er lobte die »mutigen Siedler« dafür, »auf afrikanischem Boden die französische Flagge gehisst« zu haben, und erklärte das Glück der drei Millionen Araber in Algerien zur Chefsache. Er sah es als seine Aufgabe an, unter ihnen die »Wohltaten der Zivilisation« zu verbreiten, »die Araber zur Würde freier Menschen zu erheben«, ihnen »unter Respektierung ihrer Religion den Zugang zur Bildung zu verschaffen« und ihr »Leben durch die Bergung aller Schätze zu verbessern, die die göttliche Vorsehung ihrer Erde geschenkt habe und die nur eine schlechte Regierung brach liegen ließe«. Denen, die von der Mehrehe abließen, versprach er die französische Staatsbürgerschaft.[15]

Wortlaut und paternalistischer Tonfall der Rede knüpften an die Idee einer Mittelmeerunion unter französischer Führung an, die schon Napoleon I. mit seinem Ägyptenfeldzug im Sinn gehabt und frühsozialistische Denker aufgegriffen hatten. Sie schloss die Instrumentalisierung der zivilisatorischen Mission für kolonialistische Ambitionen und die Jagd auf Ressourcen ein und zeichnete sich nun als Roadmap der Nordafrikapolitik der folgenden hundert Jahre ab. Napoleon III. sah den Fortschritt als vornehmste Aufgabe der Zivilisation an und nahm beherzt den Ausbau der Infrastruktur und die wirtschaftliche Entwicklung Algeriens in Angriff. Er veranlasste den

Bau von Straßen- und Schienennetzen durch das riesige und in weiten Teilen unwegsame Land, den Ausbau der Häfen und die Entwicklung von Strom- und Telegraphenleitungen. Gegenüber Otto von Bismarck, der 1862 preußischer Gesandter in Paris war und wie die heutigen deutschen Botschafter von einem Empire-Schreibtisch im Hôtel Beauharnais aus die Geschäfte führte, äußerte Napoleon III., das Mittelmeer werde bald ein »fast französischer See« sein.[16]

Wer in der Folgezeit dessen Südufer bereiste, konnte tatsächlich den Eindruck gewinnen, in Frankreich, dem »Mutterland der Zivilisation«, zu sein. Gleichwohl stärkte der Kaiser die Grundbesitzrechte der einheimischen Bauern gegenüber den Kolonialherren und erinnerte eine große Zuhörerschaft von Expats daran, dass sie nur durch Blutvergießen zu Reichtum gekommen war. Die Siedler erstarrten bei diesen Worten. Außerdem erließ er eine Freihandelsverordnung für Kolonien, die zuvor nur mit dem Mutterland Waren austauschen durften.

Diese Gedanken und Maßnahmen knüpften an seine frühen Jahre an: Napoleon III. hatte in seiner Jugend in der frühsozialistischen Zeitung *Globe* Artikel über eine zukünftige Vereinigung der Mittelmeervölker gelesen und die 1843 erschienene Schrift des Saint-Simonisten Prosper Enfantin, *Colonisation de l'Algérie*, studiert. Der Autor war ein glühender Verehrer des technischen Fortschritts, ein Eisenbahnfan und -unternehmer und einer der ersten Projektierer des Suezkanals. Er hatte in seinen Überlegungen zur Kolonisierung Algeriens die Geschichte und das Klima des über viele Jahrhunderte von Römern, Vandalen und Osmanen besetzten Landes und die Intelligenz und Würde seiner Einwohner erörtert. Er hatte die von französischen Militärs begangenen Gemetzel bei der Eroberung und Besiedlung angeprangert und empfohlen, die Rechte der algerischen Bauern und Stämme zu stärken und einen klugen, durch einen Titel ausgewiesenen Kolonialminister einzusetzen. Napoleon III. hielt sich an die Vorschläge Enfantins, um seine politische Gestaltungskraft und zugleich sein soziales Engagement unter Beweis zu stellen. Als ersten Kolonialminister ernannte er 1858 Plon-Plon, der den von

Enfantin angeratenen Prinzentitel und die hiermit verbundene Autorität mitbrachte und von den Siedlern akzeptiert wurde. Allerdings trat dieser schon bald zurück, um sich in jeder Hinsicht der Sache Italiens zu widmen und an den Gedanken zu gewöhnen, eine 15-Jährige zu heiraten.

Seine Stelle nahm ein Freund Abd el-Kaders ein. Das beruhigte die Würdenträger des Landes, die 1862 mit einer sechsköpfigen Abordnung die Herbstgesellschaft in Compiègne besuchten und durch ihr glamouröses Auftreten bei der traditionellen Treibjagd für Furore sorgten. Als sie sich aber beim Empfang vor dem als Araber kostümierten sechsjährigen Loulou verneigten und ihm die Hand küssen wollten, hielt der Kaiser sie davon ab und forderte stattdessen zu einer allseitigen brüderlichen Umarmung auf. Die Vertreter des Hofes waren darüber überaus verwundert, die Siedler aber geradezu wütend, als die Nachricht in Algier eintraf. Wie er es auch anstellte, der Kaiser saß zwischen allen Stühlen, und die Zeichen, die er aussandte, waren sprunghaft und widersprüchlich.

Am 6. Februar 1863 schickte er einen Brief an Marschall Aimable Pélissier, dessen Grausamkeiten bei dem Feldzug in Algerien und im Krimkrieg in der Schlacht von Sewastopol weithin bekannt waren, und ließ den Brief einen Tag später im *Moniteur* veröffentlichen. Algerien, so hieß es dort, sei keine französische Kolonie, sondern ein arabisches Königreich. Die indigene Bevölkerung habe das gleiche Recht auf den Schutz des Kaisers wie die Siedler. Denn er, Napoleon III., sei Kaiser der Franzosen und Kaiser der Araber. Die Formulierungen führten in Algier und Oran zu Verstimmung, der Artikel wurde zensiert. Auch in Frankreich und Europa stieß er auf Unverständnis, in mehreren Städten zirkulierten Flugblätter gegen den Kaiser. Die Nordafrikavision ließ einen gewissen Respekt gegenüber der anderen Kultur sowie einige wohlwollende Absichten erkennen. Wahr ist aber auch, dass Frankreich in den Folgejahrzehnten durch den Einsatz von mäßig verhüllter Propaganda und mit großer Brutalität die Reichtümer der »afrikanischen Erde« plünderte und ein Netzwerk aus lokalen Potentaten und französischen, später *pieds-noirs* genannten Siedlern aufbaute, jenes System aus Spekulation, Korruption und Klientelismus, das den Kontinent bis heute beeinträchtigt.

Auf nach Syrien

Der arabische Traum Napoleons III. beschränkte sich nicht auf Algerien, sondern umspannte den ganzen Vorderen Orient. Syrien war mit der bonapartistischen Nationalhymne *Partant pour la Syrie*, dem verklärenden Lied über einen jungen Kreuzritter, auf kuriose Weise im Volk präsent, eine Verheißung und ein Auftrag. Heute stockt jedem, der den Titel hört, der Atem.

Der Libanon und Syrien waren zur Jahrhundertmitte noch Teil des Osmanischen Reiches, das von Frankreich im Krimkrieg unterstützt worden war. Im europäischen Bewusstsein und vor allem in Paris, in Phantasmagorien des Hofes, des Bürgertums und der Künstler, im Orientalismus von Maskenbällen und Mode waren sie lebendig. Illustrierte Zeitschriften schilderten die Levante als Ursprungsort der großen monotheistischen Weltreligionen und zugleich als Landschaft der Märchen aus *Tausendundeiner Nacht*. Zuerst waren Schriftsteller, Künstler, Missionare, Händler und Abenteurer in den Nahen Osten aufgebrochen, dann folgten Ingenieure und Investoren, zuletzt zahlreiche Touristen.

Der nationale Aufbruch nach Syrien begann 1860. Der Anlass war ernst und akut, denn im Nahen Osten war ein Religionskrieg entbrannt. Das Libanongebirge, das sich von der syrischen Grenze aus nach Süden über 160 Kilometer parallel zur Mittelmeerküste erstreckt, war seit Jahrhunderten ein Rückzugsort religiöser Gemeinschaften, darunter Drusen und Maroniten, die ein Eigenleben abseits der großen Religionsverbünde, der Amtskirchen und der osmanischen Regierung führten. Sie lebten voneinander geschieden in zerklüfteten Tälern oder koexistierten in den Küstenstädten. Der

Libanon, dem die Berge den Namen gegeben hatten, war, ebenso wie Syrien und Palästina, damals wie heute ein Mosaik aus zahlreichen Stämmen und Religionen. Als Europa sich auf das imperialistische Zeitalter vorbereitete, gehörten diese Länder zu den Topdestinationen. England kooperierte mit den muslimischen Drusen, Frankreich war Schutzmacht und Handelspartner der christlichen Maroniten, die orthodoxen Christen wurden von Russland und Österreich protegiert. Die Krise des Osmanischen Reiches und der Krimkrieg stärkten das Verlangen der Europäer nach Einflussnahme, und im Zuge ihrer von Konkurrenz und Misstrauen begleiteten Operationen nahmen auch die Konflikte unter den religiösen Gruppierungen zu.

Seit März erreichten den Kaiser bereits Nachrichten von der Verfolgung der Maroniten durch Drusen im Libanongebirge, zuletzt auch durch Sunniten in Damaskus, von Plünderungen, Entführungen und Massakern. Alle Verhandlungen verliefen ohne Erfolg. Im Juni umzingelten die Drusen nach einer echten oder vorgeschobenen Provokation seitens der Maroniten die alte libanesische Hauptstadt Dair al-Qamar, im Juli stand Damaskus in Flammen. Der türkische Gouverneur verhinderte die Kämpfe nicht und hoffte auf den Syrieneinsatz der konzertierten europäischen Mächte, um die Ordnung wiederherzustellen.[17]

Der Finanzverwalter der kaiserlichen Expedition, Ernest Louet, schrieb über die *Expédition de Syrie*, Europa habe vor Zorn gebebt angesichts des Blutbades im Libanon und des erneuten Ausbruchs eines Religionskrieges, keine 800 Kilometer von den eigenen Ufern entfernt, der an die schlimmsten Gräueltaten aus barbarischen Zeiten erinnere. Seit den Kreuzzügen sei Frankreich der Region verbunden, deren große religiöse Unterschiede nur an der Oberfläche befriedet seien. Nun treffe man in dem einst so pittoresken Landstrich nur noch auf Ruinen und Leichen und spreche von 18 000 ermordeten Christen und 120 000 Flüchtlingen. Einzig der Einsatz Abd el-Kaders und seiner algerischen Privatarmee habe in Damaskus noch mehr Opfer verhindert.[18]

Anfang August 1860 trafen sich Vertreter der europäischen Staaten in Paris zu Gesprächen. Federführend war Édouard Thouvenel, der neue Außenminister und ehemalige Botschafter in Konstantinopel. Anschließend schickte Frankreich Bodentruppen nach Syrien. England, Russland, Österreich und Preußen entsandten Kriegsschiffe.

Die Mission dauerte neun Monate. Napoleon III. rechtfertigte sie in einem Brief an seinen Botschafter Victor de Persigny in London mit »humanitären Gründen« und stellte die rhetorische Frage, welche anderen Absichten er für die Entsendung von Truppen in die Region sonst haben könnte. Die *Times* freilich, die den Brief am 1. August veröffentlichte, misstraute erneut seinen guten Absichten, ebenso wie Teile der heimischen Öffentlichkeit. Der Argwohn überraschte nicht, obwohl in England nicht bekannt sein konnte, dass der Kaiser in einem anderen Brief die Idee eines arabischen Großreichs angedeutet hatte, »von Tunis bis zum Euphrat«, unter französischer Führung mit Damaskus als Zentrum.[19]

Am 9. Juni 1861 einigte sich die Friedenskonferenz in Konstantinopel auf folgende Regelungen: Der Nord-Libanon, in dem die meisten Christen lebten, wurde zur autonomen Region. Der Gouverneur musste ein Christ, durfte aber kein Einheimischer sein. Die europäischen Staaten wurden zu Schutzmächten erklärt und sprachen den Religionsgemeinschaften Gelder in Höhe ihrer jeweiligen Mitgliederzahlen zu. Diese ebenso salomonische wie paternalistische Vereinbarung und die einstweilige Befriedung der Region änderten freilich nichts daran, dass Syrien und der Libanon ein Pulverfass und ein Prüfstein der internationalen Nahostpolitik blieben.

Im Anschluss an die Syrienexpedition veranlasst Frankreich archäologische Grabungen und baut seinen politischen und wirtschaftlichen Einfluss im gesamten Nahen Osten aus.[20] Auch Zolas Börsenhai Aristide Saccard, der gerade noch an der Pariser Börse alles riskiert hatte, ist in Goldgräberlaune. Zu Beginn der 1860er Jahre lernt er den Ingenieur Georges Hamelin kennen, der mit seiner Schwester Caroline im Orient gelebt hat und einen Financier für seine Projekte im Nahen Osten sucht. Er findet ihn in dem rastlosen Saccard, der sich Hals über Kopf in Caroline verliebt. Denn sie hat in Beirut und Damaskus die Karawanen aus Mekka und Bagdad vorüberziehen sehen, kennt die Zedern des Libanon und den betörenden Duft der Gärten, die fruchtbaren und verdorrten Felder der Ebenen, die großen und alten Städte und die lautlosen Wüsten, die Täler und Bergketten und die auf den Hochebenen oberhalb von Schluchten liegenden Dörfer der Drusen und Maroniten. Ein einziges Märchen! Umso größer ist ihr Zorn über Ignoranz und Fanatismus, Trägheit und Bestechlichkeit, die Bürgerkriege der letzten Zeit, verwüstete Landstriche, dumme und schlechte Menschen. Wie viele Reichtümer sie doch verachten und vergeuden! Das ist der Ton, der Saccard entflammt. Er macht sich auf, den Traum Alexanders des Großen und des großen Napoleon endlich zu verwirklichen: Zuerst das Mittelmeer beschlagnahmen, dieses Meer, das einzige, das die alte Welt kannte, dieses große blaue Meer, an dessen Ufern einst die Zivilisation blühte. Dafür Millionen investieren, die Kassenschalter verzaubern und Geld in Strömen ausschütten. Schifffahrtslinien einrichten in allen Häfen Afrikas, Asiens und bis zum Schwarzen Meer hinunter, dann Syrien als Sprungbrett für Operationen und Geschäfte mitnehmen, in den Minen Silber schöpfen und Kohle für die Fabriken der Zukunft zutage fördern, in ganz Kleinasien ein Netz aus Eisenbahnschienen verlegen. Den Orient zum Vorort von Marseille machen, da liegt die ruhmreiche Zukunft![21]

Und dann die ganze Welt

Zu Beginn des neuen Jahrzehnts kooperierte das Zweite Kaiserreich mit dem British Empire, zugleich konkurrierte es mit ihm. Die Weltmeere waren stark befahren, und in Paris staunten die Zeitungsleser über die Vielfalt der Welt. Während sie mit Bildern und Geschichten unterhalten wurden, warteten auf die Mutigen und Erfindungsreichen Tausende von Abenteuern. Immer wieder aber hatten auch die Daheimgebliebenen Gelegenheit, auf den Boulevards den Abglanz ferner Länder zu erleben. Bevor Frankreich ab 1861 auf das unglückselige mexikanische Abenteuer zusteuerte und damit einen weiteren Kontinent ins Visier nahm, war im Fernen Osten der Zweite Opiumkrieg zu Ende gegangen, Peking war keine geschlossene Stadt mehr, Japan ein offenes Land. Zu den Ländern, die neu entdeckt wurden, zählte auch Thailand, das alte Königreich Siam. Dort saß seit 1851 König Rama IV., genannt Mongkut, auf dem Thron. Er suchte, im Gegensatz zu China und Japan, die vom Westen zum Freihandel gezwungen wurden, den Kontakt zu Europa. Dass die Engländer augenblicklich auf dieses Angebot reagierten, erfuhr die französische Regierung erst 1855. Sofort wurde ein Besuch des Konsuls Charles de Montigny von Shanghai aus in die Wege geleitet. Am 14. Juli 1856 traf er mit der kaiserlichen Marine im Hafen von Bangkok ein und bekam eine Audienz bei Hofe. Während sich, gemäß dem jahrhundertealten Zeremoniell, der gesamte Hof vor dem König niederwarf, blieb Montigny mit seinem Übersetzer stehen und verlas eine kurze Grußadresse. Das war gegen die Etikette, bei der übereilten Reise war schlicht das interkulturelle Coaching auf der Strecke geblieben. Der freundliche König aber erinnerte an den Besuch einer siamesischen Delegation in Versailles zwei Jahrhunderte zuvor, auch einer seiner Vorfahren habe damals den Sonnenkönig erblicken dürfen. Er hoffe, dieses eindrückliche Erlebnis wiederholen zu können.

Am 15. August, dem bonapartistischen Nationalfeiertag, unterzeichnete Montigny einen Freundschaftsvertrag, garantierte Frieden, freie Religionsausübung, freien Handel und Verkehr und stellte ein Konsulat in Bangkok in Aussicht. Der Auftakt schien nun doch geglückt, dank der Nachsicht und Klugheit des siamesischen Königs. Erfreut schickte der Monarch einen Brief an Napoleon III., den dieser jedoch zu beantworten vergaß. Das war ein dummer Fehler des gewieften Diplomaten, der 1858 mit ansehen musste, wie eine große siamesische Gesandtschaft von der englischen Marine eskortiert und mit viel Glamour von Queen Victoria empfangen wurde. Sie war vertraut mit Mongkut und hatte ihm zuvor schon eine Modelleisenbahn geschenkt, Napoleon III. hingegen konnte in Paris nur einige Botschafter in privater Mission begrüßen. Die wiederholten Pannen waren besonders bitter, da Siam das Zentrum einer riesigen Region war, die sich von Britisch-Indien bis nach China erstreckte.[22]

Endlich jedoch, nach dem Italienkrieg, der Syrienexpedition und der Reise nach Algier, nachdem Frankreich Saigon eingenommen und die Kontrolle über Teile Indochinas gewonnen hatte,[23] wollte der Kaiser den Wunsch des siamesischen Königs erfüllen. Frankreich bereitete sich auf den Besuch der Gäste aus Fernost vor. Am 23. Februar 1861 stach die Korvette *La Gironde* von Bangkok aus mit drei Botschaftern und ihrem Gefolge, insgesamt 27 Personen, in See. In Suez nahm sie der Vizekönig von Ägypten in Empfang und begleitete sie bis nach Alexandria, dann wurden sie nach Toulon gebracht, weil der große Militärhafen eindrucksvoller war als der Hafen von Marseille. Die Delegation besuchte die Seidenfabriken in Lyon und erreichte Paris schließlich am 15. Juni.

Die Gesandten bezogen ein Hotel auf den Champs-Élysées, vor dem sich eine große Menge Schaulustiger versammelte. Zwölf Tage lang ruhten sich die Gäste aus, bevor sie das Haus verließen und mit einem Sonderzug nach Fontainebleau gebracht wurden, wo die kleine kaiserliche Familie sie begrüßte, beschenkte und umsorgte. Die Gäste erinnerten sich später vor allem an das eindrucksvolle Programm der folgenden Wochen, für das ihnen neben einem Sonderzug sechs Kutschen zur Verfügung gestellt wurden. Für sie war Haussmanns Paris die Stadt der Zukunft und Frankreich der Gipfel des Luxus, der Tradition und Modernität gleichermaßen. Sie besichtigten Versailles, die Baccarat-Kristallwerkstätten, die Silberwaren- und Schmuckmanufaktur Christofle und die Porzellanmanufaktur Sèvres, die Fotoateliers von Nadar und von Mayer & Pierson, eine Waffenfabrik und eine Telegraphenfabrik.

Die Franzosen ihrerseits staunten, als sie die Berichte über den Empfang im Ballsaal des Schlosses von Fontainebleau lasen, der im Beisein des kaiserlichen Hauses und der Hofdamen formvollendet ablief, so wie es Jahre zuvor auch beim Staatsbesuch in England geschehen war und nun nicht anders sein durfte. Sie staunten noch

mehr, als sie Bilder der extravaganten Festlichkeit sahen, vor allem das des Orientmalers Jean-Léon Gérôme.

Dessen monumentales Gemälde *Réception des ambassadeurs siamois par l'Empereur Napoléon III au Palais de Fontainebleau* zeigt die in Landestracht gekleideten Gesandten, die gemäß dem alten siamesischen Ritual im Kotau zum Kaiser vorrücken. Postkolonialen Kritikern mag es vielleicht scheinen, als unterwerfe sich die alte Hochkultur dem Parvenu, der Kaiser geworden war. Das Bild jedoch stellt vorrangig ein geglücktes Zeremoniell dar, das dem Kaiser die gleiche Ehrerbietung zuteilwerden lässt wie dem siamesischen König, der englischen Königin und gekrönten Häuptern überhaupt. Und das, weil sich die feinsinnigen und vornehmen Siamesen niemals so schlecht benommen hätten wie einige Jahre zuvor der französische Botschafter.

Unter die vielen Geladenen, deren Porträts mehrheitlich nach Fotografien von Nadar ausgeführt wurden, hat sich auf der linken Seite der gefeierte Maler Gérôme selbst gemischt: auch er in Fontainebleau. Dafür wurde Gérôme von seinen Gegnern gerügt. Sie schmähten ihn ohnehin als pompösen Salonmaler, der Bücklinge vor dem Kaiser machte.

Der glamouröse Besuch aus Fernost hatte keine direkten politischen Folgen, jedoch ein Nachspiel voller Artigkeiten. Kaiser Napoleon III. zeichnete König Rama IV. mit dem Großkreuz der Ehrenlegion aus, dieser antwortete mit der Gründung des Ordens des Weißen Elefanten. 1864 schickte er ein mit Edelsteinen und Diamanten besetztes Exemplar in die Tuilerien, das Bewunderung und Fernweh hervorrief.

Daheim und unterwegs

Angesichts der vielen Projekte und Expeditionen des Kaisers konnte den Franzosen zu Hause, wenn sie die täglichen Nachrichten lasen, schwindlig werden. »Immer weiter, immer schneller, immer mehr«, das schien die Devise zu sein. Die Unruhe in der Welt passte zum Umbruch in der Hauptstadt und steigerte sich ins Phantastische und Surreale, die Zeit schien aus den Fugen.

In Paris erkannte man zu Beginn des neuen Jahrzehnts, wohin die architektonischen Umwälzungen führten, für den Rausch der weltweiten Interventionen aber galt das noch lange nicht. Die Hauptstadt wuchs gewaltig. Seit dem 1. Januar 1860 waren die Vororte Auteuil, Belleville, Montmartre, Grenelle und Bercy sowie weitere Gegenden außerhalb der alten Festungsmauern per Erlass eingemeindet worden, Paris zählte jetzt 1 600 000 Einwohner. Obwohl die Hauptstadt ihre Fläche verdoppelt hatte, verdichtete sich die Bebauung auch in den alten Vierteln beständig, ein Baum nach dem anderen wurde für Straßen und Häuser gefällt. Paris hatte auf einen Schlag anstelle der zwölf insgesamt zwanzig Arrondissements. So ist es noch immer, wenngleich es im 21. Jahrhundert ehrgeizige Planungen für ein *très grand Paris* unter Einbeziehung der heutigen Banlieues gibt.

Haussmann passte die Länge der großen Straßen an und erhöhte ihre Anzahl, mit der wachsenden Infrastruktur stieg auch der Verkehr. Die Bewohner der Metropole flanierten über die Boulevards, spazierten durch die von Jean-Charles Alphand neu gestalteten Gärten und Parks – den Bois de Boulogne, den Bois de Vincennes, den Parc des Buttes-Chaumont – und entdeckten die ländlichen Gegenden jenseits der Stadtgrenze als Naherholungsgebiet. An schönen

Sonntagen brachen sie ins Grüne auf. Wer keine Kutsche hatte, und das waren die meisten, nahm die Ringbahn der Petite Ceinture. Sie brachte die Großstädter aufs Land und verband alle Bahnhöfe und Dörfer des Pariser Außengürtels miteinander. Der erstmals 1851 erschienene Ausflugsführer *Guide du promeneur aux barrières et dans les environs de Paris* eines gewissen R. B. gab Auskunft über Fahrzeiten und -preise der Züge und empfahl Aussichtspunkte, Dorffeste, Gartenwirtschaften und Tanzlokale, die *Guinguettes*, entlang der Seine und der Marne. Die Ausflüge, bald Motive für Postkarten und impressionistische Bilder, waren in der Rastlosigkeit des Alltags eine preiswerte Atempause.

In Paris hingegen, bemerkte Zola, drohe die Bevölkerung zu ersticken. Für die Ärmsten waren einige Blumentöpfe hinter einer Eisenstange auf dem Fensterbrett das einzige Grün. Er selbst fühlte sich bald ermattet vom Leben in der großen Stadt und sollte sich zum Ende des folgenden Jahrzehnts in sein Landhaus in Médan zurückziehen, das er mit Einnahmen seiner Zeitungsbeiträge und ersten Romane finanzieren konnte. Dort versammelte er Freunde und Kollegen, Schriftsteller, Maler und Fotografen, die gemeinsam Texte verfassten und an den Legenden ihres Lebens und Schaffens bastelten. In ihnen spielen Künstlerfreundschaften und -konkurrenzen ebenso eine Rolle wie die Geburt des Naturalismus aus dem Geist des Angelns und den Erinnerungen an den fürchterlichen Krieg zwischen Frankreich und Deutschland, den 1860 nur die wenigsten erahnten. Alle genossen das vorzügliche Essen in Médan. Die Luft war frisch, obwohl die Schnellzüge der Strecke Paris–Le Havre so nah am Grundstück vorbeiratterten, dass die Rauchwolken je nach Windrichtung für einen Moment den Garten verdunkelten.[24]

Auch andere Schriftsteller und Künstler versuchten, abzuschalten und ihr Ding zu machen, unabhängig davon, ob sie in Paris oder in der Provinz lebten, oder je nach Saison hier und dort. Wenn sie auf dem Literaturmarkt zu wenig Aufmerksamkeit oder in den Zeitungen schlechte Kritiken bekamen, maulten und schimpften sie. Das taten die Goncourts ohnehin immer. Auf ihren neuen Roman *Les hommes de lettres* über Leben und Schaffen eines Bohemien reagierte wieder einmal so gut wie niemand, George Sands Zuspruch tröstete da nur ein bisschen. Sie bedankte sich für die Zusendung des Buches mit einem Brief, »herzlich wie der Handschlag eines Freundes«, und schalt sich »unzivilisiert«, weil sie die beiden jungen Autoren noch immer nicht persönlich kennengelernt hatte.[25] Sie lobte ihre Fortschritte und riet ihnen, nicht dem Trend zu folgen, jede Nebensächlichkeit erzählen zu wollen.

Zur Politik äußerten sich die Brüder nach dem verdrossenen Tagebucheintrag am Neujahrstag kaum noch, ärgerten sich jedoch über ein kaiserliches Dekret, das zwei ihnen völlig unbekannten Grundbesitzern den Namen »de Goncourt« zugesprochen hatte. In dem einzigen Brief, den sie je an den Kaiser richteten, protestierten sie gegen diese Vergabe des Namens ihres Großvaters und Vaters, den sie als Autornamen benutzten und als »literarisches Eigentum« ansahen. Mit einer Antwort rechneten sie nicht, es kam auch keine, obwohl sie zähneknirschend die Anrede »Monseigneur« und »Son Excellence« gewählt und den Wert von Familie und Familienerbe betont hatten.[26]

Sie tauschten sich nun oft mit Flaubert aus, vor allem über Frauen. Seine Besuche bei den Goncourts waren seit der ersten Einladung zum Diner am 12. Januar 1860 von »provinzieller Hartnäckigkeit und beflissener Regelmäßigkeit«, wenig später bezeichnete er sie schon als »intime Freunde«.[27] Einzig ein kleiner Unfall hielt ihn davon ab, täglich bei den neuen Freunden zu erscheinen. Er hatte sich ganz »idiotisch auf den Asphalt fallen lassen« und konnte sich mit einer grässlichen Wunde an Nase und Stirn erst einmal nicht mehr in der Öffentlichkeit zeigen. Das führte damals und noch viel später zu allerlei Mutmaßungen über seinen Gesundheitszustand. War er Epileptiker? Oder gar der »Idiot der Familie«?[28] Wenn die drei Männer aber bald darauf, eingehüllt in dicken Zigarrenqualm, am Kaminfeuer zusammensaßen, ging es ordentlich zur Sache. Was Schwatzhaftigkeit und Klatschsucht betraf, so hatten sich die Richtigen getroffen. Sie fragten sich, ob Schauspielerinnen so viel »herumschliefen« wie alle behaupteten, oder ob sie nicht einfach in die Scharmützel des Theaterlebens verwickelt seien, ohne sich wehren zu können. Vielleicht war das ein frauenfreundlicher, für alle drei ganz ungewohnter Tonfall, vielleicht auch nur Gossip. Flaubert feixte im Verlauf der tiefgründigen Gespräche, er brauche keine Frau, weil er nachts auf seinem Herzen schlafe und sich ansonsten an seinen Stilübungen befriedige, für die er viel Herzblut vergieße. Das passte zu dem Ratschlag, den er ein Jahr zuvor seinem alten Kumpel Ernest Feydeau gegeben hatte, der gerade einen Pariser Ehebruchroman geschrieben hatte, in dem der Liebhaber eifersüchtig auf den Gatten ist statt umgekehrt. Der Autor von *Madame Bovary* nannte den Autor von *Fanny* »mein altes Dromedar« und empfahl ihm, seinen Priapismus für den Stil aufzubewahren.[29]

Wie der Kaiser, so war auch Flaubert zu Beginn des neuen Jahrzehnts im Orient, wenngleich diesmal rein geistig. Denn grundsätzlich neigte seine Natur nicht nur zu provinzieller Hartnäckigkeit, sondern auch zu beharrlicher Liebe all dessen, was nicht französisch war. Er saß also, wenn er sich nicht in den Wintermonaten für Bibliotheksrecherchen und Kollegentreffen in Paris aufhielt, daheim in seiner »Hütte« in Croisset und schrieb an seinem Roman *Salammbô*, der zur Zeit des Ersten Punischen Krieges in Karthago spielt. Er litt höllisch daran und teilte Gautier mit, dass überall Blut fließe, die Leute nicht sprächen, sondern brüllten, und Kannibalismus an der Tagesordnung sei. Im Sommer schrieb er mehrere Briefe an Feydeau und befragte den Kollegen, der sich in Andalusien und Algerien aufhielt und sich seit Jahren zu den französischen Interventionen äußerte, zur Orientpolitik. Feydeau begrüßte zwar die Schaffung von Infrastrukturen, geißelte aber den Vandalismus, die Zerstörung halb Algiers, die Umwandlung eleganter Moscheen in scheußliche Kirchen und die Eröffnung von Kabaretten in traditionellen maurischen Vierteln. Flaubert erkundigte sich nach dem Mittelmeer und Afrika, nach dem »Azur in seinen Augen und der Luft in seinem Bauch«, nach Kamelen und Liebesfreuden. Vor allem aber wollte Flaubert von Feydeau hören, was man dort über die Massaker in Syrien wusste. Denn offenbar ging es im Libanon genauso weiter.[30]

Nur auf den ersten Blick also lag das alte Karthago in größtmöglicher Ferne zum Zweiten Kaiserreich. Wer genauer hinschaute, sah rohe Gewalt in Karthago, Algerien, Syrien und im Libanon, ganz gleich, ob das alte oder das neue Rom auf den Schlachtfeldern kämpfte. Das plagte Flaubert mehr, als ihm lieb war, denn er brauchte äußere und innere Ruhe, um zu schreiben und seine Sätze zu rezitieren.

Bei Baudelaire hatte Flaubert sich zuvor für das Gedicht »L'Albatros« bedankt und ihm geschrieben, das Schicksal des weit ausschwingenden, aber vom Pöbel gemobbten »Fürsten der Wolken« lasse ihn träumen, er selbst sei für zwei bis drei Jahre in Karthago angeschirrt.[31] Ob der Pariser Dandy Baudelaire sich den Normannen bei dieser Nachricht eher als Hengst oder Bullen vorstellte, ist nicht bekannt, Flaubert selbst sah sich gewiss als Rindvieh. Trotzdem war er viel geschäftstüchtiger als der verkannte Dichter der *Fleurs du Mal*. Denn im Gegensatz zu Baudelaire und trotz des scheinbar abseitigen Themas verstand der provinzielle Flaubert es, sein neues Buch weit im Vorfeld des Erscheinens ins Gespräch zu bringen und dafür Reklame zu machen. Ob er bei der Arbeit zu Dopingmitteln griff, bleibt im Dunkeln. Wahrscheinlich reichte es ihm, sich die Wonnen, Ausschweifungen und Brutalitäten Karthagos vorzustellen. Dass er jedoch immer und überall Lust auf Drogen und Exzesse hatte und »ausgezeichnetes Haschisch« im Hause aufbewahrte, schrieb er an Baudelaire. Dieser hatte ihm gerade *Les Paradis artificiels über* die Wirkung von Wein, Haschisch und Opium geschickt. Darin war er zu dem Schluss gekommen, dass nichts dem Rausch der Poesie gleichkommt. Flaubert verstand diese Botschaft, auch er kannte das Schreiben als tranceartigen Zustand.[32]

Die Goncourts beobachteten unterdessen weiter den Pariser Literaturbetrieb. Den Einsatz des Kaisers für Italien erwähnten sie mit keinem Wort. Darin taten sie es Hugo gleich, mit dem sie ansonsten wenig verband. Sie ertrugen weder das Volk, das der Exildichter liebte, noch seinen pathetischen oder gar biblischen Tonfall. Sein neuestes Werk *La Légende des siècles* erzählte in Langgedichten die Geschichte der Menschheit und verschaffte ihm erneut den Erfolg, der ihnen versagt blieb. Seine Poesie war überzuckert, das Titanentum erkünstelt und die Suche nach klangvollen Worten kindisch, das war ihre Meinung. Sie bezeichneten seine Verse als »aus Schildpatt gefertigte Eier, die die Mädchen aus den Bordellen in den Auslagen der Parfümerien begehren« und »die sich öffnen lassen und einen kleinen, von geprägten Goldblättern umringten Flakon sehen lassen, in dem ein Moschusduft versiegelt ist, der ein Dromedar zur Fehlgeburt treiben würde.«[33]

Flaubert, sonst immer zu obszönen Späßen aufgelegt, kam diesmal zu einem ganz anderen Urteil. Er sah den »kolossalen Dichter« in Topform, staunte über sein hohes Ideal und seine Gesundheit und fragte sich, ob er selbst angesichts dieses literarischen Leuchtturms überhaupt noch schreiben solle.[34]

Im September 1860, als die Theatersaison eröffnet wurde und die literarischen Neuerscheinungen anstanden, kehrten die Goncourts Paris den Rücken und reisten vier Wochen lang durch Deutschland, mit einem Abstecher nach Wien. Da ihr Rollschwanzäffchen Kokoli sich aus dem 4. Stock in den Tod gestürzt und Jules versehentlich die Katze erschossen hatte, brauchten sie keinen Tiersitter mehr. Am 4. September passierten sie die Grenze in Kehl am Rhein. Der »gewaltige, gelbe, stürmische Fluss« erinnerte sie an große amerikanische Ströme, die sie von Gemälden kannten. Es regnete. Sie besuchten auf den Spuren von Hugos *Voyage sur le Rhin* Heidelberg mit der aus alten Zeiten und Märchen stammenden Schlossruine. Dabei stellten sie sich genüsslich vor, dass auch das Vers- und Gedankengebäude des unhintergehbaren Dichters wie die einstige Pracht der Burg niedersinken würden. Sie ließen sich in Frankfurt durch das jüdische Viertel vor die »Krippe« des Bankiers Rothschild kutschieren, der längst einen monströsen Reichtum angehäuft hatte. Weiter ging es die deutsche Märchenstraße entlang nach Kassel. Hier hatten die Brüder Grimm, Jacob und Wilhelm, in enger räumlicher und geistiger Verbundenheit an den alten Volksmärchen gearbeitet, das war ihnen höchst sympathisch.

Als sie mit der Eisenbahn über Land fuhren, trafen sie in den Abteilen deutsche Frauen, die aussahen wie englische Zimmermädchen, und vulgäre deutsche Männer, die »Konsonanten gurgelten«. Das passte zu ihrer generellen Einschätzung der deutschen Sprache, die ihnen schon früher wie eine »Häckselmaschine« vorgekommen war. Am 6. September erreichten sie Berlin, das sie wie jede Stadt ohne Vergangenheit zunächst kaltließ. Sie bezogen ein Zimmer von unerbittlicher Sauberkeit, das ihnen eine Riesenlust auf einen Flecken, eine Wanze oder Flöhe und Filzläuse machte. Berlin schien, genau wie »eine in Amerika gebaute Kaserne«, kein Laster, keine fleischlichen Sünden zu kennen.

Einige Tage später korrigierten die beiden Reisenden diesen ersten Eindruck jedoch. Sie hatten inzwischen ein anderes Berlin kennengelernt, die Stadt der großen Museen und der flotten selbstbewussten Frauen, die einladende, herausfordernde Blicke warfen. Und die Stadt des Vergnügens, der langen Nächte in verrauchten Kneipen und Kellern: Drei 16-jährige Mädchen mit Tiroler Hut und Hosenträgern über der Brust singen von einer Brüstung aus, und »aus ihrem roten Mund, der sich von ihrem weißen Teint abhebt wie ein Widerschein des Schnees, lassen sie das weit entfernte Echo ihrer Berge erschallen und die Triller, die von Gipfel zu Gipfel springen«. Ein bleicher Greis in einem weißen, vom Band eines Ordens befleckten Gehrock schleicht vorbei, mit flatternden Haaren, »etwas kaum noch Lebendes, von Tod und Krieg Vergessenes«; manisch kaut sein zahnloser Mund, wohl auf den Resten von Ideen, Erinnerungen, Worten.[35]

Ja, auch Berlin war ein wollüstiges und bizarres Babylon und zugleich wie Venedig eine Stadt der Phantasie und des Traums. In Potsdam durchschritten sie »morsche Rokokosäle«, machten Halt in Dresden und inmitten der bizarren Felsen der Sächsischen Schweiz. Danach besuchten sie Leipzig und Nürnberg. Wie auf einer Zeichnung Hugos oder in einer Erzählung E. T. A. Hoffmanns marschierten »in den Straßen lautlose Nussknacker«, und im Lampenschein der Häuser saßen »Frauen, die gedankenverloren und mit geistesabwesendem Blick dem Vorübergehenden ein welkes Lächeln« zuwarfen. Weiter ging es nach München und Schloss Nymphenburg: eine lächerliche Nachahmung von Versailles wie alle deutschen Schlösser. In Wien besuchten sie die großen Museen und das »elende Schloss« Schönbrunn und wurden fast von einem Tilbury umgefahren, den die Kaiserin selbst lenkte, Elisabeth, Sissi! War das alles echt? Wer weiß das schon. Denn die Liebhaber der Künste reisten mit Bildern im Kopf, die sich hier und da wie ein Traum über die Wirklichkeit legten.

Am 30. September waren die unternehmungslustigen Brüder zurück in Paris. Die Stadt erschien ihnen grau, die Frauen hässlich, die Straßen und Gefährte seltsam, nichts an ihrem Vaterland lächelte ihnen zu, nicht einmal ihr eigenes Interieur. »Unsere chinesische Lampe ist zerbrochen: das ist alles, was sich während unserer Abwesenheit ereignet hat.«[36]

Das mochte zwar ihre eigene Stimmung wiedergeben, traf für die Allgemeinheit jedoch nicht zu. Denn ungeachtet der Politikverdrossenheit, die sich wie Mehltau auf Schriftsteller- und Künstlerseelen gelegt hatte, veränderte sich Paris so rasant, dass man Tag um Tag, Nacht um Nacht dabei zuschauen konnte. Noch donnerten die Hämmer und Walzen der Demolierer, noch lag Schutt auf den Straßen, aber systematisch und höchst effizient wurden die »Netze« und Koordinaten, die Achsen und Knotenpunkte der Stadt erschlossen, planiert und bebaut. Die Verlegung der großen Boulevards und die Gestaltung zentraler Plätze wie der Place de l'Étoile und der Place de la République waren in vollem Gange oder abgeschlossen. Das kulturelle Leben florierte.

Die Goncourts warteten noch immer auf einen großen Erfolg, sollten aber bald im karrierefördernden Salon von Princesse Mathilde verkehren und notieren, ihre Gastgeberin schimpfe auf »diese Kanaille von Haussmann«, die ihr für einen Boulevard 1200 Quadratmeter von ihrem Park in der Rue de Courcelles gestohlen habe.

Die Gasbeleuchtung tauchte ein Viertel nach dem anderen in milchiges Licht, und immer mehr Cafés und Theater, Kaufhäuser, Variétés und der Cirque d'Hiver eröffneten in der *Ville Lumière*. Ende 1860 erfolgte die Ausschreibung für den Bau der neuen Oper. 171 Vorschläge wurden eingereicht, den Zuschlag erhielt der junge Architekt Charles Garnier. Der Kaiser sollte die Vollendung des Opernhauses jedoch nicht mehr erleben.

In den 1860er Jahren waren die alte Oper Le Peletier und das Théâtre-Italien die Arena zweier Matadore: Giuseppe Verdi und Richard Wagner. Der vielfach dekorierte Meister der *Grand opéra*, Giacomo Meyerbeer, verbrachte mittlerweile die meiste Zeit in Berlin. Verdi war dem späteren Kaiser erstmals 1847 in London begegnet und lebte seit 1848 in Paris mit der Sängerin Giuseppina Strepponi zusammen. In rascher Folge schrieb er seine populären Werke und triumphierte 1857 mit *Le Troubadour*.

Sein Gegenspieler Wagner war einige Male in Paris gewesen und hatte dort 1854 Franz Liszt und seine Tochter Cosima kennengelernt. 1861 präsentierte er im Théâtre-Italien seinen *Tannhäuser* in französischer Fassung und löste damit einen Skandal aus. Dem Pariser Publikum gefielen weder der mittelalterliche Sängerkrieg auf der Wartburg noch die Querelen um den Venusberg, am allerwenigsten aber gefiel ihm die Musik. Am Premierenabend protestierten die Besucher mit Buhrufen und Trillerpfeifen, es kam zu tumultartigen Szenen, Handgreiflichkeiten und Ausschreitungen. Baudelaire hingegen pries Wagner als »wagemutig« und sein Werk als Vermischung verschiedener Künste. Er sah darin die vollkommene Kunst, ein Gesamtkunstwerk. Auch erinnerte er daran, dass Gautier von einer *Tannhäuser*-Aufführung in Deutschland sehr berührt gewesen sei, seine im *Moniteur* verstreuten Notizen jedoch leider an der Menge vorübergegangen seien.[37]

Pauline von Metternich fühlte sich seit dem Amtsantritt ihres Gatten in der Pariser High Society pudelwohl und erschien auf Maskenbällen gern als rotes Teufelchen. In der österreichischen Botschaft veranstaltete sie sehr angesagte Musikabende und führte Franz Liszt in den Tuilerien ein, der ihr wiederum seinen Freund Wagner als »Musiker der Zukunft« vorstellte. Darüber wunderte sie sich zunächst, denn »seinem Äußeren nach hätte man in dem schwachen, kleinen, blassen Männchen, welches ziemlich zaghaft dasaß, niemals den Titanen gesucht«, und stattdessen viel eher einen »Bittsteller« gesehen. Das war nicht alles, was sie an ihm auszusetzen hatte. Als er anfing, das Frühlingslied aus der *Walküre* »wie ein krächzender Rabe« herauszuschreien, den Abschied Wotans aus derselben Oper und zuletzt den Gesang der Riesen aus dem *Rheingold* wie ein Löwe zu brüllen, vergingen ihr und den anderen Zuhörern Hören und Sehen. »Als gesangliche Leistung war es wohl entsetzlich«, notierte sie in ihren *Erinnerungen*, musste sich aber eingestehen, dass er es verstand, »seiner Musik die höchste Weihe zu verleihen«. Das brachte ihr Urteil ins Wanken und sie selbst fast um den Verstand. Wagner hatte das gewisse Etwas, das sich nicht erklären ließ. »Meine Bewunderung, mein Entzücken, meine Begeisterung kannte keine Grenzen. Wagner war ein Riese – die anderen bleiben Menschen mittlerer Statur.«[38]

Den *Tannhäuser* konnte die Gattin des österreichischen Botschafters dennoch in Paris nicht retten, trotz ihrer Netzwerke und der Fürsprache bei Hofe. Bei der »kaiserlichen Herbstvillegiatur« in Compiègne versicherte man ihr, dass »die abscheuliche Zukunftsmusik« niemals in Frankreich einziehen werde und der in Deutschland »lächerlicher- und unbegreiflicherweise gefeierte und bis zu den Wolken erhobene Musiker nur verstünde, mit Pauken und Trompeten Lärm zu schlagen«. Wagner blieb nichts anderes übrig, als seinen Misserfolg in der Welthauptstadt der Künste einzusehen. Gekränkt zog er sein Werk zurück. Zehn Jahre später, nach dem Deutsch-Französischen Krieg, sollte er in Paris obendrein seiner frankophoben Äußerungen wegen geächtet werden. Noch einmal zehn Jahre später aber brach in Paris doch noch das Wagner-Fieber aus, und die vollendete Garnier-Oper entschloss sich zur Feier des Zukunftsmusikers. Die Jahrhundertwende war bereit für die große Weihe.

All das lag 1860 noch in weiter Ferne. Die Goncourts, die gerade noch missmutig angemerkt hatten, dass sich nichts änderte, notierten am 18. November 1860 nach dem Besuch eines Cafékonzerts auf dem neuen Boulevard de Strasbourg mit Befremden, dass das alte Paris materiell und moralisch im Verschwinden begriffen sei. Das soziale Leben änderte sich doch, Frauen, Kinder, ganze Haushalte und Familien saßen nun lässig im Café. »Das Interieur stirbt. Das Leben droht öffentlich zu werden.« Die Goncourts witterten auf »diesen neuen kurvenlosen Boulevards ohne irgendein Abenteuer der Perspektive, gnadenlos geradeaus, irgendein amerikanisches Babylon der Zukunft.«[39] Das war zwar wiederum der Ausdruck schlechter Laune und einer fast bourgeoisen Sehnsucht nach Häuslichkeit und Privatheit, aber ebenso die Formel für den Wandel des öffentlichen Raumes.

Edmond und Jules de Goncourt waren in diesen zugleich rastlosen und zähen Jahren nicht die einzigen, die das Interieur kultivierten und den Rückzug ins Private als Protest gegen die hemmungslose, ja obszöne Moderne verstanden. Süchtig nach Kunst, durchstreiften sie Galerien, Antiquitätenläden und Antiquariate und sammelten, was ihnen gefiel. Das waren vor allem Preziosen des Rokoko und zarte japanische Holzschnitte. Sie fürchteten sich vor Einbrechern und bangten um ihr Eigentum und ihre Fundstücke. Beide waren, auch wenn sie sich gern wie Lümmels aufführten und sprachen, Kunstkenner und Entdecker, ihr Geschmack war exquisit und originell.

Wie die Goncourts, so schufen sich auch viele andere ihre ganz persönlichen, üppig ausgestatteten Innenräume. Denn in den 1860er Jahren setzte sich in den gehobenen Stadtvierteln die Devise durch: Nicht weniger ist chic, sondern mehr, viel mehr. Das galt für Mobiliar, Tapeten, Teppiche, Stoffe und Accessoires. Der Bürger, soweit er es sich leisten konnte, schuf sich eine private Bühne und richtete sich wie in einem Kokon ein. So schottete er sich gegen die Zumutungen der Moderne, gegen Lärm, Gerüche, Staub und all die Menschenmassen ab, die Straßen und Plätze bevölkerten. Zusammen mit Prunk und Komfort zog das technische Know-how in die Häuser der schönen Stadtviertel ein. Beide Trends waren in England abgeschaut. Schwere Vorhänge mit Troddeln und Quasten rahmten die Fenster. Von ausladenden samtenen Sesseln und Sofas aus wurden Klingelanlagen und Beleuchtungsvorrichtungen bedient, und wer am Abend zu ermattet oder einfach zu faul war, um auf den Boulevard und ins Theater zu gehen, konnte eines der Stücke lesen, die der zarte und so jung verstorbene Alfred de Musset für die Lektüre im Sessel geschrieben hatte.[40]

War das Stil? Nun, es war der *Style Napoléon III*. Der junge Garnier hatte, schlagfertig wie er war, den Namen erfunden, als man ihn nach dem Konzept seiner prachtvollen Entwürfe für die neue Oper fragte. Zola aber spottete über den »strotzenden Bastard aller Stile«.[41] Man sammelte, ahmte nach und trumpfte auf, alles war retro und modern, oft plüschig und immer pompös. Das machte den Puristen Flaubert rasend. Denn obwohl auch sein Arbeitszimmer, wie die Goncourts bei ihrem Besuch in Croisset erstaunt zur Kenntnis nahmen, ein schrulliges *bric-à-brac* aus Antiquitäten, Deko und Tand war, strebte er nach Reinheit und kürzte seine Texte so lange, bis er das richtige Wort und die passende Satzmelodie gefunden hatte. Seinen Hohn und Groll angesichts des grassierenden *too much* und des *cross-over* packte er zum einen in die berüchtigte, geradezu obszön ausstaffierte Troddelmütze, die den jungen Charles Bovary gleich am Anfang des Ehebruchromans als Verlierer ausweist, zum anderen in zwei Einträge seines *Lexikons der Gemeinplätze*:

»Decorum. Verschafft Prestige. – Beeindruckt die Fantasie der Massen. – Das braucht man! Das braucht man!«
»Mobiliar. Man muss um seines fürchten.«[42]

Während der Kaiser die zivilisatorische Mission Frankreichs in die Welt hinaustrug und Kosmopolitismus, Tourismus und Arbeitsmigration den öffentlichen Raum prägten, zog ein Flair des Exotischen, Abseitigen, Vergangenen und Überladenen in die Privathäuser ein und wurde zum Distinktionsmerkmal. Draußen regierte die

Schaulust, und auch das Interieur wurde zum Theater. Ferdinand de Lesseps, Projektmanager des Suezkanals, ließ sich ein maurisches Haus einrichten, ein anderer exzentrischer Adliger eine Ritterburg bauen. Kaiserin Eugénies *tearoom* war sehr britisch, ihr Gemach hingegen ganz Marie Antoinette und Louis XVI. James de Rothschild, dessen »Krippe« in Frankfurt stand, beauftragte für den Entwurf seines elisabethanischen Palastes den Architekten des Londoner Crystal Palace. Bei Princesse Mathilde, im opulent mit Säulen ausgestatteten, stets heillos überfüllten Salon, und im Wintergarten voller tropischer Pflanzen herrschte die Schwüle eines Gewächshauses.[43] Ihr Bruder Plon-Plon pflegte den Antikenkult, den Offenbach gerade in *Orphée aux enfers* verspottete: Zu Flötenspiel, Tänzen und Gelagen lud er in seine Pompejanische Villa, die er nach den Idealmaßen des Baumeisters Vitruv hatte bauen lassen, um Rachel, die viel zu früh Verstorbene, zu beeindrucken. Wände und Decken waren mit bunten Fresken bemalt und Kolonnaden und Peristyl dekoriert mit Beutekunst, die der Hausherr und ehemalige Kolonialminister aus Ägypten mitgebracht hatte. Gleichzeitig war das ganze Haus ausgestattet mit modernster Technik.

Zu Beginn der 1860er Jahre, als das Zweite Kaiserreich schon ewig zu dauern und niemals zu enden schien, verband sich in der Pariser Außen- und Innenwelt das neue römische Großreich mit einem märchenhaften Arabien, mischten sich Neogotik, Neorenaissance, Neoklassizismus und Neorokoko, Country House, Camp und ostasiatisches Feng-Shui, futuristisches Babylon und Beverly Hills *avant la lettre*. Auf Simsen und Kaminen standen Statuetten indischer Elefanten und afrikanischer Antilopen, die junge Frauen träumen ließen. Marmorne Büsten Napoleon Bonapartes und großer Männer der Antike schauten bedeutsam auf das geschäftige Treiben hinab, während schwere goldene Uhren tickten und die Zeit doch irgendwie verging. Stil und Kitsch, Gold und Lametta, Edelsteine und Bling-Bling, alles war da, alles war in Paris. Bevor zur Jahrhundertwende erfundene und wirkliche Dichter die Wände ihrer Häuser mit Leder und Kork gegen den Fortschritt versiegeln würden, tauchte für

diesen Trend hier und da bereits in den 1860er Jahren ein Name auf: Dekadenz.

In den zurückliegenden Jahren war das politische Klima erdrückend gewesen. Es hatte sich als Pessimismus und Sarkasmus auf die freien Geister gelegt, die sich ins Private zurückzogen oder hedonistisch verausgabten, gerade so, als gäbe es kein Morgen. Jules de Goncourt und Baudelaire hatten sich die Syphilis geholt, die sich zunehmend in Gebrechen und psychischen Störungen bemerkbar machte. George Sand verbrachte die meiste Zeit auf ihrem Landsitz, zeichnete besorgt das Wetter auf und kümmerte sich weiterhin mit unzähligen Briefen um junge Künstler, die sie Verlegern, Galeristen und einflussreichen Agenten des Kulturbetriebs anempfahl. Victor Hugo blieb gesund, die Seeluft trug dazu bei. Er schrieb, zeichnete und wartete.

Zu Beginn des neuen Jahrzehnts aber gab es trotz der außenpolitischen Umtriebigkeit des Kaisers auch innenpolitische Veränderungen, diesmal durchaus zum Besseren. Nach den Notstands- und Sicherheitsgesetzen im Jahr 1858 zeigten sich nun Tendenzen der Liberalisierung. Bereits im August 1859 hatte Napoleon III. eine Amnestie für etwa 400 Personen erlassen, die seit Orsinis Anschlag interniert waren oder im Exil lebten. Wer wie Victor Hugo auf keinen Fall vor dem Ende des Zweiten Kaiserreichs heimkehren wollte, galt fortan als Oppositioneller in freiwilliger Verbannung. Ein weiterer Erlass lockerte im Dezember 1860 die Zensur und begründete ein Presserecht nach englischem Vorbild. Bereits am 24. November hatte der Kaiser gegen den Mehrheitswillen seiner Regierung die Verfassung geändert und der Gesetzgebenden Versammlung und dem Senat ein größeres Mitspracherecht gewährt. Ab sofort sollten die Mitglieder in einer öffentlichen Sitzung über die jährliche Thronrede debattieren und die Protokolle im *Moniteur* veröffentlichen, um die Grundlinien der Innen- und Außenpolitik für die Bevölkerung transparent zu machen. Bei Zeitgenossen und späteren Beobachtern galt dies als wichtigste Reform seit dem unseligen Beginn des Zweiten Kaiserreichs, niemand im In- und Ausland hatte sie erwartet. Die *Times* schrieb, Regierungen wie diejenige des französischen Kaisers vollzögen hin und wieder unerwartete Kehrtwendungen, gerade in Augenblicken, in denen ihr Ruf sich gefestigt habe. Das hieß in diesem Fall: der schlechte Ruf.

Am 26. November fragte Napoleon III. seine Gattin brieflich, ob sie jemals in einen Ameisenhaufen getreten sei. Genau das tue er gerade, und alle Formen des *amour-propre*, der Eitelkeit und des Widerwillens machten sich nun, da er den Willen zu Änderungen an den Tag lege, bemerkbar.[44]

1863
Gala und Bohème

Zwischen 1860 und 1867 wurde in den höheren Pariser Kreisen geschlemmt. Wer nicht am Rande der Gesellschaft lebte, war satt, es waren die Jahre der *grande bouffe*. Die Küchenchefs, die frühmorgens oft selbst in den Hallen eingekauft hatten, bereiteten abends große Menüs vor: erlesene *Amuse-Gueules*, *Entrées*, *Plats*, *Fromages*, *Desserts*. Sie gerieten ins Schwitzen, wenn die Köstlichkeiten in Kesseln, Töpfen und Pfannen schmorten und brutzelten. Bei Empfängen des Hofes und des Geldadels wurden große Bordeauxweine gereicht, hier ein *Grand Cru*, dort ein *Château*. Ihre Herkunft wurde seit der ersten Pariser Weltausstellung auf dem Etikett vermerkt, für Winzer und Weine galt das Gleiche wie für andere Branchen und Produkte: Topleistungen erwünscht! Natürlich debütierte diese Klassifikation in der Welthauptstadt der Genüsse, wo sonst? Fortan wurde so nicht nur der Preis bestimmt, man schulte und verfeinerte auch den Geschmack. Die Burgunder ließ man, wenn man etwas auf sich hielt, noch gelten, der Tokajer aber war das Letzte und wurde nur bei den Halbweltdamen getrunken. Wenn jedoch die feinen Herren bei ihnen verkehrten, mundete ihnen auch dieser Tropfen, ja, er erregte sie, denn amüsieren musste man sich unter Niveau.

Flaubert kannte sich mittlerweile in allen Kreisen aus und wusste, welchen Wein er in den Häusern des Großbankiers Dambreuse, des Kunstgewerbehändlers Arnoux und der Kurtisane Rosanette zu kredenzen hatte.[1] Er musste nicht auf Pierre Bourdieus *Feine Unterschiede* warten, um zu der Einschätzung zu gelangen, dass sich der Habitus und mit ihm das ökonomische, kulturelle und symbolische

Kapital nicht zuletzt im Essen und Trinken manifestieren.[2] Auch die Goncourts, die über erhebliche Lebenserfahrung verfügten und in diesen Jahren viel herumkamen, kannten die Gesetze der Distinktion und schrieben, ein Gesellschaftsroman ohne die Beschreibung wenigstens einer Menüfolge sei keiner.

Während Flaubert in den feinen Pariser Kreisen paradierte, die Goncourts sich in die Salons hineinschlängelten und George Sand ihre Gäste in Nohant stets fürstlich bewirtete, aßen und rauchten echte Bohémiens weiterhin Haschisch. Der exklusive *Club des Hachichins*, dem Hugo, Dumas, Balzac und Baudelaire als junge Männer angehört hatten, war mittlerweile Geschichte. Konsumiert wurde nun in Kneipen oder in den Mansarden des Quartier Latin, in denen Künstler und Studenten wohnten. Wenn jene alten Haschischesser noch lebten und bei Verstand geblieben waren, erforschten sie die Wirkung der Drogen und verglichen sie mit dem Rausch der Poesie. Baudelaire kam dabei schon 1860 zu dem Ergebnis, dass Dichten das beste Hirndoping sei, alle psychedelischen Wonnen in den Schatten stelle und die Pforten des vollkommensten der *Künstlichen Paradiese* öffne: die Pforten der Schönheit. Die Haare färbte er sich nun nicht mehr grün.

1862 wurde ein neuer Pariser Szenetreff eröffnet: das »Dîner Magny« im gleichnamigen Restaurant am linken Seineufer. Es knüpfte an die Tradition jener Abendessen an, zu denen sich Akteure des Pariser Kulturlebens schon früher regelmäßig getroffen hatten. So hatten sich vor der Französischen Revolution die Philosophen der Aufklärung zum Debattieren im Café Procope im Quartier Latin versammelt, und das Procope blieb ein Treffpunkt oppositioneller Denker, unter die sich immer wieder Spitzel der wechselnden Regierungen mischten. In späteren Jahren trafen sich Schriftsteller hier zum »Dîner du Bœuf Nature«, um beim Verspeisen eines Steak bleu mit Zola über den kruden Stil des Naturalismus und einzelne blutige Details seiner Geschichten zu diskutieren: häusliche Gewalt, Sexualmorde, Anschläge auf Züge.

Im 19. Jahrhundert kamen ritualisierte Diners in Mode. So manches Duell als Folge einer erbitterten Schlacht um Literatur und

Kunst konnte dadurch verhindert werden, dass sich die Kombattanten viel besser kennenlernten, wenn sie zu festen Zeiten um einen Stammtisch versammelt waren.[3]

Alle Diners waren wichtige Netzwerke, aber das »Dîner Magny« wurde das berühmteste. Der Inhaber des Restaurants, Modeste Magny, hätte eine Figur aus einem Balzac-Roman sein können, stand aber mit beiden Beinen in der Wirklichkeit. Als junger Mann war er wie so viele andere Glücksritter aus der Provinz nach Paris gekommen. Er war gelernter Koch, fing in der Hauptstadt als Tellerwäscher an und eröffnete 1842 ein Bistro, in dem die Studenten des nahen Quartier Latin günstig essen konnten und mit anderen Gästen an der *Table d'hôte* saßen, die heute in manchen Restaurants mit vorzugsweise regionaler und vegetarischer Küche wieder beliebt ist. Von hier aus lebte Magny den Pariser Traum: Aus Modeste, dem Bescheidenen, wurde Magny, schlicht Magny. In diesem Namen klang Großes an. 1862 setzte der *Guide Joanne* aus der Eisenbahnbibliothek des Verlagshauses Hachette das Magny, trotz bescheidener Fassade und Interieur, auf die Liste der erstklassigen Restaurants und vermerkte, dass Küche und Keller ohne Rücksicht auf Kosten Spitzenweine, junges Gemüse, frisches Wild und zarten Fisch anböten.[4] Nun spielte das Magny in der gleichen Liga wie das traditionsreiche Rocher de Cancale, in dem Balzac immer dann, wenn er einen Text in Druck gegeben hatte, hundert Austern schlürfte und vier Liter Weißwein trank. Die anderen hundert Gerichte der vierspaltigen Speisekarte, die den eng bedruckten Seiten der damaligen Zeitungen glich, interessierten ihn nicht.[5]

Der Restaurantführer *Joanne* war ein Bestseller, und bald verkehrten im Magny neben trendbewussten Einheimischen auch Touristen, die sich Paris ohnehin als Stadt aller Genüsse vorstellten, und verzehrten die von Magny erfundenen Fleischdelikatessen Chateaubriand und Tournedos Rossini. Wer heute nach dem Restaurant sucht, wird es nicht mehr finden, denn im Zuge der Haussmannisierung verschwanden Haus und Adresse – 3, Rue de la Contrescarpe-Dauphine – wie so viele andere auch.[6]

Die frühen 1860er Jahre waren die entspanntesten Jahre des Zweiten Kaiserreichs. Die harschen Gesetze wurden allmählich liberalisiert, der kritische Geist döste, wenn er nicht gerade feierte, und ließ geschehen, was alternativlos schien. Die Beschimpfungen des Kaisers äußerten sich weniger scharf, sieht man von dem unerbittlichen und unermüdlichen Victor Hugo ab. 1862 hatte er den monumentalen Roman *Les Misérables* veröffentlicht. Die Handlung um den Galeerensträfling Jean Valjean, den Straßenjungen Gavroche und die Frauen und Mädchen aus dem Volk versetzte er bis in die Zeit der Napoleonischen Kriege zurück. Diese Historisierung änderte nichts daran, dass das Buch auch als flammender Protest gegen die rigide Politik und die sichtbaren sozialen Spaltungen des Zweiten Kaiserreichs verstanden wurde. In Valjean vermeinte man gar Hugo selbst zu erkennen, der wie sein Held unrechtmäßig verurteilt worden war und in der Verbannung lebte. Und als richte sich die Geschichte nach der Fiktion und nicht umgekehrt, sollte er genau wie Valjean ganze neunzehn Jahre im Exil bleiben.

Das Erscheinen des Romans versetzte Paris in Aufruhr. Die Buchhandlungen wurden gestürmt, in vielen Werkstätten legte man Geld zusammen und kaufte ein Exemplar des Buches, wer lesen konnte, las es anderen vor. Die liberale Presse sprach vom »Werk des Jahrhunderts«. Die Vertreter der Kirche waren gespalten: Einige begrüßten den »katholischen« Roman als »neues Evangelium«, andere nannten Hugo einen »terroristischen Autor«. Regierungsnahe Stimmen verdammten seine Botschaft als Zersetzung der Zivilisation.[7] Gautier, der sich sonst regelmäßig im *Moniteur* äußerte, schwieg. Baudelaire lobte *Les Misérables* in *Le Boulevard* als Werk der Barmherzigkeit, schrieb jedoch seiner Mutter, der Roman sei »unbeholfen und widerwärtig« und habe ihn zum Lügen verführt.[8]

In der Hauptstadt liefen Kulturbetrieb, Amüsement und Konsum auf Hochtouren, die Investitionen flossen, die Wirtschaft boomte. Die Sicherheitsverordnungen wurden gelockert und Sozialprogramme aufgelegt. Krieg wurde nur in Mexiko geführt, das noch unendlich viel ferner lag als die Krim und bislang kaum jemanden in Paris interessiert hatte. Auch die nach und nach durchsickernden Nachrichten von Verlusten beunruhigten zunächst höchstens diejenigen, die der Regierung ohnehin kritisch gegenüberstanden.

1863 gründete Moïse Millaud mit der Tageszeitung *Le Petit Journal* und der illustrierten Wochenbeilage das erste große Boulevardblatt. Es wurde noch im selben Jahr zur auflagenstärksten französischen Zeitung und sollte bis zu seiner Auflösung 1944 eine ununterbrochene Erfolgsgeschichte verzeichnen. Sensationen, Kriege und Verbrechen waren das Beste, was dieser Form des Journalismus passieren konnte.

Inzwischen schrieben die Goncourts ein Buch nach dem anderen, George Sand unverdrossen Brief um Brief, und Flaubert war in der Literaturszene und sogar auf dem Literaturmarkt zu einem der Großen avanciert. Das war durchaus kurios, denn das breite Publikum verstand seinen unerhörten Stil nicht, und selbst die Goncourts hörten den perfekten Rhythmus seiner Sätze, für den sich der Kollege rund um die Uhr quälte, nicht. Das konnte daran liegen, dass sie sich generell nicht für Musik oder die Musikalität von Prosatexten interessierten, oder auch daran, dass sie überall Konkurrenz witterten und selbst Jahrhundertwerke schnöselig kommentierten. Das war sogar dann der Fall, wenn es sich wie bei Flaubert um einen Freund handelte: Er ging bei ihnen ein und aus, nannte sie tätschelnd seine »*bichons*«, »Schoßhündchen« oder »Lieblinge«, und empfing sie sonntags im kleinsten Kreis in seiner Wohnung am Boulevard du Temple, zuletzt sogar in seinem Haus in Croisset, wohin es nur die wenigsten schafften. Von dort notierten sie, seine Bibliothek sei riesig, sein Arbeitszimmer überladen mit orientalischem Kitsch und sein Tintenfass eine Kröte.[9]

Flaubert war seit dem Skandal um *Madame Bovary* berühmt – damals wie heute ist jeder Verriss besser als gar keine Reaktion. Die Veröffentlichung von *Salammbô* im November 1862 wurde von der Presse als Ereignis gefeiert. Die *Twenty-Somethings* Zola und Guy de Maupassant erkannten in Flaubert ihren Meister. Noch jagten sie dem eigenen literarischen Erfolg nach, der beiden erst zwanzig Jahre später beschieden sein sollte. Da hatte Maupassant, der an der Syphilis litt, nur noch wenige Jahre zu leben, während Zola als Wortführer einer neuen Literaturbewegung und zuletzt als öffentlicher Intellektueller auftrat.

1863 war Zola noch Jahre entfernt von seiner großen Karriere, hatte jedoch sein Dasein als Bohémien für eine Stelle im Hachette-Verlag aufgegeben, der 1864 das größte Editionshaus Europas war und heute eines der bedeutenden Medienkonsortien der Welt ist. Er fing an, Erzählungen und Romane zu schreiben und nahm ein bürgerliches Leben auf, das ihm nicht wenige zum Vorwurf machten. Das galt vor allem für seinen Jugendfreund Paul Cézanne, der lebenslang ein Außenseiter blieb und darunter litt, dass das Publikum seine avantgardistischen Gemälde nicht beachtete, während andere Kollegen irgendwann doch auf die Erfolgsspur kamen.

Die Kunstszene brummte, vibrierte und lechzte nach Sensationen. Und nach neuen Namen. Gerade hatte der 80-jährige Ingres sein erotisches Bild *Le Bain turc* gemalt, es sollte sein letztes sein, gerade so, als hätte er sich mit dem aufreizenden Motiv übernommen. Delacroix, sein alter Widersacher, hatte sich inzwischen ganz aus dem Betrieb zurückgezogen. Die alljährlichen Pariser Übersichtsschauen der *Salons* boten Galeristen, Käufern, Liebhabern und Sammlern eine schier unübersehbare Fülle an Bildern und Trends, doch noch immer verteidigte die École des Beaux-Arts ihren konservativen Geschmack, stattete unter der Ägide Nieuwerkerkes die Räume des Louvre mit Bewährtem aus und besetzte die Jury zur Vergabe der Kunstpreise. Aber sie konnte nicht verhindern, dass das Neue sich Bahn brach. Im Juli 1863 gab es im »Salon des Refusés« einen Tumult, wie man ihn noch nicht erlebt hatte, das Kulturpublikum geriet in einen anarchischen Taumel. Hier wurde weder Staunen oder Bewunderung noch Befremden geäußert, es wurde auch nicht um ein feinsinniges Urteil gerungen. Stattdessen wurde nur noch geschrien und gelacht, laut, hemmungslos und hämisch. Es war Manet, der ausgelacht wurde.

Gala

Der Glamour hatte im Zweiten Kaiserreich zahlreiche Bühnen und Spiegelsäle, überall waren Hierarchien offensichtlich und manche Distinktionen gleichzeitig so diskret, dass man in ihren Spielregeln geübt sein musste, um auf dem einen oder anderen Parkett zu reüssieren. Es gab den Salon der Halbweltdame Madame Sabatier, die Baudelaire und Flaubert stets »La Présidente« nannten und in galantem Ton mit Anzüglichkeiten bedachten, während andere sie als »pute« ansprachen. Einen Salon führte auch Édouard Bertin, Herausgeber des einflussreichen *Journal des Débats* und zugleich Landschaftsmaler, ebenso wie der Kommandant der kaiserlichen Garde, Lajosne, der sich weniger für Kriegskunst als für die Malerei seines Neffen Frédéric Bazille interessierte. Daneben florierten zahlreiche Salons des alten und neuen Adels. Zwischen ihnen allen lagen Welten, auch wenn es Virtuosen der Geselligkeit gelang, überall zu verkehren.

Seit 1856 aber gab es alljährlich ein gesellschaftliches Ereignis, auf das ganz Paris hinfieberte: Die Eingeweihten nannten es schlicht »Compiègne«. Es handelte sich dabei um den Aufenthalt im Landschloss sechzig Kilometer nördlich von Paris, zu dem das Kaiserpaar jeweils etwa sechzig Personen des öffentlichen Lebens aus dem In- und Ausland zwecks gemeinsamer herbstlicher Lustbarkeiten einlud. Die Einladungen kamen per Post und hatten stets den gleichen sachlichen Wortlaut: »Auf Anordnung Ihrer Kaiserlichen Hoheiten ist/sind N. N. eingeladen, acht Tage im Palast von Compiègne zu verbringen, vom … November bis zum … November. Ein Sonderzug wird die Gäste, ihr Gefolge und ihr Gepäck befördern und fährt um drei Uhr an der Gare du Nord ab.«

Zum festgesetzten Anreisetermin erschienen die Geladenen – immer eine Mischung aus Dauergästen und Newcomern – am vereinbarten Treffpunkt. Wer die Rituale des herrschaftlichen Landlebens schon kannte, gab sich während der Zugfahrt gelassen und weltläufig gegenüber den Neuen, die neugierig und aufgeregt waren. Alles in allem herrschte eine Stimmung wie bei einer Klassenfahrt, und der nicht mit Geld zu bezahlende Einladungsbrief sorgte für ein gewisses Elitebewusstsein.

In Compiègne angekommen, stürmten alle, soweit es die Garderobe zuließ, in die bereitstehenden Planwagen der kaiserlichen Post, die sie zur Residenz brachten, wo die kaiserliche Familie die Gäste auf der Freitreppe erwartete. Zwanzig Minuten nach der Abfahrt der Herrschaften setzten sich die Gepäckwagen in Bewegung. Die Menschen der Provinz, die jedes Jahr mit Spannung das Eintreffen der illustren, oft extravaganten oder exotischen Gäste erwarteten, staunten über die vielen Gepäckstücke: Einmal wurden fast 900 Kisten und Kästen gezählt, gewaltige eisenbeschlagene Schrankkoffer, lederne Handkoffer und Weekender, Hutschachteln, Schuhsäcke, Jagdausrüstungen und Abendkleider in weißen Holzkoffern, die Pariser Modedesigner den Damen für die Expedition zur Verfügung stellten. Manche ihrer Kundinnen brachten es auf achtzehn bis vierundzwanzig der sperrigen Stücke. Wenn die Fracht ihr Ziel erreicht hatte und ausgeladen wurde, stritten sich Kammerdiener und Zimmermädchen beim Sortieren, manche brachen in Tränen aus, Dessous wurden durchwühlt und flatterten im Wind. Jedes Jahr gewannen die Schaulustigen den Eindruck, ganz Paris ziehe um. Es war ein unvergleichliches Spektakel.[10]

Die kleine geschichtsträchtige Stadt Compiègne, in der in der Folgezeit zwei Mal ein Frieden zwischen Frankreich und Deutschland geschlossen werden sollte, war von großen Jagdwäldern umgeben, und bot somit beste Voraussetzungen für die herbstliche Treibjagd, die *curée*, eine der Hauptvergnügungen der sogenannten »Séries de Compiègne«. Diese folgten einem Ablauf mit wenig zeremoniellen Anlässen, wenig Etikette und viel Freizeit, um den vertrauten Umgang zu fördern. Das war das größte Privileg, ein ganz außergewöhnlicher Luxus. Der Morgen stand den Gästen zur freien Verfügung, sie konnten schreiben, spielen und lustwandeln, flirten, fremdlieben oder gar nichts tun. Nachmittags gab es kleine Teegesellschaften und Konversationszirkel, abends ein Diner. Nur dieses verpflichtete zur

Teilnahme. Die Damen führten ihre Abendtoilette vor, und für die Herren galt der Dresscode: schwarzer Frack, weiße Handschuhe. Das durften sie nur vernachlässigen, wenn sie arabische Scheichs waren, die in der ganzen Pracht und Sinnlichkeit ihrer heimischen Gewänder erschienen und damit die Damen in helle Aufregung versetzten. So etwa im Jahr 1862, als sechs Oberhäupter nordafrikanischer Stämme angereist waren und *bella figura* bei der Treibjagd machten, die den verschwenderischen Reiterfestspielen ihrer Heimat, den Fantasias, glich. Sie kooperierten in der Algerienpolitik mit dem Kaiser und begrüßten die französischen Investitionen zum Ausbau der Infrastruktur. Allen erschien diese Zusammenarbeit damals als Win-win-Situation. Dass Zola später in seinem Roman *La Curée* die Jagd auf Füchse und Hasen, Rehe und Hirsche als Jagd nach Geld, Frauenkörpern und Territorien verstehen würde, konnten die kaiserlichen Gastgeber und ihre Gäste nicht voraussehen.

»Compiègne« war im Reigen des gesellschaftlichen Jahres ein *Must-go* für jeden, der eine Karriere bei Hofe, in der Finanzwelt, im Kulturbetrieb oder beim Pferderennen anstrebte. Es galten freilich die gleichen Regeln wie überall in der High Society: Jeder, der nicht aus eigener Kraft die Aufmerksamkeit Napoleons III. oder Eugénies auf sich ziehen konnte, brauchte einen Türöffner.

Flaubert brauchte keinen mehr. Im November 1862 feierte er einen *succès fou* mit *Salammbô*. Nach dem Erscheinen des Romans konkurrierten die Pariser Salons und ihre sommerlichen Dependancen um das Erscheinen des Autors. Flaubert hatte durch eine kleine Hochstapelei dem verrückten Erfolg ein bisschen nachgeholfen und gemeinsam mit seinem Verleger Lévy Fake News verbreitet. Er behauptete nämlich, wie die Goncourts im *Journal* vom 20. Februar voller Unbehagen vermerkten, Lévy biete ihm für den Abdruck ein Honorar von 30 000 Francs, also umgerechnet mehr als 120 000 Euro. Das verbitterte die Brüder vor allem deshalb, weil Lévy, der Herausgeber solcher Berühmtheiten wie Stendhal, Balzac und George Sand, zwei Jahre vorher ihren Roman *Les hommes de lettres*, abgelehnt hatte. Obendrein war der Roman, als er dann endlich erschien, auf dem Markt untergegangen. Das nagte an ihnen. Bisher hatten sie Flaubert »den großen Sensiblen« genannt, nun lernten sie seine Geschäftstüchtigkeit kennen. Tatsächlich nämlich erhielt Flaubert von dem Verleger lediglich 10 000 Francs, auch das eine für die damalige Zeit außerordentliche Summe: Lévy hatte ihm sechs Jahre zuvor für die beiden Bände von *Madame Bovary* je 400 Francs geboten, und ein Arbeiter mit fünfköpfiger Familie verdiente lediglich 2000 Francs im Jahr. Niemand aus dem Freundeskreis hatte geahnt, dass der Einsiedler von Croisset, der sich manchmal als verträumte Auster und am liebsten als Höhlenbär beschrieb – ohne zu bedenken, dass die Spezies des *urs* nur über drei Laute verfügt –, dass also dieser große Einsame als Champion auf dem Pariser Marktplatz auftreten würde. Als ähnlich kompetent in der Selbstvermarktung würde sich freilich später auch der hyperempfindsame Marcel Proust erweisen, den man als schlaflosen *allnighter* in einem mit Kork ausgeschlagenen Zimmer vor Augen hat, das noch heute im Pariser Musée Carnavalet zu besichtigen ist. Er bezahlte, nachdem er den Roman *À la recherche du temps perdu* zunächst auf eigene Kosten hatte drucken lassen, große Zeitungen wie den *Figaro* für die Veröffentlichung von Kritiken, die er selbst geschrieben hatte.[11]

Flauberts Strategie der Selbstvermarktung war entschuldbar, systemkonform und überaus vorausschauend, denn es war keineswegs selbstverständlich, dass sein neuer Roman ein Bestseller werden würde. Flaubert wusste auch, warum er Lévy über seinen Notar und Agenten Ernest Duplan eine Vorablektüre verweigert und ihn auf das Erfolgsversprechen seines Autornamens verpflichtet hatte. Denn der Roman spielt im Karthago des 3. Jahrhunderts vor Christus, das den Parisern noch entrückter erscheinen musste als das Mexiko der Gegenwart, und ist das *Reenactment* eines Söldneraufstands infolge der Niederlage des karthagenischen Heeres gegen die Römer im Ersten Punischen Krieg.

Flaubert war durch die Schriften des griechischen Geschichtsschreibers Polybios auf das Ereignis gestoßen. Er hatte den Stoff bereits ausgewählt, als er an *Madame Bovary* arbeitete, und sein Wissen durch ausgiebige Studien und Reisen zu den Originalschauplätzen vertieft. Viel zu sehen war dort allerdings nicht mehr, aber die Ruinen inspirierten ihn. Um das Geschehen romantauglich zu machen, dichtete er eine tödliche Liebe hinzu: die Affäre zwischen Mathô, dem libyschen Heerführer der Rebellen, und Salammbô, der Tochter des Despoten Hamilcar Barca und Priesterin der Göttin Tanit, Mutter des Großen Baal. Der Roman passte dem ersten Anschein nach in die Orientalismus-Mode, in der Paris seit vielen Jahren schwelgte, gerade so, als gäbe es nur einen Orient der Kamele, Wasserpfeifen, Harems und Bauchtänze, nicht aber ernsthafte Konflikte zwischen Religionen und Ethnien, in die Frankreich verstrickt war. Im Gegensatz jedoch zu abenteuerlichen Reiseberichten und folkloristischen Bildern war *Salammbô* von verstörender Fremdheit.

Flaubert hatte sich gegen die »kleinen Leidenschaften und kleinen Leute« wappnen wollen, die ihn verdrossen stimmten und in den rauen Orient trieben. Auch hatte er es satt, als Autor von Sittenbildern zu gelten und mit Balzac verglichen zu werden, dem er schließlich vorwarf, er habe nicht schreiben können. Nein, er wollte etwas »Funkelndes« und »Dröhnendes« liefern. Und das tat er. Niemand hatte je einen solchen Roman gelesen. *Salammbô* ließ unter dem Gewicht von Tausenden und Abertausenden gewaltigen Kriegsmaschinen, Geschützen, Sturmböcken und Schwertern, Rüstungen, Ketten, Kürassen und Schilden, von Armeen stampfender Elefanten und Phalangen der Infanteristen die Erde erbeben, während sich Scharlatanerie, Triebhaftigkeit, Kindesopfer, Lynchmorde, Kettenmassaker, Blut und Verwesung und zuletzt Kannibalismus mit barbarischer Wucht entluden. Das alles war *too much*, war bombastische Oper und reinste Pulp Fiction, aber der Stil war makellos, der Rhythmus musikalisch, hier narkotisch und dort brüsk, gerade so, als befände man sich in einem ungeheuerlichen Traum.

Die Kunstwelt zeigte sich gespalten, viele aber lagen Flaubert staunend zu Füßen und überboten sich in Lobeshymnen. »Was für ein Stil! Was für eine archäologische Gelehrtheit! Welche Imagination!«, schrieb ihm der Komponist Hector Berlioz, dessen wuchtige Bearbeitungen antiker und mythologischer, auch karthagenischer Stoffe etliche Jahre zurücklagen. »Welch blendendes Schauspiel, was für eine Intensität. Sie sind ein großer Maler«, so der Romancier und Maler Eugène Fromentin. Hugo rühmte von seiner Kanalinsel aus die »unvergängliche Schönheit«, Gautier im *Moniteur* den Effekt der gewaltsamsten intellektuellen Erregungen, die man überhaupt empfinden kann, den Stil eines Meisters, dem man »Blattgold, Blendwerk und Lametta« vorgeworfen hatte.[12] George Sand pries in einer Rezension in *La Presse* die »Poesie der Kannibalen« und verglich sie mit Dantes Hölle.

Flaubert bedankte sich artig bei allen. Der mit ihm befreundete Kritiker Paul de Saint-Victor schrieb, ebenfalls in *La Presse*, Flauberts Name sei auf allen Lippen, sein Buch in der Hand eines jeden. Das war eine besonders willkommene Rezension, denn für diejenigen, die das Buch noch nicht in Händen hielten, war es nach dem ganzen Hype nun ein *Must-have*. Alle schwärmten aus, um sich den Roman zu besorgen, und wer ihn in seinem Buchladen nicht mehr fand, lief anderen hinterher, die wussten, wo es vielleicht noch ein Exemplar gab. Die Normalleser aber, die in *Madame Bovary* den *horror vacui* der Provinz und des Trivialen kennengelernt hatten, waren nun von der Ästhetik des Exzesses und monströsen Schreckens überfordert und gaben insgeheim den Kritikern Recht, die vor Nervenkrisen warnten und rieten, *Salammbô* vor schwangeren Frauen zu verstecken. Sainte-Beuve äußerte sich in gleich drei Artikeln missbilligend. Er sagte seinem Freund – der Wahrheit zuliebe –, dass der Roman die Geschichte aushöhle und sich in unnötigen Details erschöpfe.

An Flauberts Sieg änderte das Urteil des Literaturpapstes, der schon *Madame Bovary* verkannt hatte, jedoch nichts. Allerdings konnte trotz der fünf Auflagen bis 1864 auch nicht im Einzelnen überprüft werden, wie viele Exemplare des Romans tatsächlich gelesen wurden und ob die Käufer über die ersten zehn oder fünfzig Seiten hinauskamen. Selten aber hatte das Publikum eine derartige künstlerische Ausschweifung erlebt, die allenfalls vergleichbar war mit Delacroix' Monumentalbild *La Mort de Sardanapale* von 1827, auf dem der assyrische König dem Abschlachten seines Harems zuschaut.

1862 war die Sensation perfekt, niemand musste sich durch die Details quälen, um *Salammbô* großartig zu finden oder wie die Castiglione auf den Maskenbällen der Wintersaison 1862/1863 als Salammbô zu erscheinen. Flauberts Karriere war gemacht. Er war jetzt der Star der literarischen Welt und der gesellschaftlichen Kreise, und böse Zungen sagten ihm nach, dass er vor Eitelkeit platze und sein Triumphgeheul jeden anderen Lärm übertöne. Er lechze, behaupteten die Goncourts, nach jeder Einladung und verschleiere dieses Ansinnen gleichzeitig mit der Behauptung, es interessiere ihn nicht, dass »man« ihn überall erwarte.

Salammbô wurde zum Kassenschlager und Medienereignis. 1864 verwendete Modest Mussorgski den Stoff für die Oper *Der Libyer*, bis zur Jahrhundertwende entstanden zahlreiche Theaterfassungen, später auch Filme. Flaubert zeigte sich auf den Bühnen der mondänen Welt: Erst empfing ihn Plon-Plon in seiner pompejanischen Villa, dann lud ihn Princesse Mathilde in ihren Salon ein und besaß anlässlich seines Debüts das Feingefühl, die Anwesenheit des Kaisers sicherzustellen. Die Goncourts merkten an, die Gastgeberin hätte nur Augen für Flaubert und wäre wahrscheinlich gern seine Geliebte. Ein Augenzeuge berichtet, bei einem Tableau vivant sei Flaubert der Prinzessin als Mathô entgegengetreten, und beide seien allein zurückgeblieben, als die anderen sich ins Fumoir zurückgezogen hätten.[13] In der mondänen Welt jedenfalls blühte der Gossip. Wer tratschte am besten? Auch das war eine Stilfrage. Tatsache aber ist, dass Flaubert der Prinzessin in den kommenden Jahren empfindsame Briefe schrieb, sich mit ihr über Familienangelegenheiten austauschte und ihr versicherte, nichts lieber zu tun, als umgehend aus seinem einsamen Leben in Croisset auszubrechen, um zu ihr in die Rue de Courcelles oder ihr Landschlösschen in Saint-Gratien zu eilen.[14]

Im Herbst 1864 erreichte Flaubert das Billet mit der Einladung nach Compiègne. Bei der Ankunft offerierte er der Kaiserin, die er durchaus nicht schätzte, einen »archichicen« Strauß weißer Kamelien.[15] Die Gelage und Orgien schafften ihn so, dass er am übrigen Programm nicht teilnehmen konnte und erst nachmittags um vier Uhr aufstand. Am 15. August 1866 wurde Flaubert, der nicht müde wurde, zu betonen, dass »Ehrungen entehren, der Titel erniedrigt und das Amt stumpfsinnig macht«,[16] zum Ritter der Ehrenlegion geschlagen. Maxime du Camp, den Flaubert 1853 gehänselt hatte, als diesem dieselbe Ehre zuteilgeworden war, konterte nun maliziös, gestört habe den Freund nur, dass die Auszeichnung Ponson du Terrail, dem Autor der maßlos populären *Rocambole*-Serie, am selben Tag verliehen wurde.

In seinem nächsten großen Roman, *L'Éducation sentimentale*, sollte Flaubert Deslauriers, dem Jugendfreund des Protagonisten Frédéric Moreau, folgende Worte in den Mund legen: »Nichts nutzt so sehr wie der Zutritt zu einem reichen Haus. Du hast einen Frack und weiße Handschuhe, gebrauche sie! Du musst in diese Kreise gelangen. Später führst du mich dort ein!« Als Frédéric protestiert, wundert sich Deslauriers und sagt, das seien doch gängige Tipps, er müsse einfach dem Bankier Dambreuse gefallen und Geliebter seiner Frau werden: »Erinnere dich an Rastignac aus der *Menschlichen Komödie*. Du wirst dich durchsetzen, sicher.«[17]

Dîner Magny, Bobos und Bohème

Am Abend des 22. November 1862 versammelte sich im Restaurant Magny zum ersten Mal ein kleiner Kreis um Sainte-Beuve. Er war hier Stammgast, weil er tagsüber in der nahegelegenen Bibliothek Mazarine an seinen Texten arbeitete. Zwei Wochen später, am 6. Dezember, traf sich die Runde wieder. Zu diesem Nikolausdiner erschien Flaubert. *Salammbô* war seit zwölf Tagen auf dem Markt, er wartete gespannt auf Reaktionen aus dem Freundeskreis. Ob die Goncourts sich bei Magny zu dem Buch äußerten, ist nicht überliefert. Im *Journal* aber heißt es wenig wohlwollend, Originalität solle man nicht in Karthago suchen, sondern in der Wirklichkeit nebenan: »Es liegt etwas Provinzielles darin, in den Orient zu reisen, um die Bewohner von Rouen in Erstaunen zu versetzen.«[18]

Sainte-Beuve war stets vor den anderen da, aber der Samstag passte ihm nicht, weil er an diesem Tag immer seine langen Artikel und Rezensionen für den *Constitutionnel* redigieren musste, die montags als *Causeries du lundi* erschienen. Diesen Plaudereien verdankte er das Renommee des Literaturpapstes, da konnte er jetzt, mit bald sechzig Jahren, im Eifer nicht nachlassen oder gar säumig werden, nur weil es neuerdings semiformelle Dates gab, die Jüngere als er ins Leben gerufen hatten. Deshalb wurde das Treffen bald auf den Montag verlegt, der für einen Feuilletonjournalisten der eigentliche Sonntag war.

Sainte-Beuves mediale Autorität war ungebrochen, auch wenn Gautier, der an den Wochenenden selbst Zeitungskritiken schrieb, ihn neckisch »oncle Beuve« nannte und dieser Spitzname so klang wie »oncle Bœuf«. Niemals aber wäre Gautier, den seine Freunde nur Theo nannten, so weit gegangen, Sainte-Beuve explizit als Rindvieh bloßzustellen, obwohl auch er sah, dass der Tunnelblick des Älteren manchmal jener »bêtise« nahekam, die Flaubert als generalisierte Dummheit verhöhnte. Die Goncourts konnten Sainte-Beuve nicht leiden, weder sein Outfit, das dem eines Kurzwarenhändlers aus der Provinz ähnelte, noch die schwarze Seidenkappe auf dem kahlen Schädel, die zur Académie oder zur Sakristei passte, und schon gar nicht seine Sentimentalitäten und inkompetenten Machtworte in Sachen zeitgenössischer Literatur, zu denen er stets mit der rheumatischen Faust auf den Tisch schlug. Flaubert ging es ähnlich. Wie die Goncourts war er von den endlosen Tiraden Sainte-Beuves und den Erinnerungen an vergangene Literaturkämpfe, darunter die berühmte »Schlacht« um Hugos Theatertück *Hernani* im Jahr 1830, gelangweilt und genervt. Sie hatte der Romantik zum Sieg verholfen, gegen die er selbst anschrieb. Es hatte auch keinen Sinn, mit dem Starkritiker über Balzacs Stil und Hugos neuen Roman zu diskutieren oder überhaupt Gespräche über Literatur mit ihm zu führen.

Bei einer früheren Gelegenheit hatte er Sainte-Beuve im Beisein der Goncourts eine »canaille« genannt.[19] Einig war Flaubert sich außerdem mit den Brüdern darin – und zwar ebenfalls entgegen den Empfehlungen Sainte-Beuves –, dass es zurzeit wenig sinnvoll war, hochtrabende Gedichte mit zwölf Gesängen zu schreiben und zu hoffen, mit ihnen käme der Ruhm. Die Literatur musste anders aussehen, schließlich gab es den Roman als die »moderne Form, die sich allem anpasst«. Und die Zukunft des Romans musste alle Anwesenden mindestens ebenso interessieren wie die aktuelle Bühnen- und Kunstszene, das konnte man von Kulturschaffenden verlangen.

Diejenigen nämlich, die vom Herbst 1862 an alle zwei Wochen zum Essen, Trinken und Rauchen, zum Reden und Lästern zusammenkamen, waren Schriftsteller, Kritiker, Agenten und Direktoren des Kulturbetriebs sowie Wissenschaftler. Zu den *habitués* gehörten die Brüder Goncourt, Flaubert, Gautier, der russische Romancier Turgenjew, die Kritiker Sainte-Beuve, Hippolyte Taine und Hugo de Saint-Victor, der Religionsphilosoph Ernest Renan, der Karikaturist Gavarni, die Kunstdirektoren Nieuwerkerke und Chenevières und der Chemiker Marcelin Berthelot. Andere Kollegen und auch Zeitungsverleger schauten hin und wieder vorbei, unter ihnen Auguste Neffitzer, der Herausgeber der Zeitung *Le Temps*, deren Vorbild die Londoner *Times* war. Das Magny wurde zu ihrer After-Work-Bar. Wenn alle gut gegessen hatten und bis in die Nacht hinein ordentlich tranken, wurden Projekte geschmiedet, Netzwerke geknüpft, der neueste Gossip ausgetauscht und Herrenwitze gerissen. Das lief wie geschmiert, zumal in den ersten Jahren keine Frau dabei war, die sich gestört gefühlt oder vielleicht empört hätte. Die Männer pflegten eine bohemische Nonchalance und Freizügigkeit, waren aber längst Bobos, *bourgeois-bohémiens*. Das heißt, sie wussten bürgerliche Bequemlichkeiten und finanzielle Sicherheiten zu schätzen, auch wenn sie weiterhin nonkonformistische Reden schwangen, hedonistisch lebten und selten Familien gründeten.[20]

1866 wurde George Sand als einzige Frau in den Herrenclub aufgenommen. Ihre Hauspartys in Nohant hatte Gautier zuvor seinen

Freunden gegenüber als spaßfreie Treffen in klösterlichem Ambiente beschrieben. Bei Magny wurde sie wie ein Mann behandelt. Niemand kam auf die Idee, in Gegenwart der älteren Dame die Zunge im Zaum zu halten. Bald galt »das Magny« im künstlerischen und intellektuellen Milieu als letzter Ort freien Geistes und freier Rede im Zweiten Kaiserreich, ein Ruf, der später sogar das Interesse Friedrich Nietzsches wecken sollte. Er hätte, schrieb er, »nicht übel« in diese »damalige geistreichste und skeptischste Bande des Pariser Geistes« hineingepasst, in dem »exasperierter Pessimismus, Cynismus, Nihilismus« gepflegt wurden. Allerdings hätte er dieser Bande gern noch mehr Radikalität verordnet.[21]

In den 1860er Jahren waren die Tischgespräche immerhin so radikal, dass in Paris Gerüchte zirkulierten, »das Magny« sei ein Ort der Gotteslästerung. Das reichte eigentlich als Anlass für einen Gerichtsprozess, doch es konnte nichts nachgewiesen werden, weil der Kreis sich in einem Separee im ersten Stock des Restaurants traf, ein Schweigegebot vereinbarte und das *Journal* der Goncourts, das die Gespräche trotzdem protokollierte, noch nicht publiziert war. Tatsächlich waren unbotmäßige Äußerungen, die Kaiserhaus, Religion und Sexualität betrafen, beim »Dîner Magny« üblich. Wenn im Laufe der langen Abende die Anzüglichkeiten, die heute unter das Verdikt des übelsten Sexismus fallen würden, jede ernsthafte Auseinandersetzung übertönten, lachte Flaubert stets am lautesten. Dann wogte sein mächtiger Schnurrbart auf und ab und gab seinem Kopf mit der hohen Stirn und den vorquellenden Augen das Aussehen eines Walrosses. Für ihn waren die Frauen, wie er unumwunden zugab, ohnehin nur »zum Vögeln« da, seine einzige wirkliche Liebe reservierte er für die Literatur.

Vom Herbst 1862 an trafen sich einige der Magny-Bande mittwochs in einem der mondänsten Salons der Stadt: dem Salon von Princesse Mathilde. Die Konkurrenz der zahlreichen anderen Salondamen der Hauptstadt brauchte sie nicht zu fürchten, ebenso wenig wie die Empfänge im Teezimmer der Kaiserin, die in ihren Augen viel zu fromm war, um etwas von dem Reiz moderner Literatur und Kunst zu verstehen. Mathilde Bonaparte hingegen, die von ihren Bewunderern, Neidern und Gegnern »Notre-Dame-des-Arts«, also »Muttergottes der Künste«, genannt wurde, versammelte die aufgehenden Stars der Pariser Künstler- und Literatenszene um sich. Stets war neben ihren Foxterriern und ihrer Vorleserin Madame Defly auch der schöne Nieuwerkerke zugegen, der den Empfangschef spielte und missbilligend meldete, wenn ein Neuankömmling am Eingang Knoblauchgeruch verbreitete. Mathilde interessierte es nicht, welche politischen und moralischen Überzeugungen ihre Gäste vertraten, sie mussten nur geistreich sein und brillieren. Den phantasievollen Gautier erlöste sie 1868 von seinen Geldsorgen, indem sie ihn zu ihrem Bibliothekar ernannte, was ihm, der ja auch für den staatstragenden *Moniteur universel* schrieb, endgültig den Ruf eines dichtenden Höflings einbrachte.

Die Goncourts erteilten Gautier den Rat, sich um Gottes willen die Frage zu verkneifen, ob die Princesse überhaupt eine Bibliothek habe. Aber auch sie taten trotz ihrer hämischen Scherze alles, um von der temperamentvollen Cousine des Kaisers eingeladen zu werden, und schickten ihr das Buch *La Femme du XVIIIe siècle*, in dem sie die Eleganz und Kühnheit der Frauen des galanten und philosophischen Jahrhunderts rühmten. Das gefiel der Prinzessin, die sich gern von Männern umschmeicheln ließ und sich nur für Bücher interessierte, in deren Heldinnen sie sich wiedererkannte. Die Autoren ließen sie in dem Glauben, sie hätte eine der Frauen des 18. Jahrhunderts sein können, und ließen sich gern zum Diner und für den Silvesterabend desselben Jahres einladen. Das wiederum gaben sie ungern zu. Für das erste Abendessen am 13. Dezember hatten sie sich herausgeputzt. Sie hatten die richtige Eingebung: Der Salon war mit rotem Samt ausgeschlagen, mit einer Vielzahl kleiner Rahmen und gravierter Spiegel verziert, und die dort versammelte Gesellschaft machte den Eindruck einer Opernbesetzung. Mit dem Ende des Zweiten Kaiserreichs schloss Princesse Mathilde die Türen zu ihrem Salon und öffnete sie erst wieder, als längst eine neue Zeit angebrochen war.

Stress and the city

Baudelaire wurde weder zu mondänen Treffen noch zum »Dîner Magny« eingeladen. Er beabsichtigte auch nicht, einen Roman zu schreiben, obwohl das im Hinblick auf literarischen Erfolg und Einkommen ratsam gewesen wäre. Während Flaubert vom Prozess gegen *Madame Bovary* profitiert hatte, war das Gerichtsverfahren gegen die *Fleurs du Mal* für Baudelaires Karriere folgenlos. Er blieb bis zu seinem Tod ein Außenseiter des literarischen Lebens. In den 1850er Jahren hatte er noch zusammen mit den Goncourts, Flaubert, Gautier, Dumas, mit Hector Berlioz und dem mächtigen Arsène Houssaye den Salon von Madame Sabatier besucht. Der *Club des Hachichins*, in dem er auf Delacroix, Balzac und Flaubert getroffen war, hatte sich schon mehr als zehn Jahre zuvor aufgelöst, Balzac war tot. Damals hatten die Mitglieder Dschellabas und Turbane getragen, Selbstversuche mit Drogen unternommen und Haschischmarmelade gekocht.

Obwohl der eine oder andere Freund Baudelaire die Treue hielt, vereinsamte der Dichter. Zu Beginn der 1860er Jahre war er finanziell ruiniert. Seine Hymne auf Richard Wagner hatte ihm mehr Feinde als Freunde eingebracht, seine Bewerbung um einen Sitz in der Académie Française, bei der ihn Flaubert unterstützt hatte, scheiterte kläglich. Baudelaires Dandytum brillierte außerhalb der schillernden Literaturszene und außerhalb mondäner Salons und gehobener gesellschaftlicher Zirkel, die nicht vergaßen, dass er 1848 ein Anhänger der Revolution gewesen war und später ein Widersacher des Staatsstreichs und des Zweiten Kaiserreichs. Das aristokratische Outfit, in dem Manet ihn zeichnete und Nadar ihn fotografierte, zeigte er, ganz ohne festlichen Anlass und trotz Elends und wachsender Bitterkeit, auf der Straße – schwarzer Anzug, blütenweißes Hemd mit weich fallendem Kragen, dazu eine rote oder violette Chenille-Boa. Er fiel auf inmitten der Menschenmenge, die zur Arbeit eilte oder zu Vergnügungen hastete und neuerdings tagsüber, soweit sie männlichen Geschlechts waren, den bürgerlichen grauen

Anzug trug. Baudelaire hingegen flanierte zuweilen mit einer Schildkröte über die Boulevards. Er performte als Anarchist der Muße, die dem Wirken der Musen und der Imagination zuträglich ist. Seine Gegner freilich fanden Genugtuung darin, ihm diese Haltung als Faulheit auszulegen.

Selten begegnete dem Dichter ein Mann, noch unverhoffter eine Frau, deren Mode und Gang mit seiner eigenen Erscheinung und Bewegung korrespondierten, schwarz, vornehm und langsam. Dann aber vergaß er das Bild der Unbekannten und ihren Blick nie mehr. Davon spricht sein berühmtestes Paris-Gedicht, »À une passante«. Es war zunächst 1855 in der bohemischen Zeitschrift *L'Artiste* erschienen, wurde aber erst 1861 mit der Aufnahme in die zweite Ausgabe der *Fleurs du Mal* einem größeren Publikum bekannt. Niemals zuvor in der Geschichte der Lyrik setzte ein Gedicht mit dem Lärm und Trubel der Großstadt ein. Der Sound der Straße dröhnt in Versen harter, ganz »unlyrischer« Konsonantenfolge: »La rue assourdissante autour de moi hurlait«, und toste noch in Stefan Georges Ohr: »Es tost betäubend in der strassen raum.«[22] Die Form von Versen und Strophen ist klassisch, Thema und Ton aber sind kühn und unerhört. Baudelaire besang nicht die Natur, nicht den Mondschein oder das Herbstlaub, die aus romantischen Dichtungen vertraut waren, und er bat nicht die Musen um ihren Kuss. Nein, seine Heimat war das neue Paris, seine Inspiration war die Metropole, er tauchte unter im Gewühl der dahinflutenden Menschen, beobachtete und wartete. So wie sein lyrisches Ich: Plötzlich löst sich aus der Menge, wie aus einem diffusen Bildhintergrund, eine Frauengestalt, groß, schlank, schwarz gekleidet, schreitend, ihr dunkler, gewittriger Blick trifft den Blick des Stadtwanderers. Ein Blitzschlag geht durch ihn hindurch, er krampft »wie ein Extravaganter« und erstarrt. Die unbekannte Frau, er hätte sie lieben können, so wie sie ihn. Aber sie ist längst entschwunden, gewiss für immer, unwiederbringlich, wäre da nicht das Gedicht, das diesen Augenblick und diese Erscheinung als Screenshot in das Gedächtnis einprägt.

In »À une passante« erscheint die »fugitive beauté«, die »flüchtige Schönheit«, als erregende Figur der Dichtung der Moderne. Sie betritt die Bühne der Boulevards und gibt sich der hemmungslosen Schaulust, dem Thrill zufälliger Begegnungen und ungeahnter Abenteuer hin. Das Gedicht gehört zu den »Pariser Bildern« der *Fleurs du Mal*. Sie alle schildern Impressionen jener Zeitenwende, die mit der Haussmannisierung einherging: die Vielfalt der Lebensweisen, die Beschleunigung des Alltags, die Energie der Menschenmengen, das Elend der Abgehängten und armen Poeten, die sich, soweit sie überhaupt ein Dach über dem Kopf haben, vor der Winterkälte fürchten, weil das Kaminholz unbezahlbar ist.[23]

Edgar Allan Poe hatte 1840 *The Man of the Crowd* entdeckt und folgte ihm aufmerksam, wachsam durch die Straßen von London, vom Westend ins Eastend, in Nebel und Dunkelheit. Zuletzt wird ihm alles unheimlich und rätselhaft, das größte Rätsel aber bleiben der Mann der Menge und die Menge selbst.[24] Baudelaire, Leser und Übersetzer Poes, übernahm den Schönheitsbegriff des Amerikaners. Er erkannte das »Bizarre« im Erscheinungsbild des Prekariats und der Freaks, die er in den Stand der Dichtung erhob. In der Beobachtung der Großstadt aber ging Baudelaire noch weiter als Poe und begriff, wie »À une passante« zeigt, die Verfasstheit des Großstadtmenschen in ihrer ganzen Dimension: Den Großstädter umgibt ein diffuses, ohrenbetäubendes Rauschen, er ist visuellen Erschütterungen, Schocks und einem »anamnestischen Rausch« ausgesetzt, Geschwindigkeit ist das Maß aller Dinge, das ist der Zeitgeist.[25] In dem Zeichner Constantin Guys erkannte Baudelaire einen Wahlverwandten, der gleich ihm selbst den Boulevard zum Arbeitsplatz hatte und die Abgründe der Menschheit und das Elend gescheiterter Existenzen kannte. 1863 setzte er Guys mit dem Essay *Le Peintre de la vie moderne* ein Denkmal. Nur die Goncourts teilten seine Bewunderung für den Zeichner.[26]

Wenn aber die sinnliche Überforderung auf Dauer gestellt ist und die Selbstoptimierung zur Pflicht wird, folgen Nervosität oder ein Burnout, das im späten 19. Jahrhundert Neurasthenie genannt wurde. Das alles ist uns heute vertraut, damals aber war es ganz neu. Baudelaire erfuhr das Überreizte und Verspannte als psychisches Problem, aber auch als Quelle der Kreativität. Doch wie sich dem Faszinosum der großen Stadt ergeben und sich zugleich wappnen gegen den Überfall der Moderne? Dieses Dilemma löste er durch ein doppeltes Kalkül. Erstens als Flaneur, der auf dem Boulevard und inmitten der Menschenmenge entschleunigt, zumal im Gleichschritt mit der Schildkröte. Das war eine Provokation, eine Performance und ja, die Erfindung der Street-Art. Zweitens mit der Pose des Dandys. Sie war, in der eigensinnigen Behauptung der Eleganz und Distanz, eine Rüstung gegen die Armut, die Überreizung der Sinne und die Verführung durch den Mainstream. Zu Beginn des 20. Jahrhunderts würde der Stadtsoziologe Georg Simmel sie »Blasiertheit« nennen.[27] Die erste Geste erlaubte es dem Dichter, ein »Bad in der Menge« zu nehmen, die zweite, geistesgegenwärtig das Umfeld zu beobachten. Baudelaires Haltung war aristokratisch und unzeitgemäß, sein größtes Anliegen war, sich nicht gemein zu machen.

Baudelaires Dichtungen hatten von Anfang an Ewigkeitsanspruch und erscheinen uns heute, nach mehr als eineinhalb Jahrhunderten, als gegenwärtig und jung. Das damalige Publikum jedoch zeigte sich unbeeindruckt oder gar abgestoßen. Baudelaire verbitterte. Er verhöhnte den Kaiser, die Journalisten und den Erfolg von Kollegen. Eines seiner Opfer war George Sand. Baudelaire und Sand lebten, obwohl sie zur gleichen Zeit schrieben, in unterschiedlichen Welten: Sie liebte die harmonische Natur, er schmähte die Blumen und ließ sich vom Bizarren erregen; ihr Herz war voll und ihr Mund floss über, er ertüchtigte sich in Kälte und Formstrenge; sie war der Mittelpunkt einer erweiterten Familie aus Verwandten, Freunden und Schützlingen, er war allein. In den Fragmenten *Mon cœur mis à nu* schrieb Baudelaire: »George Sand ist eines dieser alten arglosen Weiber, die sich weigern, die Bühne zu verlassen.«[28]

Skandal im Salon

Am 3. August 1863 starb Delacroix. Er hatte seit Jahren zurückgezogen in seinem Haus an der stillen Place de Furstenberg hinter der Kirche Saint-Germain-des-Prés gelebt und den Kunstbetrieb an sich vorbeirauschen lassen. Es verbreitete sich das Gerücht, seine alte Dienerin habe ihn beschlagnahmt und wie einen Hund sterben lassen. Auch wurde gerätselt, ob er wie ein Kind eingeschlafen sei oder wutentbrannt gegen den Tod gekämpft habe, der seinen genialen Visionen ein Ende setzte.[29]

Während der Klatsch blühte, waren die Nachrufe in den Zeitungen spärlich, doch wenigstens Gautier, Houssaye und Saint-Victor würdigten ihn als Meister der romantischen Schule und einen der wichtigsten Maler der ersten Jahrhunderthälfte. Ein Jahr später ehrte man ihn mit einer großen Ausstellung von 350 Gemälden und Zeichnungen, eine vorangegangene Auktion im Hause Drouot war erfolgreich verlaufen. Delacroix war ein Maler, den die Dichter liebten, und umgekehrt hatte er selbst sich von ihnen inspirieren lassen. Schon 1831 hatte Heinrich Heine nach einem Besuch des Salon die Kühnheit seines noch immer bekanntesten Gemäldes, *La Liberté guidant le peuple*, bewundert. In gewohnt spöttischer Manier schilderte Heine damals die abfällige Reaktion überaus kultivierter Ausstellungsbesucher, allesamt Anhänger des abgesetzten Königs Karl X., die von der Freiheit des Volkes keineswegs begeistert waren und erleichtert aufatmeten, als das aufrührerische Bild, das »die schmutzige Frau mit der roten Mütze« zeigte, wieder aus dem Verkehr gezogen wurde.[30]

In jenen weit zurückliegenden Jahren war Delacroix noch auf die Unterstützung George Sands angewiesen und arbeitete in einem Atelier, das sie ihm auf ihrem Landgut zur Verfügung gestellt hatte. Zwei Jahrzehnte später gehörte er zu den »großen Tieren« des Kunstbetriebs. Die neue Generation von Malern, die in den 1860er Jahren auf den Kunstmarkt drängte, bewunderte seine Werke. Auf einem raffinierten Gruppenbild von Henri Fantin-Latour sind Baudelaire und

Manet zusammen mit Freunden vor dem Porträt des gerade verstorbenen Delacroix versammelt. Doch die zehn Männer, allesamt Außenseiter der Kulturszene, betrachten nicht das Porträt des verehrten Meisters, sondern schauen die Betrachter und Ausstellungsbesucher herausfordernd an. Am 17. August, zwei Tage nach den pompösen Feierlichkeiten und ausgelassenen Straßenfesten anlässlich der alljährlichen Fête Napoléon, hatten sie Delacroix zu seinem Grab auf dem Père-Lachaise begleitet. Nun waren sie entschlossen, selbst die Kunstwelt zu erobern und sich nicht länger von Professoren der École des Beaux-Arts aufhalten zu lassen.

Am 1. Mai 1863 eröffnete der »Pariser Salon«.[31] Gerade noch rechtzeitig waren die Hallen des Industriepalastes nach einer Landwirtschaftsausstellung mit zahlreichen Käseständen durchlüftet und die Böden von den Hinterlassenschaften der Tierauktionen gereinigt worden. Den Dekorateuren, die in den vergangenen Jahren die Galerien mit Unmengen von Blumen, wertvollen Gobelins und Tapeten geschmückt, mit samtbezogenen Fauteuils und Diwanen versehen und 1858 sogar künstliche Wasserfälle und eine Seenlandschaft angelegt hatten, blieb diesmal kaum Zeit für die prestigeträchtige Ausstattung. 1862 hatte kein Salon stattgefunden, deshalb waren die Erwartungen von Kritikern und Publikum an Dekoration und Kunst diesmal besonders hoch. Die Enttäuschung blieb nicht aus. Ein

Chronist mäkelte, die Werke der Kunst würden nun in einer Scheune ausgestellt. Die Jury ihrerseits hatte sich nicht mehr in der Lage gesehen, Tausende angemeldeter Gemälde, Zeichnungen, Skulpturen und Fotografien zu beurteilen, es wurden von Jahr zu Jahr mehr. Die Zahl der Einreichungen wurde deshalb für jeden Künstler erst auf drei, später auf zwei Arbeiten begrenzt. Trotzdem wurden 1863 fast 3000 und in den folgenden Jahren noch mehr Werke ausgestellt. Alle Galerien waren überladen, Rahmen hing an Rahmen, jedes Bild buhlte um Aufmerksamkeit. Entscheidend jedoch war die Hängung in Augenhöhe.[32] Viele Maler klagten über einen unscheinbaren Platz in der Ecke, unter der Decke oder nahe am Boden. Welcher Besucher hatte schon Lust, in die Knie zu gehen oder einen steifen Nacken zu bekommen?

Manet bewarb sich seit Jahren, und es überraschte ihn keineswegs, dass seine Werke 1863 wieder abgelehnt wurden. Die Zurückweisungen erfüllten ihn dennoch mit Groll. Das Gleiche war ihm schon 1859 mit seinem *Buveur d'absinthe* passiert. Und obwohl er 1861 zwei Bilder hatte platzieren können und von der Jury sogar gelobt worden war, interessierte sich kaum jemand für ihn, seine Arbeiten gingen in der Fülle der Bilder unter. Er war nun Anfang dreißig und sehnte sich nach Erfolg. Also musste er mutiger sein, riesige Bilder malen, Aufsehen erregen und einen Skandal hervorrufen, so wie es Gustave Courbet ganz bewusst seit Jahren tat. Was Manet fehlte, war ein *big shot*. Darauf brannte er, doch gegen das, was 1863 geschah, hätte er sicher jede Wette abgeschlossen: Ausgerechnet der von ihm verachtete Kaiser ermöglichte ihm die Ausstellung seiner Bilder, die von der Auswahlkommission zurückgewiesen worden waren, und beflügelte so seine Kariere. Und es kam zur Sensation. Zu einem Skandal, der für Manet ähnliche Folgen hatte wie für Flaubert der Prozess gegen *Madame Bovary*.

Seit Jahren lehnten sich Künstler gegen die rigiden und undurchsichtigen Auswahlmethoden der Juroren auf, in diesem Jahr war der Protest besonders heftig. Vor dem Gebäude, in dem die Kommission tagte, die gerade siebzig Prozent der eingereichten Arbeiten abgelehnt hatte, fanden Demonstrationen statt. Plakate wurden hochgehalten, die Rufe wurden lauter und drohender. Napoleon III. war in einer vertrackten Lage. Er hatte vorgezogene Parlamentswahlen angeordnet und fürchtete sich vor einer umstürzlerischen Stimmung, zumal schlechte Nachrichten aus dem fernen mexikanischen Krieg nicht mehr unter Verschluss gehalten werden konnten. Gerade waren erneut 10 000 Soldaten auf dem Weg nach Übersee.

Am 22. April ließ sich der Kaiser die zurückgewiesenen Bilder zeigen. Er war in Eile, als er das Ausstellungsgelände auf den Champs-Élysées betrat. Die Reitgerte hatte er zur Hand, um sofort wieder zu seinen Pferden zurückkehren zu können, die ihn mehr interessierten als moderne Kunst. Tatsächlich gefielen ihm die meisten der abgelehnten Bilder nicht. Darüber aber, dass eine seiner Auftragsarbeiten und ein Porträt seiner Gattin abgelehnt worden waren, ärgerte er sich. Demonstrativ kaufte er ein Stillleben, das die Jury ebenfalls mit dem roten Stempel »R« für »Refusé« ausgewiesen hatte und das er schön fand, weil es gewissenhaft ausgeführt war.

Der ganze, längst in die Öffentlichkeit ausgreifende Kunststreit kam Napoleon III. höchst ungelegen, aber er war politisch versiert genug, um die unterschiedlichen Interessen auszuloten: einerseits Künstler, Republikaner und Dissidenten nicht weiter gegen das Establishment aufzubringen, andererseits die renommierte Jury nicht zu verärgern oder gar ihren Rücktritt und damit einen Eklat zu riskieren. Die Sache musste diskret geregelt werden. Er schickte nach dem Verantwortlichen, doch der ihm ergebene und familiär verbundene Émilien de Nieuwerkerke, Präsident der Ausstellungskommission, Superintendent der Schönen Künste, Generaldirektor der Staatlichen Museen und Geliebter von Princesse Mathilde, war nicht aufzufinden. Man munkelte, er habe sich versteckt. Eine schnelle Reaktion aber war vonnöten. Deshalb ließ sich der Kaiser von einem Ratgeber überzeugen, einen Nebensalon für die abgelehnten Arbeiten zu eröffnen, schließlich war im Industriepalast genügend Platz für alle. Zwei Tage später meldete der *Moniteur*, Napoleon III. habe sich entschlossen, das Publikum über die Kunst richten zu lassen.

Innerhalb von zwei Wochen mussten die Bilder für den »Salon annexe« angemeldet werden.

Bei dieser Nachricht jubelten die erst zurückgewiesenen und nun eingeladenen Künstler in ihren Ateliers und Mansarden, umarmten sich und brachen in Freudentränen aus. Dann kam die Stunde des Zweifels, manch einer argwöhnte in der Benennung »Nebensalon« nicht grundlos so etwas wie das Etikett der Zweitrangigkeit. Courbet, der seit Jahren um eine breite Anerkennung kämpfte und mit eigenen Pavillons provoziert hatte, wollte seine Werke unbedingt präsentieren, Cézanne war froh, endlich überhaupt ein Bild zeigen zu können. Manet hingegen zögerte und misstraute den liberalen Gesten des Kaisers, der bei der Vorbesichtigung sein Bild *Le Déjeuner sur l'herbe* zwar ungewöhnlich lange betrachtet, jedoch als besonders hässlich und anstößig bezeichnet hatte. Am Ende entschloss auch er sich zur Teilnahme, denn die Ausstellung war eine Frage von Sein oder Nichtsein. In der Kampfzone des Kunstmarktes war Sichtbarkeit zur Lebensfrage geworden, und es zählten die Überblicksausstellungen, nicht die kleinen Buden, in denen abgelehnte Künstler sich selbst organisierten und empfahlen.

Am 15. Mai, zwei Wochen später als der offizielle Salon, eröffnete der »Salon des Refusés«. In den zwölf Räumen hingen 600 Bilder in kunterbunter Unordnung, für eine alphabetische oder auch nur thematische Hängung war keine Zeit mehr gewesen. Die übliche Vernissage, bei der die anerkannten Künstler ihre Bilder noch mit durchsichtigem Firnis präparierten, um sie je nach Hängung und Lichteinfall glänzen zu lassen, war ausgefallen.[33] Das Publikum aber strömte herbei, vor dem Eingangsportal des Industriepalastes stauten sich die Menschenmassen und drängten sich durch das Drehkreuz. In den ersten Stunden des Eröffnungstages wurden 7000, an manchen Sonntagen 4000, an Wochentagen bis zu 1000 Besucher gezählt, viel, viel mehr als in den Galerien des offiziellen Salons. Die Schaulustigen kamen, um in Augenschein zu nehmen, was die Kommission entsorgt hatte. Sie kamen aber vor allem, um sich überraschen und unterhalten zu lassen. Viele rechneten mit Scherz- und

Gruselbildern und waren gespannt auf Absonderlichkeiten, wie sie sonst nur ein Rummelplatz oder die Morgue zu bieten hatte. In der Presse kursierte bald der Witz, die offiziellen Künstler trachteten danach, im folgenden Jahr ebenfalls abgelehnt zu werden.

Manet zeigte 1863 drei Bilder, aber nur vor dem größten blieben alle, wirklich alle stehen. Bald sprach die ganze Stadt von ihm. Es hing an einem bevorzugten Platz im letzten Saal, und dorthin drängten die Menschenmengen, die sich auf dem langen Weg durch zwölf Galerien bereits in Stimmung brachten. Diese Wirkung hatte die Ausstellungskommission auf arglistige Weise herbeigeführt: Um sich für die Schmach, dass ihre Entscheidungen vom Kaiser höchstpersönlich torpediert wurden, zu rächen, hatte sie die aus ihrer Sicht schlechtesten Bilder zentral in Augenhöhe platziert. Was sonst ein Vorteil war, sollte diesen Gemälden schaden, das war der Hintergedanke. Manets Gemälde zeigte ein Picknick am Ufer der Seine und hieß *Le Bain*, später dann *Le Déjeuner sur l'herbe.* Auf den Titel *La Partie carrée*, der ihm zuerst in den Sinn kam, verzichtete der Maler klugerweise. »Der flotte Vierer«, das war dann doch zu frech.

Auf einer Leinwand von 2,08 mal 2,64 Metern, einem kolossalen

Format, das eigentlich für Historienbilder reserviert war, sitzt eine nackte Frau auf einem blauen Unterkleid, umgeben von zwei Männern, die, in tadellose Anzüge gekleidet, im Gras lagern. Im Hintergrund steigt eine Frau, die Alexandrine Meley, der zukünftigen Madame Zola, ähnelt, aus dem Wasser und rafft Tücher um ihren Leib. Aus einem schlichten, auf nachlässig hingeworfenen Kleidungsstücken umgestürzten Weidenkorb fallen Brot, Pfirsiche, Feigen und Kirschen, gerade so wie auf einem Stillleben. Nirgends aber ist Essbesteck oder Essgeschirr zu sehen, weder schlichtes aus Holz, Blech oder Steingut noch edles, wie man es von den luxuriös ausgestatteten Picknickkörben der Zeit kannte: Kristallgläser, silberne Messer und Gabeln, Teller und Tassen mit Goldrand. Das Picknick im Vordergrund des Bildes war offenbar nicht der Hauptgrund des Stelldicheins! Und mehr noch, die dralle und bleiche nackte Frau und ihr Begleiter wenden den Blick nicht diskret ab, sondern schauen aus dem Bild heraus die Zuschauer unverfroren an. Gibt es hier etwas zu sehen? Kennen wir uns? Und ja, das Publikum sah genug und glaubte die Lebemänner und Victorine Meurent, die in den Ateliers Modell saß, zu erkennen.

Zuerst erröteten die Damen und kicherten in ihre Taschentücher, atmeten die Männer schwer und öffneten verstohlen einen Knopf ihrer Weste, bebten die Bäuche bei dem Versuch, den Heiterkeitsausbruch zu bändigen. Anzüglichkeiten machten die Runde. Doch die ausgelassene Stimmung war ansteckend, zuletzt lachte und johlte das Publikum. An manchen Tagen gab es Tumulte. Wer einen scharfen Blick hatte, konnte oben links im Bild einen Dompfaff erkennen, und links unten saß ein Frosch, *grenouille*, jeder kannte dieses Codewort für eine Prostituierte. Welch ein Sumpf![34]

Der *Figaro* versuchte zunächst, die ganze Sache vornehm totzuschweigen. Zahlreiche Kritiker aber, unter ihnen der geschmeidige Maxime du Camp, ereiferten sich und schrieben, die Maler des Salon des Refusés seien Nieten und die Kunst zum Jahrmarkt verkommen. Selbst der Kritiker der Zeitschrift *L'Artiste*, der Manet bislang gewogen war, zweifelte an der Aufrichtigkeit des Malers und bemängelte den Farbaufstrich des Bildes. Ein anderer mokierte sich, Manet habe anstelle des Pinsels wohl einen Wischmopp in der Hand gehalten. Wieder andere kritisierten den aufdringlichen Grünstich und nörgelten über die Gesamtkomposition. Ältere Herrschaften empörten sich über den Angriff auf die Kunst und schwangen drohend ihre Spazierstöcke. Und dann das: Die fromme Kaiserin war angesichts der Schamlosigkeit des Gemäldes so entsetzt, dass sie mit ihrem Fächer auf die Leinwand einschlug. Wer diese Attacke miterlebte, hatte noch lange etwas zu erzählen.

Was hatte Manet verbrochen? Er war keineswegs der erste Maler ländlich-erotischer Szenen. Der hochverehrte Tizian hatte dreieinhalb Jahrhunderte zuvor eine ähnliche Gruppe von Menschen mit und ohne Kleidung auf seinem Bild *Ländliches Konzert* arrangiert, das Ludwig XIV. 1681 für den Louvre erwarb. Manet war auch nicht der einzige, der in diesem Jahr einen nackten Frauenkörper zeigte. Nebenan im offiziellen Salon triumphierte Alexandre Cabanel mit seiner wollüstig auf einem Wellenberg hingestreckten, ebenso kurvenreichen wie polierten Venus, wieder einmal, er wusste einfach, wie Erfolg ging! Nur notorische Nörgler merkten an, seine Venus sei Zuckerwerk, Marzipan aus der artistischen Confiserie.[35] Aber wer wollte sie schon hören? Süßes, Überzuckertes, Glattes, Weiches, das schmeckte dem Publikum – und das umso besser, wenn es sich so auch einen Frauenkörper vorstellen konnte. Der Kaiser höchstpersönlich kaufte diese *Naissance de Vénus* für seine Privatsammlung und gab Cabanel den Auftrag für ein Staatsporträt.

Tizian und Cabanel hatten geschaffen, was Manet vermissen ließ: mythologisch kostümierte Akte. Sie waren traditionell nicht dem Vorwurf der Anzüglichkeit ausgesetzt, und niemand tadelte die begehrlichen Blicke, die auf ihre Bilder fielen und die nackten Körper verschlangen. Dieser durchsichtigen Politik beugte Manet sich nicht, und die Zukunft sollte ihm Recht geben. Wer interessiert sich noch ernsthaft für den Salonmaler Cabanel, der heute neben den einstigen *Refusés* im Musée d'Orsay hängt? Seine zweifellos makellosen Bilder werden als *art pompier* angesehen, pompöse oder gar kitschige Kunst, die vorzügliches Handwerk erkennen lässt, aber langweilt.

Manet hingegen ist ein Meister der Moderne, der mit Alten Meistern wie Velasquez und Tizian in einem Atemzug genannt wird. Seine Gemälde haben einen unvergleichlichen Deutungswahn ausgelöst, und zugleich ist das damals skandalöse *Frühstück im Grünen* ebenso kommerzialisiert worden wie Leonardos *Mona Lisa* oder Michelangelos *Erschaffung Adams*. Es ziert Poster und Mauspads, Seidenschals, Kuchenschachteln und natürlich Picknickgeschirr und Picknickdecken. Provozierte Manet 1863 diesen Skandal bewusst, so wie Jeff Koons und Cicciolina oder auch Robert Mapplethorpe es im ausgehenden 20. Jahrhundert mit obszönen Bildern und Performances tun sollten? Hatte der Bürgersohn aus der Rue Bonaparte in Saint-Germain-des-Prés, dessen Geburtshaus gegenüber der École des Beaux-Arts lag, nicht nur rebellischen Mut und Gespür für die Kunst der Zukunft, sondern auch Unternehmergeist genug, um die Provokation des Kunstbetriebs gewinnbringend einzukalkulieren? Davon ist, wie auch im Falle Flauberts und Courbets, auszugehen, und der Erfolg gab ihm Recht.

Der offizielle Salon, der einzig wahre Kampfplatz, auf dem Manet seine Kräfte messen wollte, stand ihm 1864 offen. Er hielt Einzug in den Salon M, und seine Bilder, ein Christus mit Engeln und eine

Corrida, wurden zusammen mit Gemälden etablierter Maler wie Jean Louis Ernest Meissonier, Jean-François Millet und Gustave Moreau ausgestellt. Das Bild des Stierkampfs gefiel der Kaiserin sogar besonders, was zu erwarten war, da es den blutigen Nationalsport ihrer spanischen Heimat zum Gegenstand hatte. Sie war geneigt, ihren vorjährigen Ärger über den Maler zu vergessen. Skandalträchtig aber blieben viele Bilder Manets auch in den folgenden Jahren.

1865 malte der junge Monet ebenfalls ein *Déjeuner sur l'herbe*. Das 4,6 mal 6 Meter große, unvollendete Bild hat die Anmutung des *plein air* und vermittelt die Impression eines Sommertages. Die Personen im Gras tragen modische, ebenso luftige wie züchtige Kleidung, und eine Picknickdecke, Gläser und Geschirr gibt es auch.

Courbet, Manets erbitterter Konkurrent, lobte Monets Bild,[36] viele aber gerieten mit den beiden Namen durcheinander und verzettelten sich in Lob und Tadel für den einen oder anderen. Es war das Jahr, in dem Manet die aufreizend nackte, alle Schaulustigen gleichgültig anblickende Prostituierte *Olympia*[37] zusammen mit seinem religiösen Gemälde *Jesus insulté par les soldats* ausstellte – eine Kombination, die das Publikum schockierte und erneut für einen Aufschrei sorgte.

Der Skandal hätte nur getoppt werden können durch Courbets Gemälde *L'Origine du monde*, wenn dieses der Welt gezeigt und nicht 1866 gleich von seinem türkischen Auftraggeber versteckt worden wäre. Dass Edmond de Goncourt es 1889 in einem Antiquitätenladen hinter einer Holzabdeckung finden sollte, die eine Schneelandschaft mit Kirche zeigte und das Bild dahinter vor neugierigen Augen verbarg, gehört zu der abenteuerlichen Geschichte des Gemäldes, ebenso wie die Tatsache, dass der exzentrische Psychoanalytiker Jacques Lacan es 1955 kaufte, bis zu seinem Tod 1981 erneut versteckte und sein Schwager, der Surrealist André Masson, es zuletzt in einen Doppelrahmen einfasste. Die Linienführung des obszön ausgestellten Frauenkörpers übermalte er als Landschaft. Wie so viele andere Skandalbilder hängt *L'Origine du monde* heute im Musée d'Orsay, und in der westlichen Kultur sind die Affronts vergangener Jahrhunderte für viele längst Schnee von gestern.

Manet aber hatte immer wieder Grund, sich zu ärgern. 1867 wurde er nicht zum Salon der Weltausstellung zugelassen, der diesmal für viele Künstlerkarrieren besonders wichtig war, weil Millionen von Besuchern aus aller Welt kamen. Zwei Drittel der Einlieferungen erhielten in diesem Jahr den Stempel mit dem roten »R«, unter ihnen Bilder von Künstlern der Zukunft wie Cézanne, Sisley, Bazille, Pissaro oder Monet. Eine Petition an Nieuwerkerke, die 127 Künstler demütig als »seine ergebenen und gehorsamen Diener« unterzeichneten, blieb wirkungslos. Es gab nicht einmal einen neuen Salon des Refusés.

Und doch war Manets Erfolg auf dem Kunstmarkt inzwischen gesichert, ganz gleich, wie die Entscheidungen der Kommission ausfielen. In der Welt der Bürger, deren Geschmack und Distinktionen er bestens kannte, war er mittlerweile ein begehrter Porträtmaler, und auch seine Seestücke, die spanischen Motive, die geselligen und erotischen Szenen, ja selbst seine nüchternen Stillleben gefielen immer mehr. Die Sammler begannen, Bilder zu kaufen, auf denen schwarz schillernde Kleider, grau nuancierte Himmel und pastose weiße Segel nicht mehr an einen Wischmopp, sondern an die großen Velasquez-Porträts denken ließen.

1867

Vanity Fair: Wir schlafen nicht

In der Neujahrsnacht notierten die Brüder Goncourt in ihrem Tagebuch: »1867, was wirst du uns bringen?« Noch immer warteten sie auf ihren ersten großen Erfolg, sie schrieben ohne Unterlass, und ihre Netzwerke funktionierten gut. Aber nicht nur Jules litt zusehends, auch Edmond kränkelte. Alles teilten sie, Freud und Leid. Dazu gehörten auch der Kummer und die wachsende Bitternis. Zum Jahreswechsel hatte die letzte Pariser Buchhandlung mit Bestuhlung ihre Pforten geschlossen, »der letzte Laden, in dem es zwischen den Geschäften ein wenig Geplauder und verlorene Zeit gab, Trödelei und geschwätzige Vertraulichkeit«, all das, was »die alles verschlingende Aktivität des heutigen Kommerzes« zum Verschwinden bringe.[1]

Bei Princesse Mathilde gingen die Brüder nun ein und aus und diskutierten mit ihr die Romane über Frauenschicksale und soziale Milieus, die sie gerade in Arbeit hatten. Hört man auf die lästerlichen Zungen, ließ die Princesse sich besonders dann anregen, wenn ihr der Rücken gekratzt wurde. Das Sittengemälde *Manette Salomon* über ein Modell, eine Malergruppe und den Kunstbetrieb wurde im neuen Jahr als Fortsetzungsroman in *Le Temps* gedruckt, verkaufte sich aber als Buch schlecht, trotz der lobenden Kritik Zolas. Dieser war jetzt 27 Jahre alt und noch weit entfernt vom späteren Ruhm. Im laufenden Jahr kam erst einmal sein Roman *Thérèse Raquin* über eine grässliche Beziehungstat auf den Buchmarkt.

Für ihren nächsten Roman *Madame Gervaise* über die religiöse Verzückung einer im Geiste der Aufklärung erzogenen Frau reisten die Goncourts im April nach Rom. Hier spürten sie den *Genius loci* der ewigen Stadt – »die letzten Worte des päpstlichen Segens schwebten noch im Echo der Luft.«[2] Und dann passierte es doch: Edmond erhielt 1867, ein Jahr nach Flaubert, das Kreuz der Ehrenlegion, und zwar ohne Jules, mit dem er doch aus einer Feder schrieb und aus einem Munde sprach. Beim Festbankett hielt der Bildungs- und Kulturminister eine Laudatio, die versammelten literarischen Kollegen applaudierten artig, das *Journal* aber wahrte Stillschweigen angesichts dieser zweifelhaften, uncoolen Auszeichnung. Warum nur wurde allen Kritikern des Kaiserreichs diese peinliche Ehrung zuteil? War das ein Köder, um sie mundtot und gefügig zu machen? Man musste vorsichtig bleiben.

George Sand und Flaubert waren unterdessen in ein inniges Briefverhältnis getreten. Ihre Schreiben waren immer lang, seine nur manchmal, am Ende sollte die Korrespondenz zwischen beiden mehr als 400 Briefe umfassen. Sie wünschten sich »Alles« zum Jahreswechsel, tauschten sich über familiäre Angelegenheiten aus und lasen und kommentierten wechselseitig Texte. Flaubert verglich das Talent der siebzehn Jahre älteren Kollegin mit einem großen und sanften amerikanischen Fluss und prophezeite ihr das lange Leben der Riesinnen. Sand riet Flaubert zu Spaziergängen, um die Nerven zu stärken, und wähnte ihn in Geldnöten, was er verneinte. Gleichzeitig belehrte er sie, dass man ohnehin »unter Troubadouren« mit wenig auskomme und nicht wisse, wie man mit Schreiben Geld verdiene. Das war natürlich geschwindelt, denn Geld interessierte ihn sehr, und er wusste inzwischen auch, wie man es verdiente.

Mit großer Wachsamkeit beobachteten Flaubert und Sand jedoch auch, was im Lande vor sich ging. Frankreich gab sich, vor allem in diesem Jahr, kosmopolitisch, aber die Willkommenskultur war nicht als Einladung an alle zu verstehen. Am 12. Juni 1867 schrieb Flaubert seiner »chère Maître«, er ergötze sich »an einem Zigeunerlager«, das den »Hass« der Bürger errege, obwohl alle dort harmlos seien wie Schafe. Er habe ihnen ein paar Sous gegeben und deshalb bei der Menge der »Ordnungsmenschen« einen schlechten Eindruck gemacht. In ihren Hass mische sich Furcht, auch gegenüber Beduinen,

Ketzern, Philosophen, Einsiedlern und Dichtern. Ihn, der immer für die Minderheit sei, erbittere das, wie so vieles andere. Er müsse sich empören, um nicht machtlos hinzufallen.[3]

Wie die Goncourts, so fragten sich auch viele andere, was das Jahr 1867 bringen würde. Schaut man auf das große Ganze, dann war das vor allem anderen die zweite Pariser Weltausstellung. Sie erschien vielen als Meteor, denn sie erstrahlte und verglühte wie der große Leonidenschauer, der in diesem Jahr am Himmel zu beobachten war. Das Firmament war erfüllt vom Funkeln der Sternschnuppen, die aus dem interplanetarischen Raum hinabschwärmten und als Trümmer auf die Erde fielen.

Gleiches hätte man vom Zweiten Kaiserreich sagen können, das sich nach fünfzehn Jahren seinem Ende zuneigte. Das aber wusste noch niemand, und kaum jemand schaute genau hin. Der Kaiser schien vielmehr im Festglanz der neuen Hauptstadt auf der Höhe seiner Macht und fühlte sich so gestärkt, dass er nach langen Jahren von Zensur- und Notstandsgesetzen die vollständige Presse- und Versammlungsfreiheit herstellte. Zwar litt er mehr denn je an peinlichen Gebrechen, versuchte aber, diese durch Kuren und »kleine Vergnügungen« zu lindern. Wie die Verfasstheit eines jeden monarchischen Körpers, war auch diejenige Napoleons III. eine Staatsangelegenheit. Seine Affären waren ein offenes Geheimnis und die Lizenz zu einem Lotterleben der Pariser High Society. Aber insgesamt gelang es der Hoflogistik doch, den Heilbehandlungen in Vichy, Plombières und Biarritz einen Anschein von Normalität zu geben und neugierige Blicke der Paparazzi in Privatgemächer und kaiserliche Karossen zu verhindern.

1866 hatte Napoleon III. seinen 60. Geburtstag gefeiert und den zweiten Teil seiner Cäsar-Biographie veröffentlicht. Eineinhalb Jahrzehnte war es her, dass er selbst den Rubicon überschritten hatte und die Würfel gefallen waren. Theodor Mommsen, der deutsche Professor für Altertumswissenschaften, war dem Ruf des Kaisers in eine Expertenrunde zur Redaktion des Buches nicht gefolgt und verhöhnte das Lob des Cäsarismus und der Usurpation als »miserables

Skriptum«, das bestenfalls als dürftiger Abriss der römischen Geschichte für Sekundaner dienen könne. Dieses barsche Urteil freilich hinderte den Gelehrten, der für seine eigene *Römische Geschichte* 1902 mit dem Literaturnobelpreis geehrt werden sollte, nicht daran, die Taten des »großen Mannes« zu bewundern und zu bedauern, dass Deutschland nicht ebenfalls einen »grand criminel« als Politiker aufzubieten habe.[4]

Nun, Otto von Bismarck wurde am 14. Juli 1867 Kanzler des Norddeutschen Bundes. Er war vielleicht kein großer Krimineller, aber doch ein Provokateur und ein imposanter Mann, der fünf Jahre zuvor als preußischer Gesandter in Paris das Temperament und die Amtsführung Napoleons III. studieren konnte und ihn nun bald zu Fall bringen sollte.

1867 trieb die Pariser Moderne ihre Widersprüche auf die Spitze. Die Hauptstadt feierte und Baudelaire starb, der Luxus glitzerte und die Arbeiter im Lande stöhnten, der Exotismus blühte, und Afrika wurde geplündert. Das Zweite Kaiserreich mischte überall mit. In Mexiko wurde am 19. Juni der habsburgische Erzherzog Ferdinand Maximilian von Benito Juárez' Kriegsgericht exekutiert. Napoleon III. hatte ihn 1864 unter Einsatz der Armee an die Macht gebracht, dann als Kaiser Maximilian I. von Mexiko inthronisiert und zuletzt fallen gelassen. Garibaldi versuchte, den Vatikan zu erobern, scheiterte aber an päpstlichen und französischen Truppen, die Napoleon III. schickte, weil er den Kirchenstaat für seine Zwecke brauchte. Karl Marx veröffentlichte den ersten Band seiner Fundamentalkritik, *Das Kapital*. Paris aber tanzte. Gerade hatte der k. u. k. Kapellmeister Johann Strauss in Wien, das nach der in Königgrätz verlorenen Schlacht Österreichs gegen Preußen trist gestimmt war, den Walzer *An der schönen blauen Donau* komponiert. Als erstes Musikstück überhaupt wurde es »Schlager« genannt und avancierte zur heimlichen Hymne Österreichs. Noch heute begleitet die Melodie die Fluggäste von Austrian Airlines in alle Welt, zu jedem Jahreswechsel wird im ganzen Land danach getanzt.[5]

Walzer gab es längst auch in Frankreich, sogar auf dem Land.

Schon Emma Bovary hatte auf einem Ball in der normannischen Provinz sehnsüchtig die eleganten Damen und Herren betrachtet, die Drehung und Schwung wie im Traum beherrschten und über das Parkett schwebten und wirbelten, ohne dass Kleider und Rockschöße sich ineinander verfingen. Der neue Donauwalzer aber war ein Hit, auch und vor allem in Paris, wo die Welt zu Gast war. Sie drehte sich im Dreivierteltakt zu den Klängen von *Le beau Danube bleu*, und während Schriftsteller der Welt zeigten, wie elend sie war, zeigte Strauss, wie schön sie sein konnte, und das zum richtigen Zeitpunkt. So jedenfalls äußerte sich Zola, überaus verblüfft, zu dem Geniestreich des Wieners.[6]

Durch die französische Hauptstadt wehte der Wind der Zukunft. Haussmanns Werk war fast vollendet, jeder erkannte die große stadtarchitektonische Vision, auch wenn das Prestigeobjekt, die Garnier-Oper, noch eine Baustelle war. Immerhin konnte zur Fête Napoléon die fertige Fassade eingeweiht werden. Bereits Anfang Mai wurden in der Hauptstadt 28 Grad gemessen, die großen Boulevards luden zum Flanieren, die Cafés, Plätze und Parks zum Verweilen ein. Bistrotische und -stühle, allesamt zur Straße ausgerichtet und der Schaulust zu Diensten, waren stets belegt. Gestandene Männer mit Bauch und junge Männer mit hochgestelltem Hemdkragen schauten

den schwingenden Kleidern der Mädchen und Frauen bewundernd hinterher. Im Jardin du Luxembourg picknickten Großfamilien aus der Provinz, die aus Sparsamkeit ihren Proviant mitgebracht hatten. Es regnete selten in diesem Sommer, aber wenn es doch einmal geschah, gingen elegante bürgerliche Paare Arm in Arm unter großen Schirmen einher wie auf einem Bild von Caillebotte. Im Lichte der Regentropfen und der 40 000 Gaslaternen flimmerten die Reklamen und leuchteten die Fenster und Vitrinen der *Ville Lumière*.

Auf den überall aufgestellten Litfaßsäulen, die man hier *Colonnes Morris* nannte, waren der Veranstaltungskalender für Tag und Nacht sowie Werbung für neueste Produkte plakatiert. Die ganze Stadt war in Bewegung. Aus den Bahnhöfen strömten die Menschenmengen. Fiaker, Droschken und Pferdeomnibusse transportierten sie zu ihren Hotels, zu Theatern, Varietés und zu Pferderennen in den Bois de Boulogne. Ständig stand man im Stau, die Kutscher schimpften ebenso wie die Fußgänger, die sich scheuten, vor den unruhigen und dampfenden Pferden die Straße zu überqueren. An den vielen Stationen rund um die alten Stadtmauern hielt die Ringbahn und schüttete Ausflügler aus, die ersten *Bateaux Mouches* glitten über die Seine und brachten Besucher zur *Exposition universelle* auf dem Champ de Mars, wo der Eiffelturm noch nicht stand. Wer sich etwas beweisen oder sportlich sein wollte, setzte sich auf die *michaudine*[7] und fuhr Velo. Das neue Verkehrsmittel kostete 2500 Francs, mehr als ein Arbeiter pro Jahr verdiente. Es machte auch dem elfjährigen Kronprinzen mit dem zarten Gesicht einen närrischen Spaß und hielt sein Gefolge auf Trab. Für Damen hingegen war es ungebührlich und in Krinoline unmöglich, Fahrrad zu fahren.

Die Mutigsten – Einheimische, Touristen und auch die Kaiserin – bestiegen bei Gelegenheit und günstiger Brise einen Fesselballon und schauten aus hoher, dünner Luft auf das neue Paris herab, das wie eine Märchenstadt tief unter ihnen vorbeisegelte. Besonders schön war es, wenn sich Dächer und Baumwipfel aus Wolken und Dunst hervorhoben und sich die Harmonie des Gesamtkunstwerks Stadt offenbarte. Die Flüge waren 1867 noch immer eine Attraktion, obwohl es sie seit dem Ende des 18. Jahrhunderts gab und Jules Verne von Florida aus bereits eine bemannte Rakete in den Weltraum schickte. Aber noch war die Reise zum Mond reine Science-Fiction.[8]

Die meisten Ballonstarts glückten, und auch die Landungen verliefen in der Regel sanft oder wenigstens glimpflich. Anders erlebte es jedoch Nadar einige Jahre zuvor: Der Starfotograf, der 1859 während der Schlacht von Solferino die ersten Luftaufnahmen der Geschichte gemacht hatte, ließ sich 1863 von dem Riesenballon *Le Géant* bis nach Hannover tragen, wo »der Riese«, in dessen Gondel ein komplettes Fotolabor eingerichtet war, bedauerlicherweise so unwirsch niederging, dass Nadar schwer verletzt ins Krankenhaus gebracht werden musste. Seine Kamera aber erlitt zum Glück keinen Schaden.[9]

In jener Zeit gab es in der Welthauptstadt des Spektakels reichlich Vergnügungen und Sensationen für alle, rund um die Uhr. Die Stimmung in diesem Jahr war, sieht man von den Launen notorischer Nörgler und Pessimisten ab, ausgezeichnet. In den Straßen von Paris wurden Melodien Jacques Offenbachs gesummt und geträllert, immer neue Schlager und Ohrwürmer kamen hinzu. Das Théâtre des Variétés gab in diesem Jahr *La grande-duchesse de Gérolstein*, eine wilde Satire auf Vetternwirtschaft und militärischen Pomp in einem deutschen Herzogtum, das nur in der Phantasie existierte und doch dem französischen Kaiserreich und den gekrönten Häuptern aus aller Welt den Spiegel vorhielt. George Sand fand das Stück sehr amüsant und hübsch und widersprach denen, die es für ordinär hielten.[10] Ein Jahr zuvor hatte Offenbachs *La Vie parisienne*, in gewohnt mokantem Ton, Rhythmus und Tempo vorgegeben: »Du plaisir à perdre haleine / Oui, voilà la vie parisienne«, Atemloses Vergnügen / Ja, das ist das Pariser Leben!

Weltausstellung, Rausch und Exotismus

In den ersten Junitagen stand Juliette Adam, eine gute Freundin George Sands, häufiger als sonst auf dem Balkon ihres Hauses in der Rue de Rivoli. Auch auf den Balkonen der umliegenden Häuser fanden sich zahlreiche Bewohner und ihre Gäste ein. Viele hatten ein Opernglas zur Hand, um die Achse von den Tuilerien bis zum Marsfeld überblicken zu können. Das Treiben auf den Straßen und Boulevards bot schon an gewöhnlichen Tagen ein Schauspiel der neuesten Moden, Verkehrsmittel und Paarbildungen. Seitdem aber die Weltausstellung am 1. April ihre Pforten geöffnet hatte, waren die Touristenströme, die sich zum Champ de Mars bewegten, eine zusätzliche Attraktion. 100 000 Besucher kamen am Eröffnungstag, niemals zuvor hatte es ein globales Event vergleichbaren Ausmaßes gegeben. Mehr als 50 000 Aussteller präsentierten sich, bis zum 3. November besuchten mehr als elf Millionen Besucher die Ausstellung. In der Stadt, die ihnen alles bot, ließen sie viel Geld. Die Pariser ihrerseits mussten nicht mehr reisen, um Engländer in Tweedsakkos, Schotten im Kilt und Amerikaner mit Federschmuck oder in Shorts, farbenprächtige orientalische Gewänder, Bambushütten und Exotismen aller Art zu sehen.

Mit den ersten Sommertagen wurden in Paris auch die VIPs erwartet. Es kamen das belgische Königspaar Leopold II. und Marie Henriette, die portugiesische Königin Maria Pia von Savoyen, Zar Alexander II., Prinz Oscar von Schweden, der osmanische Sultan Abdülaziz, der Prinz von Wales, der später Edward VII. wurde, der niederländische Prinz, der Graf von Flandern und König Ludwig II. von Bayern. Es kamen der Emir Abd el-Kader als persönlicher Verbündeter Napoleons III., der japanische Prinz Akitake Tokugawa, Bruder des letzten Shoguns Yoshinobu Tokugawa, und König Wilhelm I. von Preußen. Und es kamen der gerade ernannte Kanzler des Norddeutschen Bundes, Otto von Bismarck – dessen Pickelhaube für besonderes Aufsehen sorgte – sowie General Helmuth von Moltke, dem die Pariser Respekt zollten, weil er schon den Sultan beraten und 1866 die Schlacht in Königgrätz gegen die Österreicher gewonnen hatte. Er wurde als künftiger Stratege des europäischen Kräftespiels gehandelt und gefürchtet. Der Kaiser hatte diese beiden Gäste aus Deutschland höchstpersönlich und mit militärischen Ehren an der Gare du Nord begrüßt. Zuletzt kam auch der habsburgische Kaiser Franz Joseph I., der auf keinen Fall mit den Preußen zusammentreffen wollte. »Es kommen so viele Prinzen, dass man sie zu zweit im selben Bett schlafen lassen muss«, spottete das Schandmaul Mérimée über die Armada der Gäste.

Zu allen offiziellen Anlässen wurde Rossinis *Hymne à Napoléon III et à son vaillant peuple* gespielt, die Musik des Augenblicks aber, eigens komponiert zur Weltausstellung, war Verdis Große Oper *Don Carlos*. Friedrich Schiller ließ das Drama mit dem Ende der schönen Tage von Aranjuez in der Sommerresidenz der spanischen Könige einsetzen, Verdi hingegen führt das Publikum unter eine Gruppe hungernder Holzfäller im Wald von Fontainebleau und erinnert so an die Geburt und Kindheit von Elisabeth von Valois, Prinzessin von Frankreich, im nahen Schloss. Auf der Bühne ist nun Winter. Die junge Frau, unglücklich mit Philipp II. von Spanien vermählt, ist in Liebe verbunden mit Don Carlos, seinem Sohn, und verstrickt in die Intrigen und Machtkämpfe am Hof des Weltenherrschers. Elisabeth war aus Frankreich nach Spanien gekommen, Eugénie hatte den entgegengesetzten Weg genommen.

»Sire, geben Sie Gedankenfreiheit«, das war Schillers berühmtester Satz. Gedankenfreiheit und Gleichheit aber mussten nun in Paris erkämpft werden, für Italien und Polen, gegen Kirche und Fremdherrschaft. Das war ein starkes Stück. Anders als andere Opern Verdis, kam diese bei in- und ausländischen Besuchern nur mäßig gut an. Auch Verdi selbst war nach immerhin 270 Proben mit der Aufführung und der Komplexität des Werkes nicht zufrieden.

Am 6. Juni lud Napoleon III. seine hochrangigen Gäste zu einem weniger verfänglichen *amusement* auf die Pferderennbahn von Longchamp. Auf dem Rückweg knallte es. Die Sicherheitsleute waren Anschläge gewohnt, Panik und Chaos bekamen sie in den Griff.

Die Schüsse hatte ein polnischer Exilant abgegeben. Sie zielten jetzt nicht auf den Kaiser, sondern den Zaren, der in Paris immer wieder empörte Rufe wie »Vive la Pologne!« zu hören bekam.

Für dieses Mal entkam der Russe dem Attentat, empfing abends in der Botschaft zum Ball und geleitete Kaiserin Eugénie in den Saal. Das war ein besonderes Vergnügen, denn Alexander II. galt bei den Pariserinnen als der attraktivste Mann unter den erlauchten Gästen. Am 10. Juni fand der große Ball in den Tuilerien statt, wieder führte Alexander II. – wie Pierre Tetar van Elven es höchst zierlich gemalt hat – Eugénie am Arm, hinter ihnen ihr Gatte, im diplomatischen Gespräch mit Wilhelm I. von Preußen. Flaubert ist auf dem Bild nicht zu sehen, aber zur *fête de nuit* war er als Star des Kulturbetriebs eingeladen worden. Er erschien, und ja, er trug geliehene Manschettenknöpfe, die weißen Handschuhe und das Kreuz der Ehrenlegion.

Wer im Sommer 1867 Muße hatte, seine Tage auf dem Balkon zu verbringen, bekam auch ohne eigenen Besuch der Weltausstellung eine Ahnung von der Pracht und Herrlichkeit dieses Ereignisses und von dem starken Eindruck, den Napoleon III. und Paris auf die Gäste aus aller Welt machten. Wer keinen Balkon hatte und fit genug war, machte es wie die Kinder und stieg auf Bäume. Die meisten aber ließen sich die zweite *Exposition universelle* nicht entgehen. Selbst Lästermäuler besuchten sie und äußerten sich dazu. Die Goncourts aber machten sich einen Tag nach Eröffnung der Weltausstellung erst einmal auf den Weg nach Rom. Auch das war ein Statement. In der ewigen Stadt blieben sie verschont von dem »letzten Anschlag auf das Bestehende«, der »Amerikanisierung Frankreichs« und allem, was das große Ereignis sonst noch mit sich brachte: »Industrie, die die Kunst übertrifft, die Dreschmaschine, die dem Gemälde den Platz streitig macht, die Nachttöpfe mit Deckel«, kurz und gut, das vereinte Bündnis der Materie.[11]

Dass es so kommen würde, hatten sie schon zu Beginn des Jahres vorausgesehen. Als sie dann im Juni, sozusagen im Gefolge der Prominenz, über das Marsfeld spazierten, fühlten sie sich in die Zukunft versetzt und erlebten das gegenwärtige Paris, das gerade erst erbaut worden war, als eine bereits »konservierte Kuriosität« und die eigene Zeit als Schaukasten und Museum.[12]

Ungewöhnlich wortkarg war George Sand. Sie war gesundheitlich angeschlagen und hatte sich pünktlich zum Eröffnungstag des Großereignisses nach Nohant zurückgezogen. Im Laufe des Sommers kam sie nur zwei Mal für wenige Tage nach Paris und interessierte sich lediglich für das »Cosmorama«. Die Unermesslichkeit des Universums ließ sie wieder einmal ganz andächtig werden. Ungewöhnlich für diese große Seele war jedoch, dass sie sich herablassend äußerte über den altmodischen Kleidungsstil der Touristen aus der Provinz, der sie an die 1830er Jahre zurückdenken ließ, und über die abenteuerlichen Trachten aus Ozeanien und sonstigen Gegenden am anderen Ende der Welt.[13]

Unterdessen erschien zur Ausstellung der illustrierte *Paris Guide*, der die Fremden durch das alte und neue Paris führte, um sie an dieses »Vaterland der ganzen Welt« zu akklimatisieren.[14] Von Experten und den »bedeutendsten Schriftstellern« geleitet, tauchten die Leser und Besucher in die Schatzkammern von Akademien und Bibliotheken, die Geheimnisse von Kirche und Börse ein, traten in die Kabinette und auf die Balkone der Tuilerien und verharrten vor den Gemächern der Könige. Sie spazierten durch die alten und neuen Gärten, in deren Gewächshäusern ihnen die Feuchtigkeit des Regenwaldes entgegenschlug und sie von Form und Farbenpracht der Königin der Nacht in Erstaunen versetzt wurden. Sie besichtigten Ateliers von Handwerkern und Künstlern, schauten gar in Gefängnisse, Hospitäler, Armenhäuser und Bordelle und besuchten die großen Toten auf den Friedhöfen von Paris. Erst danach wurden sie auf die Boulevards geführt und zuletzt in das »Amphitheater« des Marsfeldes, zu den Salonmalern der Kunstausstellung und in die Maschinenhallen, in denen es ratterte und wummerte. Sie stiegen in Fahrstühle, die ihnen auf wundersame Weise das Treppensteigen ersparten, bestaunten Bagger gleich jenen, die gerade den Suezkanal aushoben, und blickten in Kanonenrohre aus den Krupp-Werken, gerade so, als wären sie die Rachen von Ungeheuern. Und das waren sie ja auch, wie drei Jahre später allen klar werden sollte.

Erstmals gab es auf der Weltausstellung 1867 auch Länderpavillons. Ausstattung und Exponate mussten von der französischen Leitung des Ausstellungskomitees gebilligt werden, sie mussten sich mit dem französischen Fortschritt messen. Es war Frankreich, das die anderen Kulturen inszenierte, und es war die Jury, die dem Publikum die Rückständigkeit außereuropäischer Kulturen vor Augen führte und der »schwarzen Rasse« bescheinigte, der französischen Hilfe zu bedürfen, um das »Joch der Natur, dem sie sich zu unterwürfig beugt, abzuschütteln«.[15]

Die Kolonien wurden aus dem Blickwinkel der europäischen Zivilisationshoheit und Rationalität besonders streng in Augenschein genommen, alte Hochkulturen als primitiv bezeichnet. Auch wenn man noch nicht, wie auf späteren Ausstellungen, von »Völkerschauen« oder gar »Menschenzoos« sprach, boten die offiziellen Kommentare einen Vorgeschmack auf die Hochzeit des Kolonialismus und lieferten die Begründungen für die zivilisatorische Mission, die mit aller Macht vorangetrieben wurde. Das Publikum aber wollte weniger belehrt als unterhalten werden und war fasziniert von der orientalischen Sektion. Das türkische Bad als Refugium raffinierter Weiblichkeit und Erotik, das den gerade verstorbenen Maler Ingres noch verführt hatte, öffnete sich für alle Schaulustigen. Die ägyptischen Aussteller suchten den engen Kontakt zu Frankreich, unterstützten den Bau des Suezkanals und beeindruckten durch ihren Stolz und den Willen zur Unabhängigkeit vom osmanischen Großreich.

Mit großen Erwartungen durchschritten die Besucher die schmiedeeisernen Eingangstüren des tunesischen Pavillons, der zum Best-of der Weltausstellung avancierte, und fanden sich in einem Nachbau des Bardo-Palastes wieder.[16] Er schien wie die Alhambra in Granada ausgeschmückt, war aber doch, zumal in den großzügigen Räumlichkeiten des Harems, als Amtssitz eines Beys oder Paschas erkennbar. In einer Ecke des Pavillons arbeitete ein Barbier und Stylist von Bärten, in einer anderen war ein Café eingerichtet, in dem Männer in Dschellabas saßen, Shisha rauchten und für Besucher Minztee aufgossen.

Ein libysches Landhaus war mit schweren Teppichen und Sofas ausgestattet. Rund um einen Springbrunnen, in dem mit Jasmin parfümiertes Wasser sprudelte, versteckten sich zahlreiche Nischen und Separees. Das Publikum fand wieder, was es aus Erzählungen von Orientreisenden schon kannte, ein Märchen aus *Tausendundeiner Nacht.* Realität und Illusion, Natürliches und Künstliches, Vertrautes und Fremdes verwoben sich ineinander, alles war Feerie und Spektakel.

»Möge, wer wolle, dem alten Paris nachtrauern«, schrieb George Sand im Paris-Führer, sie selbst tat es nicht.[17] Die eigentliche Pointe aber war, dass Victor Hugo auf Guernsey die Einleitung des *Guide* geschrieben hatte, der ja vor allem als Werbeschrift diente. Das war in der Tat ein höchst erstaunlicher Coup des Herausgebers Louis Ulbach, denn als Lobredner auf Napoleon III. und sein Show-Business war der Dichter, der gerade das Pensionsalter erreicht hatte und nicht an Ruhestand dachte, denkbar ungeeignet. Noch immer hallte der Zorn seines Pamphlets *Napoléon le Petit* nach. Gleichwohl, er schrieb. Zum einen, weil er ebenso wie George Sand dem Herausgeber etwas Gutes tun wollte. Zum anderen, weil er von seiner Insel aus erkannte, dass die Zukunft in Paris Einzug hielt. Das war, obgleich sich fatalerweise das Zweite Kaiserreich noch immer hielt und Träger des Fortschritts war, grundsätzlich in seinem Sinne, denn als Sozialist war er beseelt von Hoffnungen und verpflichtet, an den Fortschritt für alle zu glauben. Überdies würdigte der Reiseführer ja auch die Schätze des alten Paris und Notre-Dame in seiner Mitte.

Hugo also wendet sich mit der ganzen Autorität seiner Person, mit gewohnter Eloquenz und prophetischen *vibrations*[18] an die Leser und verkündet auf mehr als vierzig Seiten seine Botschaft für die Zukunft. Und die hat es in sich:

»Im 20. Jahrhundert wird es eine außergewöhnliche Nation geben, ihr Name ist ›Europa‹. Paris ist jetzt schon ihre Hauptstadt, denn es ist Dreh- und Angelpunkt der Zivilisation, weil es die Bastille zerstört hat und Rom, Athen und Jerusalem in sich vereinigt. Noch herrscht eine dunkle Macht über ein leuchtendes Volk, aber Paris geht hindurch wie durch einen Regenschauer und trocknet sich morgen in der Sonne! Wenn Paris unzufrieden ist, maskiert es sich für einen Ball. Statt sich mit einem Leichentuch zu bedecken, verkleidet es sich als Domino. Alberne Lieder erklingen, Schellengeläut, die Luft ist erfüllt von Verblödung. Überall sind Blumen, alles ist geschmückt, Dekadenz pur! Aber der Fortschritt reißt alles mit sich fort. Schon ist die Welt durch Eisenbahn und Telegraphie zusammengerückt, der unermesslich starke Wind der Zukunft weht den Frieden herbei. Nichts vermag mehr etwas gegen den Sturm der Brüderlichkeit und Freude auszurichten, nicht einmal die gigantischen Stahlhämmer und titanischen Kanonen der Krupp-Werke. Mit ihnen erscheint der Tod auf der Weltausstellung, aber siegen wird er nicht. Nieder mit den Waffen! Universeller Frieden! Die Ausstellung ist, was sie ist. Die Kontinente eilen herbei, Völker, lebt!«[19]

Hugos Friedensappell, das wusste man bald, verhallte in den folgenden Jahrzehnten ungehört.

Flaubert war trivialer gestimmt. Die Vision eines geeinten Europas und einer friedfertigen Menschheit wäre ihm niemals in den Sinn gekommen und erschien ihm in sträflicher Weise vage. Er sah die Welt und die Menschen mit ganz anderen Augen: *Salammbô* triefte vor Blut und Gewalt, Gier und Sex, religiösem Eifer und Kriegslust, und in seinem neuen Roman, *L'Éducation sentimentale*, würde es um

Eitelkeit und Rührseligkeit gehen. Dafür betrieb er Feldforschung: Er schaute in das Herz seiner alternden Freunde und in sein eigenes.

Inzwischen verkehrte er im vornehmen Jockey Club und im ultramondänen Café Anglais, dessen Chefkoch zur Weltausstellung das Menü für die versammelten Kaiser und für Otto von Bismarck komponierte. Manch einer ließ hier im Anschluss an einen Theaterbesuch weit nach Mitternacht, wenn Austern geöffnet wurden, Champagner floss und Zigaretten die Runde machten, 1500 Francs – und das war *rien* gegen die Summen, die anschließend bis zum Morgengrauen in gehobenen Bordellen oder hinter den bewachten Türen der Spielhöllen blieben.

Die Einladung zur *fête de nuit* in den Tuilerien machte Flaubert übermütig. Er kam sich, inmitten der Spektakel dieses Jahres, selbst wie eine der herrlichsten Kuriositäten vor,[20] die das Kaiserpaar seinen Gästen darbieten wollte. Solcherart den Hoheiten gefällig, stolzierte er einher wie ein gut genährter Pfau, neugierig auf die Show der Superlative und zugleich bedacht auf seine eigene *Fama*.

Wieder war die Weltausstellung alles in einem, Industrie- und Kunstschau, Wunderkammer, Kirmes und Erlebnispark. Aus den Ballonen am Himmel sah sie aus wie ein riesiges eiförmiges Stadion. Allein bis Mitte Mai besuchte Flaubert zwei Mal das Gelände auf dem Champ de Mars. Das erste Mal begleitete er Princesse Mathilde und erlöste sie damit für einen Tag von der lästigen Pflicht, die erlauchten Gäste zu bespielen, die sie mit Höflichkeiten langweilten. Seine Eindrücke waren widersprüchlich. Zum einen war er überwältigt, viele ausgestellte Dinge erschienen ihm herrlich und extravagant. Und doch hatte er Vorbehalte, denn, so schrieb er an George Sand, »der Mensch ist nicht dazu geschaffen, das Unendliche zu verschlingen und sich für alles zu interessieren«. Er fühlte sich wie auf einer dreimonatigen Reise weit weg von Paris in einer neuen und maßlosen Welt, die möglicherweise schon diejenige der Zukunft war.[21] Am 12. Juni berichtete er der Freundin vom Ball in den Tuilerien, nannte den Zaren einen »ungehobelten Klotz« und fügte dann hinzu: »Ohne Scherz, es war prachtvoll. Paris wendet sich ins

Kolossale, es wird verrückt und maßlos, vielleicht kehren wir in den alten Orient zurück. Mir scheint, aus der Erde steigen Götzen auf, uns droht ein neues Babylon.«[22]

Es war eine Zeit des Staunens, alles war in Bewegung. Die Einheimischen und die Millionen Besucher rieben sich die Augen, wenn sie nach kurzem, unruhigem Schlaf und wilden Träumen ermattet aufwachten. Geistreiche, unterhaltsame und pikante Feuilletons schrieben sich, so notierte Julius Rodenberg, wie von selbst »zwischen der Demi-Tasse und der Cigarette« oder auch einfach, »wenn man die Boulevards und Paris hatte«. Im Grunde aber war es *too much*. Tag und Nacht musste man unterwegs sein, um die Wunder der Stadt zu erleben und zu begreifen. Schlief denn Paris überhaupt? »Nein, es machte nur die Augen zu und öffnete sie sogleich wieder. Das war alles, denn wäre es anders, hätte es lautes Geschrei gegeben.«[23]

Hatte nicht Napoleon III., wie zuvor sein Onkel, verkündet, er werde ein neues Rom schaffen? Er hatte Wort gehalten, alle konnten in diesem Jahr sein Werk sehen. Paris war die Weltstadt, die er erträumt und gebaut hatte, sie war elegant und schön, die *Ville Lumière* der Lebenskunst, der Mode und des Luxus. Sie blendete im Sonnenlicht und schimmerte im Mondschein. Und nicht nur das. Sie war, da sie nun die ewige Stadt übertrumpfte, auch die Stadt der Zukunft. Sie war das Zentrum des Fortschritts und erinnerte an Amerika, auch wenn das für die meisten noch ein unbekanntes Land war, eine *terra incognita*. Im Gegensatz zu den ewigen Nörglern sah der Kaiser darin einen Gewinn. Fortschritt um jeden Preis, das war für die einen das neue Evangelium, für die anderen ein jäher Horror.

Fortschritt, sagten die einen, ist Wissen, Gesundheit und Wohlstand für alle. Fortschritt, hatte hingegen Baudelaire geschrieben, ist die »Abnahme der Seele und die Zunahme der Materie«.[24] Das hätten so auch Flaubert und die Goncourts unterschrieben. Geld, Kapital, Infrastrukturen, Waren: So nannten sich die Abgötter, die vor ihren Augen aus der Erde stiegen.

Paris war selbstgefällig, kokett und lasziv geworden, es glühte.

Obwohl man auf der Weltausstellung nichts kaufen konnte, gab es in Paris doch alles, wuchs doch das Begehren, alles zu haben, Luxus, High-Tech, Vergnügen und Genuss. Wer es sich leisten konnte, zeigte es und beschämte damit die anderen. Das war der Götzendienst der Gegenwart für die Zukunft. Die Hure Babylon war auferstanden, und das neue Rom schmachtete in ihren Armen. Überall Spiegel und Vitrinen, Purpur und Gold, Lichter wie Sonnen und Lichter wie Sterne, theatralisches Gepränge. Hier Kaschmir, das sich an Schultern schmiegen, dort Seide, die sich um Taillen legen wollte, Perlen für den Hals einer Göttin, Diademe, die das Haupt von Fürstinnen suchten. Und manchmal war alles doch nur greller, dreister, kapriziöser, marktschreierischer Flitter, Firlefanz und Zierrat, Blattgold und Lametta – ein Rausch von Dingen, die alle begehrten und nur manche kaufen konnten. »Der Rausch, dem sich der Flanierende überlässt, ist der der vom Strom der Kunden umbrausten Ware.«[25]

Émile Zola begann 1867 mit dem gewaltigen Projekt seines Zyklus *Les Rougon-Macquart*, dem großen Panorama von »Babylon Paris«. Die Protagonistin eines der Romane ist Nana, Tochter der Wäscherin Gervaise und des Säufers Coupeau. Sie ist genauso alt wie das Zweite Kaiserreich.[26] Im Jahr 1867 bewohnt sie ein luxuriöses Appartement am Boulevard Haussmann und ist ein Star. Im Théatre des Variétés, vor der Kulisse einer römischen Säulenhalle, erscheint sie, durchglüht von den hohen Gasflammen der Kristalllüster, als »Blonde Venus«. Dass sie nicht singen und nur mittelmäßig schauspielern kann, hat nichts zu bedeuten. Denn ihr junger, von einer durchsichtigen Gaze umhüllter Körper gleicht jenem der Liebesgöttin auf dem Gemälde Cabanels. *Le tout Paris* ist von ihr angezogen, lockt sie, jubelt ihr wie im Rausch zu: »Ohé, ohé Nana!« Mit animalischer Rage stürzen die Männer in die Vorstellungen, Adlige und Bürger, Journalisten und Schriftsteller, Banker und Börsenhaie. Nur wenige haben, weil der gute Ton es verlangt und der gute Ruf nicht ruiniert werden darf, ihre gediegen gekleideten Frauen im Schlepptau. Selbst der Theaterdirektor nennt sein Haus »Bordell«. Es gibt kein Halten, im Theater und auf der Treppe hinauf zu Nana ebenso wenig wie im Spekulationsgeschäft, beim Run auf eine Sensation und in den Wettbüros von Longchamp. Dort gewinnt in diesem Jahr, zumindest in der Fiktion, das Pferd »Nana«.

Das ist die Pornographie einer Epoche, die Wollust einer rasenden Meute.[27] Die einen wittern das Wild. Für andere ist Nana ein anschmiegsames Kätzchen, für wieder andere eine Viper und für die Smartesten das beste Pferd im Rennstall. Nana, aus dem Prekariat zur großen Hure des Zweiten Kaiserreichs aufgestiegen, lässt sich aushalten wie eine Fürstin. Der anschwellende Bocksgesang ist Tragödie und Farce zugleich. Ein frecher kleiner Reporter erkennt in Nana eine »Goldfliege«: Sie leuchtet wie ein Sonnenstrahl, sitzt jedoch auf Dreck und infiziert alle, die ihr verfallen. Nichts ist, was es zu sein scheint – die Goldfliege entpuppt sich als Schmeißfliege.

1870 stirbt Nana in einem Zimmer in der vierten Etage des Hotels »Paris Le Grand« am Boulevard des Capucines, nahe dem Ruhmestempel der Madeleine. Die Brüder Pereire hatten das Grandhotel in Erwartung der zweiten Pariser Weltausstellung bauen lassen. Während Nana, von Blattern entstellt, stirbt, tickern im Minutentakt alarmierende Nachrichten in das Telegraphenamt des Hotels und verbreiten sich wie ein Lauffeuer über alle Etagen. In den 700 Zimmern und Suiten werden in aller Eile die Koffer gepackt. Diener, Kellner und Liftboys schleppen sie geräuschlos im Aufzug hinunter und hinaus auf die Straße, in die Kutschen und Omnibusse der betuchten Kunden. Die Blumenmädchen vor der Madeleine packen hastig ihre Sträuße zusammen, über den Boulevard stürzen verstörte Menschenmengen zu den Bahnhöfen, mit ihnen Hunderte und Tausende junger Männer, hin zur Gare de L'Est. Straßen und Bahnhof sind erfüllt von Schlachtrufen, Taumel und Ekstase. Immer wieder skandieren die Massen: »Nach Berlin! Nach Berlin! Nach Berlin!«

Der Tod Baudelaires

In den Kunstsälen der ersten Pariser Weltausstellung 1855 war Baudelaire noch Dauerbesucher gewesen. Die Weltausstellung 1867 jedoch fand ohne ihn statt. In diesem Jahr schrieb er nicht mehr, nicht einmal mehr Briefe. Meistens waren es ohnehin Klage- und Bittbriefe gewesen, an die Mutter und den verhassten Stiefvater, der in Diensten des Kaisers stand, an Freunde und Verleger und seinen Anwalt, ja sogar an die Kaiserin, damals vor zehn Jahren, nach dem ruinösen Prozess gegen die *Fleurs du Mal*. Mindestens dreißig Mal war er umgezogen und irrlichterte durch die Stadt. Er hatte in Wohnungen, Hotels, möblierten Zimmern, bei Freunden, wechselnden Mätressen und sogar bei seiner Mutter und seinem Stiefvater gewohnt.[28] Immer wieder hatte er versucht, seine Texte in Zeitschriften und Verlagen unterzubringen, meistens vergeblich, immer fehlte das Geld. Mit Fug und Recht war er *der* Repräsentant des poetischen Prekariats. Inzwischen war er müde und von der Syphilis so geschwächt, dass er mit 46 Jahren aussah wie ein gebrechlicher alter Mann. Einer jedoch, der trotz großer Armut elegant gekleidet war, auch wenn Hemdkragen und Manschetten längst ein wenig verschlissen erschienen.

Vor der französischen Dummheit und der Meute seiner Gläubiger war Baudelaire 1864 nach Belgien geflohen, der Spleen aber blieb sein Gefährte. Mitte März 1866 war er eingeladen bei Madame Hugo, die in Brüssel lebte, während ihr Mann unerschütterlich auf Guernsey ausharrte. Sie schenkte dem Gast ein Exemplar von dessen jüngst veröffentlichtem Roman, *Les Travailleurs de la mer*, und legte ein Blatt mit einer Widmung hinein: »Für M. Ch. Baudelaire. Sein Freund Victor Hugo.« Baudelaire versprach, eine Kritik zu schreiben, falls er eine Zeitung dafür fände, und verbrachte die Nacht mit der voluminösen Geschichte eines Küstenfischers, der auf den Kanalinseln einen Kampf gegen die Naturgewalten führt und für die Rettung eines gestrandeten Dampfschiffes und eine große Liebe alles riskiert.

Die Notizen für die Rezension sind die letzten Worte, die Baudelaire zu Papier brachte. Er hatte in den vergangenen Monaten Vorträge gehalten, um nicht zu verhungern und den Druck seiner späteren Dichtungen selbst finanzieren zu können. Fünfzehn Lesungen standen noch aus, als er in Namur einen Schlaganfall erlitt. Die Folge war eine rechtsseitige Lähmung, und schlimmer noch, er konnte sich an nichts mehr erinnern und kaum noch sprechen. Manchmal lachte er wie ein Wahnsinniger und erschreckte so seine Nächsten oder rührte sie zu Tränen. Vielleicht schwankten in diesen Momenten die Geister seiner Dichtungen wie in Totentänzen vor ihm hin und her, lockten ihn verschlagen oder kokett zu sich in den Schlund, in den Abgrund: Beelzebub, das pflügende Skelett, der dunkle Feind, Don Juan in der Unterwelt, ein Aas, ein Vampir.

Seine letzten Briefe diktierte er, selbst das aber war inzwischen fast unmöglich, weil er kaum noch ein verständliches Wort hervorbrachte. Sie gingen am 30. März 1866 an seinen Anwalt Narcisse Ancelle und an seine Mutter: »1. Ich kann mich nicht mehr bewegen. 2. Ich habe Schulden. 3. Ich muss die nächsten Vorträge halten, um die Früchte meiner Arbeit zu retten.«[29] Am 31. März schrieb Madame Hugo ihrem Mann, der Freund sei verloren. Baudelaire verstummte. Er fiel aus der Welt, während Paris die große Feier zelebrierte. Die letzten Monate verbrachte er in einer psychiatrischen Klinik in der Nähe des Arc de Triomphe, in seinem Zimmer hingen zwei Bilder von Manet. Ein paar Mal ließ er sich noch spazieren fahren, an manchen Tagen bekam er Besuch von Nadar und Manet. Durch seinen Kopf tobte ein Sturm, ein Feuer brannte das Gehirn aus. Am 31. August 1867 starb Baudelaire in den Armen seiner Mutter. Der alte Kapitän Tod hatte den Anker gelichtet, das Ziel der Reise war unbekannt, es ging gen Himmel oder Hölle, dem Unbekannten und ganz Neuen entgegen, ganz wie im letzten und längsten Gedicht der *Fleurs du Mal*, »Le Voyage«.[30]

Die Totenmesse wurde am 2. September in der schmucklosen Kapelle Saint-Honoré in Passy nahe der Pferderennbahn von Longchamp gehalten. Anschließend fand die Beerdigung auf dem Friedhof Montparnasse statt, nun lag der Dichter neben dem verhassten Stiefvater im Familiengrab. Hätte ihm jemand das zu Lebzeiten prophezeit, er hätte protestiert. Manet nahm mit einigen Freunden an dem traurigen Ereignis teil, der Leichenzug war kurz, bescheiden, ohne Trommeln und Musik. Der Tag war gewittrig, der Himmel hing tief und schwer, und der Spleen legte sich wie ein Deckel auf ihre Seele, ganz wie in einem gleichnamigen Gedicht des verstorbenen Freundes und auf einem späteren Bild Manets.[31]

Für andere, die sich vom Trubel in Paris fernhielten, war es ein ganz normaler Sommertag während eines dösigen Augusts. Die Goncourts machten Urlaub am Strand von Trouville, Sand blieb in Nohant und Flaubert in Croisset. In ihren Tagebüchern und Briefen finden sich keine Notizen zu Baudelaires Tod. Sand war mit sich selbst beschäftigt, die Goncourts und Flaubert mit ihren Projekten und damit, Princesse Mathilde zu umgarnen. Der *Figaro* meldete den Tod des großen Dichters der Modernität mit der Bemerkung, er sei zuletzt wohl verrückt gewesen. Insgesamt blieb das Medienecho gering.

Arbeit

Paris feierte, das Land ächzte. Hinter Luxus, Glanz und den Orgien der *Ville Lumière* stand zermürbende Arbeit. Die »Phantasmagorie der kapitalistischen Kultur« erreichte auf der Weltausstellung von 1867 ihre »strahlendste Entfaltung«,[32] Offenbachs Operette *La Vie parisienne* gab den Rhythmus der Hauptstadt vor: schnell, rasant, atemlos. Kutscher, Köche, Kellner und Croupiers arbeiteten durch; Zimmermädchen konnten die Betten nicht so schnell beziehen, wie sie wieder belegt werden wollten. Kein Geschäft schloss die Türen vor zehn Uhr abends. Die Verkäuferinnen des Bon Marché, die der Provisionen wegen tagsüber nicht eine Minute ruhten, legten zur Mitternacht die Beine hoch und träumten sich in die entspannten Salons ihrer reichen Kundinnen.[33]

Wenn am Abend die Theater öffneten, verließen die kleinen Putzmacherinnen, Stickerinnen und Näherinnen, allesamt Mädchen zwischen fünfzehn und siebzehn Jahren, endlich die Ateliers in der Rue Saint-Martin, Rue Saint-Denis, Rue du Temple und Rue Rambuteau. Bevor sie die heimischen Faubourgs und Außenbezirke erreichten, mischten sie sich auf den Boulevards unter die Damen, deren Kleider sie gerade noch in der Hand gehalten hatten. Einige nahmen sich Arbeit mit nach Hause, und wenn es ganz schlimm kam, verbrachten sie auch die Nacht an den Zuschneidetischen in der Werkstatt. In den Textilfabriken im Landesinnern war das ohnehin die Regel.

Neben dem leichten Leben voller Genüsse und der Rastlosigkeit in den Sparten des Handels, des Handwerks und der Dienstleistungen gab es auch eine harte Welt aus Kohle, Eisen und Stahl: Bergwerke und Eisenhütten, Eisenbahnen und Stahlträger. Diese Welt arbeitete der Hauptstadt zu und drang bis in sie vor, mit den neuen Bahnhöfen aus imposanten Eisen- und Stahlkonstruktionen, und weil die Architekten, egal was sie bauten, einfach wild auf Eisenkonstruktionen waren. Doch ihr Kern, ihr Innerstes lag außerhalb von Paris, nicht im Zentrum, sondern an der Peripherie. Dort gab es in Täler geduckte Arbeitersiedlungen, die von den Schmelzöfen der Hütten und Schmieden, von Feuer, Hitze und Rauch erst grau und dann ganz schwarz wurden, während auf den Anhöhen die weißen Häuser der Fabrikanten leuchteten. Oben die Stadt des Lichts, unten ein Höllenloch, ein *trou d'enfer*, in dem Krankheiten, Depressionen und Alkoholismus grassierten.

Die unermüdliche George Sand lieferte in *La Ville noire* ein Bild dieses Pauperismus, dem der Kaiser, der nun so entrückt schien, in jungen Jahren eine Studie gewidmet hatte.[34] Tag und Nacht ratterten und dampften Züge durch das Land, und bald auch, je weiter die Schienen ihre Arme wie Kraken ausstreckten, durch Afrika. Denn dort gab es eine märchenhafte Fülle an Ressourcen: Erz, Kohle, Öl, Gold, Erdöl, Diamanten, Platin und, wie man später entdecken sollte, auch Uran, Lithium und Kobalt. Ohne den Nachschub an Kohle aber lief gar nichts in Frankreich. Unter dem satten Firnis des strahlenden Paris lag die zweite, unterirdische Welt, die nur Eingeweihte kannten, Knappen, Steiger und Querschläger. In den Bergwerken des Massif Central bei Saint-Etienne und im platten Norden des Landes schürften, klopften und hauten die Bergleute bei Tag und Nacht, auch sonntags, seitdem die Brüder Pereire, die Herren der großen Banken, Eisenbahn- und Schifffahrtsgesellschaften, 1862 die Sonntagsarbeit eingeführt hatten. Im selben Jahr hatten die Goncourts einen der Brüder im Zug getroffen und ihr Urteil gefällt: Ein Emporkömmling, Heuchler und Ausbeuter, der mit seinem Reichtum und Kunstsinn protzte.[35]

Während die *Ville Lumière* leuchtete und die Reichen sowie alle, die unendlich viele Wünsche und nur ein bisschen Geld hatten, verzauberte, waren die Minen und Gruben ein Reich der Finsternis, eine unheimliche Feerie.[36] In den Schächten, Stollen und Sohlen unter Tage wurde geschuftet. Wenn in den Flözen ein Brand ausbrach oder Gase freigesetzt wurden, wenn die Erde riss und Wasser einströmte, ein Gang einstürzte und der Weg nach oben zugeschüttet wurde, erstickte man in dieser Unterwelt. Wenn die Bergleute in die heiße Grube einfuhren, war es, als verschwänden sie im Schlund eines tückischen, gefräßigen Monsters, das wie einstmals der Minotaurus über ein Labyrinth wachte und die Tollkühnen, die sich in sein Reich wagten, in die Irre leitete. Romantiker mochten sich unterirdische Wesen noch als Erdgeister vorstellen, hier jedoch waren sie Wesen aus Fleisch und Blut, Herren unter Tage und doch Knechte der Bergwerksbesitzer. Mit geschwärzten Gesichtern und Händen, mit ihren Helmen und Brillen glichen sie Außerirdischen. Viele husteten zwanzig Jahre lang und starben mit fünfunddreißig Jahren an der Staublunge.

Zwei Jahrzehnte zuvor hatte Karl Marx diesen Arbeitern und allen anderen einen Namen gegeben: »das Proletariat«. 1864 wurde in London die Erste Internationale gegründet, 1865 folgte in Paris die französische Sektion. Nun, im Mai 1867, im Jahr des großen Pariser Festes und Weltspektakels, streikten die französischen Steinschneider und Bronzegießer, und die Arbeiterassoziation wurde von der französischen Regierung aufgelöst. Flaubert, der gern mit der Eisenbahn fuhr, zeigte für die Streikenden wenig Verständnis und schrieb bei dieser Gelegenheit an George Sand, nur die Schriftsteller, und sie allein, seien das Volk.[37]

Gleichzeitig veröffentlichte Marx den ersten Teil seiner ökonomischen Theorie, *Das Kapital.* Niemals hätte er gedacht, sich so lange Zeit mit der kapitalistischen Wirtschaft herumquälen zu müssen, als er sie 1851 in einem Brief an Friedrich Engels »die ganze ökonomische Scheiße« nannte.[38] In dieser steckten nun der Messerschmied Étienne Lavoute, ein Geschöpf aus Sands *Ville noire*, und ebenso Étienne Lantier, der Held in Zolas Bergmannsroman *Germinal*, dem berühmtesten Band des Zyklus über das Zweite Kaiserreich. Beide tragen den Namen des Märtyrers und Schutzpatrons der Steinhauer und Metallgießer: Stephanus, auf Französisch Étienne. Étienne Lantier aber, vor dem sich der Höllenschlund der Kohlengrube öffnet, wird zuletzt zum Messias der Arbeiter.

Das war die rote Vision des Bürgers Zola. Er schlug für seine Kritik einen ganz anderen Ton an als Marx und doch war er dessen Wahlverwandter, ein Bruder im Geiste.

1869
Boulevard und Spleen de Paris

Im Februar des Jahres 1869 legte sich Mehltau auf die Pariser Bäume, sie blieben kahl oder gingen ganz ein. Nicht nur George Sand zeigte sich besorgt, sondern auch die Goncourts: »Die alte Natur verschwindet. Sie verlässt unsere von der Zivilisation vergiftete Erde, vielleicht ist die Zeit nah, in der der natürliche Rahmen von der Industrie nachgeahmt werden muss.«[1]

Mehltau legte sich auch auf die Gemüter, die literarische und künstlerische Welt beklagte eine Reihe von Todesfällen. Erst starb Hector Berlioz, dann Flauberts innigster Freund Louis Bouilhet. Sainte-Beuve war 64 Jahre alt und leidend. Wenn Freunde ihn besuchten, erschraken sie. Sein gekrümmter Körper lag auf einem eisernen Bettlager ohne Vorhang, sein kahler Kopf war ganz in Tücher gehüllt, zwei weiße, schlaffe Hände streckten sich ihnen entgegen und verschwanden wieder. Dann zog der alte Kritiker demonstrativ die Bettflasche an sich und beschuldigte die Ärzte, denen er ebenso misstraute wie den Pfaffen[2]. Er starb am 13. Oktober und wurde drei Tage später auf dem Friedhof Montparnasse beerdigt. Bis auf den *Figaro*, der ihn als knauserig und seine Werke als wirr bezeichnete, würdigte ihn die Presse, wie es sich im Umgang mit Toten geziemt und in diesem Fall eines zuverlässigen Textlieferanten ganz besonders. Ein goldener Herbsttag aber blieb dem Starkritiker auf seinem letzten Gang verwehrt, nur die kahlen Bäume standen Spalier für den Literaturpapst, der so gefühlvoll, schwärmerisch und am Ende so traurig gewesen war. Die Trauergemeinde wurde auf 6000 bis 12 000 Personen geschätzt – Literaten, Akademiker, aber auch zahlreiche Arbeiter. Man sah Alexandre Dumas d. Ä. mit schlohweißem Haar und Alexandre Dumas d. J., der George Sand geleitete. Sie war nun so alt wie der gerade Verstorbene und in Gedanken versunken. Arm in Arm schritten Flaubert und Hippolyte Taine auf den Friedhofswegen einher und grüßten hinüber zum Grab von Baudelaire. Während sie gingen, tauschten sie sich noch einmal über dichterische Einbildungskraft, Träume und Halluzinationen aus, Taines bahnbrechende Studie *De l'Intelligence* stand vor dem Abschluss. Sainte-Beuve, dessen Karfreitagsmahl mit reichlich Fleisch und Wurst alljährlich einen Skandal auslöste, hatte sich eine religiöse Zeremonie verbeten. Als der Sarg ins Grab gesenkt wurde, lüfteten alle Anwesenden den Hut und verneigten sich, während der von dem Verstorbenen testamentarisch festgelegte Abschiedsgruß verlesen wurden: »Adieu, Sainte-Beuve, adieu notre ami«. So behielt er das letzte Wort.[3]

Jules de Goncourt ging es derweil immer schlechter. Er war noch keine 40 Jahre alt, aber von der Syphilis gezeichnet. Nach Gossip war den Brüdern nicht mehr zumute, für ätzende Kritik fehlte die Energie. Und weil ein Unglück selten allein kommt, wurde Edmond auch noch bei einem Droschkenunfall am Kopf verletzt. Ach, es war ein elender Schlamassel, in dem die beiden steckten, das Protokoll dieses Jahres ist kurz.

Passend zur Gesamtstimmung erschien Baudelaires *Spleen de Paris*, für die Sammlung von Prosagedichten hatte er zu Lebzeiten keinen Verleger gefunden. Die Texte schwingen im Rhythmus der Menge, im Sound und Wahn der Straße. Der Dichter hatte empfohlen, das Buch nicht von vorne bis hinten zu lesen, sondern nach Belieben aufzuschlagen. Damit verführte er zu einer flanierenden Lektüre voller Überraschungen, gleich einer zufälligen Begegnung auf einer Kreuzung von Schicksalen und Einfällen.

Auch Flauberts Roman *L'Éducation sentimentale* erschien, eine Abrechnung mit der Feigheit und Sentimentalität seiner eigenen Generation. Flaubert selbst war gleichwohl robuster und wohlbeleibter denn je. Wenn er die Goncourts besuchte, die in diesem Jahr zu

Hause blieben und nur wenige Gäste empfingen, staunten die arg mitgenommenen Brüder über den kraftstrotzenden Kollegen. Wenn er dann mit der unbekümmerten Gleichgültigkeit des Gesunden über das Siechtum seines besten Freundes redete und im Gehen scherzte, er selbst erbe offenbar den »Lebenssaft all seiner kranken Freunde«, waren sie mit den Nerven am Ende.[4]

Späte Sonne

Wo war nur der Glamour hin? Und hatte sich auch die renitente Lebensfreude erschöpft? War 1867 tatsächlich das letzte Feuerwerk abgefackelt worden und eine allgemeine Tristesse in die Welt gekommen? Aber noch war vielleicht nicht alles verloren, außerhalb Europas existierte ein leuchtendes Land, das die ausgestreckte Hand Frankreichs, oder auch den auslangenden Arm, dankbar ergriff. Dieses Land war Ägypten. Im Herbst brach eine große Delegation zur Eröffnung des Suezkanals auf, ihr gehörte, im Auftrag der Zeitung *Le Siècle*, auch Louise Colet an. Eine späte Genugtuung für die Schriftstellerin, die einst von Flaubert gedemütigt und von Satiremagazinen als Feministin verlacht worden war.[5] Beherzt reiste sie nun in die südlichen, lichtvollen Länder, nahm am 7. Oktober den Zug nach Marseille und ging am 9. Oktober an Bord des Dampfschiffes *Moeris*. Sechs Tage dauerte die Fahrt nach Alexandria, wo Ferdinand de Lesseps die Delegation erwartete. Er war der Held des fünfzehn Jahre währenden und nun abgeschlossenen Suezprojekts und überhaupt ein Held des Fortschritts: Starmanager, begnadeter Netzwerker und Diplomat zwischen Okzident und Orient. Endlich hatte er dem Westen mit dem geradezu pharaonischen Werk der Ingenieurskunst den schnellsten Weg in die Kolonialreiche bis nach Indien erschlossen. Das kam nicht nur Frankreich zugute, sondern – eine Ironie der Geschichte – vor allem dem British Empire. Queen Victoria nämlich hatte alles darangesetzt, den Bau des Kanals zu verhindern, und nannte ihn nun, ohne mit der Wimper zu zucken, »Hauptstraße des Empire«. Am 17. November durchquerten mehr als fünfzig pompös geschmückte Schiffe unter den Augen von 25 000 Zuschauern den Suezkanal. 500 Köche bereiteten das Festmahl vor, katholische und muslimische Geistliche segneten den Kanal. Es gab viel Musik, und viele Flaggen wurden gehisst, denn zahlreiche Herrscher waren in der Kolonne unterwegs, unter ihnen der habsburgische Kaiser Franz Joseph und der preußische Kronprinz Friedrich. Die plötzliche Nähe der fernsten Weltgegenden überstieg die kühnsten Phantasien, zumal der Kanal so eng war, dass nur ein schmaler Streifen des Himmels zu sehen war und mancher Vogel sich in die Fahrrinne verirrte. Kaiserin Eugénie, die ohne ihren Mann hatte aufbrechen müssen und nun auf dem ersten Schiff der kaiserlichen Flotte mit dem bonapartistischen Namen *Aigle* stand, bekam Platzangst und schrie um Hilfe.[6] Louise Colet hingegen ließ sich nicht beirren und beobachtete alles sehr genau. Sie blieb vier Monate an den Ufern des Nils, lieferte ihre Zeitungsartikel unter dem Pseudonym Mohammed El Akmar, schrieb Briefe an ihre Tochter und am Ende den Reisebericht *Les Pays lumineux*. Von Alexandria bis Kairo fuhr sie mit dem Zug, nahm die ägyptische Hauptstadt von einer Kutsche aus in Augenschein und spazierte dann, nur in Begleitung eines sprach- und ortskundigen Dragoman, durch Gassen, Basare und Souks. An Bord des Dampfschiffes *Gyzeh* fuhr sie anschließend den Nil hinauf.

Gleich in der ersten Nacht, nachdem sie unter erschwerten Bedingungen ihre Abendtoilette erledigt hat und in einen unruhigen Schlaf gefallen ist, erscheint ihr Flaubert. Seine hünenhafte Gestalt steht plötzlich in ihrer Kabine, beugt sich über sie und raunt mit Grabesstimme: »Pass auf! Heute hast Du nicht mehr die Kraft, durch das Martyrium zu gehen, das ich Dir einst auferlegte. Dein Körper könnte in Fetzen zurückbleiben, so wie Dein Herz es tat bei dem verzweifelten Versuch, das meinige zu erweichen, das aus hartem Metall ist und eingehegt zwischen Wissenschaft und Ausschweifung«. Ihre Antwort, er sei doch nur ein Phantom, das keine Macht mehr über sie habe, verfängt nicht. Seine massige und schattige Figur legt sich wie ein Tier, eine hartnäckige Larve mit weitaufgerissenen Augen, auf ihre brennende Brust, seine Hände würgen die pfeifende Kehle, sein elender Mund beißt in das Fleisch. Erst als Colet über sich Schritte hört, aufschreit und Kerzen anzündet, ist der Spuk vorbei. Sie sieht und fühlt das unselige Gespenst nicht mehr, das sie einst und bis zu diesem Augenblick zermürbt hat, und erblickt stattdessen fünf oder sechs grauenvolle *cafards*, schwarze Kakerlaken, die auf ihrem weißen Nachthemd herumturnen und offenbar den Albtraum auslösten. Sie schlägt sie tot, und weil die klebrigen Biester augenblicklich zu stinken beginnen, greift sie nach dem Riechfläschchen in ihrer Tasche, aus der zwei Ratten springen und davonflitzen[7].

Noch lange beschäftigte die »Halluzination« in ihrer »Latrine« Colets Gedanken, umso mehr hoffte sie, durch kommende Reiseerlebnisse für den Schrecken entschädigt zu werden. Und das wurde sie. Sie erhielt das Privileg, einen Harem zu besuchen, und verspürte unerwartet Lust, die Bekanntschaft einer »almée« zu machen, jener Tänzerin ähnlich, die sie zwanzig Jahre zuvor wegen eines Techtelmechtels mit Flaubert so eifersüchtig gemacht hatte. Colet erlebte, als sie den Nil hinauffuhr, Hochwasser, Schwüle und Hitze, Ungeziefer und eine Insektenplage biblischen Ausmaßes, also die ganze Mühsal einer Kreuzfahrt im 19. Jahrhundert. Aber sie kapitulierte nicht, anders als einige männliche Abgeordnete, die nach Kairo oder gleich nach Paris zurückreisten und von der Realität des orientalischen Traums erst einmal genug hatten. Sie staunte über die erhabene Natur, über Ruinen antiker Bauwerke und Gräber der Kalifen, die orientalische Architektur und Gastfreundschaft. Doch sie kritisierte auch die exzessive Religiosität der Ägypter und die Heuchelei der Verwaltung, die den Bettlern von Kairo in einer einmaligen Aktion neue Kleider ausgeteilt hatte, um der französischen Kaiserin den Anblick von Armut zu ersparen. Ganz besonders aber missfiel ihr, was der Regierung zu Hause und den Gesandten am meisten gefiel: die Anbiederung des Khediven Ismail Pascha und seines stolzen, auf eine alte Hochkultur zurückblickenden Volkes an den französischen Geschmack und die Unterwerfung unter die Ansprüche einer westlichen Regierung. Louise Colet erkannte, dass der Bau des Suezkanals auf den ersten Blick eine Win-win-Situation war und doch vorrangig europäischen Interessen diente. Sich so zu äußern, war mutig. Nach Beendigung ihrer Mission verbrachte sie noch zwei Monate in der Türkei, in Griechenland und Süditalien. Jetzt, mit fast 60 Jahren, holte sie die Grand Tour der Männer nach.

Maschine: Gott und Grauen

Das 19. Jahrhundert war auch das Jahrhundert der Hardware. Im postindustriellen 21. Jahrhundert wird alles kleiner, bis hin zur Unsichtbarkeit. Damals, in der Hochzeit der Industrialisierung, wurde indes, zum Erstaunen der Menschen, alles größer. Während die Kunst avantgardistischer Bauherren darin bestand, das Schwere und das Leichte, das Opake und das Transparente ins Gleichgewicht zu setzen, waren Heavy Metal und das Bauen kolossaler Maschinen der Nachweis von Erfindergeist und Leistungsfähigkeit. Während sich die spielerische und faszinierende Balance von Gusseisen, Licht und Luft im Crystal Palace, in den Pariser Hallen und zuletzt im Eiffelturm manifestierte, beeindruckten Lokomotiven, Schmelzöfen und Kanonen durch ihre Wucht.

Zusammen mit Investoren, Managern und Architekten verkörperten vor allem Ingenieure und Techniker diesen Zeitgeist.[8] Ihre Werke avancierten zu Kultstätten und Kultobjekten des Fortschritts. In ganz Frankreich wurden neue Ingenieursschulen gegründet, die renommiertesten waren jedoch die Pariser *grandes écoles* École Polytechnique und Ponts-et-Chaussées. Ihre Absolventen standen im Ruf von Pionieren und Halbgöttern und konkurrierten um die Erfindung und den Bau der kraftvollsten Maschinen. Sie kartographierten das Gelände, kennzeichneten die Beschaffenheit des Bodens, vermaßen Trassenabschnitte und Kurven, Tunnel und Brücken, passten Gleise, Schienen, Schwellen und Weichen an Hügel,

Senken und Auen an und ersetzten die rostanfälligen und brüchigen Eisenschienen durch Gleise aus Stahl. Das alte Schandmaul Flaubert, stets allem Fortschritt und jedem Mythos misstrauend, merkte an, um auf der Höhe der Zeit zu sein, müsse man ständig für die Eisenbahn schwärmen und pausenlos hin- und herfahren. Hätte Napoleon I. diese zur Verfügung gehabt, wäre er unbesiegbar gewesen. Da der Kult des *engineering* ihn anödete, nahm er in seinem *Wörterbuch der Gemeinplätze* gleich auch noch folgenden Eintrag auf:

»INGENIEUR. Sicherste Karriere für einen jungen Mann. – Kennt sich in allen Wissenschaften aus.«[9]

Wissen, Können und Fortschritt schienen unaufhaltsam voranzuschreiten. Was im individuellen und nationalen Vergleich zählte, war Leistung – von Menschen, Tieren und Dingen gleichermaßen. Unter den Leistungsstarken wurden die Leistungsstärksten gesucht, um zu Lande, über Grenzen und Meere hinweg, zu Wasser und in der Luft an der Zukunft zu bauen. Wann aber wendet sich Technik in Technokratie? Die Feier des Fortschritts in eine Dystopie? Das fragte sich so mancher, dem der Sturm ins Gesicht blies, bevor er ihn mit sich fortriss.

Zur ersten Pariser Weltausstellung 1855 wurde der Schnellzug Paris – Le Havre eingesetzt. Gerade rechtzeitig, um die vielen Touristen in nur fünf Stunden in die Hauptstadt zu befördern. Hin und wieder stieg auch Flaubert zu, wenn ihn die Lust auf Paris anfiel und er seine Einsiedelei in Croisset verlassen musste, um in die Bibliothek zu gehen und seine Freundschaften und Netzwerke zu pflegen. Den Menschen, die bislang das gemächliche und wesensmäßige Tempo der eigenen Beine, der Kutschen, Schiffe und Luftschiffe und neuerdings auch der Fahrräder kannten, erschienen die Lokomotiven wie Geschosse. Die durchschnittliche Reisegeschwindigkeit von etwa 50 Stundenkilometern grenzte an Raserei![10]

Wer aber zu einer Zugfahrt aufbrach, durfte sich privilegiert fühlen. Das galt sogar für diejenigen, die nur die Holzklasse bezahlen konnten und die ungefederte Seite des Fortschritts erlebten. Manch einer, darunter Flaubert, fürchtete nach einer Weile, im Abteil stumpfsinnig zu werden, wenn das Rumpeln der Maschine als unausgesetzte Vibration durch den Körper fuhr, der Raum zusammenschrumpfte und das Zeitgefühl durcheinandergeriet. Nicht wenige bekamen Kopfschmerzen, weil ihre Augen Landschaften und Objekte nicht fixieren und sie die Ortsschilder, die an ihnen vorbeiflogen, nicht mehr lesen konnten.[11]

Ohne Atempause feuerten die Heizer, legten Kohle nach und kühlten den Tender. Chauffeur und Lokführer standen auf dem Rumpf ihrer Maschine. An guten Tagen flogen die Männer auf dem massigen Stahlkörper dahin wie auf einem orientalischen Teppich,[12] vorbei an Signalen und Telegraphenmasten. An schlechten Tagen waren sie hier oben nur Hitze, Kälte und ohrenbetäubendem Lärm ausgesetzt. Die dunkle Rauchwolke, wie aus dem Rachen eines Ungeheuers gespien, umnebelte sie, ihre Schutzbrillen ließen sie selbst monströs aussehen. Ihr Körper wurde in ruckartigen Stößen durchgeschüttelt, der Wind peitschte um den Kopf, und manch einer wurde bei der Arbeit gar verrückt.[13]

Die Anwohner der Eisenbahnlinie staunten und rieben sich die Augen, wenn der Express vorbeischoss. Diejenigen, durch deren Gärten und Äcker sich die Schienen zogen, glaubten, er rase mitten durch ihr Haus und schlage zuletzt mit den Passagieren, deren Gesichter an den Scheiben der Waggons klebten, in der Hölle auf. Einige Jahre später würden täglich 100 Züge an Zolas Landhaus in Médan vorbeischnellen und die weitläufigen Fenster seines Arbeitszimmers jedes Mal zum Vibrieren bringen. Diese Erschütterung aber störte ihn, den Sohn eines Ingenieurs, nicht, ganz im Gegenteil. Energie und Dynamik der Materie beflügelten seine Phantasie und sein gewaltiges Romanprojekt, in dem es ebenfalls um Energie ging, um den Ursprung des Lebens, um Triebe und den Antrieb des Handelns.

Wenn der Express in Paris einfuhr und endlich den Bahnhof Saint-Lazare erreichte, hielten oben auf dem Viadukt der Place de l'Europe die Flaneure inne und folgten ihm mit ihren Blicken. Die Herren im feinen Überzieher griffen hin und wieder zu ihrem Hut, die Damen im Schutz ihres Sonnenschirmchens zum Saum ihres Kleides, wenn es auffrischte und sie den Fahrtwind verspürten. Manchmal lehnte ein Arbeiter am Brückengeländer und versuchte, den Qualm seiner Pfeife in den Qualm der Lok zu pusten, oder ein kleines Mädchen schaute durch das Eisengitter der Rue de Rome dem Zug hinterher, der in einer gewaltigen weißen Rauchwolke verschwand. Das Gleiche, so viel und so wenig, konnte nach seinem Umzug in die Rue de Rome auch Stéphane Mallarmé erkennen, wenn er von seinen ziselierten und hermetischen Gedichten aufsah und durch das Fenster einen Blick auf die moderne Welt warf: ein neues, erstaunliches Vergnügen für einen Sonntagnachmittag oder jeden Tag der Woche. Das stählerne Ungetüm, die Eisenbrücke, der Bahnhof, der Rauch – sie waren Wahrzeichen einer Zeit, die immer unübersichtlicher wurde und die Sehgewohnheiten veränderte. Im Zuge der generellen und beschleunigten Mobilität wurde das Auge beweglich, die Blickräume verzerrten und die Fluchtpunkte vervielfältigten sich oder wurden opak. Das Schaukeln der Erde, das Kopernikus im 16. Jahrhundert erkannt und Michel de Montaigne als Pendeln und Turbulenz des Lebens verstanden hatte,[14] war doch eher abstrakt und für die meisten unbegreiflich geblie-

ben. Nun jedoch war es für alle wahrnehmbar. Im Taumel schwankender Ansichten bewegte sich die Welt in die Zukunft.[15]

Wer aber war die Bestie? Der Mensch oder die Maschine, die er vergötterte? Diese Frage stellte sich Zola in seinem Eisenbahnroman *La Bête humaine*, die Handlung ist schauerlich: Im Jahr 1869 ist Jacques Lantier, Étiennes und Claudes Bruder und Nanas Halbbruder, Lokführer des Express Paris – Le Havre. Zwischen den beiden Kopfbahnhöfen gibt es kein Entkommen. Wie in einem Kessel lädt sich eine unbändige Energie auf, Motor und Gehirn drohen zu bersten. Eine kleine Störung, jedes Versagen von Mensch oder Maschine führt zu Chaos, Gewalt und Mord. Zuerst wird Jacques an einem dunklen Trassenabschnitt Zeuge eines tödlichen Messerangriffs, den die Polizei nicht aufklärt. Dann bricht viel zu früh ein harter Winter herein, schon am 30. Oktober fallen in Paris 20 Zentimeter Schnee, und es hört nicht auf zu schneien. Die Lokomotive schafft die Steigungen auf der Strecke nicht mehr, kämpft vergeblich gegen Schneeverwehungen und Eisplacken und bleibt mitten in der Nacht auf freier Strecke stehen. Fahrgäste kreischen angsterfüllt oder empört auf, Drohungen werden ausgestoßen. Doch die Schreckensserie geht weiter: Bei einem Anschlag auf den Zug, einer Beziehungstat, gibt es Tote und Verletzte, am Gleis stehen Gaffer. Bald danach kann sich Jacques seines fatalen Triebes, Frauen zu töten, nicht mehr erwehren, und ersticht seine Geliebte. Am Ende stürzen er und sein Heizer infolge eines Streits um ein Mädchen aus dem Zug. Die kolossale Maschine rast führerlos weiter, während in den Abteilen junge Soldaten schunkeln und singen: »Nach Berlin! Nach Berlin!« Zola nennt sie »Kanonenfutter«.

Massaker und Vandalismus

Das Jahr 1869 war ein schwarzes Jahr, nicht nur im literarischen Leben und im Roman. Die Medien kamen kaum nach mit Meldungen über Verbrechen und Katastrophen. An die Stelle von Ankündigungen funkelnder Events und Berichten über Galas rückten zunehmend verstörende Nachrichten. Das Publikum musste den Eindruck gewinnen, dass die Realität mit den Schauerromanen konkurrierte, Bestsellern jener Zeit. Dass aber jetzt alles wahr sein sollte, was die Presse berichtete, machte unheimliche Vorkommnisse noch spannender. An Fake News dachte damals noch niemand, wurde aber doch einmal eine erlogene Geschichte aufgedeckt, nannte man sie »canard«, eine Ente.

Die Öffentlichkeit lechzte nach Gewalt und Vergeltung. Und so folgte die Verlagspolitik dem Motto, dass *bad news* stets *good news* waren. Das galt vor allem für das *Petit Journal*, das erste französische Boulevardblatt, das inzwischen sechs Jahre alt war und seine täglichen Ausgaben am Kiosk oder durch einen Zeitungsjungen und nicht mehr ausschließlich im Abonnement verkaufte. Die Zeitung hatte ein handliches Format und warb damit, dass man Verbrechen nun für nur einen Sou bekommen könne. Wenn von der Titelseite, *La Une*, das Blut troff, war es ein guter Tag: eine weibliche Leiche im Schlachthaus, über der gut abgehangene Schinken baumeln; eine Frau, die eine Pistole auf den Priester richtet, der in ihr Schlafzimmer eingedrungen ist; ein Ermordeter, der in einem Kessel verbrannt wird. Das Publikum, das bald auch illustrierte Ausgaben in Händen halten sollte, riss die Augen auf. Niemand fühlte sich mehr sicher, überall lauerte das Verbrechen. Das Jahr 1869 war reich an Gemetzeln. Zudem war es auch das Geburtsjahr des Serienkillers Joseph Vacher, der Jahrzehnte später, nach Sexualmorden an zwölf Frauen und Männern, den Beinamen »French Ripper« erhalten und als erster medizinisch anerkannter Psychopath in die Geschichte eingehen sollte.

1869 elektrisierte jedoch ein anderer Serienmörder ganz Frankreich. Die Stadt war noch weihnachtlich geschmückt, als sich am 28. Dezember eine Menschenmenge vor dem Pariser Justizpalast versammelte. Einen solchen Auftrieb hatte es zuletzt beim Prozess gegen Felice Orsini gegeben. In der Schlange warteten auch Maxime du Camp, Dumas, Maupassant, Gautier und Turgenjew darauf, nach Vorlage des Ausweises eingelassen zu werden. Polizisten und Gerichtsdiener hatten Mühe, die drängelnde Menge zu beruhigen. Es war bereits zu Schlägereien um die 600 Zuschauerplätze im Gerichtssaal gekommen. Alle erwarteten einen spektakulären Prozess, zumal die Presse seit drei Monaten von nichts anderem als dem »Massacre de Pantin« redete und die Kioske morgens und abends vor Erscheinen der Zeitungen umlagert waren.

An diesem kalten Wintertag wurde das Verfahren gegen den 20-jährigen Jean-Baptiste Troppmann eröffnet, einen Mechaniker aus dem Elsass, der sich stets wie ein Dandy kleidete und als solcher auch vor Gericht erschien. Da er darauf bestand, nicht wie ein Wüstling aussehen zu wollen, Rasierklingen aber aufgrund der Selbstmordgefahr in den Zellen nicht erlaubt waren, war er an diesem Morgen in einer Zwangsjacke von einem Barbier rasiert worden. Der attraktive junge Mann war angeklagt, im September eine achtköpfige Familie massakriert zu haben.[16] Am 20. September war der Bauer Jean Langlois auf einem Kleefeld bei Pantin auf der Ebene von Saint-Ouen im Norden von Paris über eine Hand gestolpert. Sie gehörte zu einer zerstückelten weiblichen Leiche, die man später als sterbliche Überreste der verheirateten, im sechsten Monat schwangeren Hortense Kinck identifizierte. Die herbeigerufene Polizei fand neben ihr die verscharrten, offenbar mit einer Axt zerhackten Leichen ihrer Kinder Emile, Henri, Alfred, Achille und Marie, alle in Sonntagskleidung. Verdächtigt, dieses abscheuliche Verbrechen begangen zu haben, wurden der Familienvater Jean Kinck, ein erfolgreicher und zu einem gewissen Wohlstand gekommener Selfmademan, sowie der älteste Sohn der Familie, Gustave. Beide waren seit Wochen verschwunden.

Am 23. September jedoch wurde durch einen Zufall der wirkliche Täter in Le Havre gefasst. Jean-Baptiste Troppmann streunte mit einem anderen jungen Mann im Hafen herum, hatte sich gerade über die Modalitäten einer Überfahrt nach Amerika informiert und an einem Kiosk Getränke besorgt, da hielt ein Polizist ihn an, um seine Personalien zu überprüfen. Troppmann hatte keinen Ausweis bei sich, stattdessen jedoch eine beträchtliche Summe Geld und Wertpapiere, ausgestellt auf den Namen der Kincks. Auf das Massaker von Pantin angesprochen, geriet er in Panik, riss sich los, sprang in die Seine, wurde gerettet und mit dem Express Le Havre – Paris zur Gare Saint-Lazare, ins Kommissariat und dann in die Morgue gebracht. Wer an diesem Tag der Lokführer war, ist nicht überliefert.

Regungslos identifizierte Troppmann die sechs Leichen, lieferte seine Version zu Motiv und Hergang des Verbrechens und beschuldigte Jean und Gustave Kinck. Ja, es sei ein Mord aus Eifersucht gewesen, er selbst kenne die Familie und habe im Elsass mit Jean Kinck Geschäfte geführt.

Inzwischen war der Star-Detektiv Monsieur Claude in die Ermittlungen einbezogen worden. Er glaubte Troppmann nicht und verhörte mehrere Zeugen: einen Kutscher, der am Abend des 19. September einen elegant gekleideten jungen Mann, eine Dame und fünf Kinder auf die Ebene von Saint-Ouen gefahren hatte; außerdem den Besitzer des Bahnhofshotels in Pantin, der aussagte, ein feiner junger Herr habe mehrere Tage in einem der Zimmer gewohnt. Als man die Zimmer durchsuchte, fand man Briefe von Jean und Gustave Kinck an Hortense Kinck, die sich als Fälschungen herausstellten. Ein weiterer Zeuge sagte aus, am Tatabend die sonntäglich gekleidete Familie mit drei Männern auf der Ebene bei Pantin gesehen zu haben. Am 26. September schließlich wurde die stark verweste Leiche Gustaves gefunden. Erst im Oktober gestand Troppmann, dass er Jean Kinck unter dem Vorwand, ihm im elsässischen Guebwiller eine Falschmünzerpresse zu zeigen, in einen Hinterhalt gelockt, erdolcht und in einem Wald verscharrt hatte, wo man ihn Ende November in der Nähe der Ruinen von Schloss Herrenfluh fand. Ein Romanschriftsteller hätte keinen besseren Namen für den schauerlichen Ort erfinden können. Troppmann hatte zuerst den Familienvater, dann Gustave getötet und anschließend die ganze Familie, Mutter und Kinder, nacheinander erstochen oder stranguliert und teilweise lebendig begraben. Die Beute war insgesamt unerheblich.

Der Mordprozess dauerte nur drei Tage. Seit einiger Zeit wurden in Gerichtsverfahren mildernde Umstände wie psychische Erkrankungen oder frühkindliche Traumata berücksichtigt. Hier aber konnte nichts dergleichen geltend gemacht werden, auch wenn der zu Rate gezogene Nervenarzt Dr. Amédé Bertrand pathologische Monomanie und Triebhaftigkeit diagnostizierte, die das Gehirn beim Anblick von Blut anschwellen ließen, was gleichzeitig die Zirkulation der Hirnströme behindere. Der Anwalt Charles Lachaud merkte an, Troppmann sei stets ein Außenseiter gewesen und als Kind gemobbt worden. Außer seiner innig geliebten Mutter hätte er keinen vertrauten Menschen. Auch er sei ein Geschöpf Gottes, und Empörung dürfe nicht an die Stelle des Rechts treten. Das alles überzeugte die Richter nicht. Ein einstiger Klassenkamerad sagte aus, Jean-Baptiste habe in der Schule damit geprahlt, er werde einmal eine große Tat begehen und die ganze Welt in Staunen versetzen. Das war Troppmann nun auf grässliche Weise gelungen. Das Gericht kam zu dem Urteil, dass der Mord aus Habgier begangen wurde, die Heimtücke der Tat trage dabei zur besonderen Schwere der Schuld bei. Am 30. Dezember wurde das Urteil verkündet, ein Gnadengesuch lehnte der Kaiser ab.

Am Vorabend der Hinrichtung lud der Herausgeber des *Petit Journal*, Moïse Millaud, 500 Gäste zu einer Party in die Redaktion ein, wo er einen launigen Toast auf »das Andenken des Mörders und Wohltäters der Zeitung« ausgab, weil während der Berichterstattung über den Fall die Auflagen in die Höhe geschnellt waren. Auch andere Schlaumeier waren mit dieser Causa zu Geld gekommen. Die Anlieger des Gefängnisses an der Place de la Roquette im 11. Pariser Arrondissement vermieteten ihre Fenster und Balkone und kassierten je nach Lage und Sicht auf die Guillotine gepfefferte Preise. Diese stand im Innenhof des Gefängnisses, zur Hinrichtung aber wurden die Tore für die Zuschauer geöffnet. Die Wartenden trällerten Galgenlieder, die irgendein Gelegenheitskönner flugs gedichtet, komponiert und illustriert hatte. Maxime du Camp hatte Turgenjew überreden können, von einem Pressesitz aus das Geschehen zu beobachten. Die Guillotine war dem russischen Romancier, der von seinen Freunden »sanfter Riese« genannt wurde, ein grauenhafter Anblick. Seine Schilderung der Vollstreckung des Urteils nutzte er zu einer Kritik an der Todesstrafe.[17]

Jules de Goncourt konnte dem Prozess nicht beiwohnen. Allenfalls spätabends, wenn niemand ihn sah, ging er noch für ein paar Schritte in den Bois de Boulogne, gestützt auf seinen Bruder, beide betrübt und stumm. Sein Arzt erzählte ihm, ein Steinmetz, dessen Frau er behandelt habe, sei sturzbetrunken bei ihm erschienen, um ihm aus Dankbarkeit das Fenster seines Hauses an der Ecke des Hinrichtungsplatzes anzubieten. Der Weinhändler im Erdgeschoss habe in den Stunden vor der Hinrichtung drei Fässer an die Wartenden verkauft. Das war Jules' letzter Eintrag in das gemeinsame Tagebuch der Brüder. Dann fiel ihm die Feder aus der Hand. So wiederum notierte es Edmond, der lange brauchte, um das Tagebuchschreiben danach wieder aufzunehmen.[18]

Das Massaker von Pantin war eine *cause célèbre*, der spektakulärste Fall des Zweiten Kaiserreichs und der größte Scoop der noch jungen Massen- und Boulevardmedien. Das *Petit Journal* erhielt die Exklusivrechte an der Berichterstattung und lieferte vier Monate lang in Echtzeit eine Serie aus Reportagen, Zeugenberichten, Kommentaren, Homestorys und Ortsbesichtigungen. Sie endete täglich mit einem Cliffhanger und war prickelnder als jeder Feuilletonroman.

Dieses Storytelling machte sich bezahlt. Am Tag der ersten schreienden Schlagzeile verkauften sich 357 000 Exemplare, drei Tage später 403 950, zur Exekution am 19. Januar 1870 gar 594 000 Exemplare. In den 1890er Jahren sollte das *Petit Journal*, das zu diesem Zeitpunkt vorzugsweise exotische Storys aus den Kolonien erzählte, als erste Zeitung die Verkaufszahl von einer Million knacken.

Der Fall Troppmann hielt noch eine weitere Neuerung bereit: In der Morgue, die seit Jahren eine Attraktion war, konnten die herbeiströmenden Menschenmengen zuerst die Leichen und dann deren Fotos sehen, die ersten Fotos zu ermittlungsdienstlichen Zwecken überhaupt. Auch die Gefängnisfotos, die Jules Verrier von Troppmann anfertigte, studierten alle mit Eifer, um im Gesicht des Mörders Anzeichen der Strafanfälligkeit zu erkennen. Denn in Anthropologie, Kriminalistik und öffentlicher Meinung zirkulierten bereits Theorien über angeborene moralische Defizite und ihre Sichtbarkeit in der Physiognomie, auch wenn die einschlägige Lehre des italienischen Arztes Cesare Lombroso erst einige Jahre später ihren finsteren Siegeszug antreten sollte.[19]

Nadar protestierte gegen den Einsatz von Porträts als Beweis krimineller Veranlagung, und die meisten Betrachter mussten zugeben, dass das Gesicht Troppmanns keine Spuren von Verworfenheit erkennen ließ. Was sie jedoch sahen, waren die abnormen Hände des Monsters, alle Finger einschließlich Daumen gleich lang, riesige Schlachterhände. Zur gleichen Zeit zirkulierten Verschwörungstheorien, die behaupteten, der Mechaniker Troppmann sei ein Märtyrer der Arbeiterschaft und willkürlich hingerichtet worden, um drohende Streiks und Aufstände kleinzuhalten. Jules Fréval schrieb einen illustrierten Feuilletonroman, *Le Secret de Troppmann*, in dem der Täter auf mehr als 1300 Seiten zum Opfer wird: Die Sicherheitsdienste des Zweiten Kaiserreichs verfolgen ihn bis nach Texas, weil sie ihn verdächtigen, ein Agent Preußens und Besitzer einer Wunderwaffe zu sein.

Die Ebene von Pantin bei Saint-Ouen, auf die sich gemeinhin kaum jemand verirrte, wurde mit Bekanntgabe der Details des Verbrechens ein bevorzugtes Ziel von Sonntagsausflüglern. Fliegende Händler verkauften Erfrischungen, Gedenkbildchen und falsche Reliquien der niedergemetzelten Familie, vor allem der Kinder. Reißenden Absatz fanden auch die Abgüsse der Hand Troppmanns, die man als Briefbeschwerer nutzen oder einfach auf das Buffet stellen konnte. Pfiffige Bouquinisten verließen ihre Bücherstände auf den Brustwehren der Seine bei Notre-Dame und vertrieben nun auf den Gemüsefeldern von Pantin Krimis und Justizberichte. Schauspieler versuchten sich an einem Reenactment des Verbrechens. Schwärme von Schaulustigen ließen sich von der Ringbahn, der *petite ceinture*, an den Tatort bringen, durchstöberten die Bilder- und Bücherkisten, blieben einen Augenblick bei den Comedians stehen und spazierten dann vom Rummelplatz aus, schweigend oder in düstere Gespräche vertieft, über die kahlen Äcker, trotz des frühen und eisigen Winters und des Schnees, der reichlich fiel. Während es für das Auge hier nichts zu sehen gab, spielte die Phantasie verrückt.

In den ersten Januartagen des Jahres 1870 schrieb Flaubert an George Sand: »Gott sei Dank, Troppmann wird nun aus der Welt geschafft.« Tatsache war, dass er sich über das Spektakel ärgerte und die »Troppmann-Monate« dafür verantwortlich machte, dass sein Roman *L'Éducation sentimentale*, der im November 1869 erschienen war, in der Öffentlichkeit unterging. In der Hysterie um das Massaker und den Gerichtsfall meinte er die mentale Verworrenheit der Epoche und ganz Frankreichs zu erkennen.[20] In den zähen Jahren nach dem Staatsstreich 1851 hatte er den Helden der *Lehrjahre des Herzens* auf lange Reisen geschickt und ihm so erspart, was er selbst, freilich nicht ohne Gewinn für seine Kunst und sein Prestige, durchgemacht hatte.

Wie aber war der Fall Troppmann im Kontext zu bewerten? War er gar eine willkommene Ablenkung von der Politik, die ins Trudeln geraten war? Oder trug der Tumult dazu bei, das Vertrauen in die Regierung weiter zu erschüttern, die nun entrückt schien, sich in Kriege verstrickte und soziale Spaltungen vertiefte? Bei den Parlamentswahlen im Mai und Juni hatten die kaisertreuen Parteien erhebliche Einbußen hinnehmen müssen. Protestmärsche und die seit fünfzehn Jahren heftigsten Aufstände hatten Paris und andere Städte im Land teilweise lahmgelegt. In den Straßen wurde die verbotene *Marseillaise* gesungen, Gaslampen und Schaufenster wurden eingeschlagen, viele Aktivisten radikalisierten sich. Eine Juninacht nach dem zweiten Wahlgang war besonders von Gewalt geprägt: Vor der alten Oper Le Peletier, die elf Jahre zuvor Ort des gefährlichsten Anschlags auf den Kaiser mit zahlreichen Opfern gewesen war, gingen Sicherheitskräfte und Aktivisten aufeinander los. Insgesamt wurden während der Unruhen 1100 Regimegegner verhaftet und viele Zeitungen verboten, darunter *La Lanterne* und *La Marseillaise*, die ebenso bissig waren wie heute der *Canard enchaîné* und *Charlie Hebdo.*[21]

Die Regierungsbildung war schwierig und langwierig, und die Hauptstadt schwankte von einem düsteren Spektakel ins nächste. Die öffentlichen Veranstaltungen zur Fête Napoléon waren weniger prachtvoll als in der Vergangenheit, die Ballsäle und Clubs wie verwaist. In diesem Sommer sank sogar die Zahl der Touristen, da die Angst vor einer Revolution umging oder viele sich einfach fürchteten, Opfer der Gewalt im öffentlichen Raum, in den Straßen und auf den Plätzen von Paris zu werden.

Schon vor dem Massaker von Pantin hatte es in der Nacht vom 27. auf den 28. August, als die Urlauber aus den Seebädern zurückkehrten und das Ferienende bevorstand, einen Anschlag gegeben – nicht auf Menschen, sondern auf die Kunst.[22] An der vollendeten Fassade der künftigen Oper mit Blick auf die noch immer unvollendete Avenue de l'Opéra war eine Marmorskulptur von Carpeaux mit einer Ladung schwarzer Tinte verunstaltet worden. Carpeaux, der zum Bildhauer des Hofes avanciert war, hatte mit der Schaffung des Kunstwerks einem Wunsch seines Freundes Garnier entsprochen. Es handelte sich um die Figurengruppe *La Danse*, die im Juli feierlich

enthüllt worden war. Sie zeigte den Genius der Musik und des Tanzes, Bacchus, und nackte, mit Weinlaub umkränzte Gespielinnen. Carpeaux hatte eine neobarocke, höchst bewegte und lustvolle Szene gestaltet, die den Betrachtern aber als zu realistisch erschien, weil Gesichter aus dem Ballettensemble des Palais Royal nachgebildet waren. Die Empörung war, wie nach dem Skandal um Manets *Déjeuner sur l'herbe* nicht anders zu erwarten, groß. Manche Bürger verstiegen sich zu der Äußerung, sie könnten ihre Töchter nicht mehr in die Oper führen. Unterdessen kamen Postkarten mit der Skulptur in Umlauf, und Carpeaux pochte auf sein Copyright. Schaulustige wurden zur Oper chauffiert und begutachteten zuerst den Schaden und zuletzt den wie durch ein Wunder gereinigten Marmor. Chemiker, Steinmetze, Färber, Dekorateure und Glaser hatten dem Management des Opernhauses ihre Dienste und Rezepte angeboten und zuletzt die Tinte mit einer Mischung aus Aluminiumhyperchlorid, Soda, Kalk und destilliertem Wasser vollständig entfernt.

Während der Reinigungsaktion wurde am Tatort ein Zettel gefunden mit der Forderung, nicht die Tinte, sondern die unsittliche Statue zu entfernen, ansonsten werde man sie zertrümmern. Daraufhin gab es Überlegungen, sie an einem weniger auffälligen und symbolträchtigen Ort, in einer Turnhalle oder einem Ballsaal, zu zeigen.

Avenuen und Blumen und Frauen.[23] Schon damals konnten Bewunderer sich einen Proteststurm einhandeln. In diesem Fall waren es Spießer und Heuchler, die den moralischen Zeigefinger erhoben und dabei doch wussten, dass die Oper selbst mit ihren Separees als mondänstes Bordell von ganz Paris galt, in dem auch der Kaiser eine *loge intime* hatte. Und überhaupt: Wer kulturbeflissen war, in die Oper oder ins Ballett ging, suchte ohnehin auch erotische Anreize. Aufgeklärt wurde der Fall des Angriffs auf den *Tanz* nie. Da aber die Politik in den folgenden Monaten immer unübersichtlicher wurde und das Land in einen Krieg taumelte, vergaß das aufgewühlte Paris diese fleckige Angelegenheit, während Troppmann weiterhin wie eine finstere Brut in den Gemütern nistete.

Im Jahr 1869 schlug die Aufbruchseuphorie in Krisenstimmung um. Daran änderte auch die glanzvolle Eröffnung des Suezkanals nichts mehr, der Napoleon III. seiner Gebrechen und der unsicheren Lage in Paris wegen fernbleiben musste. In diesem Jahr, das insgesamt keine gute Aura zu haben schien, wurde die wehrhafte Jeanne d'Arc als Schutzpatronin Frankreichs besonders verehrt. Eine Petition für ihre Kanonisierung scheiterte jedoch zunächst.

Courbet setzte sich unterdessen an seine Serie der großen Wellen und Brandungen, die er *Paysages de mer* nannte. Über die Bilder, große und kleine, rollten gewaltige Wogen. Man glaubte, ihr Krachen und das Grollen aufziehender Gewitter zu hören. Für den düsteren Himmel und die Wassermassen verbrauchte Courbet kiloweise Farbe, Grau, Grün, Blaugrün, Braun, Schwarz, Weiß, alle Töne des Meeres. Courbet hatte sich auch faszinieren lassen von der großen Welle des japanischen Malers Hokusai, dessen Bilder seit kurzem in Paris bekannt waren. Und ebenso von Hugos Roman *Les Travaileurs de la mer*. »Das Meer, das Meer«, hatte er 1864 nach Guernsey geschrieben, »erscheint mir in seiner Wut wie ein Monster im Käfig, das mich nicht verschlingen kann.«[24]

Etwas braute sich zusammen. Krankheit und Tod trübten die literarische Szene und dezimierten die kleine Bande der Freunde und Getreuen. Fortschritt und Schrecken gingen merkwürdige Allianzen ein, deren weitere Entwicklung noch nicht abzusehen war. Verbrechen und Vandalismus verdüsterten die Atmosphäre im Land. Sensationen bannten die Öffentlichkeit, und Medien entpuppten sich als mächtige Generatoren und Verstärker. Eine große Gereiztheit war die Folge. Das alles aber war nichts gegen die Verheerungen der folgenden zwei Jahre.

1870

Kanonen und Barrikaden

Zum Jahreswechsel 1869/1870 erhielt George Sand einen Brief von Flaubert. Er bedankte sich artig für das Weihnachtsfest, das er zusammen mit ihrer Familie in Nohant verbracht hatte, und bezeichnete es als die beste Zeit des Jahres. Beide hatten ihrer jüngst verstorbenen Freunde gedacht, sich der wechselseitigen Freundschaft versichert und geschworen, sich bis ans Ende ihrer Tage treu zu bleiben, »mit tausend Zärtlichkeiten Ihres alten Troubadours«.[1]

In das neue Jahr und das neue Jahrzehnt gingen sie mit der schwachen Hoffnung auf bessere Zeiten. Aber sie ahnten es, bessere Zeiten würden nicht kommen. Als Flaubert nach der Heimfahrt von Nohant an der Gare d'Austerlitz aus dem Zug stieg und in der Kutsche saß, gefroren ihm die Glieder, so eisig war dieser Winter. Die Grippe hatte schon seine Freundin ans Bett gefesselt, nun erwischte sie auch ihn. Wochenlang verließ er das Haus nur, um in die Bibliothèque Impériale, die spätere Nationalbibliothek, zu gehen. Dort vergrub er sich, schniefend und hustend und noch immer gekränkt vom Misserfolg der *Éducation sentimentale,* in sein nächstes Buch *La Tentation de Saint Antoine.*[2] Für die Geschichte des ägyptischen Einsiedlers, der in der Wüste von Dämonen und lasziven Erscheinungen heimgesucht wird, auf den Flügeln des Teufels reitet und die Welt aus hoher Luft betrachtet, studierte er eine Fülle häretischer Schriften. Das Ketzertum befriedigte ihn, aber auch dieses bizarre Buch über asketische Übungen und eine Nacht voller Versuchungen und Visionen, das er kurioserweise als sein wichtigstes bezeichnete, sollte bei seinem Erscheinen 1874 keine Leser finden.

Erst im Mai kehrte Flaubert nach Croisset zurück, wo seine alte Mutter, die kaum noch hören und laufen konnte, ihn sehnsüchtig erwartete. Der Frühling war unbeständig, der Sommer unerträglich heiß. In der Gegend von Nohant verdorrten die Feldfrüchte, und George Sand glaubte nicht mehr, dass das Klima wieder ins Lot käme. Der Winter 1870/1871 wurde noch härter als der vorangegangene, in Gärten und Parks starben Bäume und Blumen. Alle Kriegswinter sind kalt.

Unterdessen ging das Sterben im Freundeskreis weiter. Es starb Gavarni, der begnadete Karikaturist, Freund der Goncourts und Erfinder des »Dîner Magny«; es starb Mérimée, der Autor der unsterblichen *Carmen*; es starb, im Hause seines Sohnes gleichen Namens, Alexandre Dumas, der in *Les Trois Mousquetaires* noch von echten Kerlen erzählt hatte. Flaubert verpasste die Premiere eines Theaterstücks von George Sand, weil er am Totenbett seines Freundes Jules Duplan saß, der mit ihm die Leidenschaft für Feerien geteilt hatte. Sand trauerte um den gerade im Exil verstorbenen Republikaner Armand Barbès, der sie, so beteuerte die Menschenfreundin, mit der Menschheit versöhnt hatte. Am 27. Juni beklagte die alte Dame in einem Brief an Flaubert, dass alle wegstarben, dass überhaupt alles sterbe, auch die von Sonne und Wind ausgezehrte Erde. Sie fragte sich, ob sie überhaupt noch inmitten dieser Ruinen leben wolle: »Was für eine Epoche!« Ach, wie viele Ruinen sollten erst in den kommenden Monaten zu sehen sein!

Am selben Tag musste sie noch einen weiteren kummervollen Brief, einen besonders ergreifenden Beileidsbrief schreiben, diesmal an Edmond de Goncourt.[3] Jules war am 20. Juni gestorben. In den letzten Lebensmonaten war er in die Vergangenheit zurückgeglitten. Vor seinen Augen erschien das Schloss der Kindheit mit dem Theatersaal und den Gärten. Am Ende berührten ihn nur noch die Farben der Natur und der Anblick des Himmels.[4] Er konnte sich nicht mehr im Raum orientieren und wurde grob, sogar gegen den Bruder, der ihn behütete und pflegte. Jules, der Liebhaber von Eleganz und Schönheit, verlor auch das körperliche Taktgefühl. Edmond schämte sich für ihn, schlug in seiner hilflosen Empörung mit dem Gehstock auf Gräser und Blätter ein und beleidigte die Bettler. Nur selten blitzte bei Jules noch für einen Augenblick der Verstand auf, und einmal im Frühling, als er beim abendlichen Spaziergang im »verfluchten«, weil so heiteren und lebensfrohen Bois de Boulogne die Schatten von Zweigen, Ästen und aufbrechenden Blüten betrachtete, erinnerte er sich an das japanische Album und an die Kunst des Fernen Ostens, die er so geliebt hatte.[5]

Jules wurde im Familiengrab auf dem Friedhof Montmartre beerdigt. Edmond hatte den Todeskampf dessen, der »sein einziges und ein einzigartiges Glück auf Erden war«, mit klinischer Genauigkeit protokolliert und doch »einen Albtraum durchlitten, aus dem man mit schlohweißem Haar erwacht.«[6] Bei den Gesängen des Requiems, *Requiescat in pace*, ballte er die Fäuste. Die Freunde, allesamt gestandene Männer, weinten.

Einen Monat später war Krieg. Auslöser war die sogenannte »Emser Depesche«, der Hintergrund jedoch die spanische Thronfolge, ein heikles Thema jener Zeit. Preußen hatte seit dem Sieg über die Österreicher in Königgrätz keinen Hehl aus weiteren Gebietsansprüchen in ganz Europa gemacht und bereits einen Hohenzollernprinzen auf dem rumänischen Thron installiert. Frankreich paktierte mit Italien, näherte sich den Österreichern an und hatte den Niederländern das von allen Seiten begehrte Großherzogtum Luxemburg abgekauft. Bismarck hatte genug von dieser Taschengeldpolitik.[7] Der gärende Konflikt zwischen den beiden Großmächten Preußen und Frankreich trat bei der aktuellen Frage der spanischen Thronfolge offen zutage. 1868 war Königin Isabella II. von Militärs abgesetzt worden, der vakante Thron seitdem ein Spekulationsobjekt der Großmächte. Der Plan des Preußenkönigs, den Hohenzollernprinzen Leopold als spanischen Thronfolger einzusetzen, scheiterte. Am 13. Juli verlangte Frankreich von Preußen, *à tout jamais* auf den Thron zu verzichten. König Wilhelm I., der sich gerade zu einer Kur in Bad Ems aufhielt, wies die Forderung höflich zurück. Heinrich Abeken, ein Vertrauter Bismarcks und Begleiter des Königs, fasste den Vorgang in einem Telegramm zusammen und schickte dieses nach Berlin. Daraufhin landete Bismarck seinen Mediencoup: Er kürzte die Emser Depesche, verstärkte so ihre Wirkung, und gab sie zur Veröffentlichung frei. Noch am Abend des 13. Juli erschien sie in einer Sondernummer der *Norddeutschen Allgemeinen Zeitung*, am nächsten Morgen war sie in Paris bekannt. Ihre schroffe Form war eine Provokation für Napoleon III.

War da eine Falle zugeschnappt? Bismarck brüstete sich in seinen *Memoiren* damit, diese Provokation in vollster Überzeugung und mit Absicht inszeniert zu haben, nachdem von Moltke ihn von der Einsatzbereitschaft der Armee überzeugt hatte. Frankreich seinerseits wartete auf eine Gelegenheit, die Expansionsgelüste der Preußen in die Schranken zu weisen.[8] Am 19. Juli erklärte Frankreich Preußen den Krieg. Ein Großteil der Pariser Presse jubelte, in den Straßen wurde die *Marseillaise* gegrölt, »Allons enfants de la patrie / Le jour de gloire est arrivé«.

Napoleon III. hatte das Lied eigentlich verboten, am 14. Juli jedoch, nach Erhalt der Emser Depesche, von der Sängerin Marie Sasse öffentlich vortragen lassen. Dieser Auftritt im Rahmen einer Opernaufführung war umwerfend, besonders deshalb, weil die Diva in die französische Flagge gehüllt war. Nun stimmten alle in die martialische Hymne ein, die ursprünglich das Kriegslied der Rheinarmee war. Jetzt war der Rhein, den doch die Romantiker an beiden Ufern stimmungsvoll besungen hatten, wieder einmal der Strom an der Grenze zum Feindesland.

1868 hatte der liberale Journalist Prévost-Paradol, seit Anfang 1870 französischer Botschafter in den Vereinigten Staaten, ein denkwürdiges Bild von Frankreich und Preußen gezeichnet. Er warnte vor einem vereinigten Deutschland als Großmacht der kommenden Jahrzehnte und ermunterte Frankreich, seine Zukunft und seinen Wohlstand in Afrika zu suchen. Die beiden Nachbarländer diesseits und jenseits des Rheins verglich er mit Expresszügen, die von weit entfernten Orten aus gestartet waren und nun, infolge eines irrtümlich gesetzten Signals, fatalerweise auf einem einzigen Gleis aufeinander zurasten.[9] Als Prévost-Paradol am 20. Juli in Washington vom Ausbruch des Krieges erfuhr, nahm er seinen Revolver und erschoss sich. Es kam, wie er es vorausgesehen hatte.

Preußen, das den Norddeutschen Bund anführte, verbündete sich mit den süddeutschen Staaten. Frankreich blieb allein. Der Deutsch-Französische Krieg war, wie alle Kriege, die Folge machtpolitischer Muskelspiele und territorialer Ansprüche, falsch verstandener Ehre und diffuser Ängste, zuletzt mangelhafter Diplomatie. Sein Verlauf aber zeigt, dass er zuvörderst eine Ausgeburt der Moderne war: ein Krieg der Eisenbahnen und Geschütze, der Brücken und Massenmedien, ein Krieg des hochgerüsteten technischen Fortschritts.

In den französischen Zügen saßen die jungen Kerle in ihren schmucken, blau-weiß-roten Uniformen. Zu den Grenadieren und Kürassieren, die noch einen Harnisch trugen, zu den Infanteristen, Kavalleristen und Artilleristen stießen die verwegenen Freiwilligen der Armee Garibaldis und die Bataillone der stilvollen algerischen Zuaven. »Nach Berlin! Nach Berlin!« So riefen und sangen sie alle, polierten Säbel und Gewehre, schnallten ihre Gürtel enger und wichsten die Stiefel, während im fernen Amerika gerade massenhaft Büffel erlegt wurden. Nicht nur, aber auch aufgrund der gestiegenen Nachfrage aus Europa, wo festes Leder für Treibriemen und das Schuhwerk der Armeen gebraucht wurde. Die jungen Männer strichen über den Pelzbesatz des Jackenkragens, trimmten die Quasten der Epauletten oder die Federbüsche der Kappen und Helme und träumten noch von den Liebsten, die stolz auf sie waren und sie beim Abschied schüchtern oder beherzt geküsst hatten. Bald würden sie wieder daheim sein! Manch einer trug die Fotografie seiner Braut auf der Brust, und wer keine Braut hatte, hing den Tränen der Mutter bei der letzten Umarmung nach.

Es dauerte nicht lange, da stießen sie auf Soldaten in gedeckten Uniformen und Pickelhauben oder Tschakos, auf denen der preußische Adler, manchmal gar ein Totenkopf prangte. Sie sahen am Horizont riesige, mit Maschinengewehren und Granaten bewaffnete

Armeen, 500 000 Mann, zudem eine gewaltige Artillerie, die unter dem Befehl des 69-jährigen Generalfeldmarschalls von Moltke vorrückte. Der noch immer schneidige Graf war seit Königgrätz der Schrecken Europas. Die Kriege, an die sich die Franzosen erinnerten, hatten in anderen Ländern stattgefunden, in Russland und auf der Krim, in Italien oder gar in Mexiko. Dieser Krieg aber, der jetzt begann, wurde nicht in der Ferne, sondern zu Hause geführt.

Krieg

Flaubert kaufte sich in diesem Sommer einen Revolver. Sein altes Gewehr, das er in seinem Landhaus aufbewahrte, hatte er ohnehin schon aus dem Schrank geholt. Er musste auf alles gefasst sein, selbst in Croisset.

Am Tag des Kriegsausbruchs gab George Sand ihrer jungen Freundin Juliette Adam den Rat, um Himmels willen nicht zur Sommerfrische in Grenznähe oder gar nach Deutschland zu fahren.[10] Als diese in Paris wieder auf dem Balkon stand, sah sie keine festlichen Paraden oder eleganten Flaneure mehr, sondern die große Unruhe und das Chaos auf den Boulevards. Französische Soldaten stürzten Hals über Kopf zu Kasernen und Bahnhöfen, Frauen und Kinder luden ihre nötigste Habe auf Karren und in Kutschen und verließen die Hauptstadt, während an der Gare de l'Est längst Bauern aus Lothringen und dem Elsass eintrafen, die aus Angst vor den deutschen Soldaten ihre Höfe fluchtartig verlassen hatten. Manchen hingen drei Hühner über der einen und vier Kaninchen über der anderen Schulter. Sie schleppten Kästen und Körbe voller Proviant und Kleidung, Matratzen und Federbetten, die notdürftig von Seilen zusammengehalten wurden.

Edmond de Goncourt, der seit dem Verlust seines Bruders wie gelähmt war, sah mit weit geöffneten Augen all den kriegstrunkenen jungen Menschen zu, die als Kanonenfutter enden würden. Ein

Schiffskapitän erzählte ihm folgende Anekdote aus dem Krimkrieg: Während der Gefechte in Sewastopol lief das Rad einer Kanone schlecht, sodass diese bei jedem Schuss zurückrollte. Die Maschine musste geschmiert werden, Wagenschmiere aber war nicht zur Hand. Der Marinesoldat, der das Geschütz bediente und den Befehl erhielt, die Schmiere zu besorgen, nahm eine Axt, spaltete den noch warmen Schädel eines gerade Gefallenen, nahm das Hirn in die Hände und klatschte es auf die Radnabe.[11] Nun war wieder zu erwarten, dass die Realität die grausamste Phantasie übertreffen würde.

Anfang August zirkulierten Nachrichten über aussichtsreiche Gefechte in der Gegend von Saarbrücken. Paris verfiel in einen patriotischen Taumel, Flaggen wurden gehisst, Fahnen und Tücher in den Farben der Trikolore aus den Fenstern gehängt. Aber Berichte über Siege der französischen Truppen entpuppten sich als widersprüchlich und sogar als falsch. Als am 6. August Meldungen über verheerende Verluste durchsickerten und Telegraphen und Zeitungen die Zahl von 11 000 Gefallenen in der Schlacht von Frœschwiller im Elsass bestätigten, glich die Weltstadt Paris schlagartig einer Geisterstadt: kein Wagen, keine Menschenseele auf den Boulevards, jeder Lärm erstorben, alle Lichter erloschen. So etwas geschieht in einem Jahrhundert nur ein Mal.

In den Tagen darauf, als das Leben wieder erwachte, weil es erwachen musste, ähnelten die Gesichter der Pariser Bevölkerung dem Antlitz eines Kranken, so gelb, verhärmt und mürbe, wie sie waren. Viele weinten inzwischen um einen Sohn, den Vater oder Ehemann, vermissten einen Bruder oder Freund. Edmond de Goncourt wartete in entsetzlicher Erregung und Untergangsstimmung auf die große Schlacht, die das Schicksal Frankreichs besiegeln würde. Er trauerte um das Vaterland und um alle, die ihr Leben voller Hingabe dem Dahergelaufenen, Namen- und Ruhmlosen opferten. Damit war selbstredend der Kaiser gemeint. Dass sein Bruder nicht mehr erlebte, wie es nun mit dem Usurpator zu Ende ging, war ein zusätzlicher Jammer, der sich in seine ohnehin grenzenlose Trauer mischte. Um weniger allein zu sein, fuhr er aufs Geratewohl zu Freunden, um mit ihnen über ihr Unglück und die Demütigung, über Unfähigkeit und Günstlingswirtschaft zu sprechen und darüber, wie sehr doch persönliche Macht die Menschen schwach werden lässt.

Princesse Mathilde traf er in schwarzer Kleidung an, die Lippen fest aufeinandergepresst. Ihr Salon lag im Dämmerlicht heruntergelassener Jalousien, die Möbel waren mit Hussen überzogen, alles deutete auf einen Umzug hin. Ende August waren auch die Vorhänge von den Fenstern abgenommen. Aber sie blieb, anders als ihr Bruder Plon-Plon, der sich wieder einmal eilig abgesetzt hatte, bis zum Schluss.[12]

Die Nachrichten über den Verlauf des Krieges verbreiteten sich augenblicklich bis in die Provinz. In den Telegraphenbüros klackerten die Empfangsgeräte ohne Unterlass im Takt der Morsezeichen, die Eisenbahnen brachten die Zeitungen, zumindest zu Beginn des Krieges, noch am Tag ihres Erscheinens ins letzte Dorf und in die Abgeschiedenheit der Landhäuser und Schreibklausen. Am 22. Juli erwachte Flaubert aus seiner Schockstarre und reagierte erstmalig auf den Krieg, in einem Brief an George Sand. Er war untröstlich und am Boden zerstört angesichts der Dummheit der guten Franzosen, die jubelnd in den Kampf zogen, um sich an den Preußen zu rächen. Im Grunde sei das nur Neid auf ihre Stärke. Die Massen liebten den Krieg, schrieb er, weil er etwas Unerklärliches, Mystisches habe. Nein, von den Massen erhoffte er sich nichts, deshalb ärgerte er sich über den Kult des allgemeinen Wahlrechts noch mehr als über die Unfehlbarkeit des Papstes, die das Erste Vatikanische Konzil gerade festgestellt hatte.

Ha, die heillose Barbarei der Menschheit war offensichtlich, der Mensch seiner Natur nach nicht gut, sondern grausam. Das war ein Seitenhieb auf Rousseau und sein idealistisches Bild vom Menschen. Hobbes schien Recht zu behalten: *Homo homini lupus*, der Mensch ist dem Menschen ein Wolf![13] Und natürlich hatte auch Flaubert selbst Recht, denn Gemetzel hatte er in seinen Romanen zur Genüge geschildert, vor allem in *Salammbô*, aber auch in seinem letzten Roman, *L'Éducation sentimentale*, in dem sich beste Freunde in den Revolutionswirren gegenseitig die Brust durchlöchern. Und er würde erneut Blutbäder anrichten, mit dem blindwütigen Jagen und Morden in der Legende von *Saint Julien l'Hospitalier.*

Nun aber beweinte Flaubert erst einmal zerstörte Brücken und zerschlagene Tunnel. Der Fortschritt war Lüge und Falle, die Menschheit von der Zivilisation weit entfernt. Wer den Frieden predigte, wurde erschlagen. Er musste kotzen, ja, so schrieb er es, und sehnte sich weit fort, zu den Beduinen.

Sand antwortete ihm wie immer schnell. Sie empörte sich darüber, dass die republikanische Marseillaise nun für Kriegsgeschrei instrumentalisiert wurde, und stimmte Flaubert zu. Paris war »heiß und frivol«. Immer hatte sie ein düsteres Ende des in blinder Trunkenheit dahintaumelnden Zweiten Kaiserreichs vorausgesehen, aber musste es nun wirklich so teuer für seine Irrtümer und seine Vermessenheit bezahlen? Und das ganze französische Volk gleich mit? Sogar sie, die Menschenfreundin und stets Optimistische, verzagte. Vorsorglich blieb sie in Nohant, das in gebührendem Abstand zur Front lag. In Sicherheit fühlte sie sich in diesem glühenden Sommer dennoch nicht. Auf ihrem Landgut strichen nachts durstige Wölfe unter den Fenstern herum. Dann nahm die alte Dame eine Laterne und leuchtete ihrem Sohn Maurice, der die Tiere mit seinem Revolver erschoss.

Jedermann hatte in diesem Jahr eine Schusswaffe zur Hand. Weil Krieg war, kümmerte sich jedoch niemand mehr um die Felder. Die Ernte verdorrte, in der unerbittlichen Hitze des Sommers verloren die Bäume ihre Blätter, Flüsse und Bäche trockneten aus, und das Wasser wurde knapp. George Sand fürchtete angesichts des Elends, dass die Bauern sich gewalttätig erheben würden, so wie sie es ein halbes Jahrtausend zuvor mit der »Jacquerie« im Hundertjährigen Krieg getan hatten. Aber, so schloss sie ihre Betrachtungen ab, die Preußen werde man besiegen![14]

Auch solche, die gewöhnlich auf das Vaterland schimpften, wurden zu Patrioten. Flaubert bangte um das europäische Gleichgewicht und fühlte, wie er angesichts der Schande und Düsternis der Zeitläufte rapide alterte, er fiel in sich zusammen und »verrinderte«.[15] Für die nächsten hundert Jahre sah er Völkerkriege und Kulturkämpfe voraus und mehrere Millionen Menschen, die sich in einer einzigen Schlacht töten würden, der ganze Orient gegen ganz Europa, die alte gegen die neue Welt. Und vielleicht, so erwog er gegenüber Sand, seien die großen kollektiven Bauarbeiten wie der gerade geöffnete Suezkanal nur die Vorboten von Konflikten, die bislang die Vorstellungskraft überstiegen.[16] Sollte Paris von den Landsleuten Hegels belagert werden, würde jedenfalls auch er sein Gewehr nehmen und »wie eine Rothaut« gegen die Eindringlinge kämpfen. Was war nur aus dem Volk der Dichter und Denker geworden!

Um endlich seine Trägheit und Feigheit zu überwinden, meldete er sich Ende August als Krankenpfleger im Hospital seines Bruders Achille, dem die Helfer ausgegangen waren. 400 Flüchtlinge und Verwundete waren gerade in Rouen eingetroffen und mussten versorgt werden. An Fenstern, auf Balkonen und am Straßenrand standen Einheimische und betrachteten die traurige Prozession: junge Männer mit bandagierten Gliedmaßen und Krücken, Kinder mit weit aufgerissenen Augen, ausgezehrte Reittiere, die Karren zogen, auf denen die Alten inmitten ihrer Habseligkeiten saßen. Eine zahnlose, hochbetagte Frau in schwarzem Kleid und weißer Haube winkte den Schaulustigen huldvoll zu. Sie hatte in den Wirren von Vertreibung und Flucht den Verstand verloren.

Bei Flaubert suchten Verwandte aus Nogent-sur-Seine Asyl, dem Heimatort Frédéric Moreaus in der *Éducation sentimentale.* Die deutschen Truppen hatten inzwischen den ganzen Osten Frankreichs eingenommen und waren ihnen, so glaubten sie zumindest, dicht auf den Fersen. Am Ende logierten unter Flauberts Dach sechzehn Personen, alle Zimmer und Ecken seiner Einsiedelei waren belegt. Die Frauen redeten pausenlos, an Ruhe und Arbeit war nicht mehr zu denken. Flaubert glaubte, platzen zu müssen. Immer mehr Bettler klopften an die Tür, Banden belagerten und bedrohten das Haus, die Lebensmittel wurden knapp, weil niemand die Ernte einholte und viele Transportwege zerstört waren.[17]

Immer mehr Überraschungen stürzten auf ihn ein, nur Nachrichten kamen immer seltener an, und von denen, die ankamen, wusste kein Mensch, ob sie wahr oder falsch waren. Am ehesten glauben konnte man noch Deserteuren und entflohenen Kriegsgefangenen. Sie wussten, wovon sie sprachen, und hatten alle Schrecken dieser Zeit erlebt. Sie hatten gesehen, wie Kameraden abgeschlachtet oder verwundet wurden, sie hatten Felder durchquert, auf denen sich zermalmte Schädel und abgerissene Gliedmaßen türmten, sie waren Zeugen von Plünderungen und Vergewaltigungen geworden. Manch einer hatte die eigene Schwester oder Freundin nicht vor abscheulichen, unaussprechlichen Verbrechen schützen und die Mutter nicht trösten können. Und nachts, in ihrer Verlassenheit und jugendlichen Sehnsucht, hatten sie auf dem Strohlager vielleicht die Hand eines Freundes gesucht und waren erst dann, Hand in Hand, in einen kurzen und unruhigen Schlaf gesunken.[18]

Die Städte und Landschaften in Ostfrankreich waren verwüstet und hatten sich ergeben. Strasbourg war zuerst gefallen, Metz belagert, ganz Elsass und Lothringen war fest in deutscher Hand, die französische Rheinarmee eingekesselt. Bald rückten die deutschen Soldaten im Norden bis in die Nähe von Rouen vor und im Süden bis an die Loire. Ihr Ziel waren die Seehäfen, auf dem Weg dorthin zündeten sie ein Dorf nach dem anderen an und schlugen, wie Theodor Fontane notierte, »alles todt«. Er war als Kriegsreporter allein unterwegs und wurde kurze Zeit später vor dem Geburtshaus Jeanne d'Arcs in Domrémy als Spion verhaftet.[19] Ein Bauer aus Nantes tat, was er konnte: Er erwürgte einen Preußen und zerriss ihn mit seinen Zähnen.[20] Das war das Wüten der Welt. Die Erde verbrannte. Selbst Nohant war nicht mehr sicher. Das platte, stille Land, die schweigenden Felder, sie lagen da und warteten. Und während sie George Sand sonst zur Freude gereichten, sehnte sie sich jetzt nach Paris, um irgendetwas tun zu können.[21]

In allem erwies sich die unerbittliche Überlegenheit der Deutschen: Tempo, Truppenstärke, Material, Strategie, Logistik, Siegeswille. Die Franzosen hatten sie furchtbar unterschätzt. Auch der Kaiser wurde krank. Im August gab er den Oberbefehl über die Truppen ab. Doch obwohl ihm eine Fahrt in der Kutsche oder der Sitz im Sattel unerträgliche Schmerzen bereitete und seine Uniform mit Servietten ausgepolstert werden musste, um die Folgen des Blasenleidens zu verbergen, bestand er darauf, im Feld zu bleiben. Die einfachen Soldaten und die Offiziere, die den verlorenen Illusionen nachtrauerten und verdrossen waren angesichts der eigenen Ohnmacht, rieben sich ungläubig die Augen, wenn die fahle und gekrümmte Gestalt des Kaisers hoch zu Ross in ihrem Feldlager erschien.

Ende August waren die meisten Schlachten geschlagen, kaum jemand glaubte noch an einen elenden Sieg. Der 1. September war ein sonniger Spätsommertag, in Paris, Croisset, Nohant und auch in Sedan. In die Straßen des Städtchens, auf die Felder und zwischen die durch die Hitze der letzten Monate schon entlaubten Bäume fielen lange melancholische Schatten. Dahinter erstreckte sich das bläuliche, geräuschvoll dahinströmende Band der Maas. Aus der Ferne hörte man seit dem Morgengrauen das dumpfe Rollen von Kanonen. Am anderen Flussufer standen die Geschütze unter dem wolkenlosen Himmel. Näher mussten sie nicht heranrücken, so enorm und jenseits aller bisherigen Erfahrungen war ihre Reichweite. Niemals hatte man so wuchtige, schnell feuernde Waffen, so schwere Granaten gesehen und einen derartig gewaltigen Kanonendonner vernommen.

Noch einmal versuchten die abgekämpften französischen Soldaten, die deutschen Truppen zurückzudrängen. Da aber alles vergeblich war, ein Haus nach dem anderen durch Brandschatzung oder Explosion in Flammen aufging und die Opferzahl beständig wuchs, verweigerten sie bald den Befehl und flüchteten in die Zitadelle von Sedan. Auf Anordnung des Kaisers hissten sie schließlich die weiße Fahne. Napoleon III. ahnte seit Wochen, dass die Niederlage kommen würde, seit ein paar Tagen war er sich sicher. Wann würde dieser Totentanz ein Ende finden? Der unausgesetzte Kanonendonner brachte ihn fast um den Verstand, das konnte man ihm ansehen. Als aber der Kaiser zum letzten Mal vor seinen Soldaten erschien, wirkte er größer als sonst. Wer ihn kommen sah, war sprachlos. Er saß zu Pferde, schweigsam und schwermütig, der eigentümliche Knebelbart stark gewachst, die Wangen schimmerten rot. Er war geschminkt wie ein Schauspieler! Er hatte sich anmalen lassen und Rouge aufgelegt, um der Armee den Schrecken seiner bleichen, von Leiden entstellten Maske zu ersparen, mit dieser dünnen Nase und diesen trüben Augen – ein Phantom, künstlich belebt durch Zinnober! Oder? War es wirklich so? Wer wusste das schon. In Paris wollte man es nicht glauben, obwohl Princesse Mathilde früher schon Vertrauten zugetuschelt hatte, dass der Kaiser sich anmale. Die alten Kaisertreuen und Veteranen aber empörten sich über diese Darstellung, die nur jemandem einfallen konnte, der nicht dabei gewesen war.[22]

Noch immer aber folgte Napoleon III. seiner fatalen Mission: Weiter, weiter, stirb als Held, schlag die Welt! Er ritt Schritt, an Galopp war nicht mehr zu denken. In seinem Innersten tobte das fürchterlichste Kriegsgeheul, an seinem Kopf zischten die Geschosse vorbei. Sein Pferd zitterte, stockte, sträubte sich, und endlich, als habe er auf seinem Parcours nur die exakte Position des deutschen Kriegsmaterials ergründen wollen, machte der Reiter kehrt und verschwand. Die geometrischen Linien der Festung Sedan lösten sich allmählich von den am Horizont drapierten Wäldern der Ardennen wie von einem Vorhang antiken Grüns. Nach einem endlos scheinenden Gemetzel kapitulierte Frankreich am 2. September. Das Kriegstheater hielt inne, die wichtigsten Akte waren aufgeführt.

Napoleon III. bedauerte in Briefen an Eugénie, die ihn angefeuert hatte, und an Wilhelm I., den er »Bruder«[23] nannte, dass er nicht wie so viele seiner tapferen Soldaten den Tod in der Schlacht gefunden hatte. Stattdessen wurde er gefangen genommen und drei Tage später auf der Wilhelmshöhe in Kassel unter Arrest gestellt. Das war eine Demütigung für Frankreich, für ihn selbst aber bittersüß, denn Napoleon Bonaparte hatte das Schloss damals auf seinen glorreichen Feldzügen in »Napoleonshöhe« umbenannt und es seinem jüngsten Bruder Jérôme, dem König von Westfalen, als Residenz überlassen. Lange war das her. Längst blickte das Schloss wieder selbstbewusst hinab auf die Berge und Täler deutscher Sagen und Märchen, auf die Heimat der Gebrüder Grimm. Französische Heldengeschichten waren nichts als eine Fußnote seiner Geschichte. Das Zweite Französische Kaiserreich hatte ausgespielt. War es eine Tragödie oder eine Farce? Eine große Oper oder doch bloß eine Operette? Wer sollte das entscheiden? Was immer es aber war, und darüber gingen und gehen die Meinungen noch immer auseinander, es war vorbei.

Im belagerten Paris

Am 5. September, als der Exkaiser nach Kassel überführt wurde und die Exkaiserin mit ihrem Sohn nach England floh, kehrte Victor Hugo nach Paris zurück. Einen Tag zuvor hatte Léon Gambetta die Dritte Republik ausgerufen, »unsere arme, liebe Republik«, schrieb George Sand, »Paris hat seine Freiheit ohne Kampf zurückgewonnen«.[24]

Das galt leider nur für den Augenblick. Hugo hatte Guernsey bereits verlassen, als ihn die Nachrichten vom unmittelbar bevorstehenden Krieg erreichten. Zuletzt hielt er sich in Brüssel auf und wartete ab. Als er von der Kapitulation und der Proklamation der Republik hörte, setzte er sich in den ersten Zug nach Paris. Sein Herz war voll, als er nach so langen Jahren im Exil erstmals wieder durch sein Vaterland fuhr. Die Reise nach Hause erschien ihm wie ein Wunder. Er schaute aus dem Fenster, sah in den Wäldern französische Lager und Soldaten, rief ihnen »Vive l'armée!« zu und weinte.[25]

Im aufgewühlten Paris, in überfüllten Straßen und Cafés, in Telegraphenbüros und Zeitungsredaktionen, im Chaos der Informationen und Stimmungen, verbreitete sich die Nachricht von seiner Heimkehr wie ein Lauffeuer. Der Zug aus Belgien wurde um neun Uhr abends erwartet, schon Stunden vorher strömten unzählige Menschen zur Gare du Nord, um den Dichter in Empfang zu nehmen. Um halb zehn hörte man endlich das Pfeifen der Lokomotive.

Das Gedränge war so groß, dass viele den Dichter gar nicht sehen konnten, andere hinderten ihn daran, in die wartende Kutsche zu steigen. Lautstark forderte die Menge, er solle zum Volk sprechen. Als so viele Anhänger ihm zujubelten und »Vive la République!« riefen, tat Hugo das, was er immer getan hatte und besser konnte als jeder andere: Er sprach. Ja, er hielt eine flammende Rede an die Bürger von Paris.

Und es sollte nicht bei einer Ansprache an das Volk bleiben. Nach der ersten Rede vom Fenster des Bahnhofscafés hielt er noch drei weitere von der Kutsche aus. Wer ihm zuhörte, erkannte in ihm den Nationaldichter wieder. Er war nun 68 Jahre alt und noch immer ein imposanter Mann. In den bald zwei Jahrzehnten auf den Kanalinseln waren Haare und Bart weiß geworden, aber er hielt sich aufrecht und strahlte Zuversicht aus, sein Gesicht war von Sonne und Seewind gebräunt. Bewegt dankte er der Menge für den triumphalen Empfang und erkannte zugleich, dass allen die Angst in den Eingeweiden saß. Im Gegensatz zu Flaubert, der Menschenmengen verabscheute, liebte Hugo sie. Sie waren das Volk. Dieses Wort hatte für ihn einen heroischen und berührenden Klang. Er hatte den Bürgern versprochen wiederzukommen, wenn die Republik zurückkäme. Nun war sie ausgerufen, und er war da, um seine Pflicht zu tun und Paris zu verteidigen. Paris retten, das hieß, die Welt retten. Denn Paris war die Hauptstadt der Revolution und der Aufklärung, der Herzen und der Seelen. Niemals durfte diese Stadt, in der sich Volkswille und Zivilisation vereinigten, von einer wilden Invasion heimgesucht werden, niemals, niemals, niemals! Paris, so rief er der Menge zu, wird triumphieren, wenn wir alle eins sind, ein Soldat, ein Bürger, ein Volk. Erstickt allen Hass, weist jedes Ressentiment und jede Spaltung weit von euch, seid einig und ihr werdet unbesiegbar sein und die Freiheit retten.

Es war eine Rede, wie nur Hugo sie halten konnte. Und es war diese Rede, die eineinhalb Jahrhunderte später, am 10. Januar 2016, zum Gedenken an die Opfer der Anschläge vom November 2015, auf der Place de la République verlesen wurde, eingerahmt von der *Mar-*

seillaise und einem der letzten Lieder Johnny Hallydays, *Un dimanche de janvier*. Auch diesmal strömte eine riesige Menschenmenge herbei, Millionen von Menschen, wie sie nur in Paris zusammenkommen, an einem Sonntag im Januar und an jedem Tag, wenn es wichtig ist.

Als die Kutsche sich an diesem Abend endlich in Bewegung setzte, war Hugo erschöpft und erregt zugleich. Es war bereits Nacht, und doch war es hell in Paris. Nach fast zwei Jahrzehnten im Exil hatte er in der Heimat keine Adresse mehr und ließ sich daher zum Stadtpalais seines Freundes Paul Meurice in die Avenue Frochot bringen. Die Fahrt dauerte zwei Stunden, denn ständig geriet die Kutsche ins Stocken. Überall standen Menschen, winkten, riefen »Vive Victor Hugo!«, rezitierten Verse seiner Gedichte und sangen die *Marseillaise*. Kolporteure verkauften das Pamphlet *Napoléon le Petit*, das er nach dem Staatsstreich geschrieben hatte, als das Elend des Zweiten Kaiserreichs seinen Anfang genommen hatte.[26] Der Wagen passierte den Boulevard de Magenta und einen weiteren großen Platz, der später den Namen »Place Napoléon III« erhalten würde.

Dass Notre-Dame noch immer auf der Île de la Cité stand, beruhigte den alten Dichter, denn alles andere erschien ihm fremd. Er erkannte seine Stadt nicht wieder, und das lag nicht nur an der verwirrenden Stimmung, in der er selbst und Paris sich befanden. Die Gaslaternen, die gleichförmigen Fassaden der eleganten Häuser, der weitläufige Boulevard, die großzügigen Sichtachsen dort, wo früher verwinkelte und dunkle Gassen gewesen waren, das alles sollte Napoleon der Kleine geschaffen haben? Hatte er wirklich die Stadt der Zukunft gebaut? Hugo konnte es nicht fassen. Aber wie auch immer, mit französischen Kaisern war nun Schluss. Wenige Tage später erhielt er einen Brief seiner Tochter Julie, die auf Guernsey geblieben war. Sie schrieb, dass der Spross der »Eiche der Vereinigten Staaten von Europa«, den er am 14. Juli gesetzt hatte, am 5. September aus dem Boden getrieben war, dem Tag seiner Heimkehr nach Paris und der Ankunft Napoleons III. in Kassel.

In Croisset hingegen kamen kaum noch Nachrichten an. Flaubert hörte tagelang nichts von der Kapitulation, dem Ende des Zweiten Kaiserreichs und der Rückkehr Hugos. So lungerte er herum und wartete auf Neuigkeiten. Am 7. September schrieb er Princesse Mathilde, dass er ohne Unterlass an sie denke und es großartig fände, wenn die Deutschen Paris angreifen und alle Franzosen sich dort zur Verteidigung einfinden würden: »Sieg oder Tod!«

Am selben Tag, noch immer in Unkenntnis der Ereignisse, teilte er George Sand mit, dass er keinen Frieden wolle und sich den Beginn einer neuen Welt erhoffe. Wenige Tage später wusste er endlich, was passiert war, klagte über den »Schandfrieden« und rüffelte die Freundin für ihren Jubel über die Ausrufung der »armseligen« Republik. Außerdem hatte er erfahren, dass Princesse Mathilde zuerst zu Dumas nach Dieppe, dann nach England geflohen war und beschuldigt wurde, Gold im Wert von 51 Millionen Francs gestohlen zu haben. Letzteres hielten er und Sand für eine Verleumdung.

Inzwischen marschierten die deutschen Truppen auf Paris zu. Das war von von Moltke zunächst gar nicht vorgesehen gewesen. Bismarck aber hatte die Abtretung Elsass-Lothringens verlangt und keine Antwort erhalten, weil sich niemand in Frankreich für derart schwerwiegende Entscheidungen zuständig fühlte. Die provisorische Regierung zur nationalen Verteidigung war in revolutionärer Stimmung und lehnte einen Waffenstillstand ab. Also ergriffen die Deutschen andere Maßnahmen: Am 17. September standen die ersten Bataillone vor Paris, zwei Tage später war die ganze Stadt umzingelt. Adolphe Thiers, der künftige Präsident der Dritten Republik und ein politischer Dinosaurier, hatte die Hauptstadt im Jahr 1840 auf einer Länge von 34 Kilometern mit einer Befestigungsanlage, 95 Bastionen und 15 Stadttoren einfrieden lassen. Diese Fortifikationen umschlossen die zwanzig Arrondissements des neuen, seit 1860 vergrößerten Stadtraums. Bis hierher rückte die deutsche Armee vor und schlug ihre Lager im Bois de Vincennes und im Park von Versailles auf. Im Schloss selbst wurde das Hauptquartier des preußischen Königs und des Generalstabs eingerichtet. Die technische Ausstattung war auf neuestem Stand, einige Galerien dienten als Lazarett, für alle Eventualitäten war vorgesorgt. Noch herrschten milde Temperaturen, standen die Bäume in vollem Laub. Die Soldaten entspannten. Sie picknickten, frühstückten im Grünen und richteten sich auf eine Blockade von ungewisser Dauer ein.

Die französische Metropole, die sich 1867 als Hauptstadt der Welt präsentiert hatte, war nun vom Rest der Welt abgeschnitten, die technische Kommunikation gekappt, die Eisenbahn stillgelegt, an allen Stadttoren standen schwer bewaffnete Wachen. Doch Paris hatte schon häufig unbotmäßigen Erfindergeist bewiesen und bewies ihn auch jetzt. Plötzlich wurden die sonst so braven Brieftaubenzüchter zu Rebellen. Am Himmel über Paris begegneten sich geflügelte Luftkuriere mit geheimer Post im Schnabel. Neben ihnen schwebten in luftiger Höhe Heißluftballone, darunter einer mit dem Namen »Victor Hugo«. Aus ihren Körben lugten Fernrohre zum Ausspähen von Truppenbewegungen. Nadar, ein Fan und Förderer der Luftschiffe, wurde zum Partisanen und beförderte in seinem Ballon »Armand Barbès« wichtige Sendungen, darunter republikanische Reden von Hugo. Am 7. Oktober schmuggelte er den Chef der provisorischen Regierung, Gambetta, aus der Stadt. Dieser koordinierte fortan die Kampfhandlungen von der Provinz aus.

Innerhalb der Stadtmauern herrschten zu diesem Zeitpunkt Aufruhr, Angst und Panik. Wer nicht geflohen war, besorgte Waffen, errichtete Barrikaden und hamsterte Lebensmittel. Unter der Leitung von Georges Clemenceau, dem Bürgermeister von Montmartre, formierte sich die Nationalgarde als Unterstützung der Armee, 450 000 Mann standen zur Verteidigung von Paris bereit. Im Morgengrauen wurde zum Kampf geblasen. Wie seltsam erwachte Paris in diesen Zeiten! Für Clemenceau sollte es nicht der einzige Krieg bleiben. Den Ersten Weltkrieg, den die Franzosen den »Großen Krieg« nennen, würde er als Ministerpräsident erleben. Nun aber, im Herbst 1870, bereitete sich Paris auf Notstand und Rationierungen vor.

Flaubert hatte unterdessen entgegen seinen vorschnell ausposaunten Kampfplänen beschlossen, von Rouen aus das Vaterland zu verteidigen. Das kulturelle Leben in Paris pausierte ohnehin in dieser Saison, und in der Normandie würde er wenigstens genug zu essen haben. Er kaufte sich einen Tornister, schloss sich der Nationalgarde an und wurde in den Rang eines Leutnants erhoben. Nachts ging er auf Patrouille und befehligte eine kleine Miliz, die er in feierlichem und väterlichem Tonfall belehrte und militärischen Übungen unterzog. Um sich für diese Aufgabe zu qualifizieren, hatte er getan, was er sonst immer für seine Buchprojekte tat: Er las und studierte, in diesem Fall Abhandlungen über die Kunst der Kriegsführung.

Es erwies sich jedoch schnell, dass dies reine Zeitverschwendung gewesen war. Seine Truppe war disziplinlos, ihr Arbeitstag endete stets in einer Kneipe. Die alten Büchsen und Schrotflinten der Bauern lehnten dann am Tresen, sie ähnelten denen von Trappern. Flaubert hingegen war bereit. Er erwartete »ces messieurs«, die Deutschen. Niemals, so tönte er, werde er ihre Soldaten aufnehmen. Als dann die deutschen Truppen bis nach Croisset vorstießen, die Nationalgarde nichts gegen sie ausrichten konnte und der Befehl zu Einquartierungen erging, musste er zu seinem großen Verdruss dennoch zehn dieser Herren bei sich beherbergen und ihre geifernden Pferde füttern. Welch ungeheuerliche Schande!

Paris bereitete sich inzwischen auf den Kriegswinter vor. In den Hallen lagerten riesige Mengen Getreide und im Bois de Boulogne im Westen der Stadt zirkulierten nun nicht mehr die eleganten Karossen mit herausgeputzten Lakaien, sondern Viehhändler und Treiber mit ihren Karren. Augenzeugen schätzten, dass auf dem gepflegten Rasen unter den Bäumen 50 000 Ochsen, 300 000 Hammel und unzähliges Kleinvieh der Schlachtung entgegensahen. Der Park, in dem man zuvor den Singvögeln oder einem Geiger hatte lauschen können, war erfüllt vom Muhen, Blöken und Gackern der Nutztiere.

Die Metzgereien der Stadt hingegen hatten die Fensterläden zugeklappt, die Restaurants zeitweise geschlossen. Nur Pferdefleisch konnte man noch kaufen, weil Tiere von Privatleuten zur Schlachtbank geführt wurden. Gautier erlebte die »Verhaftung« seines Pferdes und bat Hugo um ein Gnadengesuch beim Agrarminister. Es hatte in diesem Fall Erfolg. Vielerorts jedoch wurde nun, um die Kunden nicht abzuschrecken, Pferd als Rind angeboten. Dem kritischen Blick und dem verwöhnten Gaumen Edmond de Goncourts aber entging das nicht, wie andere Feinschmecker ekelte er sich vor diesem fettlosen und sehnigen, süßlich riechenden Fleisch. Doch der Mangel war allgegenwärtig. Manch einer fing Spatzen und bereitete sie zu wie Wachteln. Rezepte gab es in schnell geschriebenen Kochbüchern für Belagerungszeiten nachzulesen. Doch das war erst der Anfang. In den folgenden Monaten sollten marinierte Hunde, Katzen und sogar Ratten aufgetischt werden, die auch in der modernsten Kanalisation der Welt gediehen und nun einen patriotischen Tod starben. Ganz verbürgt ist das nicht, aber die meisten glaubten es, weil in dieser Zeit jeder Horror denkbar war. Die Karpfen aus den Teichen der Tuilerien wurden nach und nach ebenso verspeist wie die exotischen Geschöpfe aus dem Jardin des Plantes, im Dezember sogar die Lieblinge der Pariser, die Elefanten Castor und Pollux.[27] Das indes war kein Gerücht. Die Steaks der Dickhäuter und die Rüsselsuppe waren sündhaft teuer, manch einer musste deshalb mit Blutsuppe oder Blutsorbet vorliebnehmen.

Viele Pariser wurden in dieser Zeit unfreiwillig zu Vegetariern, aber am Ende half auch das nicht mehr. Victor Hugo drehte sich der Magen um, wenn er seinen »Lunch« zu sich nahm, denn was genau er aß, konnte er nicht sagen. Den Anglizismus jedoch verzieh man dem Nationaldichter nach neunzehn Jahren im englischen Exil. Schon im Oktober, einen Monat nach Beginn der Blockade, gab es keine Butter mehr, keinen Käse und kaum noch Milch, Eier, Kaffee und Zucker. Nur Schwarzbrot aus Hafer und Sägemehl war noch zu bekommen, bald wurde sogar das Stroh alter Panamahüte gehäckselt, gemahlen und verbacken.

Dieses Elend ließ den Dichter des Volkes nicht ruhen. Er veröffentlichte ein Dekret zur Enteignung und verlangte mindestens 800 000 Francs von den Wohlhabenden für die Bedürftigen. Die Reichen wehrten sich jedoch erfolgreich. Auf den Trottoirs saßen mittlerweile Banden phantasievoll kostümierter oder zerlumpter Straßenjungen, die, in Anlehnung an *Les Misérables*, allesamt »Gavroches« hießen. Sie waren einfallsreich und geschäftstüchtig, hatten Schilder vor sich aufgestellt und boten ambulante Dienste und kundige Hilfe in allen Notlagen an. Viele verkauften Souvenirs, die im hellen Licht glänzten oder wie Schlacken von Edelsteinen schimmerten: Granatsplitter, Zündhütchen und Schrotkugeln, Uniformknöpfe und Scherben.

In den Bäumen entlang der Seine flatterte Soldatenwäsche im Wind. Wenn die Sonne schien, leuchteten die Unterhemden wie auf alten Bildern. Die Maler gingen, wenn ihnen lebende Modelle zu teuer wurden, zu Bildern von geräucherten Heringen über, die konnte man danach auch noch verspeisen.[28] Da die Fische mittlerweile »Bismarckheringe« genannt wurden, war es nicht unbedingt ein Genuss, aber doch eine besondere Genugtuung, sie zu verschlingen.

Hugo war unermüdlich im Einsatz, er konnte nicht anders. Als erster unterstützte er eine Initiative zur Aufrüstung der französischen Artillerie und subskribierte mit einem Sou eine neue Kanone, die angeblich so effizient war wie diejenigen aus dem Hause Krupp. Am Ende machten 300 000 Bürger mit, es kamen 300 000 Sous oder 15 000 Francs für mehrere Geschütze zusammen. Alle Patrioten warteten auf den Einsatz der Wunderwaffe. Viel jedoch nützten Initiative und Kampfeswille nicht, ach, alles nützte nichts. Auch ein Durchbruch des südwestlichen Belagerungsgürtels in Richtung Fontainebleau scheiterte.

Der *siège de Paris* dauerte länger als vier Monate. Im Dezember drohten sogar die Kathedrale Notre-Dame und das Pantheon in die Schusslinie der deutschen Artillerie zu geraten, die am Tag bis zu 400 Geschosse mit einer Reichweite von acht Kilometern abfeuerte. Die Krupp-Kanonen lagerten, so erfuhr Hugo vom Korrespondenten der *Times*, »wie Flaschen in einem Weinkeller«, Seite an Seite. Freiwillige schleppten Sandsäcke und stapelten sie vor die Fenster des Louvre. Nationalgardisten jagten Spione, das Misstrauen leuchtete die geheimsten Ecken aus. Die Bevölkerung versteckte sich vor Razzien und suchte in Kellern Schutz vor deutschen Mörsern und Kanonen. Über ihnen donnerten fünfundzwanzig Pfund schwere Granaten, die in Häuser und Körper einschlugen. Dann bäumten sich Tausende von Pferden, die im ganz mit Heu und Stroh ausgelegten Tuileriengarten gehalten wurden, gleichzeitig auf.

Jetzt, da der Krieg im Herzen von Paris heimisch geworden war, mussten nicht nur die gefallenen und verwundeten Frontsoldaten betrauert, bestattet oder versorgt werden, sondern auch die Opfer *intra muros*. In den Hospitälern der Stadt, die ebenfalls bombardiert wurden, stand Bett an Bett, Schulen wurden eilig in Lazarette umgewandelt. Zu den Verwundeten kamen die Opfer von Ruhr, Typhus oder Tuberkulose. Die Schreie aus den Operationssälen rivalisierten mit dem Krach der Detonationen. Das war die Höllenmusik des Krieges. Viele Verwundete waren bis zur Unkenntlichkeit entstellt. Plastische Chirurgen wussten nicht, wo sie mit der Arbeit anfangen sollten. Firmen für Metallprothesen hatten Hochkonjunktur, ihre Produkte wurden kontinuierlich optimiert: Die Invaliden, zumeist junge Männer, konnten die künstlichen Gliedmaßen jetzt sogar beugen. Sie knirschten dann vielleicht ein wenig.

Abends wurde die Stadt im Wechsel aufflammender Blitze und nachfolgender Dunkelheit unwirklich, der Himmel färbte sich blassgolden und rosa, die Silhouetten der Bäume schimmerten violett, die Umrisse der Häuser schwarz. Doch das Feuerwerk, dessen Farbtaumel in normalen Zeiten wie eine Feerie verzaubert hätte, rief jetzt Albträume hervor. Im Schutz der Rauchwolken trieben Marodeure ihr Unwesen, Heckenschützen schossen auf alles, was sich bewegte. Wenn die Deutschen einen dieser heimtückischen Freischärler fassten, wurde er bei lebendigem Leibe verbrannt. Flaubert hatte es immer gesagt: Die Decke der Zivilisation ist dünn.

Der Winter war früh hereingebrochen und brachte Kälte bis zu minus 12 Grad. Im November schneite es, und die Seine fror zu. Die provisorische Regierung appellierte an die Frauen, warme Kleidung für die Soldaten zu weben, zu nähen und zu stricken. Wer die tapferen Franzosen im Schnee kämpfen sah, musste sich an die schlimmen Erzählungen und Bilder aus dem russischen Kriegswinter erinnern, der Napoleon Bonaparte und seiner Großen Armee das Rückgrat gebrochen hatte.

Zu Weihnachten setzte Tauwetter ein und brachte Hochwasser, einige Pontonbrücken wurden mitgerissen, und zum Fest griffen die Deutschen Paris mit ihren schwersten Geschützen an. Viele Menschen starben, hungerten oder erfroren, die Armen zuerst. Sie hatten kein Brennholz mehr, fanden kaum noch Totholz und verfeuerten ihre Möbel. Nur die Reichen konnten noch Holz bezahlen. Zuerst wurden die Bäume im Bois de Boulogne geschlagen, danach die Bäume der großen Boulevards, zuletzt die Ulmen auf den Champs-Élysées. Dann waren auch die Gasvorräte aufgebraucht. In der *Ville Lumière* gingen die Lichter aus. Wer sich in den vergangenen Jahren nachts amüsiert hatte, ging nun früh schlafen. Die glanzvolle, gerade erst erbaute und von der ganzen Welt bewunderte Stadt war erschöpft. Das schreckliche, dunkle Jahr, *l'année terrible*, wollte kein Ende nehmen.

In den Ruinen von Paris

Im Jahr 1871 geht es Schlag auf Schlag. Am 18. Januar lässt sich Wilhelm I. im Spiegelsaal von Versailles zum Deutschen Kaiser proklamieren, eine beispiellose Provokation. Am 28. Januar kapituliert die französische Regierung gegen den Willen eines Großteils der Pariser Bevölkerung. Elsass und Lothringen, das eine seit dem Dreißigjährigen Krieg, das andere seit einem Jahrhundert französisches Gebiet, werden annektiert. Anfang März ziehen deutsche Truppen für einen Tag in die Hauptstadt ein und halten auf den Champs-Élysées eine Triumphparade ab. Auf der Prachtstraße sieht man keinen einzigen Flaneur, Cafés und Restaurants sind geschlossen, Statuen und Denkmäler schwarz verhängt, die meisten Vorhänge zugezogen. An der

Place de la Concorde, dem Schauplatz der alljährlichen Feierlichkeiten zum Nationalfeiertag, stehen nun die Kanonen aus dem Hause Krupp, und der 2. September wird in Erinnerung an den Siegfrieden zum »Sedantag« bestimmt.

Die Demütigung Frankreichs durch das Deutsche Kaiserreich ist unerhört und folgenschwer für die deutsch-französische und europäische Geschichte. Flaubert ist so außer sich, dass er beschließt, das Kreuz der Ehrenlegion nie mehr zu tragen. Er will sogar Russe werden und bittet seinen Freund Turgenjew, ihm dabei zu helfen. Für ihn ist mit der Niederlage das Ende der lateinischen Welt gekommen und Frankreich in das Reich der Finsternis eingetreten. »Man denkt an nichts anderes mehr als an Rache«, schreibt er an George Sand.

Die Lage in Paris war verworren. Aus Neuwahlen ging Adolphe Thiers als Präsident hervor, aber das brachte neue Unruhe, neuen Hass und eine noch tiefere Spaltung der Bevölkerung. Die Bewohner der Provinz wollten Frieden, die Pariser hingegen riefen zum Widerstand gegen die Invasion auf und empörten sich darüber, dass Frankreich gerade dem Volk geraubt und an die Preußen verkauft wurde.

In dieser aufgeladenen Stimmung predigte Hugo Brüderlichkeit, offene Grenzen und den Rhein für alle. Er fühlte sich, auch wenn ihn das Elend anrührte und aufbrachte, in den Schlaglöchern und Barrikaden von Paris zu Hause. Sie waren ihm lieber als die Kaleschen und Lakaien, der Glamour und die Posen des Zweiten Kaiserreichs, die er nur aus Erzählungen kannte und aus der Ferne kritisiert hatte. Die Kahlschläge waren immerhin der Beweis dafür, dass damit nun Schluss war. Allerdings musste er zugeben, dass die neu erbauten Häuser, die den Krieg unbeschadet überstanden hatten, den Augen schmeichelten.

Wenn Hugo sprach, tanzten die widerspenstigen Locken seines vollen weißen Haars und gaben ihm das Aussehen »der Propheten Michelangelos«. Er strahlte eine fast ekstatische Gelassenheit aus, doch immer dann, wenn er von der Revolte sprach, funkelte sein schwarzer Blick. Niemals, so deklamierte er, könne die Welt das abscheuliche Germanentum hinnehmen.[29]

Bereits während des Krieges waren in Paris Flugblätter aufgetaucht, die zum Aufstand riefen. Als die Not am größten war, sah man überall in der Stadt rote Plakate. Sie erinnerten an die radikale Arbeiterbewegung der *Sansculottes* in den Schreckensjahren nach der Französischen Revolution.[30] Als sich Frankreich ergab, erhob sich *La France Insoumise* und rief zum zivilen Ungehorsam auf. Der Groll war groß angesichts der Ohnmacht der politischen Führung, und er schwoll weiter an, als gar das Gerücht aufkam, Thiers habe vor Bismarck Tränen vergossen und sei zusammengebrochen. Ja, der deutsche Kanzler habe ihm aufhelfen müssen und gesagt: »Ach, mein armer Monsieur Thiers, nur Sie und ich haben Frankreich geliebt.«[31]

Der Zorn wuchs auch angesichts der Schmach und Bürde, die der Friedensvertrag dem Volk auferlegte. Zur Abtretung Elsass-Lothringens kamen unvorstellbare Reparationen: 5 Milliarden Goldfranken. Und das, obwohl bereits die immensen Schulden der Haussmannisierung die Bevölkerung knebelten. Viele befürchteten zusätzlich den Verkauf der Artillerie an die Deutschen. Und so kam es Ende Februar zu einem wunderlichen Korso. In einer Nacht- und Nebelaktion brachen Nationalgardisten und Scharen von Männern, Frauen und Kindern auf, um die schweren Geschütze von den einzelnen Stützpunkten in Sicherheit zu bringen. Sie zogen die Kanonen hinter sich her durch die Straßen von Paris und den Montmartre hinauf. Wie durch ein Wunder rollte keine den steilen Abhang des Hausbergs herunter. Vielmehr standen sie nun dort oben und bewachten Paris – oder bedrohten es, je nach Sichtweise. Am 28. März wurde die Pariser *Commune* ausgerufen, die Regierung Thiers' floh nach Bordeaux und anschließend nach Versailles.

Das Zentralkomitee der Kommune verkündete die Gleichberechtigung der Frau, die Trennung von Staat und Kirche und die allgemeine Volksbewaffnung. Alle Kirchenglocken der Stadt läuteten; der dumpfe Bass der großen Totenglocke von Notre-Dame schwang hin und her über die Dächer von Paris, Fanfaren und Trommelwirbel dröhnten durch die Straßen, dann ergingen die Appelle. Bald kämpften Revolutionäre gegen Republikaner und Monarchisten, Kommunarden und Nationalgardisten gegen die Soldaten der Regierung, es wurde geplündert, gebrandschatzt und denunziert. Das Blut der Gemetzel färbte die Straßen rot, französische Soldaten exekutierten Partisanen, Aufständische nahmen Geiseln und erschossen sie, die Priester zuerst, auf einen getöteten Kommunarden jeweils drei Geiseln.

Im April ging auf Anordnung Thiers' in immer kürzeren Angriffswellen ein Granatenhagel auf Paris nieder – die eigenen Leute bombardierten die Stadt heftiger, als es die Preußen im Krieg gewagt hatten. Die Menschen flüchteten in die Keller. Junge Männer kauften Taue, um sich beim Eintreffen des Einberufungsbefehls von den Stadtmauern abzuseilen. Es kam zu Plünderungen und Rattenplagen.

»Die Franzosen«, schrieb Flaubert von Croisset aus an Princesse Mathilde, »schlachten sich untereinander ab und vergessen, dass der eigentliche Feind immer noch Preußen ist.« Sand teilte er mit, dass das Volk ewig unmündig bleiben werde. Die alte Dame kannte und missbilligte diese Ansicht ihres Freundes, merkte aber in diesen Tagen, dass ihre eigene Liebe zur Republik und zum Volk ins Wanken geriet und sie kaum noch wusste, was Gut und Böse war.[32]

Selbst Hugo, der noch unter dem Schock des plötzlichen Todes seines Sohnes Charles stand, verlor für einen Augenblick die Orientierung und erregte sich über die idiotische, schändliche Kommune ebenso wie über die grausame Regierung: »Wahnsinn auf beiden Seiten!« Doch versöhnlich schloss er, »Frankreich, Paris und die Republik werden davonkommen.«[33] Sein Optimismus war unerschütterlich. Wie sehr er sich doch von Flaubert unterschied!

Am 16. Mai wurde unter dem Jubel einer großen Menschenmenge die Vendôme-Säule gestürzt, die Napoleon Bonaparte nach der erfolgreichen Schlacht bei Austerlitz 1805 aus russischen und österreichischen Kanonen hatte gießen lassen. Zu dieser Aktion hatte Gustave Courbet aufgerufen. Er war stets ein politischer und unbotmäßiger Maler geblieben, unter den neuen politischen Verhältnissen unterstützte er die Kommunarden. Die Arbeiter, die aus den Vororten herbeigeeilt waren, um die verhasste Säule zu stürzen, sangen die *Marseillaise.* Wer den abgeschlagenen Rumpf des Denkmals sah, konnte den Eindruck gewinnen, dass hier eine symbolische Entmannung stattgefunden hatte. Der Blick über einen der vornehmsten Plätze von Paris war nun frei. Courbet bezahlte die »Exekution« der Siegessäule mit Gefängnis, Geldstrafe und Exil. Noch in der Nacht aber wurden die Trümmer aus Erz und Stein vom Boden aufgelesen und in den folgenden Monaten wie ein Puzzle wieder zusammengesteckt. Schon im Jahr darauf wurde die Ruhmessäule neu eingeweiht.[34]

Eine Woche nach diesem Ereignis marschierten die Regierungstruppen in Paris ein. Eine Barrikade nach der anderen stürzte, willkürlich fielen Schüsse, stießen Bajonette und Messer zu, es kam zu Massakern. Allein vom 21. bis 28. Mai gab es mindestens 20 000 Tote und 38 000 Verhaftungen. Tag und Nacht drangen Schreie aus dem Bois de Boulogne und dem Jardin du Luxembourg, Hinrichtung folgte auf Hinrichtung.

Da man nicht schnell genug Massengräber ausheben konnte, wurden die Leichen bei dem schwülen Frühsommerwetter zu einer Gefahr für die Lebenden. Erst verbrannte man sie in unzähligen Feuern, doch auch das wurde aufgrund der dabei entstehenden giftigen Gase zunehmend gefährlich. Schließlich ging man dazu über, das Fleisch zu kochen. Ein widerlicher Geruch legte sich über Paris.

Manche jedoch, die überlebten, sollten die Toten noch beneiden. Wieder waren die Eisenbahnabteile voll mit jungen Männern. Diesmal jedoch sangen sie nicht. Sie waren vielmehr gefesselt, saßen mit leeren Augen da und mussten sich von den Bürgerkriegsgewinnern verhöhnen lassen, wenn die Züge vor Gebäuden mit aristokratischen und bürgerlichen Clubs einen Zwischenstopp einlegten. Die Gefangenen wurden zu Festungen gebracht oder von den Seehäfen aus in überseeische Straflager transportiert.

Vergeblich ersuchte Hugo in Brüssel um Asyl für die besiegten Kommunarden. Im Morgengrauen des 27. Mai stand Paris in Flammen, die Feuer verschluckten die aufgehende Sonne. Das Rathaus und die Polizeipräfektur, die Bibliothek des Louvre mit etwa 80 000 Büchern sowie zahlreiche Privathäuser brannten lichterloh. Die Kommunarden äscherten die verhassten öffentlichen Gebäude ein, den Rest erledigten die Artilleristen und wohl auch so mancher Hausbesitzer, der sein Eigentum ohnehin verloren gab und auf Entschädigung hoffte. Es spricht Bände, dass für die Löscharbeiten Feuerwehrmänner aus Belgien angefordert werden mussten.

Zuletzt, es war Pfingstsonntag, wurden noch einmal 147 Aktivisten an der Friedhofsmauer des Père-Lachaise standrechtlich erschossen und in einen Graben geworfen, ihr Blut bespritzte den Blumenschmuck der Gräber.

Der Dritten Republik haftete nun, wie zuvor dem Zweiten Kaiserreich, der Makel der Gewalt und des Verrats an. In dieser »blutigen Woche« wurde die Kommune zerschlagen, die in der Folge als Urszene sozialistischer Revolutionen und Aufstände verklärt werden sollte. Dazu trug erheblich bei, dass Karl Marx von London aus die Revolte unterstützte und sie in *The Civil War in France* als »sphinx so tantalizing to the bourgeois mind«[35] pries.

Auch der Tuilerienpalast lag in Trümmern, das Zentrum aller Großmachtsphantasien, Gelüste und Feerien. Einige seiner korinthischen Säulen standen noch, durch sie hindurch schaute man auf

den kleinen Triumphbogen, den Napoleon Bonaparte zu Beginn des Jahrhunderts nach römischem Vorbild hatte erbauen lassen. Hier, an der Place du Carrousel, war Baudelaires Schwan verhungert und verdurstet. Nun war die merkwürdige Epoche, die Retrochic und Fortschritt, pompöse Auftritte und die Entfesselung des Marktes gleichermaßen gefeiert hatte, wirklich zu Ende gegangen. Stein um Stein war gefallen. Nach dem Lärm kam die Stille. Der Horizont war klar, die Zukunft offen. Was sie bringen würde, das wusste in diesen Tagen noch niemand zu sagen.

Moderne Zeiten

Der Zugverkehr, der vorübergehend ausgesetzt worden war, nahm am 5. Juni 1871 wieder den Betrieb auf. Flaubert stieg umgehend in den Express nach Paris, wo er viele Stunden in der Bibliothek verbrachte und ansonsten durch die Ruinen wanderte.[1] Die Straßen füllten sich langsam wieder, die Bürger kehrten in ihre Häuser zurück, soweit sie noch bewohnbar waren, und auf den Boulevards wurden die Zeitungen pünktlich ausgerufen. Die Cafés, Theater, Kaufhäuser und Salons öffneten nach und nach, und auch die Flaneure und Prostituierten waren bald wieder da. Aus dem ganzen Land kamen Menschen mit der Eisenbahn nach Paris, aus Neugier, nur um zu schauen und den Tipps der neuen, schnell zusammengeschriebenen Paris-Führer zu folgen. Wer gerade noch den Glanz der Welthauptstadt bewundert hatte, betrauerte nun die Trümmer. Manche fanden sie – genau wie Flaubert und Edmond de Goncourt – schön, vielleicht ein bisschen unheimlich und doch geradezu märchenhaft, so wie man auch die Ruinen in Palmyra, Athen oder Rom bewundert. Charles Marville, der die Zerstörungen während der Haussmanni-

sierung fotografiert hatte, schoss nun Bilder der Verwüstungen, die Krieg und Bürgerkrieg mit sich gebracht hatten.

Was aber bedeuteten der Schutt und die Asche? War das moderne Paris, war der Fortschritt nun schon Vergangenheit und die *tabula rasa* der Beginn eines neuen Zeitalters? Flaubert hatte sich das gewünscht, war nun aber skeptisch und glaubte am Ende weder an Volk noch Vaterland. Goncourt, der den Bürgerkrieg gutgeheißen und die meiste Zeit in Paris ausgeharrt hatte, betrachtete nun nachdenklich und doch sarkastisch wie stets, dass Stadt und Land durch den »Aderlass« ausbluteten.[2] Wieder war ein »Weltgericht« über Paris hereingebrochen, zwanzig Jahre nach dem Staatsstreich des letzten Bonaparte, den er und sein Bruder damals als Jüngstes Gericht phantasiert hatten.[3] Im November notierte er die Anekdote einer chinesischen Gesandtschaft, die ausgerechnet während der blutigen Woche in Paris eintraf. Die Franzosen entschuldigten sich bei den Reisenden für die Katastrophe, doch auf die Frage, ob die schrecklichen Ereignisse, Krieg, Bürgerkrieg, Belagerung und Kommune, sie bedrückt hätten, antworteten die Gäste aus dem Fernen Osten: »Nein, nein, keineswegs. Ihr abendländischen Völker seid jung, ihr habt noch fast keine Geschichte. Wir hingegen wissen, dass es immer so kommt. Es ist die normale Geschichte der Menschen.«[4] Ob sie dabei auch an die Hafenschlacht von Kanton, die Einnahme der verbotenen Stadt in Peking oder den Sturm auf den Sommerpalast dachten, Ereignisse, die lediglich zehn Jahre zurücklagen, war ihren gleichmütigen Gesichtern nicht anzusehen. Und auch nicht, ob sie den Franzosen irgendeinen Vorwurf machten.

Flaubert und Goncourt sahen sich durch die Chinesen in ihren Weltanschauungen bestätigt. Sie nahmen ihren gewohnten Rhythmus wieder auf, besuchten Princesse Mathilde, die nach Paris zurückgekehrt war und ihren Salon wieder geöffnet hatte, und arbeiteten weiter an ihren Projekten. Flaubert interessierte nur der literarische Stil, Goncourt auch die Malerei. Gegen Monet jedoch, der binnen kurzer Zeit triumphieren würde, hegte er eine tiefe Antipathie.[5]

George Sand blieb in Nohant und erholte sich von den Strapazen der vergangenen Monate. Sie war nun fast 67 Jahre alt und badete nach wie vor täglich in einem eiskalten Fluss. Hugo beendete sein Langgedicht »L'Année terrible«. Die erbärmlichen Gemetzel, die blutgetränkten Flüsse, die Witwen und Waisen und die vielen, vielen Leichen erschütterten ihn. Oh Trauer, oh Schmerz! Sein großes Herz hatte Mitleid mit Opfern wie Mördern. Er, der alte Mann, war bereit, mit aller Kraft für Frankreichs Zukunft und Einheit zu kämpfen.

Mit offenen Augen und Ohren, mit wachem Verstand und rebellischem Herzen erlebte ein Teenager, der bald berühmt werden sollte, das schreckliche Jahr. Er hieß Arthur Rimbaud. Schon im Januar 1870 wäre er am liebsten nach Paris aufgebrochen, um den Prozess gegen Troppmann zu erleben. Die schauerliche Tat des jungen, eleganten Mannes faszinierte ihn. Aber es gelang ihm nicht, sich unbemerkt davonzustehlen, zudem fürchtete er, dass man einen Schuljungen, der ganz offensichtlich den Unterricht schwänzte, nicht in den Gerichtssaal lassen würde. Einige Monate später jedoch, auf dem Höhepunkt des Deutsch-Französischen Krieges, brach der 15-Jährige von Charleville nach Paris auf. Seine Heimatstadt in den Ardennen lag nur 20 Kilometer von Sedan entfernt.

Als Ende August die Festung eingekesselt wurde, die Lage verworren war und Panik die Menschen ergriff, stieg Rimbaud kurzentschlossen in einen der wenigen noch fahrenden Züge. Er floh vor seiner Mutter, die ihn mit Härte und religiöser Inbrunst erzog, und vor der Einfallslosigkeit und Engstirnigkeit der Provinz. Nur seine Schwester und sein junger Lehrer Georges Izambard, die in ihm schon das Genie erkannten, wussten, dass der Junge sich aus dem Staub gemacht hatte.

Bisher hatte er in Griechisch brilliert, einige lateinische Verse geschrieben und alljährlich die Schulpreise gewonnen, ganz wie ein Musterschüler. Heimlich jedoch hatte er die aufrührerischen Werke Hugos und Baudelaires verschlungen. In der Hauptstadt wollte er sich die musikalischen Gedichte Paul Verlaines besorgen und selbst zum Dichter werden. Er war bereit für jede Revolte. Doch als er in Paris aus dem Zug stieg, wurde er sogleich festgenommen und ins Gefängnis gebracht. Das beunruhigte ihn nicht, denn so gehörte es sich seiner Ansicht nach für Revolutionäre. Sein Vergehen war jedoch schlicht gewesen, ohne Fahrkarte zu reisen. Izambard holte den Jungen aus dem Gefängnis, brachte ihn bei einem Freund, dem Dichter Paul Demeny, unter und zuletzt zurück zu seiner Mutter. So endete die erste Flucht.

In diesen Wochen aber beendete Rimbaud zwei Hefte mit 22 Gedichten, darunter »Le Dormeur du val« und »Ma Bohème«. Das Sonett über einen jungen Soldaten, der im Gras verblutet ist wie in einem Bett aus Gladiolen, war berührend, dasjenige über leere Taschen und hochfliegende Dichterträume romantisch. Beide gefielen sehr, aufregend und neuartig aber waren sie nicht. Es fehlte das Moderne, es fehlte der Rausch. Beides brachten die folgenden Jahre.

Den Kriegswinter erlebte Arthur in Charleville unter dem strengen Regiment seiner Mutter und der Nebelglocke der Ardennen. Er zog sich zurück, schrieb an seinen Gedichten und verfasste Artikel für republikanische Regionalzeitungen. In der Anekdote *Le Rêve de Bismarck* verbrennt sich Bismarck am Widerstand von Paris die Nase.

Im Februar 1871, als die Belagerung aufgehoben wurde, brach der Junge wieder nach Paris auf und blieb zwei Wochen. Er radikalisierte sich politisch und poetisch, nach seiner Rückkehr tauschte er mit Verlaine Briefe aus. Ende September 1871 schrieb dieser ihm: »Kommen Sie, Sie große liebe Seele, wir rufen Sie, wir erwarten Sie!« Und Rimbaud folgte dem Ruf. Er war gerade 17 Jahre alt. Nun begann ein wildes Leben zwischen Paris, London und Brüssel, mit sexuellen Beziehungen zu Männern, Drogenexzessen, Eifersuchtsszenen und Pistolenschüssen. Aus dem Tumult entstand die Dichtung des *dérèglement de tous les sens*: Alle Normen wurden außer Kraft gesetzt, alle Sinne entfesselt und der Sinn der Sprache unterwandert. Alles musste Rhythmus sein.

War Rimbaud ein Punkrocker? Patti Smith jedenfalls, die Grande

Dame dieses Musikstils, beruft sich auf ihn.[6] Für Baudelaire war Poesie ein Rausch gewesen, der noch in der Beschlagnahmung der ganzen Existenz die klassische Form bewahrte. Jetzt durchlebte der junge Rimbaud alle Höhen und Tiefen des Deliriums, himmlische Erleuchtungen und die Qualen der Hölle. Der hochbegabte, klassisch gebildete Schüler hatte sich entschieden: Er wollte ein Aufständischer, ein Dissident, ein Anderer sein. Und er wurde es. Mit 19 Jahren jedoch, in einem Alter, in dem andere erst anfangen, hörte er auf zu schreiben.

Für mehrere Jahre verstummte Rimbaud. Mit dem berühmten Satz »Je est un autre« hatte er die Grenzen des Ichs gesprengt und damit seinem Ziel, »absolut modern« zu sein, entsprochen. »Ich ist ein Anderer« bedeutete den Aufbruch in das Unbekannte. Pionier sein! Auf einem trunkenen Schiff anheuern!

1880 packte er seinen Koffer, nahm einen Schal und eine Decke und stieg in den Zug nach Marseille. Im alten Hafen, von dem aus man weit über das Mittelmeer schaut, ging er an Bord eines Dampfers und ließ sich nach Aden bringen. Dann reiste er weiter an das Horn von Afrika. Er wusste nicht, wie weit ihn seine durchlöcherten Schuhsohlen, die *semelles de vent*, tragen würden.[7] Er lief mit dem Wind, schrieb viele Briefe, im Jemen und Sudan, in Somalia und Äthiopien, und handelte mit den Schätzen Afrikas. Vieles, was er in diesen Jahren dachte und erlebte, liegt noch immer im Dunklen.[8]

Reiseberichte und Bilder hatten seine Vorstellung des Kontinents geprägt: Wüste, Sand und Wind, Fülle des Lichts und Karawanen. Oft hatte er davon geträumt, als er in familiärer Enge und im matten Licht der Ardennen aufwuchs, las und schrieb. Jetzt war er endlich selbst ein Nomade und Abenteurer. Er suchte das Fremde und Andere, das Neue und Unschuldige in Afrika. Das absolut Moderne und das Archaische vermischten sich zu jener unerhörten Einheit, die er in seiner Dichtung vorausgesehen hatte. Und wer konnte mit Sicherheit sagen, wo die Zukunft lag?

Als Rimbaud Frankreich und das alte Europa verließ, war die Dritte Republik zehn Jahre alt und arbeitete sich an Spannungen ab, die sich seit Jahren aufgebaut hatten, das Land bis zur Zerreißprobe unter Druck setzen, und schließlich spalten sollten. Trotzdem sprach man in Frankreich und der Welt von dieser Zeit auch als Belle Époque und meinte damit die Eleganz, die Schönheit und den grenzenlosen Spaß des Pariser Lebensstils, alles, was durch die Haussmannisierung erst möglich geworden war. Technik und Wissen triumphierten und beflügelten weiterhin Frankreichs Expansion in andere Weltgegenden. Das *Petit Journal* lieferte regelmäßig farbenprächtige und schillernde Berichte und Bilder der großen zivilisatorischen Mission in Afrika. Das Blutvergießen wurde lieber verschwiegen.

Louis Napoleon Bonaparte, der als Napoleon III. 18 Jahre lang Frankreich regiert hatte, starb 1873 in Chislehurst südöstlich von London. Begraben wurde er in Farnborough nördlich von Southampton. Im dortigen Hafen hatte er nur zu oft den Fuß auf die britische Insel gesetzt, die Vorbild seines Strebens war.

Sein Sohn Loulou starb 1879 mit 23 Jahren im Zulukrieg. Auch er war dem Lockruf Afrikas gefolgt und fiel als Offizier der britischen Armee, die in Südafrika mit ihren Verbündeten gegen die einheimischen Stämme kämpfte. Er ist allenfalls eine Fußnote der Weltgeschichte, lediglich der Asteroid Petit Prince in der Umlaufbahn des kleinen Mondes Eugénie erinnert aus größtmöglicher Ferne an ihn.[9]

George Sand starb 1876, Flaubert 1880. Sand schrieb bis zuletzt Briefe und hatte 1873 den Orden der Ehrenlegion mit dem Argument abgelehnt, sie wolle mit der roten Schleife über dem Bauch nicht aussehen wie eine Marketenderin. Sie wurde bei sanftem Juniregen auf ihrem Landgut in Anwesenheit ihrer großen erweiterten Familie beigesetzt. Mit respektvollem Abstand schauten die Bauern zu, die Sand manchmal die große Unruhe in Paris hatten vergessen lassen. Jetzt verneigten sie sich ein letztes Mal vor der »bonne Dame de Nohant«. Victor Hugo ließ eine Totenrede verlesen, beweinte die Verstorbene und grüßte die Unsterbliche. Aus dem fernen Russland schrieb Fjodor Dostojewski, die Schriftstellerin sei keine Denkerin gewesen, sondern eine Sibylle, die immer an Gott, die Menschheit und das Ideal geglaubt und selbst die Waffen getragen habe, um Letzteres zu erreichen.[10]

Flaubert fielen weiterhin bissige Einträge für sein *Lexikon der Gemeinplätze* ein, aber in den letzten Lebensjahren vermisste er zunehmend die zärtlichen Worte seiner treuen Freundin. An ihrem Grab weinte er »wie ein Kalb«, ärgerte sich jedoch über die Infamie, dass der Sarg, der öffentlichen Meinung zuliebe, zuerst in die Kirche getragen worden war.[11] Gleiches geschah bei seinem eigenen Begräbnis am 11. Mai 1880. Den Weg zum Friedhof säumten Schaulustige und Gaffer, die weder ihn noch seine Bücher kannten. Sein plötzlicher Tod hatte die Freunde, die ihn zuletzt gut gelaunt erlebt hatten, wie ein Schlag getroffen. Und das Schlimmste war, dass der Sarg, als die Totengräber ihn ins ausgeschüttete Grab senkten, kopfüber steckenblieb, die Seile zu reißen und das Holz zu bersten drohten.[12]

Victor Hugo schien unsterblich, die meisten seiner Weggefährten überlebte er. 1885 aber kam der Tod auch zu ihm. Es war der frühe Morgen des 22. Mai, die Natur erwachte und zeigte sich von ihrer schönsten Seite. Das hätte ihm gefallen. Seine Lebensgeschichte vermischte sich wie keine andere mit der Geschichte und den Brüchen des 19. Jahrhunderts. Die Nachricht von seiner Agonie und seinem Tod verbreitete sich wie ein Lauffeuer, ähnlich demjenigen von 1870, als er nach neunzehn Jahren aus dem Exil heimkehrte. Ganz Paris stand Spalier, als der Leichenwagen die sterblichen Überreste des Jahrhundertdichters und flammenden Republikaners über die Champs-Élysées, die Place de la Concorde, den Boulevard Saint-Michel und die Rue Soufflot hoch ins Pantheon brachte, den nationalen Ruhmestempel. Aus den Fenstern hingen Trikoloren und phrygische Mützen, so rot wie diejenige der Nationalheldin auf Delacroix' Bild *La Liberté guidant le peuple.* Eine religiöse Feier hatte sich Hugo verbeten.[13]

Auf dem Montmartre waren unterdessen noch immer die Bauarbeiten für die Basilika Sacré-Cœur im Gange, deren Grundstein bereits zehn Jahre zuvor gelegt worden war. Das nationale Projekt der »Herz-Jesu-Kirche« sollte an die Opfer des Deutsch-Französischen Krieges und der Kommune erinnern, wurde jedoch erst nach dem Ersten Weltkrieg eingeweiht.

Haussmann starb 1891. In der von ihm erschaffenen *Ville Lumière* wollte und hatte man ihn vergessen. Er wurde mit einem Begräbnis dritter Klasse auf dem Friedhof Père-Lachaise beigesetzt, fünf Meter entfernt von seinem Jugendfreund, dem romantischen Dichter Alfred de Musset – der zarte neben dem starken Mann. Der ehemalige Präfekt hatte viele Jahre gut gelebt und das Leben unter Napoleon III. in vollen Zügen genossen. Als sein Weinkeller nach dem Tod geöffnet wurde, kamen die ungehobenen Schätze ans Licht: »220 Liter Fasswein, mit 140 Francs bewertet, 900 Flaschen roter Bordeaux, mit 540 Francs bewertet, 120 Flaschen roter Bordeaux, mit 100 Francs bewertet, 280 Flaschen weißer Bordeaux, mit 168 Francs bewertet, 28 Flaschen Wein aus Cestas, 14 Flaschen Champagner, 17 Flaschen Pontet-Canet, 14 Flaschen Léoville-Poyferré, 15 Flaschen Mouton-d'Armagnac, 15 Flaschen Château Issam, 14 Flaschen Haut-Brion, 20 Flaschen Château Margaux, 12 Flaschen Gruaud-Larose.«[14]

Edmond de Goncourt setzte bis zu seinem Tod 1896 das *Journal* fort. Es verband ihn bei Tag und bei Nacht mit seinem geliebten, so früh verstorbenen Bruder Jules, zu dem er nun ins Grab gelegt wurde. In seinem Testament verfügte er die Gründung der Académie Goncourt. Sie vergibt seit 1903 alljährlich den renommiertesten französischen Literaturpreis. Edmond erlebte noch, wie der jüdische General Alfred Dreyfus 1894 wegen Hochverrats angeklagt und 1895 auf die Teufelsinsel deportiert wurde. Schon 1896 wurde deutlich, dass Dreyfus zu Unrecht verurteilt worden war. Das blieb zunächst ohne Konsequenzen für ihn selbst, weitete sich aber zu einem nationalen Skandal aus. Die französische Gesellschaft war in zwei nicht mehr dialogfähige, ja unversöhnliche Lager gespalten. An diesem Fall entzündete sich die Frage nach der Identität des Landes, brachen politische und religiöse Konflikte und Spannungen zwischen rechts und links, Kirche und Staat, Militär und Zivilgesellschaft, Hauptstadt und Provinz auf, die sich über viele Jahre angestaut hatten.

Émile Zola, der beim Staatsstreich 1851 erst zehn Jahre alt gewesen war, hatte zu diesem Zeitpunkt die 20 Bände seines Romanzyklus über das Zweite Kaiserreich, *Les Rougon-Macquart*, abgeschlossen. Er galt gemeinhin als Vater des Naturalismus und war einer der prominentesten Akteure des Literaturbetriebs. Mit seinem offenen Brief »J'accuse …!« an den Präsidenten der Dritten Republik protestierte er gegen die Verurteilung von Dreyfus und positionierte sich damit als öffentlicher Intellektueller. Er starb 1902 an einer Rauchgasvergiftung und wurde ebenfalls im Pantheon beigesetzt. Eine Delegation von Bergleuten geleitete ihn mit den Rufen »Ger-mi-nal! Ger-mi-nal!«

Ein Jahr zuvor war Queen Victoria verstorben, die das gewaltige britische Empire mehr als 60 Jahre lang regiert hatte. Für sie war das Zweite Französische Kaiserreich nur ein Intermezzo gewesen, und die Jahre, in denen sie den französischen Kaiser mit »brother« angesprochen hatte, waren hinabgesunken in die Tiefe der Zeit. Einmal noch war sie Eugénie begegnet, die zurückgezogen im englischen Exil lebte. Als sie sich 1893 im Buckingham Palast trafen, wollte die Queen der Exkaiserin den Vortritt lassen, was diese ablehnte. Daraufhin gingen die beiden alten Damen, nach wechselseitigen Verbeugungen, Schulter an Schulter über die Türschwelle.[15] Eugénie lebte bis 1920 und wurde in Farnborough neben ihrem Mann und ihrem Sohn beigesetzt. Ein halbes Jahrhundert war seit dem Fall des Zweiten Kaiserreichs vergangen.

Das Zweite Französische Kaiserreich, das »Second Empire«, ist lange vorbei, doch vieles, was in den Jahren zwischen 1850 und 1870 angestoßen wurde, zeigte sich erst später in der ganzen Tragweite. Manches davon hat Folgen bis in unsere Zeit und kann erst aus großer Distanz ermessen werden, wenn so etwas überhaupt je möglich ist angesichts der Schnelligkeit, mit der die immer komplexer werdende Welt sich ändert. Paris ist heute eine andere Stadt als damals. Und doch ist es immer Paris. Die Häuser, Plätze und Boulevards der zwanzig Arrondissements sehen noch aus wie auf den Plänen Haussmanns und so, wie sie vor 150 Jahren vollendet wurden.

So lange sie existiert, hat die Stadt der Lichter auch Schattenseiten, hinter immensem Reichtum und Luxus die Armut, hinter Schönheit und Glamour der Verdruss, hinter Geselligkeit und Lebensfreude die Einsamkeit. Der große urbanistische Umbruch brachte räumliche und soziale Spaltungen hervor, die sich seit dem Ende des Kolonialismus auch verstärkt in ethnischen und religiösen Konflikten niederschlagen. Das Zweite Kaiserreich war die erste Epoche, die dem Ökonomischen alles unterordnete und auch die Stadtplanung der Spekulation und dem Markt überließ. Investitionen und Schulden ermöglichten die unvergleichliche Schönheit von Gebäuden, Plätzen und Parks, von Bahnhöfen, Kaufhäusern, Cafés und Theatern. Paris war Kulturhauptstadt und Hauptstadt des Geschmacks, des Amüsements, aller Freuden und des hemmungslosen Konsums. Die ganze Welt war zu Gast, die Jugend, Touristen, Dichter und Künstler, sie alle zog es nach Paris. Während die Globalisierung sich beschleunigte, blieb Paris ein Magnet.

Zugleich aber förderte die Anreicherung von Luxus und Technik die Homogenität der Stadtviertel und die Segregation der Milieus. Die »Fortschrittsverlierer«, unter ihnen viele Arbeitsmigranten, waren buchstäblich außen vor. Sie lebten in Faubourgs und Banlieues und verschwanden hinter der schönen neuen Warenwelt, die sie produzierten, hinter den grenzenlosen Genüssen, denen sie dienten. Die Wachstumsspirale drehte sich immer schneller, der Sturm des Fortschritts riss alles mit sich fort.

Kaum eine Ära war widersprüchlicher als das Zweite Kaiserreich, diese merkwürdige und schrille Welt Napoleons III. Frankreichs letzter Kaiser investierte in bonapartistischen Retrokitsch und Fortschrittsspektakel, in Vergangenheit und Zukunft, und erzeugte als Reaktion antiautoritären Spott, einen unerhörten Stil und die Literatur und Kunst der Zukunft. Bis heute ist in Paris der geistreiche Widerstand lebendiger als in jeder anderen Stadt. Auf Vorder- und Hinterbühnen, Dreh- und Wechselböden, von dem einen zum anderen Pol und in den Grauzonen dazwischen spielte das fabelhafte Pariser Leben der Jahre 1850 bis 1870. Paris war Boomtown, Partyhochburg und Weltkulturhauptstadt. Es war alles gleichzeitig, das neue Rom, das Babylon der Zukunft und die Zentrale aller Lüste, aller Paraden und aller Schwächen. Die zwei Jahrzehnte, die mit Gewalt begannen und in Gewalt endeten, waren pompös und schillernd, bleiern und atemlos, und sie werden noch heute, über terminologische und fachspezifische Präzisierungen hinweg, als Moderne benannt. Darüber täuschen auch »Purpurmäntel oder schwarze Kutten«[16] nicht hinweg, die aus dem Kostümraum der Geschichte hervorgekramt wurden. Denn damals, als die »uralte Liederlichkeit« und die »Anbetung des goldenen Kalbes« in den »krassesten Formen« auftraten,[17] dominierten folgende Grundmuster: der Vorrang der Ökonomie trotz Wiederaufführung höfischer Rituale, die Spannung von Fortschritt und sozialer Spaltung, weltumspannende Ambitionen und Komplikationen der Freiheit, Ambiguitäten des bohemischen Lebens und Logiken des Literatur- und Kunstmarktes, die Entzweiung von elitärem Bewusstsein und Massengeschmack, die Dominanz von Medien und Konsum. Und auch damals spielte in manchen Jahren das Klima verrückt.

Mit Blick auf die Atmosphäre und Doppelbödigkeit dieser Pariser Jahre stellt sich heute verstärkt die Frage, was Zukunft war und ist. Denn mit dem Blick, der aus der Postmoderne zurückfällt, sehen wir die Moderne noch einmal neu, *eyes wide shut*. Sind wir hellwach oder träumen wir? Mehr denn je begegnen auch wir dem Rausch des Fortschritts mit Staunen und Skepsis.

Dank

Lange habe ich im *Rausch der Jahre* gelebt.

Als mein Projekt am Anfang stand, gab mir Daniel Graf von der Agentur Graf den entscheidenden Rat, einen »Pakt mit dem Mythos« einzugehen. Ich hoffe, dass er inmitten hoher Berge nun den Sound von Paris hört, den er hören wollte.

Die Zusammenarbeit mit Hoffmann und Campe war eine Freude. Ich danke dem ganzen Team, besonders der Programmleiterin Birgit Schmitz und meinen feinsinnigen Lektoren, Erik Riemenschneider und seinem Stellvertreter Moritz Müller-Schwefe.

Ohne endlose Unterhaltungen, Tipps, gemeinsame Projektemacherei und viele Formen der *convivialité* wäre es mit dem Buch sicher nichts geworden. Dafür danke ich zuerst meiner großen Familie. Und ebenso meinen Freunden und Kollegen, zuvörderst Susanne Biedenkopf-Kürten, Eva Regina Bodemann, Bernhard Braun, Wolfgang Drost, Marijana Erstić, Anne Geisler-Szmulevicz, Karl Heinz Götze, Rose-Maria Gropp, Katharina Hesseling, Christiane Hofmann, Stephen Jaeger, Frank Jodl, Hanni und Hagen Keller, Martina Kayser, Maria Pasel und Werner Forner, Nicole Pöppel, Ursula Renner, Volker Roloff, Gregor Schuhen, Stephanie Schwerter, Georg Stanitzek, Christian von Tschilschke, Renate Wegmann, Christa Zumbült.

Mein Siegener Team – Gabriele Stettner-Ayani, Jérémy Fischbach, Raphael Heumann, Kersten Riebe, Lea Sauer, Antonia Schmidt – war fabelhaft. Gleiches gilt für die Studentinnen und Studenten, die in Seminaren und beim Flanieren durch die *Ville Lumière* und die *ville divisée* die Erzählung von Paris begleitet haben.

Anmerkungen

1851 Staatsstreich und erster Streich

1 Geburtsname »Charles Louis Napoleon Bonaparte«. Den Namen »Charles« benutzte er nicht. »Napoleon«, soweit nicht in Zitaten oder Buchtiteln erwähnt, wird im vorliegenden Buch ohne Akzent geschrieben. Bei den anderen französischen Namen wird er geführt.

2 Bei der Darstellung der historischen Ereignisse folge ich hier und im weiteren Verlauf vor allem Pierre Milza, *Napoléon III*, Eric Anceau, *Napoléon III*, Johannes Willms, *Napoleon III*. In der letztgenannten Biographie ebenfalls »Napoleon«.

3 Ferdinand Bac, *Intimités du Second Empire*, Band 1, S. 15 (nach Notizen des Vaters des Autors).

4 Edmond und Jules de Goncourt, *Journal*, Band 1, Eintrag vom 6. November 1855. Alle markierten Übersetzungen sind hier und im Folgenden, falls nicht anders angegeben, mit *J* nach der ersten deutschen Gesamtausgabe (Leipziger Ausgabe) 2013 notiert; Zusammenfassungen und Nacherzählungen einzelner Einträge auch nach der französischen Gesamtausgabe in 22 Bänden, hrsg. von Robert Ricatte, hier Band I, S. 229: »Louis Philippe: Henri IV avec un parapluie.« Hier und da wird auch die neue, noch nicht abgeschlossene und sehr gut kommentierte Edition von Jean-Louis Cabanès herangezogen. Wenn das Datum der Einträge angegeben ist, wird manchmal auf die genaue Band- und Seitenangabe verzichtet. Zur Birnenkarikatur: Ludwig XIV. hat Birnen geliebt und gezüchtet, seitdem galten diese als königliche Früchte. Karikaturisten, darunter Honoré Daumier, und vielen Franzosen war dieser historische Kontext vertraut. »Être une poire« heißt außerdem in der französischen Umgangssprache »naiv sein«.

5 Napoleon Franz Joseph Karl Bonaparte (1811–1832), einziger legitimer männlicher Erbe Napoleons I. mit dem Beinamen »L'Aiglon« (»Adlerjunges«), stammt aus dessen zweiter Ehe mit Marie-Louise von Österreich. Mit der Geburt bekam er den Titel »König von Rom«, nach Napoleons Sturz den mütterlicherseits abgeleiteten Titel »Prinz von Parma«. Nach der »Herrschaft der Hundert Tage« rief ihn der Vater 1815 als Napoleon II. aus, was historisch folgenlos blieb. Sein österreichischer Großvater, Kaiser Franz I., verlieh ihm den Titel »Herzog von Reichstadt«. Er beschäftigte während seines kurzen Lebens die Wiener Klatschwelt und starb mit 22 Jahren an Tuberkulose. Im Jahr 2009 erinnerte sich das britische Pop-Duo Pet Shop Boys im Song *King of Rome* an ihn: »[...] And if I were / the King of Rome / I couldn't be more tragic [...]«.

6 Goncourt, *J* 1, S. 23–28.
7 Edmond setzte das *Journal* testamentarisch bis zu seinem eigenen Tod fort. Das Vorwort war der ersten, nicht vollendeten und bereinigten Ausgabe von 1887 vorangestellt.
8 Karl Marx, *Der achtzehnte Brumaire des Louis Bonaparte*, S. 115.
9 Gustave Flaubert, *Carnets de travail*, S. 349, 563, 567 (»Carnet 20«). Die im Buch zitierten französischen Texte habe ich im Original gelesen und konsultiert. Viele Texte, vor allem von Hugo, aber auch von George Sand u. a., sind nicht oder nur teilweise ins Deutsche übersetzt. Für die Brüder Goncourt, für Baudelaire und Zola, häufig auch für Flaubert verweise ich auf Übersetzungen. Hin und wieder vergleiche ich Original und Übersetzung oder auch mehrere Übersetzungen miteinander.
10 Hier handelt es sich nicht um Jacques Offenbachs berühmte Operette *Barbe-Bleue*, die erst am 1. Februar 1866 im Théâtre des Variétés uraufgeführt wurde, sondern um *Le Château de Barbe-Bleue*, komische Oper in 3 Akten, Libretto: Henri Vernoy de Saint-Georges, Musik: Armand Limnander, Inszenierung: Ernest Mocker.
11 Dieser kurze Passus ist auch mit einem typografischen »Durchschuss«, einem »blanc« verglichen worden. Marcel Proust drückte 1920 in der *Nouvelle Revue Française* (»À propos du style de Flaubert«) als erster seine Bewunderung für die raffinierte Erzählweise aus, die das Zweite Kaiserreich gleichsam verschluckt.
12 Charles Baudelaire, Brief vom 5. März 1852 an den Anwalt und Notar Narcisse Ancelle, *Correspondance* (im folgenden C), Band I, S. 188.
13 Claire Le Guillou, *Le Paris de George Sand*, S. 73.
14 George Sand, *Souvenirs et idées*, S. 99; Briefe vom 2. bis 7. Dezember 1851, *Correspondance* (im folgenden C), Band X, S. 564–572.
15 Die diesbezüglichen Briefe, wahrscheinlich vom 13. Januar 1852, sind verschollen und wie manch andere nur aus Hinweisen in anderen Briefen zu erschließen, s. dazu C X, S. 642; erhalten sind hingegen der lange Brief vom 20. Januar, ebd. S. 659–664, sowie die Antwort Louis Napoleons auf das Gesuch, S. 670 f.
16 Marie-Cécile Levet, »Rhétorique de la grâce ou les lettres de George Sand au lendemain du 2 décembre 1851«, in: David Bagulay (Hrsg.), *Art and Literature of the Second Empire*, S. 97–111.
17 Vgl. Georges Lubin, »George Sand et les Bonaparte«, *Histoire des deux Empires*. Fondation Napoléon, http://www.napoleon.org/fr/salle_lecture/articles/files/George_Sand_Bonaparte.asp#ancre2
18 Auszüge des Artikels, der erst 1877 komplett veröffentlicht wurde, sind in das 3. Kapitel der Schmähschrift *Napoléon le Petit* integriert. Der Text wurde am 3. Dezember 1851 begonnen, auf Jersey fortgeschrieben und nach dem Ende des Zweiten Kaiserreichs um Anmerkungen und ein Schlusskapitel ergänzt.
19 Vgl. Théophile Gautiers Artikel vom 7. Juni 1852 in *La Presse*.
20 Alexis de Tocqueville, *Souvenirs*, S. 350.
21 Diesen Ausdruck benutzt David Baguley, der mit *Napoleon III and His Regime:*

An Extravaganza eines der schillerndsten Bücher zum *Second Empire* geschrieben hat. Der Hugo-Teil verdankt viele Anregungen seinem Kapitel »VICTOR HUGO versus louis napoleon«, S. 31–47.

1853 Projektemacherei und Fortschritt first

1 Zum Begriff des Hauses Xavier Mauduit, *Le Ministère du faste. La Maison de l'empereur Napoléon III.*

2 Vgl. Walter Benjamin, »Über den Begriff der Geschichte«, *Gesammelte Schriften* I. 2, S. 698.

3 Benjamin, »Paris, Capitale du XIXe siècle«. *Das Passagen-Werk, Gesammelte Schriften* 1, S. 60–77.

4 Maurice Allem, *La vie quotidienne sous le Second Empire*, S. 102.

5 Eugénie, Impératrice, *Lettres familières*, Paris, Le Divan, 1935, zit. in: John Bierman, *Napoleon III and His Carnival Empire*, S. 139; David Duff, *Eugénie und Napoleón III. Glanz und Elend des Zweiten Kaiserreichs*, S. 136.

6 Zur Kulturgeschichte des Reisens an die Küste: Alain Corbin, *Meereslust. Das Abendland und die Entdeckung der Küste 1750–1840* (*Le territoire du vide. L'Occcident et le plaisir du rivage 1750–1840*).

7 Flaubert, Brief vom 14. August 1853, *Correspondance* (im folgenden *C*), Band II, S. 390 f.

8 Vgl. Flaubert, Briefe an Louise Colet zwischen dem 9. und 22. Dezember 1852, *C* II, S. 200–214.

9 Vgl. Goncourt, *J* 1, S. 39.

10 Villedeuil gab auch die Wochenzeitschrift *L'Éclair* heraus und war Autor zahlreicher Theaterkritiken.

11 Goncourt, *J* 1, S. 113.

12 Schreibweise des Musée d'Orsay. Der französische Maler, Sohn spanischer Eltern, wird manchmal auch als »Narcisso Virgilio« geführt.

13 Theodor Mundt, »Umfassendste Bauunternehmungen in Paris« (1857), *Deutsche Berichte aus Paris 1789–1933. Zeiterfahrung in der Stadt der Städte*, S. 231.

14 Vgl. Goncourt, *J* 1, S. 115.

15 Zur bohemischen Pariser Presse s. demnächst Nicole Pöppel, *Freibeuter, Arme Schlucker und der Boulevard.*

16 Flaubert hat immer wieder von den »Qualen des Stils« und den »Qualen der Kunst« gesprochen, s. z. B. Briefe vom 6. August 1857 an Ernest Feydeau, *C* II, S. 752, vom 27. November 1866 an George Sand, *C* III, S. 566, vom 19. Dezember 1858 an Ernest Feydeau, *C* II, S. 845; zum »Blut der Sätze« s. Brief an Louise Colet vom 22. April 1854, *C* II, S. 557.

17 Vgl. Goncourt *J* 1, S. 130.

18 Goncourt, *J* 1, S. 130. Absatz leicht gekürzt.

19 So spottet Zola im 2. Kapitel von *La Curée*, S. 111., *Die Beute*, S. 119.

20 Einer der schärfsten Kritiker war der Jurist und spätere Ministerpräsident der Dritten Republik Jules Ferry, der in einer Serie von Pamphleten, *Les comptes fantastiques d'Haussmann*, die ungeheuren Kosten aufdeckte. Der Titel ist an Offenbachs Oper *Les contes d'Hoffmann* angelehnt.
21 *Physiologie de la portière*, anonym, 1830, zit. in: Moncan/Heurteux, *Le Paris d'Haussmann*, S. 186.
22 Zit. in: Moncan/Heurteux, *Le Paris d'Haussmann*, S. 186; vgl. zur Haussmannisierung und ihrer Finanzierung auch: Johannes Willms, *Paris. Hauptstadt Europas 1789–1914*, S. 594 ff.; Thankmar von Münchhausen, *Paris. Geschichte einer Stadt von 1800 bis heute*, S. 184–189.
23 Hierzu am eindrücklichsten Louis Chevalier, *Classes laborieuses et classes dangereuses*.
24 Richard Sennett, *Fleisch und Stein. Der Körper und die Stadt in der westlichen Zivilisation*.
25 Vgl. Zola, *La Curée*, S. 110 (»corbeaux«), *Die Beute*, S. 118 (hier: »Aasvögel«).
26 Grundlegend Georg Simmel, *Die Großstädte und das Geistesleben* (1903); Joachim Radkau, *Das Zeitalter der Nervosität*; Philipp Blom, *Der taumelnde Kontinent*; Mazda Adli, *Stress and the City*.
27 Charles Baudelaire, »Le Cygne«, *Œuvres complètes* (im Folgenden Œ) 1, S. 85; Übersetzung Wolfgang Kemp, *Die Blumen des Bösen*, S. 183, zum Albatros S. 21.
28 Honoré de Balzac, *Un Prince de la Bohème*, in: *La Revue de Paris* (1840), Paris, Potter, 1844.
29 Vorwort zu Edouard Fournier, *Paris démoli*, Paris, Aubry, 1855, und *Paris-Guide*, hrsg. von Louis Ulbach, 1867.
30 Sand, »La Rêverie«, *Paris-Guide*; auch in: Sand, *La Coupe, Lupo Liverani, Le Toast, Garnier, Le Contrebandier, La Rêverie à Paris*, S. 299–318.
31 Zit. in Milza, S. 283; Anceau, S. 207.
32 Hugo, *Choses vues*, S. 139 f.; Franck Laurent, *Victor Hugo face à la conquête de l'Algérie*, S. 124–133; Jeannine Verdès-Leroux, *Les Français d'Algérie*, S. 8.
33 Sand, *Ein Winter auf Mallorca*, S. 228.
34 Für diesen Zusammenhang Milza, S. 369 f., 378–400; Anceau, S. 277–291; Willms, *Napoleon III.*, S. 165 ff.
35 Flaubert, Brief der Nacht vom 16. Dezember 1852, in: *C* II, S. 208 (Einträge u. a. zu »Artistes«, »Négresses«, »Érection«). Flaubert schreibt: »FRANCE: veut un bras de fer pour être régie« (»bras de fer«: häufig übersetzt mit »Tauziehen«, »Kräftemessen«), »un style poussé, à outrance, à fusées«. Horst Scheffel (*Flaubert. Briefe*, S. 223 f.) übersetzt »eiserne Faust« und »in einem aufs Äußerste zu einem Feuerwerk gesteigerten Stil«; Cornelia Hasting (*Gustave Flaubert. Briefe an Louise Colet*, S. 523 f.) schreibt ebenfalls »eiserne Faust« sowie »in einem Stil, der bis zum Äußersten ginge, der zündet.«
36 Vgl. Flaubert, Brief vom 16. Januar 1852 an Louise Colet, *C* II, S. 30.
37 Flaubert, Brief vom 14. August 1853 an Louise Colet, *C* II, S. 392 ff.
38 Flaubert, *C* II, S. 442 und 538 (Brief vom 19. März 1854); *Die Briefe an Louise Colet*, S. 822 und 936 f.

1855 Spektakel und Diplomatie

1 Vgl. Diana Noyce, »Kriegsgeschmack. Picknick am Schlachtfeld«, in: *Picknickzeit*, S. 152–159.
2 Sand, *C*, Band XII, S. 511.
3 Sand, *C*, Band XII, S. 510f.
4 Queen Victoria, *Leaves from a Journal*. Die Ausführungen zum Besuch des Kaiserpaars in England und zum Gegenbesuch der englischen Königsfamilie in Frankreich halten sich an dieses private Tagebuch, das 1880 zum privaten Gebrauch in Umlauf gebracht und 1961 erstmals in Gänze veröffentlicht wurde.
5 *Leaves*, Appendix, S. 160f.
6 Victoria (»Vicky«) wurde später die Mutter Wilhelms II., des letzten deutschen Kaisers.
7 Vgl. Emmanuel Starcky, »La visite de la reine en 1855: un événement diplomatique«, in: Starcky/Chabanne, *Napoléon III et la reine Victoria*, S. 28–35, hier S. 31.
8 Vgl. Milza, S. 393; s. auch Madame Baroche in: Castelot, *La Féerie impériale*, S. 103.
9 Flaubert, Briefe an Ernest Chevalier vom 17. Januar 1852, *C* II, S. 34; an Louise Colet, vom 28. und 30. September 1851, *C* II, S. 5f., an Edma Roger des Genettes vom 30. Oktober 1856, *C* II, S. 644.
10 Im Original: »EXPOSITION – Sujet de délire du XIXe siècle«, in: Flaubert, *Œ* II, S. 1009.
11 Madame Baroche und weitere Zeitzeugen, in: Castelot, *La Féerie impériale*, S. 98ff.
12 »Rapport sur l'Exposition Universelle de 1855, présenté à l'Empereur par S. A. I. le Prince Napoléon«, S. 2f.
13 Jürgen Osterhammel, *Die Verwandlung der Welt*, S. 42.
14 Heinrich Heine, *Französische Zustände*, in: Strittmatter et al., *Die Erfindung von Paris*, S. 123.
15 Roland Barthes, *Mythen des Alltags*, S, 226–229, *Mythologies*, S. 173–176.
16 L. Hachette et Cie., *Bibliothèque des chemins de fer*, https://fr.wikisource.org/wiki/Biblioth%C3 %A8que_des_chemins_de_fer
17 Der Vertrag ist abgedruckt in Sand, *C* XIII, S. 259–262.
18 Flaubert, Brief vom 14. August 1853 an Louise Colet, *C* II, S. 590–595.
19 Flaubert, *Bouvard et Pécuchet*, 2. Kapitel.
20 Flaubert, Brief vom 30. September 1855 an Louis Bouilhet, *C* II, S. 596–600.
21 Delacroix, *Journal*, Eintrag vom 22. Mai 1853, zit. in: Baudelaire, *Œ* I, S. 1506.
22 Sand, *C* XIII, S. 151–155. Die »hohen Tiere« nennt sie »gros bonnets«, S. 151; vgl. auch den Brief vom 10. Juni 1855, ebd., S. 182–185, zum Künstlerleben (»La vie des artistes«).
23 Gautier, *Les Beaux-Arts en Europe, 1855*, Bd. I, S. 72; s. Mainardi, *Art and Politics*, S. 105; Castelot, *La Féerie impériale, S.* 101 (Vieil-Castel zitierend).
24 Mérimée, Brief an Madame de Boigne, 26. August 1855, *Correspondance générale*, 2. Folge, Band 1, S. 521. Der ganze Brief enthält Klatsch über den Besuch der Queen, die sich wie eine »jeune miss au sortir de la nursery« aufgeführt habe.

25 Das Bild von Queen Victoria hängt im Museum des Schlosses von Versailles.
26 Beide Bilder und weitere, die Winterhalter von der Königsfamilie und von Szenen der englischen Geschichte gemalt hat, sind im Besitz der Windsors. Die folgenden Ausführungen zu Franz Xaver Winterhalter verdanken die wertvollsten Hinweise und Details dem Katalog der Ausstellung, die 2015 in Freiburg im Breisgau, in Houston und Compiègne stattgefunden hat: Helga Kessler-Aurisch/Laure Chabanne et al., *Franz-Xaver Winterhalter. Maler im Auftrag ihrer Majestät*, Stuttgart 2015.
27 Zit. in: Helga Kessler-Aurisch, »Der vollendete Hofmaler«, in: Dies. et al., *Franz-Xaver Winterhalter*, S. 14.
28 Flandrins Porträt hängt im Château de Versailles, Winterhalters Staatsporträt im Château de Compiègne. Für den Salon 1865 präsentierte Alexandre Cabanel ein weiteres Porträt, das den Kaiser in staatsmännischer Pose zeigt. Zur Bemerkung der Princesse Mathilde s. www.Napoleon.org/paintings und Barthélémy Jobert, *Peindre l'homme et l'Empereur*, S. 32.
29 *Le Moniteur universel* vom 23. Mai 1863 zu Flandrin; Baguley, *Napoleon III*, S. 151 f. zum Zirkusdirektor.
30 Das Bild hängt im Château de Compiègne, die Ölskizze in den Fürstlich Fürstenbergischen Sammlungen, Donaueschingen.
31 Zola, *Das Paradies der Damen*, S. 8.
32 Eine der raren Äußerungen stammt von Gautier, der das Kaiserporträt verriss, aber 1859 im *Moniteur* an den Porträts der Prinzessinnen Woronzoff und Grégoire-Gargarine die »seltene Qualität« der »sehr modernen, sehr aktuellen Köpfe« lobt, s. Drost, »Über Baudelaires Affinitäten zur deutschen Kunst und Ästhetik«.
33 Baudelaire, *Œ II*, S. 15.
34 Baudelaire, »Salon de 1846«, *Œ II*, S. 466.
35 Beide Zitate in: Mainardi, *Art and Politics*, S. 73 f. Zu »chapelle«: im Frz. auch ironische Bezeichnung für eine renommierte literarische, künstlerische oder intellektuelle »Schule«, z. B. »chapelle Bourdieu«.
36 Baudelaire, *Œ II*, S. 1566 und 1572, die Artikel vom 26. Mai, 3. Juni, 12. August 1855, S. 575–597.
37 Baudelaire, »Salon de 1859«, *Œ II*, S. 619 f.
38 Vgl. Catherine Méneux, »Delacroix face à la critique«, in: Alard/Fabre (Hrsg.), *Delacroix*, S. 347–355.
39 Vgl. Werner Hofmann, *Das Atelier*.
40 Marie Luise Kaschnitz, *Die Wahrheit, nicht der Traum*, S. 92.
41 Gemeint ist das Vorwort zum Historiendrama *Cromwell*.
42 Dazu Ausstellung und Katalog *Courbet. Der Traum von der Moderne*, Frankfurt 2010/11.
43 Jules Champfleury, »Du réalisme. Lettre à Madame Sand«, *L'Artiste*, 2. September 1955 (wieder aufgenommen in dem Band *Le Réalisme*; Paris, Michel Lévy, 1857, unter dem Titel »Sur M. Courbet. Lettre à Madame Sand«); zu Sands Einschätzung von Courbet s. Sand, *C* XIII, S. 152 f. (an Maurice Dudevant-Sand) und S. 397 f. (an Champfleury).

44 Poes Erzählung von 1838 erschien 1856 in Baudelaires Übersetzung.
45 Baudelaire, *Œ*. II, S. 578.
46 Dazu Walburga Hülk, »›Le Beau est toujours bizarre‹. Baudelaire besucht die Pariser Weltausstellung 1855«, in: Anne Geisler-Smulewicz/Walburga Hülk et al. (Hrsg.), *Die Kunst des Dialogs – L'Art du dialogue. Sprache, Literatur, Kunst im 19. Jahrhundert – Langue, littérature, art du XIXe siècle*, S. 91–108.
47 Baudelaire, »Mon cœur mis à nu«, *Œ* I, S. 697. Ähnlich, s. FN 2 zu S. 697, ebd. S. 1506, hatte sich Delacroix schon 1853 in seinem *Journal* geäußert, s. o.
48 Ich übernehme den Begriff von Wolfgang Drost, *Der Dichter und die Kunst* (hier passim).
49 Edmond et Jules de Goncourt, *La Peinture à l'Exposition*, S. 19.
50 lettres.memoires.19e.free.fr/Louisnapoleonbonaparte
51 Unübertroffen Siegfried Kracauer, *Jacques Offenbach und das Paris seiner Zeit*, S. 154 ff., zuletzt auch Ethel Matala de Mazza, *Der populäre Pakt* und Volker Hagedorn, *Der Klang von Paris* (mit starken Passagen zu Offenbach, allerdings, wie auch bei Matala de Mazza, ohne die Erwähnung von *Ba-ta-clan*).

1857 Applaus und Aufschrei

1 Goncourt, Einträge vom 10. Mai 1856 und vom 22. Februar 1857, *J* 1, S. 300 und 425.
2 Hugo, *Les Contemplations*, S. 226: »Demain, dès l'aube, à l'heure où blanchit la campagne / Je partirai. Vois-tu, je sais que tu m'attends. / J'irai par la forêt, j'irai par la montagne, / Je ne puis demeurer loin de toi plus longtemps. […] Seul, inconnu, le dos courbé, les mains croisées, / Triste, et le jour pour moi sera comme la nuit. […] Et quand j'arriverai, je mettrai sur ta tombe / Un bouquet de houx vert et de bruyère en fleur.« Übersetzung W. H.
3 Hugo, Brief an Jules Laurens, 1855; in: Rustić/Wipplinger, *Hugo. Der schwarze Romantiker*, S. 56.
4 Katalog *Monsieur Daumier, Ihre Serie ist reizvoll*, S. 278–285.
5 Zola, *L'Événement*, 19. Februar 1866.
6 Stephen Greenblatt, *Shakespearean Negotiations*, S. 20.
7 Zu diesem ganzen Absatz Hugo, *Le Livre des Tables*, dazu Gérard Audinet, *Entrée des médiums*, Massonet, *L'entrée des médiums*; André Breton, »Le Message automatique«. Interessant überdies Sir Arthur Conan Doyle, *The History of Spiritualism* (1926/27).
8 Baroche, *Second Empire*, zit. in: Castelot, S. 109.
9 Du Camp, *Souvenirs d'un demi-siècle*, Band I, 2 (»Au temps de Napoléon III: L'Empereur«), S. 144 f.
10 Napoleon.org (Emmanuelle Papot, »14 juin 1856: Le Baptême du prince impérial«).
11 Vgl. Zola, *Son Excellence Eugène Rougon*, Kap. IV.
12 Vgl. dazu Text und Illustration, *Le Monde illustré*, 8. Oktober 1859, S. 229 f., »Che-

min de fer du Prince impérial«, nach einer Fotografie von Charles Louis Michelez vom 1. Januar 1859, https://de.wikipedia.org/wiki/Eisenbahn_des_kaiserlichen_Prinzen.

13 Diesen witzigen Vergleich verdanke ich meinem Kollegen Christian von Tschilschke anlässlich eines gemeinsamen Besuchs im Musée des Beaux-Arts in Valenciennes.

14 Vgl. Barthes, »Wie Paris nicht unterging«, *Mythen*, S. 77–81 (*Mythologies*, S. 61–64).

15 Die historische Forschung zögert nicht, diesen Vorwurf auszusprechen: Claude Gauvard, »Utilisation politique d'une catastrophe. Le voyage de Napoléon III en Provence durant la grande crue en 1856«.

16 Charles Robin, *Inondations de 1856. Voyage de l'Empereur*, S. 6–16.

17 Vgl. Goncourt, *J* 1 S. 330. S. a. Edition Ricatte, II, S. 13 und Cabanès, I, S. 284: »gueux fier(s)«.

18 Vgl. Sand, *C* XIII, S. 642–653.

19 Die Prozessakten im Fall Sue sind im Brand des Tribunal de la Seine während der Kommune 1871 zerstört worden. Die *Gazette des tribunaux* vom 27. September 1857 publizierte den Urteilstext und weitere Materialien, eingeführt durch einen kritischen Kommentar zur Anklage, Sues »Absicht zu demoralisieren« betreffend.

20 Flaubert, Brief vom 3. August 1856, *C* II, S. 622: »[...] que l'on m'écorche« (»falsch aussprechen«, »einem Tier das Fell abziehen«).

21 Im Französischen heißt es hier »vilain, très-vilain, vilain, vilain, vilain«, seit dem Mittelalter das Wort für einen freien Bauern oder Gemeinen, die Bedeutung wurde seitdem erweitert: hässlich, schlimm, schurkisch.

22 Goncourt, Eintrag vom 20. Juli 1857, *J* 1, S. 509; Flaubert, Brief vom 23. August 1857 an Baudelaire, *C* II, S. 758 f.

23 Sand, *C* XIV, S. 140–144.

24 Sand, *C* XIV, S. 201 (Brief an Henri Plon vom 28. Januar 1857).

25 Jules de Gaultier, *Le Bovarysme*.

26 Du Camp, *Souvenirs littéraires*, I, S. 455 (der Name hier als Pseudonym »Delaunay«). Die Bedeutung des Falls Delamare wird in der Flaubert-Forschung und -Erinnerungskultur kontrovers diskutiert, Das Musée Flaubert in Rouen und Tourismusportale situieren die Handlung von *Madame Bovary* in dem Örtchen Ry. Demgegenüber vertritt Wolfgang Matz, *Die Kunst des Ehebruchs*, S. 115–120, die Ansicht, die Referenz werde überschätzt, da Flaubert bereits in der Erzählung *Passion et vertu* den Ehebruch als ideales Romanthema genannt habe. Der Hausmaler der Familie Flaubert nahm für seine Darstellung Emma Bovarys das Porträt der jungen Delphine als Vorbild.

27 Abgedruckt in Flaubert, *C* II, S. 869.

28 Ludwig Marcuse, *Obszön. Geschichte einer Empörung*, S. 78.

29 Vgl. zu diesen Ausführungen zum Prozessverlauf die Prozessakten in Flaubert, *Œ* I, S. 665–683. Die Flaubert-Forschung berücksichtigt die Akten ausführlich, so die Studien von Klaus Heitmann, Dominick LaCapra, Mario Vargas Llosa, Wolfgang Matz und Emmanuel Pierrat.

30 Vgl. Flaubert, *C* II, S. 794, 797 und 1416.
31 Flaubert, Brief vom 8. Oktober 1857 an Louis Bouilhet, *C* II, S. 768.
32 Mademoiselle Leroyer de Chantepie, Brief vom 22. Januar 1858 an Flaubert, in: Flaubert, *C* II, S. 792 f.
33 Vgl. Flaubert, *C* II, S. 654 f.
34 Sand, »Le Réalisme«, *Courrier de Paris*, 8. Juli 1857, http://flaubert.univ-rouen.fr/etudes/madame_bovary/mb_san.php
35 Baudelaire, »Madame Bovary«, *Œ* II, S. 76–86. Zur These der »Erfindung« der Hysterie Georges Didi-Huberman, *Die Erfindung der Hysterie.*
36 Flaubert, *Œ* II, S. 1021: »ROMANS. Pervertissent les masses. – Sont moins immoraux en feuilletons qu'en volume. – Seuls les romans historiques peuvent être tolérés parqu'ils enseignent l'histoire. – Il y a des romans écrits avec la pointe d'un scalpel, d'autres qui reposent sur la pointe d'une aiguille.«
37 Flaubert, Brief an Louise Colet vom 7. Juli 1853, *C* II, S. 376.
38 Flaubert, Brief an Mademoiselle Leroyer de Chantepie vom 30. März 1857, *C* II, S. 697 f.
39 Flaubert, Brief vom 1. Dezember 1866, *C* III, S. 561 ff., s. a. 1425 ff. Hippolyte Taine zitiert Flauberts Antwort in seiner Studie *De l'Intelligence*, die 1870 in zwei Bänden erscheint, Ausgabe von 2005, Band I, S. 101, 471 f.
40 Der Kritiker war Gustave Bourdin, zit. in: André Guyaux, *Baudelaire: un demi-siècle de lecture des »Fleurs du Mal«*, S. 160.
41 Vgl. Milza, *Napoléon III*, S. 315.
42 Baudelaire, »Journaux intimes«, *Œ* I, S. 686 f.
43 *Der liebenswerte Vorstädter, eine Zeitschrift des Pöbels – verkauft von Halunken, gekauft von Ehrenleuten.* Auguste Poulet-Malassis (6. 3. 1825–11. 2. 1878), schloss mit Baudelaire einen Vertrag über die Herausgabe der Gesamtwerke ab, musste jedoch 1862 Konkurs anmelden, was Baudelaires Lage auf dem Buchmarkt noch einmal erschwerte. Eugène De Broise, der Mitherausgeber der *Fleurs du Mal*, war sein Schwager.
44 Die Metapher der »Kleinode« war dem französischen Publikum spätestens seit Denis Diderots erotischem Roman *Les Bijoux indiscrets* bekannt, der 1771 in Amsterdam erschienen war.
45 Baudelaire, »Spleen«, *Die Blumen des Bösen*, S. 157, *Les Fleurs du Mal*, *Œ* I, S. 74.
46 Baudelaire, *Œ* II, S. 150–159.
47 Baudelaire, »Lettre à l'Impératrice Eugénie«, *C* I, S. 432.
48 Arthur Léon Imbert de Saint-Amand, zit. in: Anceau, *Napoléon III*, S. 316 f.
49 Der Großmarkt ist Hauptschauplatz des melancholischen Films von Cédric Klapisch, *So ist Paris* (2008).
50 Barthes, *Mythen*, S. 260 f., *Mythologies*, S. 201 f.; Allgemein Myron Echenberg, *Colonial Conscripts. The Tirailleurs Sénégalais in French West Africa, 1857–1960.* Eine Fülle an Dokumentationen und Bildmaterial auch auf YouTube.
51 Thomas de Quinceys *Confessions* aus dem Jahr, 1821 anonym im *London Magazine* und 1822 und 1856 als Buch publiziert, sind Teil von Baudelaires Text *Les*

Paradis artificiels über Drogen. Die *Confessions* beschäftigten Baudelaire seit 1857, die *Paradis* erschienen 1860.

52 Hugo, Brief vom 25. November 1861, in: Nora Wang, Ye Xin, Wang Lou, *Victor Hugo et le sac du Palais d'été*; Ein faszinierendes Panorama der Zeit entwickelt Stefan Thome in *Gott der Barbaren* (2018).

1858 Terror und Spiel

1 Gautier, »Mademoiselle Rachel«, *Moniteur universel*, 11. Januar 1858. Rachel, Brief vom 5. März 1851, beides zitiert in dem für diesen Abschnitt wesentlich konsultierten Artikel von Marie-Hélène Girard, »Tombeau de Rachel«; vgl. außerdem Antoine Lilti, *Figures publiques*, S. 316, 371. Bei Rachel hieß es wörtlich, in den Nachrufen sei jeder »ein Plutarch«.

2 Flaubert, »Mademoiselle Rachel«, https://fr.wikisource.org/wiki/Mademoiselle_Rachel; *Dictionnaire des idées reçues*, in *Œ* II, S. 999 f.

3 Sand, Briefe vom 9. und 15. Januar 1858, *C* XIV, S. 590 ff. und 599 f.

4 Goncourt, *J* 2, S. 10; vgl. éd. Cabanès, II, S. 24 f., für die Notiz zum *Figaro* und zum Judentum. Mit dem Hieb auf den jüdischen Bankier Louis Raphael Bischoffsheim, s. éd. Cabanès, I, verbinden die Brüder auch einen Seitenhieb auf den Kritiker Jules Janin, der mit ihm befreundet war.

5 Anne Hélène Hoog, »La marge, l'exemple et l'exception. Le parcours d'Élisa Félix, dite Mademoiselle Rachel«, *Romantisme*, 2004, n°125. »Juifs, judéité à Paris au début du XIXe siècle«. S. 91 – 101.

6 Zit. in: René Bailly/Claude Fournier, »Rachel ›la grande‹ «, https://www.revuedesdeuxmondes.fr/wp-content/uploads/2016/11/7711b2f84aab1fc275cc0457a269e3f7.pdf

7 Die Attribuierung des Totenbildes (Charles Nègre) ist unsicher; *Études de Rachel sur son lit de mort*, Flickr.com; Marie-Hélène Girard, *Tombeau de Rachel*, http://www.medias19.org/index.php?id=2988; allgemein zu Rachel: Laurence Sigal-Klagsbald et al. (Hrsg.), *Rachel (1821 – 1858). Une vie pour le théâtre.*

8 In Louis Aragons surrealistischem Roman *Le Paysan de Paris* (1925) ist die Passage ein Ort der Träume (Kapitel »Le Passage de l'Opéra«). Walter Benjamin widmete den Feerien dieser und anderer Passagen die große Studie *Das Passagen-Werk* (1927 – 1940).

9 Vgl. zu zahlreichen Ausführungen in diesem Absatz vor allem: Anceau, *Napoléon III*, S. 298 ff.; Milza, *Napoleón III*, S. 317 f., 401 – 415; Rieder, *Napoleon III.*, S. 223 ff.

10 Das Königreich Sardinien wird häufig als »Sardinien-Piemont« oder Piemont-Sardinien« bezeichnet, auch von Historikern, z. B. Milza, *Napoléon III*, S. 404 ff. Offiziell ist dieser Name nicht.

11 Vgl. in diesem Zusammenhang Dirk Kurbjuweit, *Die Freiheit der Emma Herwegh*.

12 Felice Orsini, *Memorie politiche di Felice Orsini*, S. 228–260, Brief S. 257, S. 259. S. a. den Anhang mit Briefen, bes. S. 347 die Bemerkung, er verdanke seine Rettung sich selbst, seinen Freunden, Emma Herwegh und der Göttlichen Vorsehung.

13 Sand, *C* XIV, S. 623, FN 3, und S. 628; auch bei Attentaten auf Napoleon I. im Jahr 1800 und auf König Louis Philippe 1835 durch Fieschi waren sog. *machines infernales* im Einsatz. Der Begriff stammt aus dem Barocktheater (komplizierte Maschinen zur Inszenierung der Hölle).

14 Goncourt, *Journal*, Einträge vom 14., 28. und 30. Januar, *J* 2, S. 11–14.

15 Marx, »Kirchliche Agitation – Eine Demonstration im Hyde Park«, *Neue Oder-Zeitung* Nr. 295 vom 28. Juni 1855, in Marx/Engels, *Werke* 11, S. 322–327.

16 Gautier, »Cherbourg: inauguration du bassin Napoléon«, *Quand on voyage*, S. 55–57.

17 Brief vom 11. Februar 1858, zit. in: Milza, *Napoléon III*, S. 411, s. a. S. 795 sowie das gesamte Kap. 12, »Napoléon III et l'Italie« S. 401–441; vgl. in diesem Zusammenhang auch Anceau, *Napoléon III*, S. 298 ff.; John Bierman, *Napoleon III and His Carnival Empire*, S. 175–187.

18 Alexander Graf von Hübner, *Neun Jahre*, Band 2, S. 71.

19 Archives du bagne de Cayenne; s. a. Buch und Film *Papillon*, 1973 und 2017.

20 In Frankreich wurde die Todesstrafe erst 1981 auf Initiative des Justizministers Robert Badinter abgeschafft.

21 Henry Richard Cowley, *The Paris Embassy During the Second Empire*, S. 84 f.

22 Louis Édouard Dubufe (1819–1883) war Schüler Delacroix' und ein erfolgreicher Porträtmaler des Second Empire. Er porträtierte auch Kaiserin Eugénie und malte eines der bekanntesten Bilder von Rachel in der Rolle der Camille in der Tragödie *Horace* von Pierre Corneille. Anlässlich des Friedenskongresses von Paris 1856 beauftragte ihn der Kaiser, ein Gruppenporträt aller Teilnehmer anzufertigen, das heute im Schloss Versailles hängt.

23 Mérimée, Eintrag vom 6. Februar 1856, *Mémoires anecdotiques sur les salons du Second Empire*, S. 237. Hier heißt es »astre«.

24 Pauline von Metternich, *Je ne suis pas jolie*, S. 75–79; Jan von Flocken, *Wie Italiens Einheit im Bett erkämpft wurde. 111 Geschichten zur Geschichte*, S. 245 f.; Alain Decaux, *La Castiglione*; Nicole G. Albert, *La Castiglione*; Barbara Straumann, »Comtesse de Castiglione«; in: Bronfen, dies., *Diva*, S. 103–114; Pierre Apraxine, *La comtesse de Castiglione par elle-même*; Monique L- Johnson, *An Insistent Subject: The Countess de Castiglione Facing the Lens*; https://deepblue.lib.umich.edu/handle/2027.42/109043

25 Hübner, *Neun Jahre*, Band 2, S. 7.

26 Horace de Viel-Castel, *Mémoires sur le règne de Napoléon III*, Notiz vom 6. Mai 1857, zit. in: Albert, *La Castiglione*, S. 53 f.

27 *La comtesse de Castiglione par elle-même*, Musée d'Orsay, 12. Oktober 1999 bis 23. Januar 2000.

28 Michel Bartoli, Bernard Gény, »Il était une fois … Le bois mort dans les forêts françaises«. Schon 1842 hatte sich Karl Marx in fünf Artikeln der *Rheinischen*

Zeitung der gleichen Sache angenommen. Der Film *Der junge Karl Marx* von Raoul Peck (2016) setzt mit dem gleichen Thema ein.

29 Vgl. Jules Verne, *Hector Servadac* (*Reise durch die Sonnenwelt*), 1878, zur Erscheinung des Kometen.

30 Gasperini, Galli, Nenzi, »The worldwide impact of Donati's comet«, http://adsabs.harvard.edu/full/2011IAUS..260..340G

31 Die erhellendste Geschichte zur Faszination Porzellan erzählt Edmund de Waal, *Die weiße Straße*.

32 Goncourt, *La Maison d'un artiste*, 1881, Band I, S. 192–210. Das Buch in zwei Bänden, das die Brüder als Sammler zeigt, kann als Supplement zum *Journal* gelesen werden; mit dem unvergleichlichen und »absolut rosafarbenen Himmel« zitieren die Goncourts den Baron von Hübner; zum Albumkauf Sandra Gianfreda u. a., *Monet, Gauguin, Van Gogh … Inspiration Japan*, S. 13 f.

33 »Les chroniques météo des années 1850–1859«, meteo-paris.com; M. Garnier, *Mémorial de la météorologie nationale.*

34 Vgl. das Ende von Zola, *La Bête humaine* und *Nana*.

35 Albert Herter, *Départ des poilus, août 1914*, gemalt 1926, Schenkung an die Französische Republik. »Poilus« (»Behaarte«) war der Spitzname für die Frontsoldaten des Ersten Weltkriegs; auch in Jean Echenoz' Roman *14* wird, mit Verweis auf Herters Bild, der Abschied der Frontsoldaten festgehalten.

36 Kracauer, *Jacques Offenbach und das Paris seiner Zeit*, S. 184.

37 Flaubert, Briefe vom 15. Mai und 26. Dezember 1858, *C* II, S. 814 und 847; Jakob van Hoddis, »Dem Bürger fliegt vom spitzen Kopf der Hut«, 1. Vers des Gedichts »Weltende«, *Der Demokrat*, 11. Januar 1911.

1860 Große Erwartungen und Camp

1 Goncourt, *J* 2, S. 347.

2 Goncourt, Eintrag August 1859, *J* 2, S. 264.

3 Queen Victoria an den Staatssekretär des Äußeren, John Russell, Brief vom 5. Februar 1860, Kaiserin Eugénie an Jérôme-Paul, Marquis von Cadore, Patensohn Plon-Plon und Kammerherr des Kaisers, zit. in: Yves Bruley, *La diplomatie du Sphinx*, S. 163, 165.

4 Brief Napoleons III. an Walewski vom 20. Dezember 1858, zit. in: Bruley, *La diplomatie du Sphinx*, S. 146 ff., Übersetzung W. H.

5 Pauline Metternich, *Erinnerungen*, S. 46; »Fels der Ordnung«: laut Hübner letzte Selbstbeschreibung Metternichs, zit. in: Wolfram Siemann, *Metternich. Stratege und Visionär*, S. 856 ff.

6 Vgl. zu diesem Absatz vor allem Milza, *Napoleón III*, S. 415–430.

7 Bertha von Suttner schrieb den pazifistischen Roman *Die Waffen nieder!* (1889); Joseph Roth dekonstruiert in *Radetzkymarsch* (1932) den habsburgischen Mythos.

8 Françoise de Bernardy, *Walewski*, S. 276.
9 Der musikalischen Begabung wegen hat der Diplomat Richard Klemens von Metternich einen Eintrag in *Österreichisches Musiklexikon online*, vgl. auch Pauline Metternich, *Erinnerungen*, S. 41.
10 In Victor Wellesley, Robert Secourt, *Conversations with Napoleon III*, S. 177. Übersetzung W. H.
11 *La Revue des Deux Mondes*, Juni 1882. Hundert Jahre später, in Luchino Viscontis grandiosem Film über den italienischen Freiheitskampf, *Il Gattopardo*, erkennt der Fürst von Salina, dass mit Garibaldis Landung in Sizilien eine neue Zeit anbrach; und noch in der 1983 uraufgeführten Oper *The Civil Wars* von Robert Wilson und Philip Glass tritt Garibaldi neben Abraham Lincoln als Friedensstifter und Befreier auf. Auch staunenswerte Phänomene der Natur, wie ein roter Fisch des Südpazifiks sowie ein Fjord und ein Gletscher in Südamerika, wurden nach Garibaldi benannt.
12 Dumas gibt an, sich auf ein Manuskript Garibaldis zu stützen. Die *Memorie autobiografiche* Garibaldis erschienen postum 1888. Sie nennen zu Beginn des 2. Kapitels das richtige Geburtsdatum, den 4. Juli, und als Geburtsort ein »Haus am Ufer des Meeres« in Nizza. https://archive.org/details/memorieautobiogr00gari/page/n9, Dumas verändert also nicht nur das Geburtsdatum, sondern schmückt die Geburtsszene auch romanesk und heroisch aus.
13 Vgl. Sand, *Garibaldi* und dies., *C XV*, Briefe vom 23. März, 12. Mai und 4. Juli 1859 und vom 19. Mai 1860, S. 366–369, 449 und 803; *C XVI*, Briefe vom 5. und 22. August 1860, S. 43 und 74.
14 Goncourt, Einträge vom 29. Juli und 3. September 1860, *J* 2, S. 472 und 494.
15 R. de Saint-Félix, *Voyage de S. M. L'Empereur Napoléon III en Algérie*, S, 77ff; für den Zusammenhang auch Milza, S. 624–636.
16 Zit. in: Charles-Robert Ageron, *De l'Algérie française à l'Algérie algérienne*, S. 54; für den Zusammenhang auch Wolf Lepenies, *Die Macht am Mittelmeer*, bes. S. 99–128.
17 Vgl. in diesem Zusammenhang vor allem Bruley, *La diplomatie du Sphinx*, S. 185–198.
18 Ernest Louet, *Expédition de Syrie. Beyrouth – Le Liban – Jérusalem. Notes et souvenirs*, 1862, S. 4 ff.
19 Vertraulicher Brief Napoleons III. an Marschall Mac-Mahon, 20. Juni 1865, zit. in: Milza, *Napoléon III*, S. 630.
20 Der Religionsphilosoph Ernest Renan wird mit Grabungen nach phönizischen Schätzen beauftragt, Louet, *Expédition*, S. 147–155, 310.
21 Vgl. Zola, *L'Argent*, S. 90 f., *Das Geld*, S. 242 f.
22 Charles de Montigny, Depesche vom 27. April 1857, Archives du ministère des Affaires étrangères, *Correspondance politique*, Siam, vol. 1, f. 392, zit. in: Yves Bruley, »L'Invention d'une diplomatie moderne? Le Second Empire et le Siam (1851–1861)«, *Revue du Souvenir Napoléonien*, hors-série no. 7, 2014, S. 14–21, s. a. Napoleon.org
23 Das meint hier Kambodscha und den Süden Vietnams, in der französischen Kolonialzeit (1863–1954) »Cochinchina« genannt.

24 Zola, »Aux champs«, *Messager de l'Europe*, August 1878, *Contes et nouvelles*, S. 862 f.
25 Goncourt, Eintrag vom 4. März 1860, *J* 2, S. 392; vgl. Sand, Briefe vom 28. Februar und 20. März 1860, *C* XV, S. 718 ff. und 744.
26 Goncourt, Brief vom 22. April 1860, aufgenommen in *J* 2, S. 421 ff.
27 Goncourt, Eintrag vom 25. Februar 1860, *J* 2, S. 386 f.
28 Flaubert, Brief vom 24. Januar 1860 an Edmond und Jules de Goncourt, in: Flaubert, *C* III, S. 75. Der Sturz oder »idiotische Fall«, der nicht der einzige blieb, veranlasste Mutmaßungen über eine Epilepsie Flauberts. Das ist auch die Grundlage von Jean-Paul Sartres monumentaler Studie, *L'Idiot de la famille* (*Der Idiot der Familie*).
29 Flaubert, Brief von Anfang Februar 1859, *C* III, S. 14 ff.
30 Flaubert, Briefe vom 4. Juli und 1. August 1860 an Feydeau, *C* III, S. 97 und 101; vgl. für den Zusammenhang Jeannine Verdès-Leroux, *Les Français d'Algérie*.
31 Flaubert, Brief an Gautier vom 27. Januar und an Baudelaire vom 19. Februar 1859, *C* III, S. 11.
32 Flaubert, Brief vom 18. oder 25. Juni 1860, *C* III, S. 93 f.
33 Goncourt, Eintrag vom 4. März 1860, *J* 2, S. 389 f.
34 Flaubert, Brief vom 8. Oktober 1859 an Mademoiselle Leryoer le Chantepie, *C* III, S. 45 f.
35 Goncourt, *J* 2, S. 504; alle anderen Notizen zur Deutschlandreise auf den Seiten zuvor und danach.
36 Vgl. *J* 1, S. 530, s. a. den Hinweis in Edition Cabanès, II, S. 458–503, 459N und ff., dass die Notizen des *Journal* in *Idées et sensations* (1866) wieder aufgenommen und teilweise variiert werden.
37 Baudelaire, »Richard Wagner et Tannhäuser à Paris«, *Œ* II, S. 779–815. S. a. allg. Hagedorn S. 309 ff.
38 Pauline Metternich, *Erinnerungen*, S. 101–116, hier S. 101 ff.
39 Goncourt, *J* 2, S. 551 f.
40 Alfred de Musset, *Un spectacle dans un fauteuil*, 1833.
41 Zola, *La Curée*, S. 40 (»bâtard opulent«), *Die Beute*, S. 25.
42 Flaubert, *Dictionnaire des idées reçues*, in: *Œ* II, S. 1005 und 1018. Übersetzung W. H.
43 Zola lässt seine Protagonistin Renée gleich im 1. Kapitel von *La Curée* in einem Gewächshaus fast an ihren Gefühlen ersticken.
44 Brief an Eugénie, 26. November 1860, zit. in: Anceau, *Napoléon III*, S. 396.

1863 Gala und Bohème

1 Flaubert, *Éducation sentimentale*, *Œ* II, S. 375.
2 Pierre Bourdieu, *La Distinction/Die feinen Unterschiede*, 1979/1980. Zur Distinktion der Dinge zuletzt Luc Boltanski/Arnaud Esquerre, *Enrichissement/Bereicherung*, 2017/2018.

3 Auguste Lepage, *Les Dîners artistiques et littéraires de Paris*, S. 3.
4 Robert Baldick, *Dinner at Magny's*, S. 21; Anne Martin-Fugier, »Convivialité masculine«, S. 49–59.
5 Anka Muhlstein, *Die Austern des Monsieur Balzac*, S. 44–51.
6 Die Rue Contrescarpe-Dauphine heißt seit 1867 Rue Mazet.
7 Max Bach, »Critique et politique. La Réception des *Misérables* en 1862«.
8 Baudelaire, in *Le Boulevard*, 20. April 1862, Œ II, S. 216 f.; Brief vom 10. August, C II, S. 254.
9 Goncourt, Eintrag vom 29. Oktober 1863, *J* 3, S. 656 ff. Die hier vorliegende Beschreibung ist der genaueste überlieferte Eindruck von Flauberts legendärem Arbeitszimmer.
10 Pauline von Metternich, *Je ne suis pas jolie*, S. 88 f.
11 https://www.theguardian.com/books/2017/sep/28/marcel-proust-paid-for-reviews-praising-his-work-to-go-into-newspapers.
12 Übersetzung W. H., von Gautier »[...] d'enluminure, de papillotage, du clinquant«, zit. in: Michel Winock, *Flaubert*, S. 220; S. 220–228 zu den hier genannten und weiteren Reaktionen auf *Salammbô* sowie zu einigen der erwähnten Details aus Flauberts mondänem Leben, ebd., S. 248–252.
13 Joseph Primoli, *Gustave Flaubert chez la Princesse Mathilde*, http://www.bmlisieux.com, o. S. Proust schickte dem Grafen ein Exemplar des ersten Teils seiner *Recherche* (*Du côté de chez Swann*) und merkte an, wie wichtig seine Berichte aus der mondänen Welt für ihn gewesen seien; Silvia Disegni, »Le Journal intime du Comte Joseph-Napoléon Primoli«, in: Pierre-Jean Dufief, *Les journaux de la vie littéraire*, S. 171 ff.
14 Flaubert, Brief vom 23. November 1865, *C* III, S. 466, s. a. die Briefe, in dichter Folge, vom 12., 14. und 23. Dezember 1862 und vom 1. Januar 1863, ebd., S. 472–476. In diesem Zusammenhang auch Walburga Hülk, »Flaubert. *Ourserie* und *saltimbanquage*, in: Anna Wörsdörfer et al., *Sur les chemins de l'amitié*, S. 81–97.
15 Flaubert beauftragte Jules Duplan, diesen »archichicen« Strauß zu bestellen und nach Compiègne liefern zu lassen, Brief vom 12. November 1864, *C* III, S. 411.
16 Flaubert, Brief vom 15. Januar 1879 an Guy de Maupassant, C V, S. 501.
17 Flaubert, *Éducation sentimentale*, Œ II, S. 48 f., *Lehrjahre der Gefühle*, S. 27 f.
18 Goncourt, Eintrag vom 27. Dezember 1862, *J* 3, S. 457.
19 In diesem Zusammenhang Goncourt, Einträge vom November und Dezember 1862, *J* 3, S. 398–467.
20 Vgl. Glinoer/Hülk/Zimmermann, »Cultures de la créativité«.
21 Friedrich Nietzsche am 10. November 1887 aus Nizza an Heinrich Köselitz in Venedig, zit. in: Wolf Lepenies, *Sainte-Beuve. Auf der Schwelle zur Moderne*, S. 98.
22 Stefan George, *Die Blumen des Bösen*, S. 137. Das Gedicht erscheint in Übersetzungen und in der Forschung auch als »An eine, die vorüberging« und 2017, in der Übersetzung von Stefan Werle, als: »An eine Passantin«. Hier heißt der erste Vers: »Betäubend scholl um mich der Straße lautes Toben.«

23 Zur Kälte s. besonders das Gedicht »Chant d'automne«. Œ I, S. 56 f., *Blumen des Bösen*, S. 121 f.
24 Edgar Allan Poe, »The Man of the Crowd«, *The Complete Stories*, S. 442–451.
25 Benajmin, *Das Passagen-Werk*, S. 525; zuletzt allg. Hartmut Rosa, *Beschleunigung*.
26 Goncourt, Eintrag vom 23. April 1858, *J* 2, S. 48 f.
27 Simmel, »Die Großstädte und das Geistesleben«, vgl. oben Kap. 1857. S. für Baudelaire auch Karin Westerwelle, *Ästhetisches Interesse und nervöse Krankheit*.
28 Baudelaire, in »Journaux intimes, Œ I, S. 686 f.: »une de ces vieilles ingénues [...]«. Der Text wurde postum veröffentlicht, die einzelnen Notizen sind nicht datiert.
29 Goncourt, Eintrag vom 17. August 1863, *J* 3, S. 613.
30 Heinrich Heine, »Delacroix«, *Cottas Morgenblatt* no. 260, 31. Oktober 1831, in: *Sämtliche Schriften* Bd. 5, S. 39–41. Zur Erklärung: »Karlistin«: Anhängerin des Königs Karls X., der von der Julirevolution 1830, auf die sich Delacroix' Bild bezieht, gestürzt wurde. »Lilien«: Seit 1589 bekanntestes Symbol der französischen Könige aus dem Hause der Bourbonen. Der erste bourbonische König war Henri Quatre (Heinrich IV.), der bekannteste Ludwig XIV. Die Französische Revolution ersetzte das Lilienbanner (das während der Restauration, 1815–1830, wieder eingeführt wurde) durch die Trikolore. Die Bonapartes hatten, s. o., Bienen im Wappen.
31 Für die folgenden Ausführungen vgl. besonders: Oskar Bätschmann, *Ausstellungskünstler*; Ross King, *Zum Frühstück ins Grüne*; Andrée Sfeir-Semler, *Die Maler am Pariser Salon 1791–1880*, Patricia Mainardi, *Art and Politics of the Second Empire*; Bourdieu, *Manet*; Isabelle Cahn, in: Yves Badetz, *Spectaculaire Second Empire*; Matthias Krüger, in: Hubertus Gaßner, *Manet. Sehen*; Gerhard Finck, *Manet*, S. 118 ff. Zola hat 1885 im 5. Kapitel seines Romans *L'Œuvre/Das Werk* ein lebhaftes Bild des *Salon des Refusés* gemalt. Die im Roman geschilderte Freundschaft zwischen dem Maler Claude Lantier und dem Schriftsteller Pierre Sandoz trägt unverkennbar Züge der Freundschaft zwischen Cézanne und Zola. In der Darstellung von *Salon* und Kunstbetrieb vermischen sich Elemente des Schaffens und der Karrieren von Manet und Cézanne.
32 Petersburger Hängung; »à la cimaise«: in Augenhöhe.
33 Firnis, frz. »le vernis«. Das hieraus abgeleitete Wort »Vernissage« bezeichnet heute eine Ausstellungseröffnung, die ursprüngliche Bedeutung ist verblasst.
34 Bourdieu, *Manet*, S. 25 f., sieht in Schilderungen des Gelächters der Menschenmenge, wie in Zolas Roman *L'Œuvre* (hier Kap. 5) dargestellt, eine »konservative Denunziation« des Volkes. Von der Reaktion des Publikums berichtete auch Antonin Proust, Freund und Biograph Manets.
35 Vgl. Zola zu Cabanels »Venus«, »Nos peintres au Champ de Mars«, *La Situation*, 1. Juli 1867, *Œ*, Bd. II, S. 685.
36 Courbet, so berichtet der Malerfreund Frédéric Bazille, habe »enchanté« vor dem Bild gestanden; der Kunstkritiker Gustave Geffroy hingegen schrieb, Courbets Kritik habe Monet dazu gebracht, das Projekt des Kolossalgemäldes aufzugeben. Die beiden Männer auf dem größten, im Musée d'Orsay hängenden Frag-

ment zeigen die Gesichtszüge Bazilles und Courbets, http:/www.musee-orsay.fr/fr/collections/oeuvres-commentees/recherche/commentaire/commentaire_id/le-dejeuner-sur-lherbe-18301.html?no_cache=1. Geffroy gehörte zum Freundeskreis der Brüder Goncourt und wurde Gründungsmitglied der Académie Goncourt.

37 Im Jahr 2019 würdigt die Ausstellung »Le Modèle noir« im Musée d'Orsay die vornehm gekleidete, afrikanische Dienerin der nackten Olympia.

1867 Vanity Fair: Wir schlafen nicht

1 Goncourt, Einträge vom 1. und 2. Januar 1867, *J* 4, S. 419, 421.

2 Goncourt, Eintrag vom 21. April 1867, *J* 4, S. 444.

3 Gustave Flaubert, *C* III, Brief vom 12. Juni 1867, S. 652 ff., vgl. Alphonse Jacobs, *Gustave Flaubert/George Sand, Eine Freundschaft in Briefen*, S. 135 f. Vgl. im Zusammenhang u. a. die Briefe vom 27. Dezember 1866; aus dem Jahr 1867: Nacht von Samstag, dem 12. Januar, Mittwochnacht, 23. Januar, Samstag, 6. Februar, Samstag, 13. April; hier auch Briefe George Sands u. a. vom 9. und 27. Januar, 4. März, 9. Mai, 12. September. Vgl. auch Heinrich Mann, *Eine Freundschaft*.

4 Louis Napoléon Bonaparte, *Histoire de Jules César*; vgl. in diesem Zusammenhang: Stefan Reibenich, *Theodor Mommsen, eine Biographie*, S. 95.

5 Nach der Uraufführung wurde der Donauwalzer am 17. Februar 1867 im *Wiener Fremdenblatt* als »entschiedener Schlager« bezeichnet, s. Norbert Linke, *Musik erobert die Welt. Wie die Wiener Familie Strauß die »Unterhaltungsmusik« revolutionierte*, S. 204.

6 Vgl. Georg Renöckl, »Blau seit 150 Jahren«, *Neue Zürcher Zeitung*, 14. März 2017, https://www.nzz.ch/feuilleton/donauwalzer-blau-seit-150-jahren-ld.150559

7 Name des von Pierre Michaux und seinem Sohn Ernest erfundenen und 1861 vorgestellten Fahrrads.

8 Jules Verne, *De la terre à la lune/Von der Erde zum Mond* (1865/1873).

9 Vgl. die Meldungen in *Le Figaro* vom 7. Oktober und 6. November 1863, in: André Castelot, *La Féerie impériale*, S. 397 f.

10 Sand, Brief vom 23. September 1867 an Lina Dudevant-Sand, *C* XX, S. 537.

11 Goncourt, Eintrag vom 16. Januar 1867, *J* 4, S. 424.

12 Goncourt, Eintrag vom 20. Juni 1867, *J* 4, S. 466.

13 Sand, Brief an Eugène und Esther Lambert vom 14. Oktober 1867, *C* XX, S. 571.

14 Louis Ulbach (Hrsg.), *Paris Guide*, 2 Bände, hier Bd. 1, S. V sowie passim.

15 Michel Chevalier in der Einleitung zu den Berichten der internationalen Jury, zit. in: Volker Barth, *Mensch versus Welt. Die Pariser Weltausstellung von 1867*, S. 254; s. hier auch ff. Details zu den folgenden Bemerkungen bzgl. der einzelnen Pavillons, bs. S. 270–281.

16 In den Räumen des Harems im ehemaligen Bardo-Palast in Tunis befindet sich seit 1888 das Nationalmuseum von Bardo, nach dem Ägyptischen Museum in

Kairo das größte Museum Nordafrikas. Am 18. März 2015 wurde es Ziel eines Anschlags mit zahlreichen Toten.

17 George Sand, »La Rêverie à Paris«, *Paris Guide*, Bd. 2, S. 1194–1203.

18 Vorwort der Verleger, *Paris Guide*, Bd. 1, S. V: »des vibrations prophétiques«.

19 Victor Hugo, »Péface«, *Paris-Guide*, Bd. 1, Seite XIV–XLIV.

20 Flaubert, Brief an seine Nichte Caroline vom 7. Juni 1867, *C* III, S. 649.

21 Flaubert, Brief vom 6. und 17. Mai an George Sand, *C* III, S. 635 und 642; Jacobs, *Eine Freundschaft*, S. 129 und 132.

22 Flaubert, Brief vom 12. Juni 1867, *C* III, S. 653; Jacobs, *Eine Freundschaft*, S. 134 f.

23 Hier und weiter im Abschnitt nach Julius Rodenberg, *Paris bei Sonnenschein und Lampenlicht: ein Skizzenbuch zur Weltausstellung 1867*, S. 1, 6 und 45 f. sowie nach Edmondo de Amicis, *Paris. Erinnerungen an eine Weltstadt*, http://horizonte-zeitschrift.de/de/article/0217_paris-erinnerungen-an-eine-weltstadt

24 Baudelaire, »Salon de 1859«, *Œ* II, S. 616, 1388.

25 Benjamin, »Charles Baudelaire. Ein Lyriker im Zeitalter des Hochkapitalismus«, *Gesammelte Werke* 1.2, S. 558; zu Wert und »Mythos« der Waren zuletzt Luc Boltanski/Arnaud Esquerre, *Bereicherung*.

26 Nanas Kindheit wird in Zolas Roman *L'Assommoir/Der Totschläger* erzählt.

27 Manet stellte sein Bild *Nana*, das von der Jury des *Salon* 1877 abgelehnt wurde, im Schaufenster des Kaufhauses Giroux auf dem Boulevard des Capucines aus.

28 Claude Pichois, *Baudelaires Paris. Topographie eines verwirrten Lebens*, S. 35–53.

29 Baudelaire, *C* II, S. 631 f. Ein allerletzter Brief an Ancelle, wenn es ihn überhaupt gegeben hat, ist nicht erhalten, s. Notiz S. 633; s. a. S. 973 ff.

30 Baudelaire, »Le Voyage«, *Les Fleurs du Mal*, *Œ* I, S. 134 ff., *Die Blumen des Bösen*, S. 283 ff. Das Gedicht ist Maxime du Camp gewidmet.

31 Baudelaire, »Spleen«, *Œ* I, S. 74, *Die Blumen des Bösen*, S. 157. Das unvollendete Bild Manets, *L'Enterrement* (1867–1870) entstand wahrscheinlich in Erinnerung an Baudelaires Begräbnis und hängt im Metropolitan Museum of Art, New York. Vgl. auch Charles Asselineau, *Baudelaire, sa vie et son œuvre*, S. 92–98. Der Titel der kleinen biographischen Studie, der allerersten überhaupt, zeigt den Einfluss Sainte-Beuves.

32 Benjamin, »Paris, die Hauptstadt des XIX. Jahrhunderts«, *Gesammelte Werke* 5.1 (*Das Passagen-Werk*), S. 51.

33 Zu diesem Absatz Rodenberg, *Paris bei Sonnenschein und Lampenlicht*, S. 46.

34 Sand, *La Ville noire*.

35 Goncourt, Eintrag vom 1. November 1862, *J* 3, S. 400 f. Der Eintrag ist allerdings auch geprägt von offenem Antisemitismus: »etwas von einem Raubvogel«, »der jüdische Kern« und andere Bemerkungen.

36 Der folgende Absatz bezieht wesentliche Hinweise und Bilder aus Zolas Roman *Germinal*, dem 13. Band der *Rougon-Macquart*.

37 Flaubert, Brief vom 17. Mai 1867, *C* III, S. 642; Jacobs, *Eine Freundschaft in Briefen*, S. 132.

38 Marx, Brief an Friedrich Engels vom 2. April 1851.

1869 Boulevard und Spleen de Paris

1 Goncourt, Eintrag vom 2. Februar 1869, *J* 5, S. 20.
2 Goncourt, Eintrag vom 29. Dezember 1867, *J* 4, Seite 521.
3 Vgl. für diesen Absatz Wolf Lepenies, *Sainte-Beuve*, S. 103–107 sowie S. 571; Louis Nicolardot, *Confession de Sainte-Beuve*, S. 105 und 286; s. auch Flauberts *Lexikon der Gemeinplätze*: »Sainte-Beuve. Verspeiste karfreitags zum Diner ausschließlich Wurst.«
4 Vgl. Goncourt, Eintrag vom 17. Juli 1869, *J* 5, S. 77.
5 Eine intellektuelle Biographie Louise Colets, die mehr war als Flauberts Brieffreundin, hat Tina Wisser in Arbeit.
6 Vgl. Patrick Boucheron, *Histoire mondiale de la France*, S. 508–511.
7 Louise Colet, *Les Pays lumineux – Voyage en Orient*, S. 204–207.; »avoir le cafard« heißt im Französischen: »trüber Stimmung«, »depressiv sein«.
8 Vgl. Ute Frevert/Hein-Gerhard Haupt (Hrsg.), *Der Mensch des 19. Jahrhunderts*, bes. S. 40–85.
9 Vgl. Flaubert, »Dictionnaire des idées reçues«, Œ II, S. 1003 (»Chemin de fer«) und 1004 (»Ingénieur«).
10 Vgl. Fernand Braudel/Ernest Labrousse, *Histoire économique et sociale de la France*, Bd. II/1, S. 266.
11 Eugène Chapus, *De Paris au Havre*, S. 2 ff.; Wolfgang Schivelbusch, *Geschichte der Eisenbahnreise*, S. 56.
12 Vgl. Jean Renoir, *Mein Leben und meine Filme*, S. 124, über seinen Film *La Bête humaine* (1938) mit Jean Gabin.
13 Vgl. in diesem Zusammenhang auch Michel Serres, *Feux et signaux de brume. Zola*; Gilles Deleuze, »Zola et la fêlure«, *Logique du sens*, S. 373–385, *Logik des Sinns*, S. 385–397.
14 Michel des Montaigne, »Du repentir«, *Essais*, Bd. II, 3. Buch, 2. Kapitel, S. 222.
15 Vgl. Robert Schade, *Schwankende Ansichten*, zu Wahrnehmung und Kunst in der Moderne (hier vor allem zu Caillebotte).
16 Zu diesem ganzen Abschnitt vgl., über die einzeln angegebenen Quellen hinaus, Jean Clair, *Crime et châtiment*, bes. S. 296–319; Véronique Gramfort, »Les crimes de Pantin«; Charles Grivel, »Troppmann ou de la défiguration«; Rudolf Behrens, »Les *causes célèbres*«; Rupert Christiansen, *Tales of the New Babylon*, S. 38–57; Pierre Drachline, *Le Crime de Pantin*; Vanessa R. Schwartz, *Spectacular Realities*; Emmanuel Pierrat, *Les grands procès de l'histoire*.
17 Ivan Turgenjew, *L'Exécution de Troppmann*, https://archive.org/details/LExecutionDeTroppmann.
18 Goncourt, *J* 5, S. 100 f.
19 Cesare Lombrosos Werk *L'Uomo delinquente* mit der These des »delinquente nato«, des durch Erblichkeit und Geburt determinierten Verbrechers, erschien 1876. Für die französische Kriminalistik in der Mitte des 19. Jahrhunderts, der Zeit der entstehenden Psychiatrie, hatten folgende Lehren Gewicht: Étienne Esquirols Annahme der »monomamie homicide instinctive«, Bénédict-Augustin Morels Lehre

des Zusammenhangs von Degenerierung und Verbrechen sowie Guillaume-Benjamin Duchennes elektrische und fotografische Experimente und Studien zur Hervorbringung typischer Gesichtsausdrücke, z. B. Zorn, Grausamkeit und Bösartigkeit, vgl. zu diesem Zusammenhang Jean Clair, *Crime et châtiment*, S. 213–283.

20 Flaubert, Briefe vom 5. Januar 1870 und 30. April 1871, *C* IV, S. 150 und 315; Jacobs, *Eine Freundschaft in Briefen*, S. 256 und 325.

21 Herausgeber beider Zeitungen war Henri de Rochefort.

22 S. hierzu vor allem Christiansen, *Tales of the New Babylon*, S. 58 ff.

23 Jean-Baptiste Carpeaux, *La Danse* (1969), ist heute im Musée d'Orsay zu sehen. »Avenuen und Blumen und Frauen« und ein »Bewunderer« ist dem Fall um das Gedicht Eugen Gomringers, »Avenidas y flores y mujeres« entlehnt, der 2018 Berlin und Deutschland erregte.

24 Courbet, *Correspondance*, S. 222 f.

1870 Kanonen und Barrikaden

1 Flaubert, Briefe vom 30. Dezember 1869 und vom 3. Januar 1870, *C* IV, S. 147 und 150.

2 Flaubert schrieb seit den 1840er Jahren an mehreren Versionen des Textes und unterbrach diese Arbeit immer wieder für seine anderen Projekte.

3 George Sand, Briefe vom 27. Juni 1870 an Flaubert und Edmond de Goncourt, *C* XXII, S. 103.

4 Goncourt, Einträge vom 1. Januar und vom 8. April 1870, *J* 5, S. 97, 105.

5 Goncourt, Einträge vom 18. April und vom 2. Mai 1870, *J* 5, S. 109 ff.

6 Goncourt, Nacht des 18. Juni 1870, Samstag auf Sonntag; Dienstag, 21. Juni, 1 Uhr nachts, *J* 5, S. 117–127.

7 Vgl. hierzu und zum Folgenden Anceau, »Aux origines de la guerre de 1870«, in: Mathilde Benoistel, *France et Allemagne(s)*, S. 49–56, dort auch den Ausstellungsteil, bes. S. 155 ff., Uniformen, Waffen etc.; zum Deutsch-Französischen Krieg auch Willms, *Napoleon III.*, S. 223–267; Anceau, *Napoléon III*, S. 493–526; Milza, *Napoléon III*, S. 744 ff.; Bierman, *Napoleon III and His Carnival Empire*, S. 316–361.

8 Otto von Bismarck, *Gedanken und Erinnerungen*, Bd. II, S. 98 f., zit. und kommentiert u. a. in: Willms, *Napoleon III.*, S. 252 ff.

9 Prévost-Paradol, *La France nouvelle*, S. 388.

10 Sand, Brief vom 19. bis 20. Juli, *C* XXII, S. 124.

11 Goncourt, Einträge vom 3., 18. und 20. Juli 1870, *J* 5, S. 133, 135.

12 Goncourt, Einträge vom 6., 7., 10., 13., 14., 19., 23. und 30. August 1870, *J* 5, S. 138–150.

13 Flaubert, *C* IV, S. 211. S. zu den folgenden Ausführungen auch die Briefe vom 31. Juli (an Edma Roger des Genettes), S. 215 f., 3. August (an George Sand), S. 218 f.

14 Sand, Brief an Flaubert vom 26. Juli 1870, *C* XXII, S. 146; Jacobs, *Eine Freundschaft in Briefen*, S. 294; abgedruckt auch in: Flaubert, *C* IV, S. 213 f. mit der Anmerkung, S. 1168, zur Marseillaise; s. auch den Brief vom 22. August an A. Auguste Martineau-Deschenez und vom 31. August an Edmond Plauchut, in: Sand, ebd., S. 157 und 162 f.; zu Paris Briefe vom 18. und 20. August an Juliette Adam, ebd., S. 148, 154.

15 Flaubert, Brief an seine Nichte Caroline (»Loulou«) vom 10. November, den er mit »Ton vieil oncle bien avachi« unterzeichnete. In »avachir«, auch »erschlaffen«, »in sich zusammenfallen«, steckt »vache«, die Kuh. Das ganze Wortfeld von Kuh, Rind, Kalb etc. ist eine Obsession seiner Texte, *C* IV, S. 261 f.; für die Ausführungen in diesem Absatz auch die Briefe an Sand vom 17. August, ebd., S. 222 f., an Edmond de Goncourt vom 29. August, S. 227 f. und an Du Camp vom 24. August, S. 225; s. zu »peaux-rouges« oder »Natchez« denselben Brief an Edmond de Goncourt sowie den Brief vom 7. September an den Schriftsteller und Maler Claudius Popelin, S. 251 und den Brief vom 10. September an Sand, S. 232 ff.

16 Flaubert, Brief vom 3. August, *C* IV, S. 218 f. Flaubert benutzt hier für »Völker und Kulturen«, wie in anderen Briefen, den Begriff »race«. Er war zu dieser Zeit schon rassistisch belastet, vgl. bes. Markus Meßling, *Gebeugter Geist*, bezeichnete aber vielfach im alten Sinne Familie, Volk, Kultur, Religion. Das scheint hier gegeben.

17 Flaubert, Brief vom 22. September an Caroline, *C* IV, S. 236 ff.

18 Vgl. zu diesen Bemerkungen und zu den nachfolgenden Darstellungen der Schlacht von Sedan vor allem Zola, *La Débâcle/Der Zusammenbruch*, Teil I, Kapitel 7 bis Teil II, Kapitel 1.

19 Theodor Fontane, *Kriegsbücher* und *Tagebuch*, zit. in: D'Aprile, S. 265, 274. »Alles todt«: dem Brief eines österreichischen Soldaten während des »Deutschen Krieges« 1866 entnommen. Das wiederholte sich 1870.

20 Flaubert, Brief vom 29. September an Maxime du Camp, *C* IV, S. 241 ff.

21 Sand, Brief vom 26. August an Edmond Plauchut, *C* XXII, S. 161.

22 Zu den Reaktionen s. Anmerkungen in *La Débâcle*, zitierte Ausgabe, S. 644.

23 Wie unter gekrönten Häuptern üblich. Mit der Anrede »brother« erwies Queen Victoria 1855 Napoleon III. diese Ehre, vgl. oben Kap. 1855.

24 Sand, Brief vom 5. September an Juliette Adam und vom 7. September an Eugène und Esther Lambert, *C* XXII, S. 170 ff.

25 Victor Hugo, *Choses vues*, nouvelle série, S. 275 ff. Zu den weiteren Ausführungen (Hugos Aufzeichnungen zur Belagerung von Paris) s. ebd. auch die folgenden Seiten.

26 Zu diesem Absatz und den folgenden zum *siège* Hugo, *Choses vues*, 2. Serie/*Carnets intimes*, https://fr.wikisource.org/wiki/Choses_vues/Extraits_des_Carnets/Pendant_le_siège_de_Paris

27 Die Namen der Zwillinge (Dioskuren) aus der griechischen Mythologie stehen sprichwörtlich für unverbrüchliche Freundschaft. Jean-Paul Sartre und Simone de Beauvoir wählten sie als ihre wechselseitigen Kosenamen. Zu diesen Notspeisen zuletzt Roth, Tobias, Rauchhaus, Moritz, *Wohl bekam's*, Menü Nr. 40.

28 S. z. B. Auguste Charpentier, *Harengs ayant servi à l'alimentation pendant le siège*

de Paris, Paris, Musée Carnavalet; Frédéric Bazille, *Deux harengs*, Montpellier, Musée Fabre. Bazille fiel im Deutsch-Französischen Krieg. Noch heute übrigens kommt der »Bismarckhering« für eine Polemik gelegen: Jean-Luc Mélenchon, *Le hareng de Bismarck (Le Poison allemand)*.

29 Goncourt, *J* 7. November 1870, *J* 5, S. 253.

30 Zu den Ereignissen der zweimonatigen Kommune vgl. neben den angegebenen Quellen bes. Wilms, *Paris*, S. 421–445; von Münchhausen, *72 Tage*; Milza, *Napoléon III*, S. 655–712; Katalog *France-Allemagne(s)*, passim.

31 Du Camp, *Souvenirs d'un demi-siècle*, zit. in: Milza, *L'année terrible*, S. 433.

32 Flaubert, Briefe vom 24. April an Princesse Mathilde und vom 30. April an Sand, *C* IV, S. 309, 314; Sand, Brief an Flaubert vom 14. Juni, *C* XXII, S. 429 f.; Jacobs, *Eine Freundschaft in Briefen*, S. 322, 328. Vgl. *L'Éducation sentimentale*, *Œ* II, S. 400, *Lehrjahre der Gefühle*, S. 417.

33 Hugo, *Choses vues*, 2ième série, 13. März ff., 9. April, ebd. (auch zu den Ereignissen der *Commune*).

34 Paul d'Abrest, »Courbet und die Vendôme-Säule«, *Die Gartenlaube*, Heft 9, S. 148 ff., Leipzig 1878.

35 Marx, *The Civil War in France*, Third address, May 1871, https://www.marxists.org/archive/marx/works/1871/civil-war-france/ch05.htm

Moderne Zeiten

1 Peter Brooks, *Flaubert in the Ruins of Paris*.

2 Goncourt, Eintrag vom 31. Mai 1871, *J* 5, S. 462.

3 Goncourt, Eintrag vom 10. Juni, *J* 5, S. 466; vgl. Kapitel 1 zum ersten Eintrag des *Journal* vom 2. Dezember 1851, s. o. Kapitel zu 1851.

4 Goncourt, Eintrag vom 9. November 1871, *J5*, S. 496.

5 Paolo Tortonese, »Goncourt, Monet et le siège de l'image: notes sur une antipathie esthétique«.

6 Patti Smith, *Charleville*.

7 Die Bezeichnung »l'homme aux semelles de vent« wird meistens auf Paul Verlaine zurückgeführt, manchmal auch auf Paul Delahaye. Die Herkunft ist unsicher.

8 Vgl. zuletzt die große Studie von Claude Jeancolas, *Rimbaud l'Africain*.

9 https://de.wikipedia.org/wiki/Napoléon_Eugène_Louis_Bonaparte

10 Fjodor Dostojewski, »La Mort de George Sand«, *Journal d'un écrivain*, (Juni 1876), 1904.

11 Flaubert, Brief vom 25. Juni 1876 an Turgenjew, *C* V, S. 59.

12 Zola, »Mes souvenirs sur Gustave Flaubert«, vgl. Charles Chincholle, »Obsèques de Gustave Flaubert«.

13 Vgl. Judith Perrignon, *Victor Hugo vient de mourir*.

14 Vgl. David Jordan, *Die Neuerschaffung von Paris*, S. 21.

15 Ethel Smith, *Streaks of Life*, S. 108.
16 Marx, *Das Kapital*, Bd. 1 (Vorwort zur 1. Auflage), S. 16.
17 Fontane, *Aus den Tagen der Occupation*, S. 350. Hier »Lüderlichkeit« (veraltet von »Luder«).

Literatur

Zeugnisse, Berichte, Erinnerungen, literarische Texte

Im Folgenden sind teilweise neben Werkausgaben auch Einzelausgaben aufgeführt, aus denen zitiert wurde. Soweit hier und in den folgenden Rubriken nicht anders angegeben, ist der Erscheinungsort Paris. Zahlreiche zeitgenössische Texte, auch über die eigens angezeigten hinaus, sind auf Gallica, dem Portal der BNF, oder anderen Portalen digitalisiert. Musik sowie Filme sind nur aufgeführt, soweit sie im Text nicht nur beiläufig oder in Anmerkungen erwähnt sind. Ansonsten führt das Personenregister zu einzelnen Nennungen.

Aragon, Louis,
- *Le Paysan de Paris*, Gallimard, 1961
- *Der Pariser Bauer*, übers. von Lydia Babilas, Frankfurt a. M., Suhrkamp Verlag, 2006.

Asselineau, Charles, *Charles Baudelaire, sa vie et son œuvre*, Alphonse Lemerre, 1869.

Assayas, Olivier, *Personal* Shopper (Film), Frankreich/Deutschland u. a., 2016.

Bac, Ferdinand, *Intimités du Second Empire* (d'après des documents contemporains), 3 Bde., Éditions Hachette, 1931.

Balzac, Honoré de,
- *La Comédie humaine*, 12 Bde., hrsg. von Pierre-Georges Castex, Gallimard (Bibl. de la Pléïade), 1976–1981.
- *Vater Goriot*, übers. von Gisela Etzel, Frankfurt a. M., S. Fischer Verlag, 2008.
- *Verlorene Illusionen*, übers. von Udo Wolf, München, dtv, 1978.
- *Glanz und Elend der Kurtisanen*, übers. von Felix Paul Greve, Frankfurt a. M., Insel Verlag, 2003.
- *Ein Prinz der Bohème. Pariser Novellen*, Berlin, Rowohlt Verlag, 1953.

Baroche, Céleste, *Second Empire*. Notes et souvenirs de seize ans (1855–1871), G. Crès, 1921.

Baudelaire, Charles,
- *Œuvres completes*, 2 Bde., hrsg. von Claude Pichois, Gallimard (Bibl. de la Pléïade), 1975 f.
- *Correspondance*, hrsg. von Claude Pichois, 2 Bde., Gallimard (Bibl. de la Pléïade), 1973.

– *Die Blumen des Bösen/Les Fleurs du Mal*, übers. und hrsg. von Friedhelm Kemp, München, dtv, 1991.
– *Die Blumen des Bösen/Les Fleurs du Mal*, übers. von Stefan Wehrle, Reinbek bei Hamburg, Rowohlt Verlag, 2017.
– *Die Blumen des Bösen*, übers. von Stefan George, http://www.zeno.org/Literatur/M/George,+Stefan/Gesamtausgabe+der+Werke/Baudelaire.+Die+Blumen+des+Bösen, Abruf 26. 8. 2018.

Beauharnais, Hortense de/Laborde, Alexandre de, *Partant pour la Syrie* (um 1807, https://www.napoleon.org/magazine/plaisirs-napoleoniens/partant-pour-la-syrie-ou-le-beau-dunois, Abruf 22. 2. 2019.

Béranger, Pierre-Jean de, https://fr.wikisource.org/wiki/Chansons_anciennes_et_posthumes_de_Pierre-Jean_de_Béranger/Table, Abruf 25. 4. 2019.

Bismarck, Otto von, *Gedanken und Erinnerungen*, Berlin, Cotta'sche Verlagsbuchhandlung, 1898, Stuttgart und Berlin, ebd., 1921/22.

Blum, Ernest/Huart, Louis (zugeschrieben), *Mémoires de Rigolboche*, Denu, 1860.

Bonaparte, Louis-Napoléon,
– *Œuvres*, 5 Bde., Plon-Amyot, 1854–1869.
– *Correspondance*, https://gallica.bnf.fr/ark:/12148/bpt6k63323895, Abruf 30. 3. 2019.
– *Canal of Nicaragua or A Project to Connect the Atlantic and Pacific Oceans by Means of a Canal*, London, Mill & Son, 1846.
– *Extinction du paupérisme*, Pagnerre, 1844.
– *Des Idées napoléoniennes*, Plon, 1860.
– *Histoire de Jules César*, 2 Bde., Plon, 1865–66.

Bonaparte, Napoléon Joseph (Plon-Plon), *Rapport sur L'Esposition Universelle de 1855*, https://gallica.bnf.fr/ark:/12148/bpt6k6522892k.texteImage, Abruf 23. 9. 2018.

B. R., *Guide du promeneur aux barrières et dans les environs de Paris*, 1851, https://gallica.bnf.fr/ark:/12148/bpt6k132391v/f147.texteImage, Abruf 24. 4. 2019.

Breton, André, »Le message automatique«, *Minotaure*, No. 3–4, 1933, S. 54–65.

Castelot, André (Hrsg.), *La féerie impériale. Le Second Empire vu par les témoins*, textes présentés par A. C., Rennes, Perrin, 1962.

Champfleury, Jules, *Le Réalisme* (1857), Genf, Éditions Slatkine, 1967.

Chapus, Eugène, *De Paris au Havre, Guides itinéraires*, Éditions Hachette, 1855.

Chincholle, Charles, »Obsèques de Gustave Flaubert«, *Le Figaro*, 12. Mai 1880, https://flaubert.univ-rouen.fr/biographie/necro_chincholle.php, Abruf 24. 4. 2019.

Civry, Eugène de, *Napoléon III et Abd-El-Kader, Charlemagne et Viking. Étude historique et politique. Biographie de l'émir, contenant un grand nombre de lettres et de documents inédits*, P. Martinon, 1853.

Colet, Louise,
– *Lui* (1859), Genf, Éditions Slatkine, 1973.
– *Les Pays lumineux – Voyage en Orient*, E. Dentu, Neuausgabe *Les Pays Lumineux – Voyage d'une femme de lettres en Haute Égypte*, Éditions Cosmopole, 2005 und 2009.

Courbet, Gustave, *Correspondance*, hrsg. von Chu, Petra ten-Doesschate, Flammarion, 1996.

Cowley, Henry Richard Charles Wellesley, 1st Earl of C., *The Paris Embassy During the Second Empire*, Selections From the Papers, hrsg. von Frederick Arthur Wellesley, London, Butterworth, 1928.

D'Abrest, Paul, »Courbet und die Vendôme-Säule«, *Die Gartenlaube*, Heft 9, S. 148 ff., Leipzig 1878.

D'Ambès, Baron, *Mémoires inédits de Napoléon III*, Sociétés des publications littéraires illustrées, o. J.

De Amicis, Edmondo, *Paris. Erinnerungen an eine Weltstadt.* (Ricordi di Parigi, 1879). Ausgewählt, übersetzt und mit einem Vorwort von Annette Kopetzki, Wiesbaden, Corso Verlag, 2017.

Delacroix, Eugène,

- *Journal* 1822–1863, hrsg. von Régis Labourdette, Paris, Plon, 1981 (hrsg. von Horst Platschek, Frankfurt a. M./Leipzig, Insel Verlag, 1991).
- *Lettres*, 1815–1863, https://gallica.bnf.fr/ark:/12148/bpt6k205063z.texteImage, Abruf 25. 4. 2019.

De Lano, Pierre, *La Cour de Napoléon III* (1892), https://archive.org/details/lacourdenapolo00lanouoft/page/n6, Abruf 12. 12. 2018.

Dostojewski, Fjodor, »La Mort de George Sand«, *Journal d'un écrivain*, Juni 1876, übers. von J.-Wladimir Bienstock und John-Antoine Nau, Bibliothèque-Charpentier, 1904.

Doyle, Sir Arthur Conan, The *History of Spiritualism*, 2 Bde., London/New York, Cassel and Company Ltd., 1926/27.

Du Bled, Victor, *La société française depuis cent ans: Quelques salons du Second Empire*, Bloud et Guy, 1923.

Du Camp, Maxime,

- *Souvenirs d'un demi-siècle*, 2 Bde.: 1830–1870, 1870–1882, Éditions Hachette, 1949.
- *Souvenirs littéraires*, Éditions Hachette, 1882.

Dumas, Alexandre d. Ä.,

- *Les Mohicans de Paris* (1854–1859), https://beq.ebooksgratuits.com/vents/Dumas-Mohicans-1.pdf, Abruf 25. 4. 2019.
- *Les Trois Mousquetaires*, Michel Lévy, 1868.
- *Die drei Musketiere*, übers. von Maurice Leloir, Augsburg, Weltbild, 2012.
- *Mémoires de Garibaldi*, Michel Lévy, 1861, sowie Brüssel, Meline, Cans et Cie., 1961 (mit dem Vorwort von Victor Hugo und einer Einleitung von George Sand).

Dumas, Alexandre d. J.,

- *Le Demi-monde*, Michel Lévy, 1855.
- *La Dame aux camélias*, Michel Lévy, 1872.
- *Die Kameliendame*, übers. von Andrea Springler, Berlin, Insel Verlag, 2012.

Dunant, Henri, *Erinnerung an Solferino*, Basel, H. Georg, 1862.

Échenoz,

- *14*, Les Éditions de Minuit, 2014.
- *14*, Berlin, Hanser Berlin im Carl Hanser Verlag, 2014.

Enfantin, Barthélémy Prosper, *Colonisation de l'Algérie* (1843), Éditions Hachette, 2018.

Ferry, Jules, *Les Comptes fantastiques d'Haussmann* (1868), https://gallica.bnf.fr/ark:/12148/bpt6k5475f/f2.image.texteImage, Abruf 10. 10. 2018.

Flaubert, Gustave,

- *Œuvres*, 2 Bde., hrsg. von Albert Thibaudet/René Dumesnil, Gallimard (Bibl. de la Pléïade), 1951–1952 (*Œuvres complètes*, 5 Bde., hrsg. von Claudine Gothot-Mersch et al., ebd., 2001–2007)
- »Mademoiselle Rachel«, https://fr.wikisource.org/wiki/Mademoiselle Rachel, Abruf 31. 3. 2019.
- *Madame Bovary. Sitten in der Provinz*, neu übers. von Elisabeth Edl, München, dtv, 2014.
- *Salammbô*, übers. von Friedrich von Oppeln-Bronikowski, Zürich, Diogenes Verlag, 2005.
- *Lehrjahre des Gefühls*, übers. von Paul Wiegler, Frankfurt a. M., dtv, 1977.
- *Die Versuchung des Heiligen Antonius*, übers. von Felix Paul Greve, Zürich, Diogenes Verlag, 2005.
- *Drei Geschichten*, übers. von Elisabeth Edl, München, Carl Hanser Verlag, 2017.
- *Correspondance*, 5 Bde., hrsg. von Jean Bruneau, Gallimard (Bibl. de la Pléiade), 1973–2007.
- *Die Briefe an Louise Colet*, übers. und mit Anmerkungen von Cornelia Hasting, Zürich, Haffmans Verlag, 1995.
- *Der Briefwechsel mit den Brüdern Edmond und Jules de Goncourt*, übers. und mit Anm. von Cornelia Hasting, Frankfurt a. M., Haffmans Verlag bei Zweitausendeins, 2004.
- *Briefe*, hrsg. und übers. von Helmut Scheffel, Zürich, Diogenes Verlag, 1977.
- *Gustave Flaubert. George Sand. Eine Freundschaft in Briefen*, hrsg. und erläutert von Alphonse Jacobs, übers. von Annette Lallemand, Helmut und Tobias Scheffel, München, Verlag C. H. Beck, 1992.
- *Carnets de travail*, hrsg. von Pierre-Marc de Biasi, Les Plans sur Bex (CH), Éditions Balland, 1988.

Fontane, Theodor, *Aus den Tagen der Occupation: eine Osterreise durch Nordfrankreich und Elsass-Lothringen 1871*, Berlin, Verlag v. Decker, 1872, https://reader.digitale-sammlungen.de/de/fs1/object/display/bsb11008429_00005.html, Abruf 1. 5. 2019.

Fournier, Édouard, *Paris démoli* (1855), https://gallica.bnf.fr/ark:/12148/bpt6k63861930.texteImage, Abruf 20. 5. 2017.

Fréval, Jules, *le Secret de Troppmann, roman de révélations*, Librairie populaire, 1887.

Garibaldi, Giuseppe, *Memorie Autobiografiche*, Florenz, G. Barbera, 1888.

Gaultier, Jules de, *Le Bovarysme*, L. Cerf, 1892.

Gautier, Théophile,

- *Les Beaux-Arts en Europe*, Michel Lévy, 1855.
- *Spirite*, hrsg. von Anne Geisler-Szmulewicz, Wimereux, Éditions du Sagittaire, 2010.
- *Quand on voyage.* Cherbourg: inauguration du bassin Napoléon, Michel Lévy, 1865, S. 55–57.

- *Vente du mobilier de Victor* Hugo, *La Presse*, 7. Juni 1852, https://fr.wikisource.org/wiki/Vente_du_mobilier_de_Victor_Hugo_(Th._Gautier,_1852), Abruf 23. 11. 2018.
- *Gautier journaliste. Articles et chroniques*, hrsg. von Patrick Berthier, Flammarion/GF, 2011.

Goncourt, Edmond und Jules,
- *En 18 …* (1851), Flammarion, 1929.
- *Journal. Mémoires de la vie littéraire* (1851–1896), hrsg. von Robert Ricatte, 22 Bde., Monaco, Imprimerie Nationale, 1956–1958.
- *Journal*, hrsg. von Jean-Louis Cabanès, bisher 3 Bde., Champion, 2005 f.
- *Journal. Erinnerungen aus dem literarischen Leben*, Leipzig, Haffmans Verlag bei Zweitausendeins, 2013.
- *La Maison d'un artiste*, Paris, G. Charpentier, 2 Bde., 1881, neu hrsg. von Dominique Pery/Christian Galantaris, 2 Bde., Dijon, L'Echelle de Jacob, 2003.
- *Charles Demailly/Les gens de lettres* (1860), Flammarion/GF, 2007.
- *La Peinture à l'Exposition de 1855*, E. Dentu, 1855.
- *La Femme du XVIIIe siècle* (1862), https://gallica.bnf.fr/ark:/12148/bpt6k1148903/f55, Abruf 24. 4. 2019.
- *Manette Salomon*, 1867, Union Générale d'Éd., 1979.
- *Manette Salomon*, übers. von Caroline Vollmann, Berlin, Die Andere Bibliothek, 2017.
- *Madame Gervaise* (1869), Paris, Flammarion, 1923.
- *Madame Gervaise*, übers. von Hugo Meier, Zürich, Manesse Verlag, 1990.
- *Germinie Lacerteux* (1865), Union Générale d'Éd., 1979.
- *Das Dienstmädchen Germinie*, übers. von Bernhard Jolles, Dresden, Kaden Verlag, 1930.
- *Sœur Philomène* (1861), Flammarion/Pasquelle, 1922.
- *Idées et sensations*, A. Lacroix, Verboeckhoven et cie., 1866.

Guéronnière, Arthur de la, *L'Empereur Napoléon III et l'Italie*, E. Dentu, 1859.

Hachette, L. et Cie, *Bibliothèque des chemins de fer*, 1853.

Haussmann, Georges-Eugène, *Mémoires*, 3 Bde., Victor Havard, 1890.

Heine, Heinrich,
- »Delacroix«, *Cottas Morgenblatt*, Nr. 260, 31. Oktober 1831, *Sämtliche Schriften*, hrsg. von Klaus Briegleb, Bd. 5, München, Carl Hanser Verlag, 1976, S. 39–41.
- *De la France* (1857), https://gallica.bnf.fr/ark:/12148/bpt6k272229b.texteImage, Abruf 24. 4. 2019.

Hoddis, Jakob van, »Weltende« (1911), *Weltende. Die zu Lebzeiten veröffentlichten Gedichte*, hrsg. von Paul Raabe, Zürich, Arche Verlag, 2001.

Hübner, Joseph Alexander Graf von, *Neun Jahre der Erinnerungen eines österreichischen Botschafters in Paris unter dem Zweiten Kaiserreich 1851–1859*, 2 Bde., Berlin, Verlag Gebrüder Paetel, 1904.

Hugo, Adèle, *Le journal d'Adèle Hugo*, hrsg. von Frances Vernon Guilles, 4 Bde., Lettres Modernes-Minard, 1995–2002.

Hugo, Victor,
- *Napoléon le petit* (1852 f.), https://gallica.bnf.fr/ark:/12148/bpt6k5406147k/f12.image.texteImage, Abruf 12. 12. 2018.
- *Œuvres poétiques*, Bd. 2 (»Les Châtiments«, »Les Contemplations«), Bd. 3 (darin »*L'Année terrible*«), hrsg. von Pierre Albouy, Gallimard (Bibl. de la Pléïade), 1967, 1974.
- *Carnets intimes, 1870–1871*, Gallimard, 1953.
- *Choses vues*, nouvelle série, Calmann-Lévy, 1900; *Choses Vues. Extraits des carnets*, 2ième série (1913), https://fr.wikisource.org/wiki/Choses_vues/Extraits_des_Carnets/1871, Abruf 24. 4. 2019.
- *La Légende des siècles*, Gallimard (Bibl. de la Pléïade), 1950.
- *Notre-Dame-de-Paris*, hrsg. von Yves Gohin/Jacques Seebacher, Gallimard (Bibl. de la Pléïade), 1975.
- *Der Glöckner von Notre-Dame*, übers. von Hugo Meier, Frankfurt a. M., S. Fischer Verlag, 2012.
- *Les Misérables*, hrsg. von Émile Scépi, Gallimard (Bibl. de la Pléïade), 2018.
- *Die Elenden*, übers. von Hugo Meier, Zürich, Manesse Verlag, 1985.
- *Les Travailleurs de la mer*, hrsg. von Yves Gohin/Jacques Seebacher, Gallimard (Bibl. de la Pléïade), 1975.
- *Die Arbeiter des Meeres*, übers. von Rainer G. Schmidt, Hamburg, Mare Verlag, 2017.
- *Le Livre des tables. Les séances spirites de Jersey*, hrsg. von Patrice Boivin, Gallimard (Folio), 2014.
- *Le Rhin*, 4 Bde., Éditions Hachette, 1858.
- *Der Rhein*, hrsg. und übers. von Annette Seemann, Berlin, Insel Verlag, 2010.

Huysmans, Joris-Karl,
- *A rebours* (1884), Fasquelle, 1972.
- *Gegen den Strich*, übers. von Hans Jacob, Zürich, Diogenes Verlag, 1981.
- *Wider die Natur*, übers. von Caroline Vollmann, Leipzig, Zweitausendeins, 2015.

Kurbjuweit, Dirk, *Die Freiheit der Emma Herwegh*, München, Carl Hanser Verlag, 2017.

Lepage, Auguste, *Les Dîners artistiques et littéraires de Paris*, Frinzine, Klein & Cie Editeurs, 1884.

Louet, Ernest, *Expédition de Syrie. Beyrouth – Le Liban – Jérusalem 1860–1861. Notes et souvenirs*, Amyot Editeur, 1862.

Mann, Heinrich,
- *Eugénie oder die Bürgerzeit* (1928), Hamburg, Claassen Verlag, 1961.
- *Eine Freundschaft. Gustave Flaubert und George Sand* (1906), München/Wien, Carl Hanser Verlag, 1976.

Manzoni, Alessandro,
- *I promessi sposi* (1827, 1840–42), hrsg. von Gabriella Mezzanotte, Mailand, Mondadori, 1990.
- *Die Brautleute*, übers. von Burkhart Kroeber, München, Carl Hanser Verlag, 2000.

Martinet, André, *Le Prince impérial*, 1856–1879, Léon Chailley Éditeur, 1895, https://archive.org/details/leprinceimpria00mart/page/n10, Abruf 15. 4. 2018.

Marx, Karl,
- *Der 18. Brumaire des Louis Bonaparte*, in: Karl Marx/Friedrich Engels, *Werke* (*MEW*), Bd. 8, Berlin (Ost), Dietz Verlag, 1975, S. 111–207.
- *Das Manifest der kommunistischen Partei*, *MEW* 4, ebd., 1972, S. 459–493.
- *Das Kapital*, Bd. 1, *MEW* 23, Berlin (Ost), Dietz Verlag, 1979.
- *Briefwechsel* Marx/Engels, https://archive.org/details/derbriefwechsel00marx-goog/page/n8, Abruf, 22. 4. 2019.
- *The Civil War in France*, https://www.marxists.org/archive/marx/works/1871/civil-war-france/index.htm, Abruf 22. 4. 2019.
- »Debatten über das Holzdiebstahlsgesetz«, *Rheinische Zeitung*, 25. Oktober bis 3. November 1842 (fünf Artikel), *MEW* 1, 1976, S. 109–147.
- »Kirchliche Agitation – Eine Demonstration im Hyde Park«, *Neue Oder-Zeitung*, Nr. 295 vom 28. Juni 1855, *MEW* 11, S. 322–327.

-, »Geschichte des Opiumhandels«, *New York Daily Tribune*, 31. August 1858, *MEW* 12, S. 549–552.

Mérimée, Prosper,
- *Carmen* (1847), Pocket, 2005.
- *Carmen*, übers. von Kristian Wachinger, Berlin, Insel Verlag, 2014.
- Mémoires *anecdotiques sur les salons du Second Empire*, von seinem Sohn E. Ménière veröffentlicht, Plon, 1903.
- *Correspondance Générale*, hrsg. von Maurice Parturier, 2. Serie, Bd. 1, Toulouse, Édouard Privat, 1953.

Metternich, Pauline von,
- *Erinnerungen*, hrsg. von Lorenz Mikoletzky, Wien, Ueberreuter Verlag, 1988.
- *Je ne suis pas jolie, je suis pire. Souvenirs 1859–1871*, hrsg. von Georges Poisson, Livre de poche, 2010 (Éditions Thallandier, 2008).

Michelet, Jules, *Histoire de la Révolution Française* (1848–1853), 2 Bde., hrsg. von Paule Petitier, Gallimard (Bibl. de la Pléïade), 2012, 2019.

Montaigne, Michel de, *Essais*, 2 Bde., hrsg. von Michel Rat, Éditions Garnier Frères, 1962.

Motet, Auguste, *L'ambulance militaire de Reuilly, annexe du Val-de-Grâce: siège de Paris, 1870–1871*, A. Delahaye, 1872.

Mundt, Theodor, »Umfassende Bauunternehmungen in Paris« (1857), *Deutsche Berichte aus Paris*, hrsg. von Gerhard R. Kaiser, S. 230 ff.

Murger, Henri,
- *Scènes de la vie de bohème* (1847–49), Gallimard, 1988.
- *Bohème. Szenen aus dem Pariser Leben*, übers. von Inge Linden, Göttingen, Steidl Verlag, 2001.

Musset, Alfred de, *Un Spectacle dans un fauteuil*, Librairie d'Eugène Renduel, 1833.

Napoleon, www.Napoleon.org (Dokumente und Collectif).

Nicolardot, Louis, *Confession de Sainte-Beuve*, E. Rouveyre et Blond, 1882. https://gallica.bnf.fr/ark:/12148/bpt6k209388k.texteImage, Abruf 12. 10. 2018.

Nietzsche, Friedrich, *Der Fall Wagner. Götzen-Dämmerung* u. a., hrsg. von Giorgio Colli/Mazzino Montinari, Berlin/New York, dtv/De Gruyter, 1999.

Offenbach, Jacques/Halévy, Ludovic,
- *Ba-ta-clan*, Uraufführung: *Théatre des Bouffes Parisiens*, 29. Dezember 1855.
- Crémieux, Hector, *Orphée aux enfers*, Uraufführung: ebd., 21. Oktober 1858.
- Meillac, Henri, *La vie parisienne*, Uraufführung: Théâtre du Palais-Royal, 31. Oktober 1866.
- *La grande Duchesse de Gerolstein*, Uraufführung: Théâtre des Variétés, 12. April 1867.

Orsini, Felice, *Memorie politiche di Felice Orsini, scritte da lui medesimo e dedicata alla Gioventù italiana*, Lugano, Giuseppe Fioratti, 1860.

Poe, Edgar Allan, »The Man of the Crowd«, *The Complete Stories*, introduction, bibliography and chronology by John Seelye, London, David Campbell Publishers Ltd., 1992, S. 442–451.

Prévost-Paradol, Louis-Anatole, *La France nouvelle*, Michel Lévy, 1868.

Primoli, Joseph Napoléon Comte de, *Gustave Flaubert chez la Princesse Mathilde. Souvenirs d'une soirée à Saint Gratien*, http://www.bmlisieux.com, o. S., Abruf 30. 9. 2017.

Proust, Antonin,
- *Edouard Manet, Souvenirs*, Renouard, 1913.
- *Edouard Manet. Erinnerungen*, Berlin, Bruno Cassirer Verlag, 1929.
- »Erinnerungen an Edouard Manet«, in: *Kunst und Künstler. Illustrierte Monatsschrift für bildende Kunst und Kunstgewerbe*, Nr. 11, 1913, https://virt-sem-app.fbkultur.uni-hamburg.de/VSA-SS-15/Proust_Souvenirs.pdf, Abruf 24. 4. 2019.

Proust, Marcel,
- *A la recherche du temps perdu* (1913–1927), 4 Bde., hrsg. von Jean-Yves Tadié, Gallimard (Bibl. de la Pléiade), 1987–89.
- *Auf der Suche nach der verlorenen Zeit*, 7 Bde., übers. von Eva Rechel-Mertens, hrsg. von Luzius Keller, Berlin, Suhrkamp Verlag, 2011.

Renan, Ernest, *Mission de Phénicie*, Imprimerie impériale, 1864.

Renoir, Jean, *La Bête humaine* (Film), Frankreich, 1938.

Robin, Charles, *Inondations de 1856. Voyage de l'Empereur*, Garnier Frères, 1856.

Rodenberg, Julius, *Paris bei Sonnenschein und Lampenlicht: ein Skizzenbuch zur Weltausstellung 1867*, Leipzig, Brockhaus, 1867, https://digi.ub.uni-heidelberg.de/diglit/rodenberg1867, Abruf 1. 5. 2019.

Rossini, Gioachino, *Hymne à Napoléon III et son vaillant peuple* (offizielle Hymne der Weltausstellung 1867).

Roth, Joseph, *Radetzkymarsch* (1932), Zürich, Manesse Verlag, 2010.

Sainte-Beuve, Charles-Augustin,
- https://flaubert.univ-rouen.fr/etudes/madame_bovary/mb_sai.php, Abruf 23. 4. 2019.
- https://flaubert.univ-rouen.fr/etudes/salammbo/sal_sai1.php, Abruf 23. 4. 2019.

Saint-Félix, René de, *Voyage de S. M. L'Empereur Napoléon III en Algérie*, Eug. Puck Éditeur, 1865.

Sand, George,
- *Correspondance*, 26 Bde., hrsg. von Georges Lubin, Classiques Garnier (Bde. 1–25), 1964–91; Tusson, Du Lérot Éditeur (Bd. 26), 1995.
- *Briefe* (Auswahl), übers. von Liselotte Ronte, München, Winkler Verlag, 1982.
- *Un hiver à Majorque* (1842), Paris, Livre de Poche, 1996.

- *Ein Winter auf Mallorca*, übers. von Alexandra Wilms, Palma, Real Cartuja de Valldemossa, 2014.
- *Elle et Lui* (1859), Éditions du Seuil, 2008.
- *Sie und Er*, übers. von Liselotte Ronte, München, Winkler Verlag, 1982.
- *Garibaldi*, A. Bourdilliat et Cie. Éditeurs, 1860, https://fr.wikisource.org/wiki/Garibaldi, Abruf 30. 2. 2019.
- *La Ville noire* (1862), hrsg. von Jean Courrier, Grenoble, Presses universitaires de Grenoble, 1978.
- *Histoire de ma vie* (1855), Livre de Poche, 2004.
- »Le réalisme«, *Courrier de Paris*, Nr. 7., Juli 1857, http://flaubert.univ-rouen.fr/etudes/madame_bovary/mb_san.php, Abruf 4. 3. 2019.
- Souvenirs et idées (postum 1904), Calmann-Lévy Éditeurs, o. Jg.
- »La Rêverie«, *Paris-Guide*; auch in: Sand, *La Coupe, Lupo Liverani, Le Toast, Garnier, Le Contrebandier, La Rêverie à Paris*, Calmann-Lévy Éditeurs, 1876, S. 299–318.

Smyth, Ethel, *Streaks of Life*, London, Longmans, Green and Co., 1921, https://archive.org/details/streaksoflife00smytuoft/page/n7

Smith, Patti, *Charleville. Land 250*, Fondation Cartier pour l'Art contemporain, 2008.

Stendhal,
- *La Chartreuse de Parme* (1839), hrsg. von Mariella di Maio, Gallimard, 2004.
- *Die Kartause von Parma*, übers. von Walter Widmer, Frankfurt a. M., Insel Verlag, 1978.

Sue, Eugène,
- *Les Mystères de Paris* (1842–43), hrsg. von Francis Lacassin, Robert Laffont, 1999.
- *Die Geheimnisse von Paris*, übers. von Helmuth Kossodo, Frankfurt a. M., Insel Verlag, 1988.
- *Les Mystères du peuple ou Histoire d'une famille de prolétaires à travers les âges* (1849–57), Deforges, 1977.
- *Die Geheimnisse des Volks: Oder, Geschichte einer Proletarier-Familie durch die Zeitalter*, Auszüge (1851), übers. von Dr. August Zoller, https://reader.digitale-sammlungen.de/de/fs1/object/display/bsb10572956_00005.html, Abruf 11. 12. 2018.

Suttner, Bertha von, *Die Waffen nieder! Eine Lebensgeschichte*, 2 Bde., Dresden, Pierson, 1895.

Taine, Hippolyte,
- *De l'Intelligence* (1870), 2 Bde., hrsg. von Serge Nicolas, L'Harmattan, 2005.
- *Der Verstand*, übers. von L. Siegried, Bonn, E. Strauss, 1880, https://catalog.hathitrust.org/Record/100517593, Abruf 2. 5. 2018.

Thome, Stephan, *Gott der Barbaren*, Berlin, Suhrkamp Verlag, 2018.

Tocqueville, Alexis de,
- *Souvenirs*, Paris, Calmann-Lévy Éditeurs, 1893.
- *Erinnerungen*, mit einer Einleitung von Carl J. Burckhardt, Stuttgart, Köhler Verlag, 1954.

Turgenev, Ivan, *L'Exécution de Troppmann* (1870), https://archive.org/details/LExecutionDeTroppmann, Abruf 22. 4. 2019.

Ulbach, Louis (Hrsg.), *Paris Guide*, par les principaux écrivains et artistes de la France, Librairie internationale, A. Lacroix, Verboeckhoven et Cie. Éditeurs, Brüssel, Leipzig und Livorno, 1867.

Verne, Jules,

- *Hector Servadac. Voyages extraordinaires* (1877), Éditions Hachette, 1990.
- *Reise durch die Sonnenwelt*, übers. von Lothar Baier, Frankfurt a. M., S. Fischer Verlag, 1987.
- *De la terre à la lune, trajet direct en 97 heures 20 minutes* (1865), Éditions Hachette, 1978.
- *Von der Erde zum Mond*, übers. von Manfred Kottmann, Frankfurt a. M., S. Fischer Verlag, 1996.

Victoria (Queen of England), *Leaves from a Journal*, Introduction by Raymond Mortimer, London, Andre Deutsch Limited, 1961.

Viel-Castel, Horace de, *Mémoires sur le règne de Napoléon III* (*1851–1864*), 6 Bde., Tous les libraires, 1883.

Villedeuil, (Pierre Charles) Laurent de, *Paris à l'envers*, Librairie nouvelle, 1853.

Waal, Edmund De, *Die weiße Straße. Auf den Spuren meiner Leidenschaft*, übers. von Brigitte Hilzensauer, Wien, Paul Zsolnay Verlag, 2016.

Wagner, Richard/Nuitter, Charles, *Tannhäuser* (Pariser Fassung), Uraufführung: Opéra/Salle Le Pelerier, 13. März 1861.

Wellesley, Victor, Sir/Sencourt, Robert, *Conversations with Napoleon III: A Collection of Documents, Mostly Unpublished an Almost Entirely Diplomatic*, London, E. Benn Ltd., 1932.

Werfel, Franz (1941) *Das Lied von Bernadette*, hrsg. von Knut Beck, Frankfurt a. M., S. Fischer Verlag, 1989.

Zola, Émile,

- *Les Rougon-Macquart. Histoire naturelle et sociale d'une famille sous le Second Empire* (20 Romane: 1871–1893), 5 Bde., hrsg. von Arnaud Lanoux/Henri Mitterrand, Gallimard (Bibl. de la Pléïade), 1960–67.
- Thérèse Raquin (1868), hrsg. von Matthieu Baumier, Pocket, 2019.
- Thérèse Raquin, übers. von Wolfgang Tschöke, München, dtv, 2008.
- *La Fortune des Rougon*, hrsg. von Gérard Gengembre, Pocket, 1999.
- *Das Glück der Familie Rougon*, übers. von Caroline Vollmann, Zürich, Manesse Verlag, 2003.
- *La Curée*, hrsg. von Marie-Thérèse Ligot, Pocket, 2009.
- *Die Beute*, übers. von Rita Schober, München, Winkler Verlag, 1974.
- *Le Ventre de Paris*, hrsg. von Henri Mitterand, Gallimard (Folio), 1984.
- *Der Bauch von Paris*, übers. von Armin Schwarz, Altenmünster, Jazzybee Verlag, 2015.
- *Son Excellence Eugène Rougon*, hrsg. von Gérard Gengembre, Pocket, 1999.
- *Seine Exzellenz Eugène Rougon*, übertragen von Hilda Westphal, München, Winkler Verlag, 1975.
- *L'Assommoir*, hrsg. von Gérard Gengembre, Pocket, 1990.
- *Der Totschläger*, übers. von Franz Blei, Bremen, Europäischer Literaturverlag, 2013.

- *Nana*, hrsg. von Pierre-Louis Rey, Pocket, 1993.
- *Nana*, übers. von Erich Marx, Frankfurt a. M., Suhrkamp Verlag, 1998.
- *Au Bonheur des Dames*, Paris, hrsg. von Marc Robert, Hatier, 2007.
- *Das Paradies der Damen*, übers. von Hilda Westphal, München, dtv, 2013.
- *Germinal*, hrsg. von Gérard Gengembre, Pocket, 2009.
- *Germinal*, übers. von Caroline Vollmann, Zürich, Manesse Verlag, 2002.
- *L'Œuvre*, hrsg. von Pierre-Louis Rey/Gérard Gengembre, Pocket, 2009.
- *Das Werk*, übertragen von Hans Balzer, München, Winkler Verlag, 1976.
- *La Bête humaine*, hrsg. von Marie-Thérèse Ligot, Pocket, 2009.
- *Die Bestie im Menschen*, übers. von Armin Schwarz, Altenmünster, Jazzybee Verlag, 2016.
- *L'Argent*, hrsg. von Gérard Gengembre, Pocket, 2009.
- *Das Geld*, übers. von Wolfgang Günther, München, Winkler Verlag, 1977.
- *La Débâcle*, hrsg. von Henri Mitterand, Gallimard (Folio), 1984.
- *Der Zusammenbruch*, übers. von Hans Balzer, München, Winkler Verlag, 1977.
- »*Lourdes*« (1894). *Les Trois villes*, https://beq.ebooksgratuits.com/vents/zola-lourdes.pdf, Abruf 25. 2. 2019.
- »Aux champs« (1878), *Contes et Nouvelles*, Hrsg. Roger Ripoli, Gallimard (Bibl. de la Pléïade), 1976, S. 862–882.
- »Nos peintres au Champ de Mars«, *La Situation*, 1. Juli 1867, http://www.cahiers-naturalistes.com/Salons/01-07-67.html, Abruf 27. 4. 2019.
- »Mes souvenirs sur Gustave Flaubert«, *Le Figaro*, 11. Dezember 1880, https://flaubert.univ-rouen.fr/etudes/zola_figaro_1880.php, Abruf 24. 4. 2019.
- Cézanne, Paul, *Lettres croisées. 1857–1887*, hrsg. von Henri Mitterand, Gallimard, 2016.
- »J'accuse« (13. Januar 1898), https://fr.wikisource.org/wiki/J'accuse…!, Abruf 25. 2. 2019.
- »Ich klage an«, https://www.yunus-rigo-prozess.de/fileadmin/user_upload/yunus-rigo-prozess/presse_ofline/029_Zola_emile.pdf, Abruf 25. 2. 2019.
- *Zola journaliste. Articles et chroniques*, hrsg. von Adeline Wrona, Paris, Flammarion/GF, 2011.

Berücksichtigte zeitgenössische Zeitungen und Zeitschriften

Viele der französischen Zeitungen sind ganz oder teilweise auf Gallica, BNF, digitalisiert.

L'Aimable Faubourien, journal de la canaille – vendu par la crapule et acheté par les honnêtes gens, 1848
L'Artiste, 1831–1904

Le Boulevard, 1861 – 1863
Le Charivari, 1832 – 1937
Le Constitutionnel, 1819 – 1914
Cottas Morgenblatt, Stuttgart/Tübingen, 1807 – 1865
Der Demokrat, Berlin, Zeitschrift des Wilhelminischen Deutschland.
L'Éclair, 1852 – 1853
Le Figaro, 1834 – heute
Fremdenblatt, Wien, 1847 – 1919
La Gazette des Beaux-Arts, 1859 – 2002
La Gazette des Tribunaux, 1825 – 1955
Le Globe, 1824 – 1832
The Guardian, London, 1821 – heute
Le Journal amusant, 1856 – 1933
Le Journal des débats, 1798 – 1901
London Magazine, London, 1732 – heute
Le Moniteur universel, 1798 – 1901
The Morning Post, London, 1772 – 1937
New York Daily News, New York, 1855 – 1906
Le Paris, 1852 – 1853
La Patrie, 1841 – 1937
Le Pays, 1849 – 1914
Le Petit Journal, 1863 – 1944
Le Petit Journal illustré, 1864 – 1944
Le Portefeuille de l'amateur, 1857 – 1908
La Presse, 1836 – 1952
Punch (*The London Charivari*), 1841 – 1992
La Revue de Paris, 1829 – 1970
La Revue des Deux Mondes, 1829 – heute
Norddeutsche Allgemeine Zeitung, Berlin, 1861 – 1918
Rheinische Zeitung, Köln, 1842 – 1843
Le Rappel, 1869 – 1933
Le Siècle, 1836 – 1932
The Times, London, 1785 – heute
L'Univers, 1833 – 1919

Sekundärliteratur (in Auswahl)

Abulafia, David, *Das Mittelmeer. Eine Biografie*, Frankfurt a. M., S. Fischer Verlag, 2013.
Adli, Mazda, *Stress and the City. Warum Städte uns krank machen. Und warum sie trotzdem gut für uns sind*, München, C. Bertelsmann Verlag, 2017.
Ageron, Charles-Robert, *De l'Algérie française à l'Algérie algérienne*, Bd. 1, Saint-Denis, Éditions Bouchène, 2005.

Sekundärliteratur (in Auswahl)

Allard, Sébastien/Collectif (Hrsg.), *Delacroix*, Hazan/Musées nationaux, 2018.
Albert, Nicole G., *La Castiglione. Vies et métamorphoses*, Perrin, 2011.
Allem, Maurice, *La Vie quotidienne sous le Second Empire*, Éditions Hachette, 1948.
Amic, Sylvain/Collectif (Hrsg.), *Les Bohèmes*. De Léonard de Vinci à Picasso, Musées nationaux, 2012.
Anceau, Éric,
- *George Sand et le pouvoir politique, du coup d'État du 2 décembre 1851 à la révolution du 4 septembre 1870*, in: Ders., *Terroir et histoire*, Presses universitaires de Rennes, https://books.openedition.org/pur/7814?lang=de, Abruf 26. 3. 2019.
- *Napoléon III. Un Saint-Simon à cheval*, Éditions Thalandier, 2008, 2012.
- »Aux origins de la guerre de 1870«, in: Benoistel, Mathilde (Hrsg.), *France-Allemagne(s)*, S. 49–55.

Andratschka, Thomas (Hrsg.), *Mythos Heimat. Worpswede und die europäischen Künstlerkolonien*, Dresden, Sandstein Verlag/Landesmuseum Hannover, 2016.
André-Maurois, Simone, *Miss Howard, la femme qui fit un empereur*, Gallimard, 1956.
Apraxine, Pierre (Hrsg.), *La Comtesse de Castiglione par elle-même*, Réunion des Musées Nationaux, 1999.
Assmann, Aleida, *Ist die Zeit aus den Fugen? Aufstieg und Fall des Zeitregimes der Moderne*, München, Carl Hanser Verlag, 2013.
Aubenas, Sylvie, *Des photographies pour l'empereur. Les albums de Napoléon III*, BNF Éditeur, 2004.
Audinet, Gérard (Hrsg.), *Entrée des médiums. Spiritisme et art de Hugo à Breton*, Paris Musées, 2012.
Avenel, Henri, *Histoire de la presse française depuis 1789 jusqu'à nos jours*, (Paris 1900), Reprint Éditions Hachette, 2016, https://gallica.bnf.fr/ark:/12148/bpt6k200089j, Abruf 28. 4. 2019.
Bach, Max, »Critique et politique. La Réception des *Misérables* en 1862«, *PMLA*, Vol. 77, no. 5 (Dez. 1962), S. 595–608.
Bailly, René/Fournier, Claude, »Rachel la Grande«, https://www.revuedesdeuxmondes.fr/wp-content/uploads/2016/11/7711b2f84aab1fc275cc0457a269e3f7.pdf, Abruf 18. 1. 2019.
Baguley, David (Hrsg.),
- *Art and Literature of the Second Empire*, Manchester, Manchester University Press, 2012.
- *Napoléon III and His Empire. An Extravaganza*, Baton Rouge, Louisiana State University Press, 2000.

Bailly, René/Fournier, Claude, https://www.revuedesdeuxmondes.fr/wp-content/uploads/2016/11/7711b2f84aab1fc275cc0457a269e3f7.pdf, Abruf 27. 4. 2019.
Baldick, Robert, *Dinner at Magny's*, London, Victor Gollancz Ltd., 1971.
Barth, Volker, *Mensch versus Welt. Die Pariser Weltausstellung von 1867*, Darmstadt, WBG, 2007.
Barthes, Roland,
- Mythologies, Éditions du Seuil, 1957.

– *Mythen des Alltags*, vollständige Ausgabe, übers. von Horst Brühmann, Frankfurt a. M., Suhrkamp Verlag, 2010.

Bartoli, Michel/Gény, Bernard, »Il était une fois ... Le bois mort dans les forêts françaises«. Histoire et territoires, *RFF*, no. 5, 2005, http://documents.irevues.inist.fr/handle/2042/5064, Abruf 12. 6. 2018.

Benjamin, Walter,

– »Charles Baudelaire. Ein Lyriker im Zeitalter des Hochkapitalismus«, *Gesammelte Schriften*, hrsg. von Rolf Tiedemann/Hermann Schweppenhäuser, Bd. I. 2, Frankfurt a. M., Suhrkamp Verlag, 1974, S. 509 – 691.

– *Das Passagen-Werk*, *GS.*, Band V,1/2, ebd., 1982.

Ben Mahmoud, Feriel, *Voyage dans l'empire colonial français*, Editions Place des Victoires, 2007.

Behrens, Rudolf, »›Fixer l'opinion publique‹. Funktion der ›cause célèbre‹ und Psychiatrisierung des Menschen im Vorfeld von Zolas *La Bête humaine*«, *RZLG/CHLR*, Jg. 37, 1/2 (2013), S. 133 – 154.

Benoistel, Mathilde/Collectif (Hrsg.), *France-Allemagne(s) 1870 – 1871. La guerre, la Commune, les mémoires*, Gallimard/Musée de l'Armée, 2017.

Berensen, Edward/Giloi, Eva (Hrsg.), *Constructing Charisma: Celebrity, Fame, and Power in 19th Century Europe*, 2010.

Bernardy, Françoise de, *Walewski*, Perrin, 1976.

Bierman, John, *Napoleon III and His Carnival Empire*, London, John Murray Publishers Ltd., 1989.

Blom, Philipp, *Der taumelnde Kontinent: Europa 1900 – 1914*, München, Carl Hanser Verlag, 2009.

Bollenbeck, Georg, »Industrialisierung und ästhetische Wahrnehmung. Bemerkungen zur Weltausstellung London 1851«, in: Drost, Wolfgang, *Fortschrittsglaube und Dekadenzbewusstsein*, Heidelberg, Universitätsverlag Winter, 1986, S. 289 – 298.

Boltanski, Luc/Esquerre, Arnaud,

– *Enrichissement, Une critique de la marchandise*, Gallimard, 2017.

– *Bereicherung*. Eine Kritik der Ware, übers. von Christine Pries, Berlin, Suhrkamp Verlag, 2018.

Boucheron, Patrick, *Histoire mondiale de la France*, Éditions du Seuil, 2017.

Bourdieu, Pierre,

– »L'Invention de la vie d'artiste«, in: *Actes de la recherche en sciences sociales*, Bd. I,2, 1972, S. 67 – 93.

– *Les Règles de l'art. Genès et structure du champ littéraire*, Éditions du Seuil, 1992.

– *Die Regeln der Kunst. Genese und Struktur des literarischen Feldes*, übers. von Achim Russer/Bernd Schwibs, Frankfurt a. M., Suhrkamp Verlag, 2008.

– *La Distinction. Critique sociale du jugement*, Éditions de Minuit, 1979.

– Die *feinen Unterschiede. Kritik der gesellschaftlichen Urteilskraft*, übers. von Bernd Schwibs/Achim Russer, Berlin, Suhrkamp Verlag, 2014.

– *Manet, une révolution symbolique*, Éditions Points, 2013.

– *Manet. Eine symbolische Revolution*, übers. von Achim Russer et al., Berlin, Suhrkamp Verlag, 2015.

Braudel, Fernand/Labrousse, Ernest (dir.), *Histoire économique et sociale de la France*, Bd. III (L'avènement de l'ère industrielle, 1789 – années 1880), Presses Universitaires de France, 1976.
Bronfen, Elisabeth/Straumann, Barbara, *Diva. Eine Geschichte der Bewunderung*, München, Schirmer und Mosel Verlag, 2002.
Brooks, Peter, *Flaubert in the Ruins of Paris*, New York, Basic Books, 2017.
Bruley, Yves,
- *La diplomatie du Sphinx. Napoléon III et sa politique internationale*, Éditions CLD, 2015.
- »L'Invention d'une diplomatie moderne? Le Second Empire et le Siam (1851–1861)«, *Revue du Souvenir Napoléonien*, hors-série no. 7, 2014, S. 14–21.

Bruyère-Ostells, Walter, *Napoléon III et le second Empire*, Librairie Vuibert, 2004.
Cabanès, Augustin, *Grands névropathes. Malades immortels*, 3 Bde., Albin Michel, 1930–1935. https://fr.wikisource.org/wiki/Grands_névropathes_(Cabanès), Abruf 13.3.2018.
Cabanès, Jean-Louis, »Le *Journal* des Goncourt. Entretien avec Françoise Simonet-Tenant«, in: *Genesis*, 2011, S. 127–131.
Calasso, Roberto, *Der Traum Baudelaires*, München, Carl Hanser Verlag, 2012.
Carameschi, Enzo, »Au Dîner Magny. Taine sous l'œil des frères Goncourt«, in: *Roman critique, lecteur en France au XIXe siècle*, Florenz, Edizioni Polystampa, 2001, S. 361–364.
Charle, Christophe, *Naissance des »intellectuels«, 1880–1900*, Éditions de Minuit, 1990.
Chauveau, Silvie, *Manet. Le secret*, Gallimard, *2014*.
Chevalier, Louis, *Classes laborieuses et classes dangereuses* (1958), Perrin, 2002.
Choisel, Francis, *la Deuxième République et le Second Empire au jour le jour*, CNRS Éditions, 2015.
Christiansen, Rupert, *Tales of the New Babylon. Paris in the Mid-19th Century*, London/Auckland, Minerva, 1995.
Clair, Jean (Hrsg.), *Crime et châtiment*, Gallimard, 2010.
Cogeval, Guy/Collectif (Hrsg.), *Spectaculaire Second Empire*, Éditions Skira/Musée d'Orsay, 2016.
Cointet, Jean-Paul, *Hippolyte Taine. Un regard sur la France*, Perrin, 2012.
Compagnon, Antoine, *Les antimodernes. De Joseph de Maistre à Roland Barthes*, Gallimard, 2003.
Corbin, Alain, *Meereslust. Das Abendland und die Entdeckung der Küste*, Berlin, Verlag Klaus Wagenbach, 1988.
Crary, Jonathan, *Aufmerksamkeit. Wahrnehmung und modernes Sehen*, Frankfurt a. M., Suhrkamp Verlag, 2002.
Cuchet, Guillaume, »Le retour des esprits, ou la naissance du spiritisme sous le Second Empire«, *Revue d'histoire moderne et contemporaine*, 2007/2 (no. 54–2), S. 74–90.
D'Aprile, Iwan-Michelangelo, *Fontane. Ein Jahrhundert in Bewegung*, Reinbek bei Hamburg, Rowohlt Verlag, 2018.

De Biasi, Pierre-Marc,
- *Flaubert: L'Homme-plume*, Gallimard, 2002.
- *Gustave Flaubert. Une manière spéciale de vivre*, Grasset, 2009.

Des Cars, Jean,
- *Haussmann. La gloire du Second Empire*, Perrin, 1978, 2008.
- *Eugénie, la dernière Impératrice ou les larmes de la Gloire*, Perrin, 2000.
- *La Princesse Mathilde. L'amour, la gloire et les arts*, Perrin, 1988.

Decaux, Alain, *La Castiglione, dame de cœur de l'Europe*, Perrin, 2001.

Deleuze, Gilles,
- *Logique du sens*, Les Éditions de Minuit, 1969
- *Logik des Sinns*, übers. von Bernhard Dieckmann, Frankfurt a. M., Suhrkamp Verlag, 1993.

Descotes, Maurice, *Le personnage de Napoléon III dans les Rougon-Macquart*, Archives des lettres modernes no. 114, 1970.

Dewald, Jonathan,
- »À la table de Magny: Nineteenth-Century French Men of Letters and the Sources of Modern Historical Thought«, *The American Historical Review*, Oxford University Press, Vol. 8, no. 4, 2003, S. 1009–1033.
- *Lost World. The Emergence of French Social History 1815–1979*, University Park, Pennsylvania U. P., 2006, 17–53.

Dewitz, Bodo von, *Die Bohème. Die Inszenierung des Künstlers in Fotografien des 19. und 20. Jahrhunderts*, Göttingen, Steidl Verlag, 2010.

Didi-Huberman, Georges, *Die Erfindung der Hysterie. Die photographische Klinik von Jean-Martin Charcot*, München, Wilhelm Fink Verlag, 1997.

Disegni, Silvia, »Le Journal intime du Comte Joseph-Napoléon Primoli (1851–1927)«, in: Pierre-Jean Dufief, (Hrsg.), *Les journaux de la vie littéraire*, Rennes, PUR, 2009, S. 171–215, http://www.openedition.org/6540, Abruf 1. 10. 2017.

Dietze, Carola, *Die Erfindung des Terrorismus in Europa, Russland und den USA 1858–1868*, Hamburg, Hamburger Edition, 2016.

Doehlemann, Martin, *Glamour und Gloria – gratis: die Lockungen der neuen Demimonde*, Münster, Waxmann Verlag, 2009.

Drachline, Pierre, *Le Crime de Pantin: L'affaire Troppmann*, Denoël, 1985.

Drost, Wolfgang,
- *Fortschrittsglaube und Dekadenzbewusstsein im Europa des 19. Jahrhunderts. Literatur – Kunst – Kulturgeschichte*, Heidelberg, Universitätsverlag Winter, 1986.
- »Über Baudelaires Affinitäten zur deutschen Kunst und Ästhetik«, in: Bernd Kortländer/Hans T. Siepe (Hrsg.), *Baudelaire und Deutschland. Deutschland und Baudelaire*, Tübingen, Gunter Narr Verlag, 2005, S. 127–167.
- *Der Dichter und die Kunst. Kunstkritik in Frankreich: Baudelaire, Flaubert und ihre Vorgänger*, Heidelberg, Universitätsverlag Winter, 2019.

Dufief, Pierre-Jean (Hrsg.), *Les Jounaux de la vie littéraire*, Rennes, Presses universitaires de Rennes, 2009.

Durry, Marie-Jeanne, *Flaubert et ses projets inédits*, Librairie Nizet, 1950.
Duval-Stella, Alexandre, *Claude Monet – Georges Clémenceau: une histoire, deux caractères*, Gallimard, 2010.
Echenberg, Myron, *Colonial Conscripts: The Tirailleurs Sénégalais in French West Africa, 1857–1960*, Portsmouth NH, Heinemann, 1991.
Farrell, Michael P., *Collaborative Circles*, Chicago, Chicago University Press, 2001.
Finck, Gerhard (Hrsg.), *Edouard Manet*, Wuppertal, Edition Von-der-Heydt-Museum, 2017.
Fischer, Hartwig/Gianfreda, Sandra (Hrsg.), *Bilder einer Metropole.* Die Impressionisten in Paris, Göttingen, Steidl Verlag/Edition Folkwang, 2010.
Flocken, Jan von, *111 Geschichten zur Geschichte. Von Nofretete bis Evita Perón*, Werder an der Havel, Kai Homilius Verlag, 2009.
Frevert, Ute/Haupt, Heinz C. (Hrsg.), *Der Mensch des 19. Jahrhunderts*, Essen, Magnus Verlag, 2004.
Friedell, Egon, *Kulturgeschichte der Neuzeit*, München, Verlag C.H. Beck, 1979.
Garnier, Marcel, *Climatologie de la France, Mémorial de la météorologie nationale*, no. 50, 1967.
Gascar, Pierre, *Rimbaud et la Commune*, Gallimard (Idées), 1971.
Gasperini, Antonella/Galli, Daniele et al., »The worldwide impact of Donati's comet on art and society in the mid-19th century«, *International Astronomical Untion*, Vol. 260, 2011, S. 140–145, http://adsabs.harvard.edu/full/2011IAUS..260..340G, Abruf 10. 11. 2017.
Gaßner, Hubertus/Hildebrand-Schat, Viola (Hrsg.), *Manet. Sehen. Der Blick der Moderne*, Petersberg, Michael Imhof Verlag, 2016.
Gauvard, Claude, *Utilisation politique d'une catastrophe. Le voyage de Napoléon III en Provence durant la grande crue en 1856, Revue historique*, 295, Fasc. 1 (597), Januar–März 1996, S. 133–151.
Geisler-Szmulewicz, Anne/Lavaud, Martine (Hrsg.), *Théophile Gautier et le Second Empire*, Nîmes, Lucie Éditions, 2013.
Gianfreda, Sandra et al. (Hrsg.), *Monet, Gauguin, van Gogh. Inspiration Japan*, Göttingen, Steidl Verlag/Edition Folkwang, 2014.
Girard, Marie-Hélène, »Tombeau de Rachel«, http://www.medias19.org/index.php?id=2993, Abruf 21. 1. 2019.
Glinoer, Anthony/Laisney, Vincent,
- *L'Age des cénacles.* Confraternités littéraires et artistiques au XIXe siècle, Fayard, 2013.
- Hülk, Walburga/Zimmermann, Bénédicte (Hrsg.), »Cultures de la créativité. Bohème historique et précarités contemporaines«/»Kulturen des Kreativen. Von der historischen Bohème zur Kreativgesellschaft«, *Trivium* no. 18, 2014, https://journals.openedition.org/trivium/4951, Abruf 20. 4. 2017.

Götze, Karl Heinz, *Immer Paris. Geschichte und Gegenwart*, München, Pantheon Verlag, 2007.
Gramfort, Véronique, »Les crimes de Pantin«, Romantisme 37, 1997, S. 17–30.

Green, Anne,
- »France exposed: *Madame Bovary* and the Exposition Universelle«, *Modern Language Review* 99, no. 4 (October 2004), S. 915–923.
- »*Madame Bovary* et les savoirs de l'Exposition«, in: Rey, Pierre-Louis/Séginger, Gisèle (Hrsg.), *Madame Bovary et les savoirs*, Presses Sorbonne Nouvelle, 2008, S. 157–165.

Greenblatt, Stephen, *Shakespearean Negotiations. The Circulation of Social Energy in Renaissance England*, Berkeley/Los Angeles, University of California Press, 1988.

Grivel, Charles, »Troppmann ou De la défiguration«, http://www.fabula.org/colloques/document938.php, Abruf 29.1.2018.

Gural-Migdal, Anna, *L'Écrit-Ecran des Rougon-Macquart. Conceptions iconiques et filmiques du roman chez Zola*, Villeneuve d'Ascq, Presses Universitaires du Septentrion, 2012.

Guthmüller, Marie/Hülk, Walburga/Tortonese, Paolo (Hrsg.), Hippolyte Taine et l'imagination, *RZLG/CHLR*, Jg. 39, 1/2 (2015), S. 1–152.

Guyaux, André, *Baudelaire: un demi-siecle de lecture des »Fleurs du mal«*, Presses de l'Université Paris-Sorbonne, 2007.

Hagedorn, Volker, *Der Klang der Zeit. Eine Reise in die musikalische Metropole des 19. Jahrhunderts*, Reinbek bei Hamburg, Rowohlt Verlag, 2019.

Heitmann, Klaus, *Der Immoralismusprozess gegen die französische Literatur*, Bad Homburg v. d. H., Gehlen Verlag, 1970.

Held, Brigitte/Reiter, Silke/Strobl, Andreas (Hrsg.), *Monsieur Daumier. Ihre Serie ist reizvoll*, München, Staatliche Graphische Sammlung, 2012.

Herding, Klaus/Hollein, Max (Hrsg.), *Courbet. Der Traum von der Moderne*, Berlin, Hatje Cantz/Kunsthalle Schirn, Frankfurt. a. M., 2010.

Hofmann, Werner, *Das* Atelier. Courbets Jahrhundertbild, München, Verlag C.H. Beck, 2006.

Hoog, Anne Hélène, »La marge, l'exemple et l'exception. Le parcours d'Élisa Félix, dite Mademoiselle Rachel«, *Romantisme*, 2004, no. 125, Juifs, judéité à Paris au début du XIXe siècle. S. 91–101.

Hülk, Walburga,
- »*Le beau est toujours bizarre*. Baudelaire besucht die Weltausstellung 1855«, in: Geisler-Szmulewicz, Anne/Hülk, Walburga/Klein, Franz-Josef/Tortonese, Paolo (Hrsg.), *Die Kunst des Dialogs – L'Art du dialogue*. Langue, littérature, arts au XIXe siècle, Heidelberg, Universitätsverlag Winter, 2010, S. 91–108.
- *Bewegung als Mythologie der Moderne. Vier Studien zu Baudelaire, Flaubert, Taine, Valéry*, Bielefeld, transcript Verlag, 2012.
- »Flaubert. Ourserie und saltimbanquage. Künstlermythen, Freundschaften, Netzwerke im Second Empire«, in: Wörsdörfer, Anna et al., *Sur les chemins de l'amitié*, Wiesbaden, Harrassowitz Verlag, 2017, S. 81–97.
- /Schuhen, Gregor (Hrsg.), *Haussmann und die Folgen. Vom Boulevard zur Boulevardisierung*, Tübingen, Narr Verlag, 2012.

Jaeger, C. Stephen, *Enchantment. On Charisma and the Sublime in the Arts oft he West*, Philadelphia, University of Pennsylvania Press, 2012.

Jeancolas, Claude, *Rimbaud l'Africain*, Les Éditions Textuel, 2014.
Jobert, Barthélémy, *Peindre l'homme et l'Empereur – Portraits de Napoléon III*, in: Geisler-Szmulewicz/Lavaud, Martine *Théophile Gautier et le Second Empire*, S. 24–37.
Johnson, Monique L., *An Insistent Subject: The Countess de Castiglione Facing the Lens*, Diss. University of Michigan, 2014, https://deepblue.lib.umich.edu/handle/2027.42/109043, Abruf 20. 8. 2017.
Jordan, Daniel, Die *Neuerschaffung von Paris. Baron Haussmann und seine Stadt*, übers. von Hans Günter Holl, Frankfurt a. M., S. Fischer Verlag, 1996.
Kaiser, Gerhard R. (Hrsg.), *Deutsche Berichte aus Paris 1789–1933, Zeiterfahrung in der Stadt der Städte*, Göttingen, Wallstein Verlag, 2017.
Kalifa, Dominique, *La culture de masse en France, 1860–1930*, t. 1, La Découverte, 2001.
Kaschnitz, Marie Luise, *Die Wahrheit, nicht der Traum*. Das Leben des Malers Courbet, Frankfurt a. M., Insel Verlag, 1978.
Kessler-Aurisch, Helga/Chabanne, Laure et al.(Hrsg.), *Franz Xaver Winterhalter. Maler im Auftrag ihrer Majestät*, Stuttgart, Arnoldsche ART Publishers/Augustiner museum Städtische Museen Freiburg, 2015.
King, Ross, *Zum Frühstück ins Freie. Manet, Monet und die Ursprünge der modernen Malerei*, übers. von Stefanie Kremer, München, btb, 2008 (*The Judgement of Paris*, London, Chatto & Windus, 2005).
Klitz, Hartmut, *Das erotische Mahl. Szenen aus der »chambre séparée«* des 19. Jahrhunderts, München, Athenäum Verlag, 1986.
Kracauer, Siegfried, *Jacques Offenbach und das Paris seiner Zeit*, hrsg. von Karten Witte, Frankfurt a. M., Suhrkamp Verlag, 1976.
Krakovitch, Odile, *Les archives des bagnes de Cayenne et de Nouvelle-Calédonie*, Revue d'histoire du XIXe siècle, 1/1985, https://journals.openedition.org/rh19/4, Abruf 26. 4. 2019.
Küster, Ulf, *Gustave Courbet*, Berlin, Hatje Cantz/Fondation Beyeler, Riehen bei Basel, 2014.
LaCapra, Dominick, *Madame Bovary on Trial*, Ithaca/New York, Cornell University Press, 1982.
Leclerc, Yvan, *La Bibliothèque de Flaubert*, Rouen, Publications de l'Université de Rouen, 2001.
Leggewie, Claus/Renner, Ursula/Risthaus, Peter (Hrsg.), *Prometheische Kultur. Wo kommen unsere Energien her?* München, Wilhelm Fink Verlag, 2013.
Le Guillou, Claire, *Le Paris de George Sand*, Éditions Alexandrines, 2017.
Levet, Marie-Cécile, »Rhétorique de la grâce et les lettres de George Sand au lendemain du 2 décembre 1851«, in: David Baguley, *Art and Literature of the Second Empire*, Manchester, Manchester University Press, 2012, S. 97–111.
Lepenies, Wolf,
- *Die Macht am Mittelmeer. Frankreichs Träume von einem anderen Europa*, München, Carl Hanser Verlag, 2016.
- *Sainte-Beuve. Auf der Schwelle zur Moderne*, München, dtv, 2008.

Lilti, Antoine, *Figures publiques. L'invention de la célébrité (1750–1850)*, Fayard, 2014.
Linke, Norbert, *Musik erobert die Welt. Wie die Wiener Familie Strauß die »Unterhaltungsmusik« revolutionierte*, Wien, Herold, 1987.
Linz, Bernadette C., »L'Empereur fardé: Napoléon III des Châtiments à La Débâcle«, *Nineteenth-Century French Studies*, vol. 35, no. 3–4, Spring-Summer 2007, 610–627.
Laurent, Franck, *Victor Hugo face à la conquête de l'Algérie*, Maisonneuve et Larose, 2001.
Lubin, Georges, »George Sand et les Bonaparte«, *Histoire des deux Empires*. Fondation Napoléon, http://www.napoleon.org/fr/salle_lecture/articles/files/George_Sand_Bonaparte.asp#ancre2, Abruf 11.12.2018.
Mainardi, Patricia, *Art and Politics of the Second Empire. The Universal Exhibitions of 1855 and 1867*, New Haven/London, Yale university Press, 1987.
Manzini, Charlotte/Kopp, Robert et al. (Hrsg.),
- L'Œ*il* de Baudelaire, Paris Musées, 2016.
- *The End of the Salon, Art and the State of the Early Third Republic*, Cambridge, Cambridge University Press, 1993.

Marcuse, Ludwig, *Obszön. Geschichte einer Entrüstung*, München, List Verlag, 1968.
Martin-Fugier, Anne,
- *La vie d'artiste au XIXe siècle*, Audibert, 2007.
- *La vie élégante ou La Formation du Tout-Paris 1815–1848*, Fayard, 1990.
- *Les Salons de la IIIe République. Art, littérature, politique*, Perrin, 2009.
- »Convivalité masculine au XIXe siècle: les dîners Bixio et Magny«, *Romantisme* 137, 2007/3, S. 49–59, http://www.cairn.info/zen.php?ID_ARTICLE=ROM_137_0049, Abruf 18.10.2018.

Martinoir, Francine de, *Mathilde et Eugénie. Deux cousines pour un Empereur*, Paris, Criterion, 1992.
Matala de Mazza, Ethel, *Der populäre Pakt. Verhandlungen der Moderne zwischen Operette und Feuilleton*, Frankfurt a. M., S. Fischer Verlag, 2018.
Matz, Wolfgang,
- *1857. Flaubert, Baudelaire, Stifter*, Frankfurt a. M., S. Fischer Verlag, 2007.
- *Die Kunst des Ehebruchs. Emma, Anna, Effi und ihre Männer*, Göttingen, Wallsein Verlag, 2014.

Mauduit, Xavier,
- *Le Ministère du faste. La maison de l'empereur Napoléon III*, Fayard, 2016.
- /Corinne Ergasse, *Flamboyant Second Empire!* Armand Colin, 2016.

Mélenchon, Jean-Luc, *Le hareng de Bismarck (Le Poison allemand)*, Plon, 2015.
Meßling, Markus, *Gebeugter Geist. Rassismus und Erkenntnis in der modernen europäischen Philologie*, Göttingen, Wallstein Verlag, 2016.
Meteo-paris.com, http://www.meteo-paris.com/chronique/annee/1850-1859, Abruf 14.2.2017.
Milza, Pierre,
- *Napoléon III*, Perrin, 2004/2006.
- *Garibaldi*, Fayard, 2014.
- *L'année terrible*, 2 Bde., Perrin, 2009.

Mishra, Pankaj, *Das Zeitalter des Zorns. Eine Analyse der Gegenwart*, Frankfurt a. M., S. Fischer Verlag, 2017.
Moncan, Patrice de/Heurteux, Claude, *Le Paris d'Haussmann*, Les Éditions du Mécène, 2009.
Montandon, Alain (Hrsg.), *Sociopoétique du vêtement*, Clermont-Ferrand, Sociopoétiques, 2017, http://sociopoetiques.univ-bpclermont.fr/sociopoetique-du-vetement, Abruf 10. 12. 2018.
Moritz, Rainer, *Mit Proust durch Paris. Literarische Spaziergänge*, Frankfurt a. M. und Leipzig, Insel Verlag, 2004.
Mühlstein, Anka, *Die Austern des Monsieur Balzac. Eine delikate Biografie*, Berlin, Insel Verlag, 2012.
Münchhausen, Thankmar von,
- *Paris. Geschichte einer Stadt von 1800 bis heute*, München, DVA, 2007.
- *72 Tage. Die Pariser Kommune 1871*, München, DVA, 2015.

Müller, Markus (Hrsg.), *Die Impressionisten in der Normandie*, München, Hirmer Verlag/Kunstmuseum Pablo Picasso Münster, 2017.
Mutigny, Jean de, *Victor Hugo et le spiritisme*, Éditions Nathan, 1981.
Noyce, Diana, »Kriegsgeschmack. Picknick am Schlachtfeld«, in: Trümpler, Charlotte/Wagner, Matthias K. (Hrsg.), *Picknickzeit*, Verlag Walther König/Museum für Angewandte Kunst Frankfurt a. M., 2017, S. 152–159.
Österreichisches Musiklexikon online. ÖAW (2002–2009).
Osterhammel, Jürgen, *Die Verwandlung der Welt. Eine Geschichte des 19. Jahrhunderts*, München, Verlag C. H. Beck, 2009.
Pagès, Alain, *Zola et le groupe de Médan. Histoire d'un cercle littéraire*, Perrin, 2014.
Perrignon, Judith, *Victor Hugo vient de mourir*, Éditions de l'Iconoclaste/Pocket, 2015.
Pichois, Claude, *Baudelaires Paris. Topographie eines verwirrten Lebens*, übers. von Martina Dervis, Berlin, Das Arsenal, 1992.
Picon, Jérôme, *Mathilde, princesse Bonaparte*, Flammarion, 2005.
Pierrat, Emmanuel,
- *Accusés Baudelaire, Flaubert, levez-vous: Napoléon III censure les lettres*, Brüssel, A. Versaille, 2010.
- *Les grands procès de l'histoire. De L'affaire Troppmann au procès d'Outreau, Éditions de la Martinière, 2015.*

Plessis, Alain, *De la fête impériale au mur des fédérés, 1852–1871*, Éditions du Seuil, 1973.
Pöppel, Nicole, *Freibeuter, Arme Schlucker und der Boulevard. Schlaglichter auf die zweite Bohème als Medienakteur in der Pariser petite presse der 1840er bis 1860er Jahre*, Diss. Universität Siegen, 2019 (in Druckvorbereitung).
Radkau, Joachim, *Das Zeitalter der Nervosität. Deutschland zwischen Bismarck und Hitler*, München, Carl Hanser Verlag, 1998.
Reibenich, Stefan, *Theodor Mommsen, eine Biographie*, München, Verlag C. H. Beck, 2007.
Renner, Ursula, »Das Frühstück im Grünen«, in: Trümpler, Charlotte/Wagner Matthias K. (Hrsg.), *Picknickzeit*, S. 262–269.

Renöckl, Georg, »Blau seit 150 Jahren«, *Neue Zürcher Zeitung*, 14. März 2017, https://www.nzz.ch/feuilleton/donauwalzer-blau-seit-150-jahren-ld.150559, Abruf am 31. 12. 2017.

Renoir, Jean, *Mein Leben und meine Filme*, übers. von Frieda Grafe und Enno Patalos, Zürich, Diogenes Verlag, 2002.

Rieder, Heinz, *Napoleon III. Abenteurer und Imperator*, Gernsbach, Casimir Katz, 2006.

Rosa, Hartmut, *Beschleunigung. Die Veränderung der Zeitstrukturen in der Moderne*, Frankfurt a. M., Suhrkamp Verlag, 2005.

Roth, Tobias/Rauchhaus, Moritz (Hrsg.), *Wohl bekam's*, Berlin, Verlag Das kulturelle Gedächtnis, 2018.

Rustić, Ivan/Wipplinger, Hans-Peter (Hrsg.), *Victor Hugo, der schwarze Romantiker/The Dark Romanticist*, Köln, Verlag Walther König, 2013.

Sagner, Karin/Hollein, Max (Hrsg.), *Gustave Caillebotte. Ein Impressionist und die Fotografie*, München, Hirmer Verlag/Kunsthalle Schirn, Frankfurt a. M., 2012.

Sartre, Jean-Paul,

- *L'Idiot de la famille: Gustave Flaubert de 1821 à 1857*, 3 Bde., Paris, Gallimard, 1971–72.
- *Der Idiot der Familie*, 4 Bde., hrsg. von Traugott König, Reinbek bei Hamburg, Rowohlt Verlag, 1986.

Schade, Robert, *Schwankende Ansichten. Zur Geschichte einer Ästhetik des Anders-Sehens in der Literatur und Kunst der Moderne*, Bielefeld, transcript Verlag, 2017.

Schivelbusch, Wolfgang, *Geschichte der Eisenbahnreise. Zur Industrialisierung von Raum und Zeit im 19. Jahrhundert*, Berlin, Ullstein Verlag, 1979.

Schulze, Holger/Silvestri, Dominique, »Ein Jahr mit den Goncourts«, *Merkur. Deutsche Zeitschrift für europäisches Denken*, 16. Dezember 2013. https://www.merkur-zeitschrift.de/2013/12/16/wir-beginnen-zu-lesen/, Abruf 27. 4. 2019.

Schwartz, Vanessa R., *Spectacular Realities. Early Mass-Culture in Fin-de-Siècle Paris*, Berkeley, University of California Press, 1996.

Schwartzenberg, Roger Gérard, *L'État spectacle. Essai sur et contre le Star System en politique*, Flammarion, 1972.

Scirocco, Alfonso, *Garibaldi: Citizen of the World*, übers. von Allan Cameron, Princeton, Princeton University Press, 2007.

Sennett, Richard, *Fleisch und Stein. Der Körper und die Stadt in der westlichen Zivilisation*, übers. von Linda Meissner, Berlin, Berlin Verlag, 1995.

Serres, Michel, *Feux et signaux de brume. Zola*, Editions Grasset et Fasquelle, 1975.

Seznec, Jean, *Flaubert à l'Exposition de 1851*, Oxford, The Clarendon Press, 1951.

Sfeir-Semler, Andrée, *Die Maler am Pariser Salon 1791–1880*, Frankfurt/New York, Campus Verlag/Éditions de la FMSH, 1992.

Siemann, Wolfram, *Metternich. Stratege und Visionär*, München, Verlag C. H. Beck, 2016.

Sigal-Klagsbald, Laurence et al.(Hrsg.) *Rachel (1821–1858). Une vie pour le théâtre* (Katalog der gleichnamigen Ausstellung im Musée d'art et d'histoire du judaïsme), Adam Biro, 2004.

Simmel, Georg, »Die Großstädte und das Geistesleben«, Jahrbuch der Görres-Gesellschaft IX, 1903, *Gesammelte Werke: Das Individuum und die Freiheit*, Berlin, Verlag Klaus Wagenbach, S. 192–204.
Sourian, Ève, »George Sand et le coup d'État de Louis-Napoléon Bonaparte«, in: David A. Powell, David (Hrsg.), *Le Siècle de George Sand*, Amsterdam, Rodopi, 1998, S. 111–119.
Spies, Günther, *Schumann Musikführer*, Mainz, Schott, 2015.
Starcky, Emmanuel/Chabanne, Laure (Hrsg.), *Napoléon III et la reine Victoria – Une visite à l'Exposition universelle de 1855*, Paris, RMN, 2008.
Stierle, Karlheinz,
- *Der Mythos von Paris. Zeichen und Bewusstsein der Stadt*, München, Carl Hanser Verlag, 1993.
- *Pariser Prismen. Zeichen und Bilder der Stadt*, München, Carl Hanser Verlag, 2016.

Strittmatter, Ellen/Brogi, Susanna/Matz, Wolfgang et al. (Hrsg.), *Die Erfindung von Paris*, Marbach, Deutsche Schillergesellschaft e. V., 2018.
Tillier, Bertrand, *La Républicature: la caricature politique en France, 1870–1914*, CNRS Éditions, 1997, http://books.openedition.org/editionscnrs/8294, Abruf 18. 10. 2019.
Tortonese, Paolo, »Goncourt, Monet et le siège de l'image: notes sur une antipathie esthétique«, in: *Cahiers Edmond et Jules de Goncourt*, 2004, 11, S. 79–92.
Tulard, Jean (Hrsg.), *Dictionnaire du Second Empire*, Fayard, 1995.
Trümpler, Charlotte/Wagner, Matthias K. (Hrsg.), *Picknickzeit*, Köln, Verlag Walther König/Museum für Angewandte Kunst, Frankfurt a. M., 2017.
Truesdell, Matthew, *Spectacular Politics. Louis-Napoleon Bonaparte and the Fête impériale, 1849–1870*, New York/Oxford, Oxford University Press, 1997.
Vargas Llosa, Mario, *Die ewige Orgie. Flaubert und Madame Bovary*, übers. von Maralde Meyer-Minnemann, Frankfurt a. M., Suhrkamp Verlag, 1996.
Verdès-Leroux, Jeannine, *Les Français d'Algérie de 1830 à aujourd'hui. Une page d'histoire déchirée*, Fayard, 2001.
Vinken, Barbara, *Flaubert. Durchkreuzte Moderne*, Frankfurt a. M., S. Fischer Verlag, 2009.
Wagneur, Jean-Didier (Hrsg.), *Les Bohèmes. 1840–1870. Écrivains, journalistes, artistes*, Seyssel, Champ Vallon/Musées nationaux, 2012.
Wang, Nora, Ye Xin, Wang Lou, *Victor Hugo et le sac du Palais d'été*, Les Indes savantes/You Feng, 2003, https://www.monde-diplomatique.fr/2004/10/HUGO/11563, Abruf 14. 7. 2018.
Westerwelle, Karin, *Ästhetisches Interesse und nervöse Krankheit: Balzac, Baudelaire, Flaubert*, Stuttgart, J. B. Metzler Verlag, 1993.
Whidden, Seth (Hrsg.), *Travail d'équipe. Models of Collaboration in Nineteenth-Century French Literature. Several authors, one Pen*, London, Routledge, 2009.
Whyte, Peter, »Théophile Gautier, poète-courtisan«, in: David Baguley, *Art and Literature*, Manchester, Manchester University Press, 2012. S. 129–145.
Wild, Cornelia, *Später Baudelaire. Praxis poetischer Zustände*, München, Wilhelm Fink Verlag, 2008.

Willms, Johannes,
- *Paris. Hauptstadt Europas 1789–1914*, München, Verlag C. H. Beck, 1988.
- *Napoleon III.*, München, Verlag C. H. Beck, 2008.

Winock, Michel, *Flaubert*, Gallimard, 2013.

Woollen Geoff, »Zola: la machine en tous ses effets«, *Romantisme*, 1983, no. 41. *La machine fin-de-siècle*. S. 115–124.

Yon, Jean-Claude,
- *Le Second Empire: Politique, société, culture*, Armand Colin, 2012.
- *Les Spectacles sous le Second Empire*, Armand Colin, 2009.
- *Jacques Offenbach*, Paris, Gallimard, 2000.

Register

Bildnachweise

Seite 23: Die Brüder Edmond und Jules Huot de Goncourt, undatierte Fotografie von Felix Nadar. Mit freundlicher Genehmigung von Wikimedia Commons.

Seite 30: Gustave Flaubert, Fotografie, 1870. © Mondadori Portfolio/Kontributor.

Seite 32: George Sand, Fotografie von Felix Nadar, 1864. Mit freundlicher Genehmigung von Wikimedia Commons.

Seite 39: Victor Hugo auf Jersey, Fotografie, ca. 1853. © bpk/RMN – Grand Palais/ Hervé Lewandowski.

Seite 65: Édouard Manet, *Le balcon*, Gemälde, 1868/1869, Musée d'Orsay, Paris. Mit freundlicher Genehmigung von Wikimedia Commons.

Seite 69: Durchstich der Avenue de l'Opéra, Fotografie von Charles Marville, ca. 1877. © bpk/Coll. Ph. Doublet/adoc-photos.

Seite 102: Hippolyte Flandrin, *L'Empereur Napoléon III, Empereur des Français en uniforme de Général de Brigade dans son grand cabinet des Tuileries en 1862*, Gemälde, 1862, Château de Versailles. Mit freundlicher Genehmigung von Wikimedia Commons.

Seite 102: Franz Xaver Winterhalter, *Portrait of Napoleon III*, Gemälde, 1855, Museo napoleonico di Roma. Mit freundlicher Genehmigung von Wikimedia Commons.

Seite 103: Franz Xaver Winterhalter, *L'impératrice Eugénie entourée de ses dames d'honneur*, Gemälde, 1855, Musée du Second Empire, Compiègne. Mit freundlicher Genehmigung von Wikimedia Commons.

Seite 108: Jean-Auguste-Dominique Ingres, *Apothéose de Napoléon Ier*, Gemälde, 1853, Petit Palais, Musée des Beaux-Arts de la Ville, Paris. © bpk/RMN – Grand Palais/Bulloz.

Seite 109: Eugène Delacroix, *La Liberté guidant le people*, Gemälde, 1830, Louvre, Paris. Mit freundlicher Genehmigung von Wikimedia Commons.

Seite 111: Gustave Courbet, *L'atelier*, Gemälde, 1855, Musée d'Orsay, Paris. Mit freundlicher Genehmigung von Wikimedia Commons.

Seite 112: Gustave Courbet, *Un Enterrement à Ornans*, Gemälde, 1850, Musée d'Orsay, Paris. Mit freundlicher Genehmigung von Wikimedia Commons.

Seite 124: »Marine Terrace«, das Haus der Hugos auf Jersey, Fotografie von Charles Hugo, 1853/1854. © Charles Hugo/Maisons de Victor Hugo/Roger-Viollet.

Seite 130: Thomas Couture, *Le Baptême du Prince impérial*, Gemälde, 1856, Musée national du Château de Compiègne. © bpk/RMN – Grand Palais/Daniel Arnaudet.

Seite 132: Mayer & Pierson, *Le Prince impérial sur son poney*, Fotografie, 1859, Fondation Napoléon, Paris. © Photo12/Fondation Napoléon.

Seite 132: Jean-Baptiste Carpeaux, *Le Prince Impérial et son chien Néro*, Skulptur, 1865, Musée d'Orsay, Paris. © bpk/RMN – Grand Palais/Patrice Schmidt.

Seite 135: William Adolphe Bougereau, *L'Empereur visitant les inondés de Tarascon de 1856*, Gemälde, 1856, Hôtel de Ville de Tarascon Salle des Consuls, Tarascon. Mit freundlicher Genehmigung von Wikimedia Commons.

Seite 149: Achille Lemot, *Flaubert disséquant Madame Bovary, Parodie*, 5.–12. Dezember 1869. Mit freundlicher Genehmigung von Wikimedia Commons.

Seite 154: Charles Baudelaire, Fotografie von Felix Nadar, 1855. Mit freundlicher Genehmigung von Wikimedia Commons.

Seite 186: Mayer & Pierson, *La Castiglione, scherzo di follia*, Fotografie zw. 1863 und 1866. Mit freundlicher Genehmigung von The Metropolitan Museum New York (Gift of George Davis, 1948).

Seite 218: Jean-Léon Gérôme, *Réception des ambassadeurs siamois par l'Empereur Napoléon III au Palais de Fontainebleau*, Gemälde, zw. 1861 und 1864, Musées nationaux du Château de Versailles et du Trianon. © bpk/RMN – Grand Palais.

Seite 232: Gustave Clarence Rodolphe Boulanger, *Répétition du »Joueur de flûte« et de la »Femme de Diomède« chez le prince Napoléon*, Gemälde, 1861, Musée d'Orsay, Paris. © bpk/RMN – Grand Palais/Alexis Brandt.

Seite 232: Sébastien-Charles Giraud, *La Véranda de la princesse Mathilde dans l'hôtel de la rue de Courcelles*, Gemälde, 1864, Musée des Arts décoratifs, Paris. © MAD/ Jean Tholance.

Seite 258: Ignace Henri Jean Théodore Fantin-Latour, *Hommage à Delacroix*, Gemälde, 1864, Musée d'Orsay, Paris. © bpk/RMN – Grand Palais/Gerard Le Gall.

Seite 262: Édouard Manet, *Le Déjeuner sur l'herbe*, Gemälde, 1863, Musée d'Orsay, Paris. Mit freundlicher Genehmigung von Wikimedia Commons.

Seite 264: Alexandre Cabanel, *La Naissance de Vénus, Gemälde, 1863*, Musée d'Orsay, Paris. Mit freundlicher Genehmigung von Wikimedia Commons.

Seite 273: Gustave Caillebotte, *Rue de Paris, temps de pluie 1877*, Gemälde, 1877, Art Institute of Chicago. (Eine Vorstudie des Gemäldes hängt im Musée Marmottan, Paris.) Mit freundlicher Genehmigung von Wikimedia Commons.

Seite 278: Pierre Tétar van Elven, *Fête de Nuit aux Tuileries le 10 juin 1867, à l'occasion de la visite des souverains étrangers à l'Exposition Universelle*, Gemälde, ca. 1867, Musée Carnavalet, Paris. © Musée Carnavalet/Roger-Viollet.

Seite 301: Gustave Caillebotte, *Pont de l'Europe*, Gemälde, 1876, Petit Palais, Musée des Beaux-Arts de la Ville, Paris. Mit freundlicher Genehmigung von Wikimedia Commons.

Seite 301: Claude Monet, *Gare Saint-Lazare*, Gemälde, 1877, Musée d'Orsay, Paris. Mit freundlicher Genehmigung von Wikimedia Commons.

Bildnachweise

Seite 301: Édouard Manet, *Le chemin de fer*, Gemälde, 1873, National Gallery of Art, Washington D. C. Mit freundlicher Genehmigung von Wikimedia Commons.

Seite 310: Jean-Baptiste Carpeaux, *La Danse*, Skulptur, 1869, Musée d'Orsay, Paris. Mit freundlicher Genehmigung von Wikimedia Commons.

Seite 312: Gustave Courbet, *La Vague*, Gemälde, 1869, Musée des Beaux-Arts de Lyon. (Andere »Wellen« hängen u. a. im Pariser Musée d'Orsay, im Philadelphia Museum of Fine Arts und im Frankfurter Städel.) Mit freundlicher Genehmigung von Wikimedia Commons.

Seite 339: Die Colonne Vendôme, Paris, Fotografie von François-Marie-Louis-Alexandre Franck, 1871, Metropolitan Museum of Art, New York. Mit freundlicher Genehmigung von Wikimedia Commons.

Seite 341: Ernest Meissonier, *Ruines des Tuileries*, Gemälde, 1871, Musée d'Orsay, Paris. (Das Bild eröffnete die Ausstellung *Spectaculaire Second Empire* 2016/17 im Musée d'Orsay.) © bpk/RMN – Grand Palais, Compiègne, château/Patrice Schmidt.

Seite 343: Charles Marville, *L'Hôtel de Ville après l'incendie 1871*, Fotografie, 1871, Bibliothèque Historique de la ville de Paris. Mit freundlicher Genehmigung von Wikimedia Commons.

Seite 347: Arthur Rimbaud, Fotografie von Etienne Carjat, 1872. Mit freundlicher Genehmigung von Wikimedia Commons.